振兴

——来自西部乡村的力量

ZHENXING

LAIZI XIBU XIANGCUN DE LILIANG

潘召南　等著

「西部美丽乡村建设中的地方性立场与民族性疆域」——重庆市艺术科学研究规划项目（16ZD033）

「美术中国行」——西南乡村建设创新暨建人才培养」国家艺术基金2018年度艺术人才培养资助项目

西南师范大学出版社

国教一级出版社　全国百佳图书出版单位

图书在版编目（CIP）数据

振兴：来自西部乡村的力量 / 潘召南等著. — 重庆：西南师范大学出版社, 2021.6
ISBN 978-7-5697-0959-9

Ⅰ．①振… Ⅱ．①潘… Ⅲ．①农村 - 社会主义建设 - 研究 - 中国 Ⅳ．①F320.3

中国版本图书馆 CIP 数据核字（2021）第 126977 号

振兴——来自西部乡村的力量
潘召南 等著

责任编辑：罗　勇　龚明星
责任校对：戴永曦
书籍设计：聂子荷　汪　泳　李　海
图文整理：黄玉婷

出版发行：西南师范大学出版社
地　　址：重庆市北碚区天生路 2 号
邮政编码：400715
电　　话：（023）68860895
印　　刷：重庆康豪彩印有限公司
经　　销：新华书店
幅面尺寸：170mm × 230mm
印　　张：23.75
插　　页：2
字　　数：388 千字
版　　次：2021 年 6 月第 1 版
印　　次：2021 年 6 月第 1 次印刷
书　　号：ISBN 978-7-5697-0959-9
定　　价：108.00 元

作者名单

导师作者：潘召南　彭兆荣　谢亚平　张　颖　李　竹
　　　　　张习文　程潇潇　陈继军　马　泉　刘贺炜
　　　　　詹文瑶　黄红春　赵　宇　刘　涛　徐　耘
　　　　　张　月　尹克林　代　璐　王　铁

学员作者：王瑾琦　张　彪　范珉珉　尕藏多杰　代丽枝
　　　　　徐诚程　徐朝珍　谢　建　潘春利　马　燕　黄秋华
　　　　　金珍羽　孙鹤瑜　杨志斌　姜建雄　彭辉华
　　　　　刘　檬　王鼎杰　陈相全　蒋田福

前言

　　"'美丽中国行'——西南乡村建设创新营建人才培养"是国家艺术基金2018年度艺术人才培养资助项目，该项目力求在新时代乡村振兴战略背景下，探索西部乡村在人文与生态保护、乡村建设、产业发展等方面的发展，培养创新型、综合型的乡村建设人才。以艺术创造思维开启其心智、以设计创新方法拓展其思路、以多学科融汇丰富其人文关怀、以实地调研学习开阔其视野。与此同时，结合重庆市艺术科学重点项目《西部乡村建设中的地方性立场与民族性视域》展开相关研究，以人才培养项目为实践载体，通过教与学的互动，了解西部乡村建设所面临的问题与困境，以此透视出不同地域、不同民族、不同人文背景下的乡村发展诉求和针对性政策。

　　"美丽乡村"建设，首先，要了解乡村的特色资源，包括自然资源、本土资源以及人文资源，在此基础上进行优化建设。这要求主导者、设计者、建设者、参与者都要具有发现美的眼睛，具有一定的审美意识和能力；其次，要树立全局意识，建立运用本地资源和外部条件改善乡村贫困现状、提高生产与生活水平的能力。因此，培养具备乡村建设能力的创新人才是未来乡村发展的关键任务，我们将关注点从政府部门、机关干部、规划建设部门等转移到乡村基层、社会基层、高校教师等普通大众人群，其目的是把西部乡村建设这一普遍性的社会问题置于大众视野，启发和建立人们对西部乡村建设发展的认知、理解和意识，只有激发起社会基层的力量，由下至上地配合政策的落实，才能把乡村建设美丽，并使之持续发展。

　　西部乡村是我国地域面积最广、民族聚居最多、人文风貌最丰富的地区，也是地形地貌最复杂、气候差异最大、经济条件较落后、生活环境相对闭塞的地区。正是由于经济环境的制约，使其保持了完整的传统地域文化、习俗和环境风貌。我们应基于东部发达地区乡村改造的经验与教训，进一步思考广阔的西部乡村应该如何面对未来的建设与发展，如何进行产业优化与产业转型，如何扬优去劣摆脱贫穷的困扰。改善乡村经济条件、交通条件、卫生条件，提升乡村居民的生活水平、生产技术水平、教育水平和文明程度已是中国社会亟待解决的迫切问题。面对未来城市化进程的加快，城市的进一步扩张将促使传统农村、农民、农业发生更大的改变，中国乡村将走向何方？西部将变成何样？这不仅仅是政府和知识阶层思考的问题，也是社会各个阶层应该思考的问题，更是乡村基层必须思考和面对的问题。基于对问题的判断与考量，该项目的培养对象共20人，选录范围主要为西部地区，职业背景多样化，一半学员是乡村基层干部，其他还包括文旅行业从业者、乡村规划设计师、高校教师等。此外，学员来自7个不同民族，可以结合自身情况从不同地域和民族角度去思考、探索西部乡村建设发展的路径，以多元化的建设思路和多样化的设计方式呈现西部美丽乡村的特色风貌，以植根于传统、服务于现实、创新于未来的立场激发起西部发展的力量。

目录

第一章 绪论

当代中国农村的改变因城市的发展而走上快速变革的进程，短短三十余年间，中国城市化率已经达到 60%[①]，极大地推进了社会整体的发展和进步。与此同时，传统的乡村社会结构、生产结构产生了巨大的影响，迫使传统农村进行生产方式与生活方式的重大调整与转型。从发达国家城市率的稳定值在 75% 至 80% 来对照中国未来发展的目标，仍然有 15% 至 20% 的发展空间，这意味着 5 亿多人口的农村将在 10 至 20 年内，有 2 至 3 亿的农村人口进入城市，将有近一半的村庄随之而消失。面对如此巨大的社会变动，中国西部乡村将承受比东部和南部地区更大的压力。

首先，中国西部地区，总面积达 685 万平方公里，总人口 3.8 亿，其中乡村人口 1.86 亿（城市化率远低于全国的平均线），有 17.5 万个行政村；其二，西部地区地域辽阔，地形、地貌、气候变化复杂，在此条件下农业生产主要靠人工耕种，不利于工业化农业的推广，农业经济仍以传统小农经济为主体；其三，西部地区民族众多，有丰富且原始的文化样态，习俗多样，部分群体规模较小，抗御能力脆弱，保护与传承难度大；其四，地处中国腹地，经济相对落后，大量劳动力外流务工，是造成乡村衰退的重要原因。

如何认识、理解"乡村振兴""美丽乡村建设"和"西部大开发"的内在逻辑？由于历史原因和区位条件，从古至今西部地区相较于东部地区都属于经济欠发达的区域，贫困人口相对集中，差距明显，但其辖区面积和人口总量占国家总体比例巨大。东西部的不平衡造成社会整体性发展障碍，为缩小区域性经济差异，解决西部广大地区乡村脱贫的问题，中央部署了西部大开发、新农村建设、美丽乡村建设、乡村振兴等一系列战略举措，以求实现国家均衡发展和社会文明的整体进步。依据政策目标，如何具体落实坚持农业农村优先发展的国策，与"产业兴旺、生态宜居、乡风文明、治理有效、生活富裕"的总方针要求相适应，吸取东部地区乡村发展的经验与教训，反思、寻找西部地区乡村发展的路径，避免过去偏重经济与效益所造成的同质化现象和生态环境缺憾，是西部乡村建设必须思考的关键问题，也是项目研究与实践探索的方向。因此，西部地区乡村建设发展只有建立在充分了解地域经济现状与人文特质的基础上，才

[①] 孙丹. 国家统计局：2019 年中国城镇化率突破 60% 户籍城镇化率 44.38%[N/OL]. 中国经济. 2020-02-28 http://www.ce.cn/xwzx/gnsz/gdxw/202002/28/t20200228_34360903.shtml

能进行有针对性的实践活动，这是我们研究的逻辑起点，即地方性立场与民族性视域。

一、何为地方性？何为民族性？

（一）地方性与民族性的定义

1. 地方性

在讨论问题之前，首先要定义问题。何为地方性？从地理学的角度解释，是自然地理环境中最普遍和最低级的地域分异，在地带性和非地带性规律的共同作用下，自然地理环境由于局部因素引起的小范围的地域分异规律性[①]。在这里研究者无意于用这个概念去定义所涉及的地方性范围和具体含义，因为它无法涵盖我们接下来要讨论的内容，虽然谈及的地方性问题中包含了地理学解释内容，但这里要探讨的主体仍然是根据地方条件作为基础所引发的、带有地方特殊性的社会问题。它包含了地理、气候、物种、资源、环境、生态、族群、人文等要素相互作用下所形成的社会现象，并根据这些现象分析传统乡村的内在特性与外在形式，通过对典型地方乡村现状的田野调查，查找环境与群体社会之间存在的逻辑关联，以此为研究基础对当地乡村建设发展提供有参考价值的成果。

2. 民族性

"民族性是个历史的范畴，其具体内容和表现形式既有稳定性，又有变动性，会随着时代发展和各民族间的交流不断发展、充实。"[②]

民族性主要包括：（1）民族的生活内容，如自然环境、社会组织、风土人情、历史传统和现实生活；（2）民族精神或民族性格。民族的社会情况和自然环境，历史和文化的传统，必然使民族心理素质、民族性格形成与众不同的特点，这些特点既表现在描写对象身上，也体现在艺术家身上；（3）民族形式，即一个民族在特定历史条件和文化传统中积累的特有的表现手段和手法，包括语言，

---

① 全国科学技术名词审定委员会审定. 地理学名词 2006（第2版）[M]. 北京：科学出版社，2007.
② 蒋孔阳编著. 哲学大辞典·美学卷 [M]. 上海：上海辞书出版社，1991.

造型艺术中的色彩、形体、线条，音乐艺术中的音色、旋律，舞蹈和戏剧艺术中的动作、表情、姿态、体裁、结构方式等。

对于以上这两个概念的释义仅仅是一个规定性的名词解释，文字的意义只有应用在具体的事物上才会体现鲜活的作用。地方性和民族性是两个抽象的概念，必须指向具体的地点和人，才能使之具象化，才可能生动地阐释两个特性不同的意义。而本文所指的地方是"乡村（西部）"和生活在乡村里的"人（村民）"。当然，乡村与村民依然是两个宽泛的研究对象，不够具体，但由于这两个对象的出现使得前面两个概念有了交叉对应的逻辑关系，即具有地方性的乡村和具有民族性的村民，或者是具有地方性的村民和具有民族性的乡村，为后续的研究与实践搭设了基础架构。

"'美丽中国行'——西南乡村建设创新营建人才培养"项目是基于这个基础架构进行的实践活动。参与培训的人员来自重庆、贵州、云南、四川、甘肃、广西、青海等不同属地，具有汉族、藏族、黎族、苗族、白族、回族、布依族7个不同民族身份，以及从事乡村基层工作的村党支部书记、村委会主任、地区乡村规划设计师、乡村旅游策划人、高校教师等不同的职业身份，一般情况下，这些不同职业的人是鲜有机会相遇共同探讨他们所在领域的一些问题。但这些学员都同乡村产生直接的关系，他们了解乡村，甚至代表乡村，他们是对中国乡村的建设发展起直接作用的多个群体代表。这个项目本身是一个实验，学员之间没有行业联系、没有行政关系，甚至相互不认识，组织这样一个群体进行培养，其目的是通过对乡村建设的知识性、政策性、目标性、审美性等进行基础性、阶段性培养，结合乡村建设优秀案例实地走访调研，提高学员们对乡村建设的认识水平，开拓其视野，提升其建设能力和审美水平，并对落实乡村振兴的政策有准确的理解和具体的思路，使他们能够运用所学，结合本土乡风民情，从不同的角度去思考地方性与民族性在乡村发展中的影响与问题，为家乡建设出谋出力。

（二）地方性与民族性的必然关联

传统农耕的中国，延续数千年的生产方式几乎固化了土地与人的关系，"生于斯、死于斯"① 已是乡村社会的普遍现象，这一现象反映出历史上中国农民的人生观，同时，也折射出这种人生观下的两种人生境遇和同一人生归宿。一种是封闭的态度，"生于斯、长于斯、死于斯"，一生都没有离开过生养之地；另一种是开放的态度，"生于斯、长于彼、死于斯"，创业发展于异乡，终老归乡。由此可见无论是哪一种经历，其归宿仍然离不开这片土地。土地在中国人心目中是唯一性的，正是这个唯一性使泛指的"土地"成为特定所指的地方即"故土"。"故土"对中国人来说是非常清楚地指向"出生地""生于斯"的地方，生育之地同血缘有密切的关联。中国人无论是何民族，对祖先的崇拜最终都投射到了土地上，将故土象征化，并将土地与血亲先人一同神化，从而产生一种"根性"的依恋和信仰。由此发展到"入土为安""叶落归根"等生死观念，对死的归结依然要魂归故里，这是中国人普遍的人生观，也成为一代代中国人对待人生的共同态度和文化共识。从这些共同性中体现出整体的民族特质。中华民族是一个整体性的概念，虽然由众多民族组成，但传统价值观、人生观和文化精神的共同性形成了多地多民族杂居的分布格局与"和而不同"的包容心态。

　　2018年5月5日至5月11日，笔者曾带研究生前往广西三江侗族自治县程阳八寨考察当地情况。程阳八寨地处低纬度地区，属中热带、南岭湿润气候区，年平均气温为17至19摄氏度，全年雨量较为丰富，春夏两季降水多，秋冬两季降水少。一年四季，雨热同季，寒暑分明。这样的气候适宜水稻及杉木的种植。杉木提供了建造房屋的基础材料，由此使得木结构的建筑在村落得以大量发展，产生丰富的建筑类型。过去在旅游业进入前，水稻是程阳八寨主要经济收入来源，最近十年程阳八寨村民开始种植油茶，如今油茶已经成为当地最主要的经济作物。我们就茶叶种植的相关问题对村寨中的村民进行了采访调研。根据他们的讲述，了解到程阳八寨种茶的时间并不长，最初是由当地县政府鼓励村民种植茶叶，集中种植、管理与销售，后来逐渐发展为农户自家种植，采摘后卖给工厂加工的形式。现在，村中种植的茶叶最贵可以卖到300元一斤，一年一个家庭可创收一万元左右。茶叶的种植成为村民重要的收入来源，在村落中，随处可见满山遍野的茶叶田和稻田交错混合，也成为当地具有特色的生态景观。

---

① 费孝通. 乡土中国 [M]. 北京: 北京出版社, 2009: 27.

中国有一句俗话"一方水土养一方人"，它不仅体现了中国古人与自然的关系，也揭示了两个属性的因果关系。"水土"泛指自然的条件，古人认为"水"来自天，"土"指大地，"水土"则指天地所形成的气候与土地的自然环境；"一方"是具体的环境指向，规定了"水土"的方位与地理特性，形成结果所必需的前置条件，因而才能生产"一方"的物种，滋养这"一方"的人。这里的"人"是泛指与人相关的所有人事，包括生产、生活、族群、社会关系等，但又有前置定语"一方"将人的特性规定在一个具体的地域环境中，形成了具有"一方"特征的族群。"生其水土而知其人心，安其教训而服习其道"①，因果定律可以显而易见地在这句话中得到体现，解释为：在规定的地域条件因素中，必然养育受此条件因素影响族群，这不仅反映出自然生态的规律，同时，也反映了人文生态的特性。

民族，指在文化、语言、历史与其他人群在客观上有所区分的一群人，是近代以来通过研究人类进化史及种族所形成的概念。在人类历史发展过程中，民族并非一个静态的概念。"一方水土养一方人"这句话不仅从空间的维度上阐明了一个限定性条件，同时，也给出了一个时间的过程。"养"是时间，即"滋养""养育"，是需要时间来实现"水土"与"人"的因果定律。水土"养育"的过程存在许多的不可预料的因素，是个变量。因此，民族是一个发展变化的动态概念。民族在成长和发展的过程中与其他民族产生各种形式的融合，有可能变得强大，有可能融入其他民族，也有可能走向消亡。由于各种历史原因，交融形成民族的变迁，不仅是外族的迁入，也有本族的迁出，这体现了人类喜好迁徙的本性。但一方水土依旧以它固有的资源养育，无论是本土的还是外来的"人"，在"养"的过程中逐渐给这些人烙上"一方水土"的印记。而迁徙的"人"又会将原有的印记带向另一方水土，由种族的单一性发展到族群的多元性，从习俗的同质化转变为风俗的多样化，并在人的流动与智慧伴随历史的作用下使地方某些原始的力量发生改变。"橘生淮南则为橘，生于淮北则为枳，叶徒相似，其实味不同。所以然者何？水土异也。"②，这段话不仅描述了"橘"因水土而成为"枳"的异变，而且也说明了物种在不同环境条件下

---

① 李梦生撰. 左传译注 [M]. 上海：上海古籍出版社，1998：235.
② 张纯一，晏子春秋校注.《诸子集成》本，卷6《内篇杂下第六》[M]. 上海：上海书店，1986：159.

的适应性变化。迄今，我们所看到的、认识到的，甚至置身其间的民族都已经历过无数次流动、融合，并在科技条件下加快了流动融合的频率。现代的民族概念已非原始种族可以概括，这个概念已经超越了传统的血缘、地缘、文化、语言、历史等范畴，成为划定在某个共性条件下的共同体，被重新注释。

人对人的剥削一消灭，民族对民族的剥削就会随之消灭。

民族内部的阶级对立一消失，民族之间的敌对关系就会随之消失。

——马克思、恩格斯《共产党宣言》

它是一种想象的政治共同体——并且，它是被想象为本质上是有限的，同时也享有主权的共同体。

——本尼迪克特·安德森《想象的共同体》

由此可见，传统的民族定义在现代被加入了政治、经济、社会阶层等变因，从而扩增或异化了民族原有的属性（以地缘与血缘为基础），使固化的族群蜕变为一个共同体。从这个意义上去理解，地方性对民族性的限定作用还有这么重要吗？

二、地方性立场与民族性视域的含义

地方性立场与民族性视域的提出，主要是针对当代中国乡村社会在转型与建设过程中所面临的处境。工业化、城市化、智能化等一系列从观念到技术的逼迫、政策的驱动、经济的裹挟，乡村、村民在现代化强势外力作用下，只能被动地面对和接受突如其来的改变。乡村建设本应以乡村、村民为主体，但如今却不由他们做主，形成这种状况有两个原因：一是政策从宏观出发，根据行政权力自上而下的贯彻；二是乡村自身经济条件无法达到政策建设要求，缺乏独立的话语权。因此，这两个条件使得主体转变为客体，外力成为主导乡村建设的主体，使历史形成的地方性与民族性的传统伴生关系，在乡村发展的进程中被割裂了，从而导致中国大量村落丧失本土固有的地方风貌和民族人文特性，造成千村一面的现象。这种现象在中国经济发达的东部地区（如江苏、浙江、广东等地）最为显著，本应是中国最具典型地域传统文化特色的乡村，因经济快速发展和工业化普及，致使大量农地被占用，转变为规模不等的厂房和工业园区。失地村民用突然获得的土地使用权转让金，在规划指定的地方自行修建起一栋栋相似的瓷砖小楼。至今无法考证这种砖混结构外贴各色瓷砖的缘由，既不东方、也不西方的建筑式样是什么时候，以怎样的方式在中国悄然兴起，并造成如此大的影响，改变了广域的中国乡村。而伴随着生产、生活环境的改变，原有地方性和民族性，以及民俗性特色也随之消失。工厂环境是陌生的，里面的人多是年龄相仿、口音各异的陌生人，只有一个共同目标——打工挣钱，由此形成一个新的共同体。但这个共同体并非"民族"概念，因为它是临时的、不稳定的群体。虽然彼此存在一些共同性，但缺乏民族共有的历史、共同的地方性关联和相同的人文习俗。民族无论在什么时代，都必须具有共同依存于生命、生活的历史作为前置条件。经历岁月的变迁，它可以不在同一个地方，但它的发源一定来自同一片土地，并带有明显的民族性特征。俄国别林斯基认为："每一个人都应当属于一定的民族和一定的时代。不带民族性的人，就不是实在的人，而只是一个抽象的概念。"

历朝历代以来，国家疆域包括行政权力范围的划分，从来都不以民族活动的范围加以界定，一个国家可以是一个民族，也可以是不同民族组成，一个民族可以生活在不同的国家里。因而，人的行为的不确定性决定了民族不能成为界定边界的绝对条件，多是依据自然的地理条件来划定边界，以此限定人的心理范围与行为范围，这种现象在人类历史上比比皆是。这证明了，地方性条件虽然是形成民族性的重要因素，但不是决定性的因素，民族的移动也不会因地域边界的清晰而不越雷池。历史上有各种原因造成民族迁徙，改朝换代或是外族入侵、战争、灾难、开拓发展或是游牧生产，无论是主动寻求发展还是被迫背井离乡，其终极目的还是为了生存。土地作为人类生存的首要资源，一直都是被争夺的目标。因而，民族生存的范围也是动态的，尤其对于物产丰富的、适宜人居的地方，更是成为被人觊觎争夺的对象。而地理环境复杂、自然资源贫瘠的地方，族群社会相对稳定，人居环境可变性较小。土地是形成自然生态、人文生态的根本条件，是生长的基础，土地的条件决定一切在此之上的生长样态。因此，在农耕时代，地方性是形成民族特性的重要逻辑关联。同时，地方性与民族性的关联又取决于区域社会稳定的状态，稳定期越长关联性越紧密。从这个角度可以理解，为什么西部栖居着中国绝大部分少数民族，并在长期稳定的生存环境中形成了明显的地方性与民族性的特性，以及互为应生的关系。

中国西部地域辽阔，民族众多，乡村量大面广，西南、西北乡村在地理气候与人文习俗上存在很大的差异，贯彻乡村振兴战略不仅要从思想意识的高度去理解，落实到具体乡村建设，还要从战术的层面去思考执行的要点。面对保留相对完整的差异化现状，在汲取东部乡村以牺牲环境换发展、以资源换经济的教训基础上，反省乡村建设的历史经验和现实条件，审视西部乡村建设的多元化方法与特色范式、杜绝建立标准化乡建模式的复制性改造。因此，在西部乡村建设的转型发展期，强调立足地方性立场保持本土、乡土的特质，坚持民族性视域传承民族、民俗的人文特性。在充分尊重不同地域、人文的特殊条件下展开有针对性的建设，"三农"本位才能真正实现回归。

在通常意义上，我们容易理解地方性培育了民族性，这就像是一种自然而然的因果关系，却往往忽略了民族性对地方性的反作用影响。我们知道人口流动、民族迁徙、族群相互融入使得民族性具有可变的动态特征，而这个精神性的力量和随之而来的知识能力在一定程度上改变了地方性的特征，可以从很多地方性的物质与非物质方面体现。举例而言，三江侗族自治县程阳八寨地处丘陵地带，七分山，三分田与地。反观历史，单靠务农维持生活是十分困难的，侗族男青年都会在农闲时，出外打工，以补贴家用。"以工补农"已是当地传统的产业结构模式。这些所谓的"工"即是一些传统手工艺，包括弹棉花匠、铁匠（帮人制作一些锄头、镰刀等农具）、修锁匠，最多的是木匠（在农闲时去帮别人修建房屋）等一些临时性工作，这几乎是周边所有乡村的生产方式。对于当地人来说，一个青年男子如果没有掌握一项特殊的生存技能，很难成家立业。正是通过这些不同村寨、不同族群的手艺人在十里八乡的穿走务工，将生存的技能与地方性物质资源尽其所能进行传递，增加收入的同时，也改善了当地可供耕种的田地缺少，产粮不足的困境。人的求生智慧往往是在生活所迫中激发出来的。大自然是公平的，没有足够的田地却拥有大片的山林。当地人靠山吃山，在山地大量种植十八杉，每年到雨季河流暴涨的时候，村民就会把那些伐下的木材顺着河流放排，转卖到其他地方。这些资源同样可以转换成生存的物质条件。同时，由外地传入的种茶技术，使得当地的生产结构发生较大的改变，本地土壤和气候条件非常适宜茶树生长。虽然，以前没有种茶的传统，但一朝掌握种植技能，便可因地制宜地改变土地生产习惯，增加经济收入。这是民族性中所固有的智慧体现，并在族群与族群之间，乡村与土地之间流通循环，改变、影响着地方性的特质。

笔者在 2009 年主持云南省腾冲县（现云南省腾冲市）的银杏村旅游规划设计，根据工作需要我们对该村展开现状调研。了解到生活在这里的村民大多都是宋代戍边汉族军士的后裔，由内地派驻于此，并非土生土长的本地人。由于路途遥远艰辛，又不知前途吉凶，为寄托念家之情，在出征之前每人携带一株家乡的银杏树苗，种植于屯军驻地，久而久之成为一种文化传统和生态现象。如今，该村银杏林已达 5000 亩，蔚为壮观，最古老的银杏已有 800 年的树龄，这里还形成了种植和认养银杏的乡约习俗，原本不产银杏的村落却因数百年间人为坚持而改变了地方物产和生态景象。

三、西部乡建中的地方性立场与民族性视域的作用

民族性视域实际上是对现实改变的一种历史性的反观，也是在地方性受到改变时的一种观照，地方性的改变直接影响由此而生的民族性。改革开放后的东部乡村发展亦是明显的前车之鉴，当工业化和城市化迅速改变乡村生产生活现状的同时，也动摇了民族性所含的一切特质。农村成为工厂，民居换成洋楼，传统生活空间的格局完全被打破，生产方式成为一种格式化的集团行为，人与人之间有工作程序的合作，却没有相互了解和交流。民族性中衣、食、住、行的偏爱和信仰习俗在工业化、现代化、商业化的强力作用下快速改变。今天我们很难在东部 90 后的年轻人身上直观判断出他们的民族身份，这是一种进步，还是一种遗憾？目前，西部乡村振兴正面临更高的要求和更复杂的考验，不仅仅是城市化、工业化和智能化的发展，更重要的是落实十九大乡村振兴总方针的"产业兴旺、生态宜居、乡风文明、治理有效、生活富裕"要求。

党的十九大乡村振兴总方针是对中国乡村发展作出的历史性总结，根据数千年来农耕社会所形成的文化传统和生产生活方式，结合当代社会发展、科技发展的趋势所提炼出来的，适合中国乡村振兴的目标、方式的要求。所有五个方面的内容都与地方性与民族性相关，其中前四个是基础、条件，后一个是目标、结果。本书对西部乡村建设的研究首先要基于对国家乡村振兴政策的准确理解、解读，使研究具有政策依托和明确导向，具有现实价值。

1. 产业兴旺

中国西部乡村自古以来依靠传统的自然农作方式，靠天靠地、精耕细作，收成受制于地方的自然条件影响。虽有部分手工艺服务产业，却只能起到辅助和补充的作用。其自给自足的小农经济仍然作为乡村经济的主导，产业结构单一。新中国成立后对乡村经济建设有过几次重大的政策推行，从公有制土地改革到人民公社集体生产，从改革开放后的包产到户到今天的乡村振兴，都在探索中国乡村"三农"问题的科学性、合理性的解决方案。目前，城市化的进程直接影响乡村，并在信息化、智能化的科技条件下形成城乡一体的发展格局，为乡村产业结构的拓展与调整创造了有利条件。产业兴旺是建立在更新乡村产业现状的基础上进行的多元化产业尝试。西部乡村长期以传统农业为主，地理气候和土壤等自然条件限制了农业自身大发展的可能性，区域整体经济处于贫困的状态。因此，在利用科技条件更新优化第一产业的基础上，西部乡村应大力发展第三产业（手工业、旅游业、颐养业等），多方面带动乡村经济发展，从而改善村民的生活品质。

2. 生态宜居

生态指两个方面，一是自然生态，二是人文生态。这两个方面的生态状况都直接与地方性和民族性相互关联。中国传统文化精神是"天人合一"，中国传统乡村追求的是"和谐人居"，其实质都是自然生态与人文生态的协调统一，缺一不可，只有这样才能创造宜居的生活环境。近些年，中国许多经济发达的地区，花费高昂的代价修复被破坏的自然生态环境和恢复被毁坏的人文生态，以弥补盲目工业化所造成的区域性、系统性生态缺失的问题。由此，我们才深刻地认识到习近平总书记提出的"绿水青山就是金山银山"的道理。西部乡村建设必须充分吸取东部地区乡村发展的经验教训，杜绝以破坏生态环境为代价换取地方GDP的短期增长的短视功利主义。西部乡村虽处于经济欠发达、现代化发展相对滞后的地区。但却较完整地保留了地方性的自然生态与多民族、多民俗的人文生态的原真性；才具有优化更新第一产业，发展第三产业的条件与后发优势；才具备创造新时代生态宜居的乡村环境。

3. 乡风文明

自古以来，乡风民俗是中国乡村社会自治、自我管理、自我约束的根本伦理条件。从家训教养到村规乡约，再到道德教化，都充分体现了中国广大乡村

高度自治、自觉的道德传统，并在不同的地方、不同的族群、以不同的方式体现。今天，西部乡村建设将面临多种地域条件和多种民族道德信仰，给现代社会管理机制和道德规范转变提出要求，如何顺应现代乡村社会发展的要求，又兼顾传承不同民族、地域历史形成的优秀道德风尚，是西部乡村物质文明与精神文明双向建设的重要任务。乡风文明是构建乡村振兴、和谐发展的社会基础条件。

4. 治理有效

"治理有效"和"乡风文明"是一个承上启下的关系，都能对乡村社会的各方面秩序进行有效的约束，是一个由"他律"到"自律"的转变过程。"乡风文明"建设主要针对乡村社会道德、家庭伦理的传袭与发展；而"治理有效"则是针对乡村生态环境、产业发展、生产条件、经济分配等方面的优化与更新。现阶段处于国家大力推进城镇化和乡村建设的重大转折时期，新政策的落实与推进，如何在乡村基层管理上有效地跟进和体现是工作难点。西部乡村的情况相较其他地方要复杂得多，尤其是多民族、多族群共同生活的乡村，信仰与习俗的差异在长久共处的过程中已逐渐磨合形成一种共识和规则，这种约定俗成的规则是乡村保持稳定和谐的基础，同生活、生产环境息息相关，不易更改。治理不仅仅针对当地物质环境的改善，更重要的是根据当地人的需求改变以及旧有生产、生活方式的改变而制定针对性的措施应对。不以经济指标为发展的唯一目的，在改善生产条件、产业结构的同时兼顾传统生产方式和生活习俗、乡村社会规则，建立和谐的乡村人居环境，是体现"治理有效"的基本条件。

5. 生活富裕

乡村生活富裕是国家整体发展实现小康的根本保障，也是乡村振兴的终极目标。通过以上四个方面的建设，建立和谐宜居的乡村环境，并达到生活富裕的小康条件，需要具备开创性的发展思路和执行能力。西部乡村因各种条件的制约，长期以来造成的发展不充分状况，并非在短时间内可以迅速改变。不仅需要政策引导、政府支持、社会帮扶等外在条件，还要有自觉、自发、自我超越的内在要求，只有内外因的结合才能真正解决西部乡村发展的问题。

四、乡村建设中如何发挥地方性立场与民族性视域的作用

通过近几年对乡村问题的思考和政策执行情况的研究，结合对国内外多地乡村实地调研的认识，针对西部不同地域乡村的独特条件，从以下几个方面理解地方性立场与民族性视域的作用：

（一）地理与气候特征——决定物产（生产）与居住方式（建筑）

地理与气候特性对于当地的生产与生活有着至关重要的影响。中国有句古话"靠天吃饭"，指明了传统农业与当地自然气候条件的关系；地方性也包含了当地土壤的特性和土地的特征，决定着生长在土地上的各种物产和人。这两方面构成的地方物理特性直接决定了当地的生产方式和生活方式，以及居住方式，自然也造就了具有地方性的民风、民俗。这些长久积存下来的特性已经成为代表一方土地的自然与人文的"根性"。因此，乡村建设不仅不能忽视其存在的价值，而且更应该加以尊重和保护，并在建设和发展中有效地利用。乡村建设的根本目的是改善民生，而地方性与民族性则是民生的内涵，它不是一成不变的，随着时代的发展其特性与内涵也在不断地发展与更新，从我们调研的案例中可以清楚地发现，地方性与民族性在生产与生活环境发展中所产生的作用，同时也体现出社会发展对其产生改变的反作用。

成都市蒲江县甘溪镇明月村

明月村距离成都市区只需一个半小时的车程，很多人对这里早有耳闻，对于周边游或者短期度假的游客而言，不易产生长时间旅途的疲惫，正好在一个容易接受的距离范围内，这也正是它的区位优势条件。其接待中心是由均匀的卵石大面积拼贴在周围的矮墙及其建筑表皮上，入口用铁锈板镂空雕刻出了"国际陶艺村"的标志，接待中心是简洁现代建筑，村里的景观植物主要由大量修剪整齐的茶树和果树组成。

明月村作为四川省一个乡村建设的成功案例，其建设的契机得益于早期一个房地产开发公司的项目定位，目的是把当地的明月窑进行原址复建，以此为契机再做一些商业开发和旅游项目。当时政府认为这种开发模式不会给村民带来更多实质性的利益，对明月村的发展也无太大价值。于是，这个项目被搁置

下来。新一届政府领导班子研究该村发展时，受到之前思路的启发，转换了观念和方法。由政府主导，把整个村子的发展纳入区域整体规划考虑之中，围绕传统手工艺遗址开发，以文化、艺术、传统工艺为建设目标，梳理了多条发展路径，其中之一便是通过吸引艺术家、匠师文创工作室入驻，带动明月村本土手工艺的发展。

明月村原生产业主要有两个，一是种植业（茶叶、雷竹），二是陶艺。这里百余年来一直以种植茶叶为主。同时，茶树和竹可以作为一种观赏植物，村民们将茶树修剪得整齐美观，形成具有观赏性的种植景观，用时尚的表述叫大地艺术；竹原本是这里的野生植物，由于笋可食用，竹可加工，并具有传统审美价值，是天然的生态景观，满足城市人向往田园生活的愿景。茶树是常绿植物，不像其他的农作物，采集收割完后就剩下一片凋零，没有可观赏价值。茶树可以根据不同季节分很多次采摘，并且可以常年保持郁葱的景象，这使得乡村景观能够保持在一种鲜活、生长的稳定状态。此外，茶叶、竹作为中国传统文化的代表物质载体，一直以来深受社会各阶层人士青睐。因此，以茶、竹文化为主题的乡村度假旅游环境具备很大的市场吸引力。明月村的得名与另一产业——制陶业的发展密不可分，取自历史上著名的明月窑。这个村庄之前并不叫明月村，而是由两个村庄合并而成今天的明月村。明月村的明月古窑，使得村落传统更具有历史典故可考，也成为发展现代制陶产业、传承传统手工技艺、丰富旅游文化、促进旅游业发展的基础条件。以此衍生出各种手工艺和新业态，极大地满足了旅游爱好者的好奇心和体验热情，不仅促进了当地经济的发展，同时也吸引了大量中青年艺术家、匠师和创业者走入明月村与其一同发展，成为村落新的生命力。

明月村的实际案例让我们认识到，没有建设不好的乡村，只有缺乏想象的思路和缺乏创新的作为。只有基于地方性与民族性的创新发展，才是西部乡村建设的关键所在。

（二）乡村产业转型与城市需求——距离决定价值

在城市化、工业化高速发展的进程中，乡村的发展与城市的需求有直接关系。高新企业引入、大规模开发、休闲娱乐、养老业、服务业等几乎所有城市无法容纳的产业都会向周边乡村推进，这使得乡村不仅因村民进城务工而造成劳动力短缺，土地用途也发生了性质改变，乡村的生产方式因城市需要悄悄发生改变。从目前普遍现象来看，乡村经济发展的快慢似乎取决于同城市之间的距离，离城越近，土地的利用价值越高。土地价值不在于是否肥沃、产出多少，而是具有多少被城市所需产业进入的土地占用价值。这直接改变了传统村民对土地的认知。城乡互动的效率成为土地增值的重要参考，距离近则利用效率高，运输出行成本低，远则相反。这已成为东部乡村发展的主要现象，在西部也出现同样的情况。单纯依靠传统小农生产方式显然无法支撑今天村民的生活需求，但只为发展经济而不问其如何发展，则不可持续。产业兴旺，是要灵活、有效地利用土地资源，发展适宜地方性的特色产业，服务于城市与乡村的需求，而不是放弃"三农"本位将农村变为城市附属的工业区。针对乡村产业发展与城市的关系愈加紧密，乡村需要清醒地认识自身条件（区位、劳动力、交通、物产、民族人文特色、自然生态条件等），进行有针对性的择优产业发展。以区位与交通条件为基础，思考乡村与城市的供需，充分利用不同区位环境与物产资源，形成近、中、远不同距离背景下的乡村产业布局。

1. 近郊乡村

近年来，城市的快速发展，使得乡村基础产业的功能因此而改变，大量城市需求的经济作物已形成规模化的产业链，不仅仅是粮食、蔬菜、水果、茶等食物，城市生活所需要的花卉苗木等观赏性植物和植地也形成了巨大的生产基地。与此同时，由于近郊乡村紧邻城市，生态条件、空气质量优于城市，便于出行，供给便捷，具有良好的可达性和机动性，促使近郊乡村近些年在周末旅游、特色餐饮、康养等方面迅速发展，使近郊乡村第三产业呈现出多样化发展的格局，尤其是康养业发展。

中国已步入老龄化社会时期，在未来 20 年这种现象有增无减。由于老龄人群不再创造新的社会价值，而逐渐成为弱势群体，无法获得更多的城市资源，活动与颐养条件逐渐由市区向郊区转移。从前的一些退休职工疗养院和老干部疗养院等机构也因社会保障机制的完善，而退出历史舞台。在此背景下，近郊的区位优势凸显出来。地价、房价、建设成本相较市区更低廉，康养代价易于接受；距离医院不太远，交通便捷有利于老人就医和救治，同时也便于子女亲属探望；外部环境开阔，活动空间大、生态条件好、空气质量高，适合老年人户外活动。这些天然条件使得近郊乡村出现多种不同规模的个体经营性养老院。由于大多是自发形成的经营管理，养老院软硬件条件和管理水平参差不齐，也造成了一些亟待解决的社会问题。

2. 中远距离乡村

从历史上看，远郊乡村的贫困原因除土地贫瘠、水资源缺乏等不良自然条件外，产业单一、意识守旧、交通闭塞等也是重要影响因素。自给自足的小农生产方式仅能满足于一家人的基本温饱，不仅限制了眼界，更束缚了思想。不了解乡村以外的社会需要，也不了解自身的优劣条件，按照祖祖辈辈流传下来的旧有经验生产、生活，因而贫困难以改变。现在交通、通信、网络技术的普及极大地改善了乡村封闭的状态，实现了村村通公路，解决了人与物的流通问题，给中远距离的乡村发展创造了更多获取机会的基础条件。因此，如何发展则成为乡村自身应该认真思考的问题。对历史遗留问题造成现状的主要原因进行反向思考，深入调研邻近大、中、小城市市场消费与乡村产出的供需关系，以乡村与不同城市之间的距离为思考问题的基础条件，并结合自身现有条件寻找乡村建设发展的着力点。

通常情况，人们以驱车时间来衡量乡村与城市的距离，1个小时以内的车程大约 40 千米为中距离郊区，1个半左右车程大约 60 千米~100 千米内为远郊乡村。中远距离乡村适合根据当地条件结合城市需求发展种植业、养殖业。从自身环境、风貌与人文特色入手，思考发展周末度假旅游，引入先进的种植与养殖技术结合，形成立体景观农业，以"美丽乡村和美丽田园"的风景作为乡村旅游的有力支撑。

（三）资源决定产生方式与生存方式

中国传统乡村的农业生产是"上靠天、下靠地"的自然产业形式，地方性的自然条件和物产资源决定了在此生存的人的生产形式和生活方式。平原的乡村和山地乡村存在巨大的差异，以成渝两地乡村为例，反映出各自不同的发展现象。成渝两地 20 多年前同属于四川省，一个在川西、一个在川东，成都地处川西平原，重庆地处川东丘陵，相距 200 余千米，口音相似，统称四川话，不是四川人很难发现各自的不同。成都平原土地平整而肥沃，河道纵横、交通发达，物产丰富、生活富足，自古以来被称为"天府之国"。乡村农业、手工业、服务业发达，产业多样，乡村民居条件普遍优于四川其他地区，多以独立院落居住，并将生产与生活的多种功能有机地融入民居环境之中，形成独特的"产居型"民居院落。如成都周边乡村的"林盘"民居院落，夹江县周边手工造纸村落民居，都具有特殊的生产与生活一体化功能。重庆则紧邻长江和嘉陵江，水路交通便捷，是历史上主要的入川码头和物流集散地，由于地形起伏较大，农耕条件和物产资源远不及川西的乡村丰富，川东地区传统手工艺也不及川西地区多样，村民生活较为贫困。乡村民居多以单体木构（吊脚楼）或单体木构石瓦房为主，因地制宜地修建栖身之所。大山大水的自然条件，使得川东地区生活方式与沃野平川、秀美富饶的川西平原风貌迥异。不同地域环境的自然资源条件促成了不同生产、生活状态。传统农耕时期，川西地区生产环境也是生活环境，居住空间也是农产品加工、家庭手工业制作的生产空间，但物产的丰富和独特也使得生产方式由简单的耕种发展为专业手工制作生产，由于其专属性生产对环境的要求，而直接影响民居院落格局的形成，以及空间使用功能的改变。以下通过实际研究案例印证地方性条件对民生的影响。

如：地处成都平原的乐山市夹江县马村乡造纸村落，当地雨水充沛、河道纵横、气候湿润、盛产慈竹，自唐末以来以竹造纸就成为当地的支柱产业。夹江是中国传统纸业两大发源地之一，夹江宣纸也成为中国继安徽宣纸（宣城宣纸）之后的书画纸品，其历史深远、影响广泛，成为中国文化发展史中不可忽略的物质文化载体。由于当地竹资源丰富，以竹为原材料造纸成为当地纸业特色，并以此形成有别于宣城造纸的独特工艺和纸品特性。明清时期当地造纸产业达到鼎盛，成为中国宣纸主要产地之一，几乎各村各户都以抄纸为业，由此形成独具一格的集造纸生产与生活一体化的"产居型"民居院落。该民居无论院落格局或是建筑形态，以及室内空间划分都具有生产与生活的多功能性。院落格局利用河道水系引入院中，进入不同泡池，按流程进行浸泡、分解、漂清等工序。工匠进入室内作坊进行抄纸，然后分别置于室内外晾晒。所有加工工序需要在不同场地和室内空间条件下完成，而一家一户的造纸作坊，各自由来已久沉淀下来的造纸工艺、制作过程、材料配比等技术要领需要保密，这也便于人、财、物的管理，以家庭为单位制作管理是保障这一切技术信息安全的最可靠的条件。这便注定与生活粘连一体，同样是日出而作、日落而息，劳作、吃住都在自家院落中完成，安全、高效。因此，院落与建筑必然根据生产流程的需要和生活要求进行建构，形成院落有竹林相伴，院内有流水穿越、水池相连用以处理竹材；民居建筑多为悬山屋顶，屋檐超长，遮挡阳光避免直射墙体；墙面光洁，用于纸张铺贴和晾晒；室内有若干工作间用以制浆、抄纸等工作。这些特殊的功能要求使得院落、民居形态与川西其他地方相比较有很大的不同，"产居型"是一方水土资源滋养出的独特的民居形式。出于生产、生活的需要，院落、天井、廊道被系统规划，纵横交错、回环往复、内外通达。晴不顶烈日，雨不湿脚鞋，可走遍全宅各个角落，为造纸提供良好的洁净条件。

近些年来受工业化和城镇化的影响，马村乡手工纸业凋敝，大量劳动力外流，手工纸无论从品质的稳定性、生产量和生产成本，都无法与工业造纸相比。加之长期形成的手工造纸用水未经处理地直接排放进河道，造成当地下游河流、土壤的污染，手工纸业被迫叫停。鉴于以上各种问题，马村乡手工纸业从鼎盛时期的一百余家，衰退至今仅存七家勉强维持，因前景惨淡后继无人，传统手工艺技艺随时间而流失。马村乡自古以来大部分村民以纸为生、为业，如今纸业衰败，又不能回归农耕，只能外出务工。生产方式的转向促使生活境遇的改变，也使得大量独具特色的"产居型"院落民居空置，最后只有消失。面对马村乡典型的兴衰变迁，启发我们如何思考这类传统村落应该选择何种思路进行建设和发展？最简单的方式是用工业造纸替代手工制纸，既可以大量生产降低成本、稳定品质，又可以减少污染，还可以让外出务工村民返乡参与生产。这基本上是重复东部地区乡村发展的路径，将乡村变为工厂，将村民变成个人。但马村乡失去的是什么？西部地区失去的是什么？是一个完整的传统文化生态系统的消失，一个中国引以为傲的四大发明之一的纸品发源地的业态消失，以及相关的传统全产业链瓦解，川西平原最具典型性的"产居型"民居村落的消失。如果以此发展乡村，无问其地方性、民族性、民俗性、历史性、独特性的基因，而短视地追求一些指标，所付出的代价将无法估量。

土地与人的养育关系并非单向性的，不仅形成生态关系，同时也生成了伦理关系。中国人自古以来无论君王、平民都对土地深怀敬畏，将大地神化并予以崇拜，有专祀的土地庙、地坛、山神庙等，供奉土地神灵，并将其生活化、世俗化、人性化。不论南北，几乎所有的土地神都是老人，称之为土地爷，如同自己家的长者、先人，而且常以一对夫妇的形象共同祭拜，非常生活化和接地气。在乡村人的眼里，土地是直接关系到生活的前景，是生活的依赖，不是帝王将相眼中的江山社稷，是生命离不开的组成部分。因此，才有"生于斯、死于斯""叶落归根、入土为安"的生命信念和土地图腾。传统农耕生产方式注定了乡民与乡土、地缘与血缘关系，也孕育了中国农耕文化"天人合一"的思想，才有北宋理学家张载对环境与人伦的认知，"天地之塞吾其体，天地之帅吾其性，民吾同胞，物吾与也"。

以小农经济为基础的人地关系遭遇现代工业文明的冲击时，打破的不仅仅是传统的生产方式与生活方式，同时也改变了乡村社会存续长久的伦理关系。工业化的集体合作创造了个体精耕细作无法企及的经济价值，形成以群体主义为背景的新的利益共同体，有可能导致为满足群体利益而牺牲个体利益成为一个普遍问题。这从根本上动摇了以个体家庭为生产单位的传统乡村社会基础，植根于乡土的耕作技艺与世代传袭的手工艺随乡村人地关系的分离而逐渐消失。今天，在乡村里掌握季节耕种和手工技艺的人已存留不多，而年轻人中有此技艺的人更少之又少，中国乡村的衰退不仅体现在传统耕作能力的衰退上，也体现在人与土地关系的疏远上。

第二章

一次关于乡建的实验

一、项目背景

中国特色社会主义进入了新时代，中国要强，农业必须强；中国要美，农村必须美；中国要富，农民必须富。"三农"问题是中国特色社会主义事业发展的根本性问题。

随着"新型城镇化"和"美丽中国"的提出，美丽乡村作为国家新型城镇化战略的重要组成部分。"留得住青山绿水，记得住乡愁"是新时代农村建设的目标与呼声，也是地方性与民族性的扩展，"青山绿水"是特定的环境生态的景象，"乡愁"则是民族性、地方性的人文表意。寄托世代乡愁的乡村汇集着中华文化丰富的知识与情感，是民族文化本底，是乡村建设提供取之不尽、用之不竭的资源素材。

多姿多彩的美丽乡村构成气象万千的美丽中国。因此，改善农村人居环境、建设美丽宜居乡村，是实施乡村振兴战略的一项重要任务。四川美术学院环境设计专业，多年来一直深耕传统村落民居营建研究及其当代示范性应用，注重地域文化在乡村传承中的发展，致力于传统乡土文化的活态传承，坚持绿色设计的创新研究，保护乡村生态资源的循环利用，构建人文生态的美丽乡村环境。"'美丽中国行'——西南乡村建设创新营建人才培养"项目依托四川美术学院强大的教育资源，以设计创新推动乡村绿色和谐发展，围绕"三农"、三生为主轴的乡村建设与可持续，以培养乡村创新建设骨干人才为着力点，以提高新时代乡村建设水平为目标。

二、项目意义

乡村是人类古老的聚落形式，也是当代人居环境的重要组成部分。目前，在我国新型城镇化和城乡一体化进程中，西南大量乡村有待建设，反观东部的断裂式发展已经造成了地域乡土文化与民俗风貌的消失，为西南地区乡村建设提供了值得警示的教训。为此，针对中国西部乡土文化的传承、传统乡村形态的保护、乡村生态环境的发展等方面进行梳理和设计提升，培养具有综合素质的乡村创新营建人才，对我国美丽乡村规划建设的研究和实践有所助益。四川美术学院申报的国家艺术基金"'美丽中国行'——西南乡村建设创新营建人

才培养"项目的主要价值有以下几个方面:

第一,推动西部地域文化保护,传承多民族文化精神。中国西部地域辽阔、民族众多、人文丰富,传统地域文化在乡村有深厚的根基,以传统建筑、传统手工艺以及传承人等多种渠道与载体流传下来,保有先人的积累、文化的记忆和乡村劳动者的智慧。乡村建设与发展不仅仅靠政府和资本的力量,更重要的是唤起村民的自觉意识和自强意识。因此,对乡村本土创新营建人才的培训提升,不仅能够保持乡村的固有特色,还能推动乡村生活方式的存续与传统人文的传承,以对接时代发展的步调。

第二,突出特色乡建,促进农村经济发展。我国许多传统村落都有优美的景色,随着农村城镇化进程的加快和乡村建设的政策性提速,导致乡村同质化现象严重,失去了乡村长久积累形成的独特魅力。乡村建设只有通过对当地基层干部、建设骨干等直接关系人进行创新营建培养,使其具备一定的审美素质、问题分析能力、对传统文化认知能力和建设管理的综合能力,能够带领村民保护、挖掘当地传统人文资源,发展生态条件,更新产业结构,建设有特色的乡村人居环境,促使乡村建设向个性化升级,提升乡村旅游品牌的品质,并推动农村经济发展。

第三,创新美丽乡村建设的营建方式。建筑是构成乡村建设的主体,但乡村建设不是简单的营建技术和乡土材料的使用。依据当地风貌、尊重生活习俗、优化生态条件,改造不适应的民居、破败的街巷,整理荒置凌乱的田园、无序的植物,治理污染不良的河道水系等景观条件,通过村民自己的双手,用自己的方式与智慧改变家乡的风貌,并继承发扬良好的乡土习俗。本项目以营建专业知识做指导,以人文的、生态的理念为引导,结合乡村自身的优势,进行乡村美丽建设教育,形成有效的美丽乡村营建模式。

第四,教学内容和教学方式的创新,从育人的本位上入手。四川美术学院多年来在社会美育、创新设计教育、艺术创作教学等方面具备国内一流的师资水平和教学条件,完全能够胜任对乡村建设人才的培养。本项目在课程设置中,依托国家乡村振兴的政策背景和方针要求,结合现代设计转向乡村建设的发展趋势,不断拓展设计视野,利用社会学、人类学、民俗学等交叉学科的研究成果和学术理论，积极作用于乡村社会实践。在项目人才培养上，强调现实与教学的融合，理论与实践相结合，提倡在服务于地方经济的前提下，结合现代设计方法和艺术观念指导乡村建设实践。同时开设绿色设计理论、非物质保护理论、品牌建设理论等课程，介绍国内外乡村建设和设计的实践案例，全面提高学生的综合素质。在培训方式上，采取不同专业教授交叉授课的形式，在多个课程中深入浅出地传达理论知识，并组织参观、考察优秀的建设案例。实践环节由多名教授、在校研究生与培训学员共同进行，探讨学员所在乡村现实问题，寻找解决问题的方法与思路，共同考察不同乡村，了解乡村生产生活现状和当地文化。这样多角度的设计课程有着深刻的现实意义，党的十八大、十九大以来，习近平总书记就建设美丽乡村和乡村振兴，提出了一系列的新政策、新理念、新论断、新举措。中国要强，农业必须强；中国要美，农村必须美；中国要富，农民必须富。强调搞新农村建设要注意生态环境保护，注意乡土味道，体现农村特点，保留乡村风貌，坚持传承文化，发展有历史记忆、地域特色、民族特点的美丽城镇。"'美丽中国行'——西南乡村建设创新营建人才培养"项目正是贯彻十九大精神，促进乡村建设创新发展，推动美丽乡村建设的进程，以乡村振兴为目标，以总方针为导向，以实际行动提升农民的生产能力、鉴赏能力、建设能力，努力达成帮扶精准、培养有效、教育有方的目标。四川美术学院申请的这项工作也体现了践行的社会主义核心价值观，互促共进、平等参与、城乡共享现代文明成果，共同促进国民素质和社会文明程度的提升。提高农村建设水平，是建设和谐社会的重要标志，也是我们在国家"十三五"规划下的重要一环。

三、培养目标

该项目力求在新时代乡村振兴战略背景下探索西部乡村创新营建的方式，培养创新型、复合型的乡村建设人才，从而为"美丽乡村"建设，提供持续人才输出。同时，提高乡村建设人才的创新营建能力和素质，用人文、生态的知识指导营建技术的运用，以理论知识与设计实践交叉学习为主。

四、人员构成

1. 师资队伍构成

"'美丽中国行'——西南乡村建设创新营建人才培养"项目，负责人为四川美术学院潘召南教授，具有30余年的教学经验。主持多项乡村建设实际项目和研究项目，具有丰富的设计实践经验。在项目负责人的积极组织下，汇集了校内外多位知名教授、学者以及行业专家，共同组成多学科教师团队。课程知识丰富，实操性强，不仅有理论的阐述，同时也结合多地田野调查和实际案例分析，开拓学员视野，提升工作能力，使得他们对乡建工作有更为深入的认识与思考。

潘召南

工作单位｜四川美术学院

职务职称｜四川美术学院创作科研处长、教授、资深室内设计师、国际A级景观设计师、中国美术家协会会员

荣誉情况｜2005年4月被感动中国建筑设计高峰论坛评为"中国最具影响力的设计师"

2007年12月任光华龙腾奖"中国设计业十大杰出青年"中国评委

2010年1月任重庆市设计委员会主任

2011年3月任重庆市政管理委员会专家委员

2015年3月任被评为"2014中国设计年度人物"

2015年11月任光华龙腾奖"中国设计业十大杰出青年"评委

2016年4月任教育部人文社会科学研究项目评审专家

2017年2月任国家社科基金艺术学项目评审专家

2014年参与主研科技部、建设部"十二五重大国家科技支撑项目——中国传统村落民居营建工艺保护、传承与利用技术集成"课题

2016年6月主持重庆市教委研究生教改重大项目"艺术设计学科产教合作创新性人才培养模式实践"

2016年12月主持重庆市艺科联重点项目——"西部美丽乡村建设中的地方性立场与民族性视域"（16ZD033）

2017年1月主持重庆市社科重点项目——"西部乡建的设计伦理重构研究"

2018年10月任国家艺术基金会项目评审专家

2019年11月入选重庆市首批"重庆英才计划——创新领军人才"

2019年12月被重庆市教委授予"巴渝学者特聘教授"

赵　宇

工作单位｜四川美术学院

职务职称｜四川美术学院环境设计系系主任，副教授

荣誉情况｜2007年12月任光华龙腾奖"中国设计业十大杰出青年"中国评委
四川美术学院硕士研究生导师，中国建筑装饰协会设计委员会委
员，重庆市建设工程勘察设计专家咨询委员会园林景观专业和装
饰装修专业委员会专家

詹文瑶

工作单位｜四川美术学院

职务职称｜教授

荣誉情况｜四川美术学院视觉传达专业学科带头人，重庆市中青年骨干教师，
重庆市五一巾帼标兵，重庆市规划委城市形象评审专家，获得重
庆市第一届美术专项奖，获得中华人民共和国国务院新闻办奖励

陈继军

工作单位｜中国建筑设计研究院

职务职称｜高级工程师

荣誉情况｜中国民族建筑研究会设计委员会副主任，中国民族建筑研究会特
聘专家

张　月

工作单位｜清华大学

职务职称｜清华大学美术学院环境设计系教授、博士生导师，中国建筑装饰
协会设计委员会副主任，中国室内装饰协会设计委员会副主任，
中国民族建筑研究会设计委员会副主任，中国民族建筑研究会特
聘专家

荣誉情况丨教育部高等教育文科计算机基础教学艺术类分委会委员，北京市
　　　　　高等教育自学考试环境艺术设计类专业委员和课程委员，也门马
　　　　　里普饭店室内设计，北京人民大会堂甘肃厅室内设计，北京中国
　　　　　国际贸易中心室内设计，1990 年北京亚运会环境设计，浙江省人大
　　　　　会堂室内设计

王　铁

工作单位丨中央美术学院
职务职称丨中央美术学院建筑设计研究院院长、教授、博士导师，匈牙利（国立）
　　　　　佩奇大学工程与信息科学学院客座教授、博士生导师，一带一路城
　　　　　市文化研究联盟学术委员，中国美术家协会环境艺术委员会委员，
　　　　　中国建筑装饰协会常务理事，设计委员会主任
荣誉情况丨2010 年 ~2017 年河北省秦皇岛市北戴河区政协第七届、第八届委员
　　　　　2010 年被授予河北省秦皇岛市北戴河区荣誉市民
　　　　　2014 年中国年度设计人物
　　　　　2015 年 3 月荣获匈牙利（国立）佩奇大学荣誉博士学位（建校
　　　　　548 年以来首位华人）

彭兆荣

工作单位丨四川美术学院
职务职称丨四川美术学院中国艺术遗产研究中心主任，首席专家、博士生导师，
　　　　　厦门大学人类学系主任兼人类学研究所所长，中国人类学学会副秘
　　　　　书长，中国文学人类学研究会副会长兼秘书长，中国艺术人类学研
　　　　　究会副会长，北京大学特聘项目博士生指导教授，四川大学文学与
　　　　　人类学研究所教授
荣誉情况丨担任"联合国教科文组织（UNESCO）人与生物圈（MAB）中国委
　　　　　员会委员"，曾经代表中华人民共和国非物质遗产专家委员会参
　　　　　加"联合国非物质文化遗产缔约国政府间特别会议"，审议"非

物质文化遗产遴选标准草案"工作，主持国家级非物质文化遗产代表项目之一泉州"南音"向联合国申报"人类非物质文化"代表名录的项目工作

·

谢亚平

工作单位｜四川美术学院

职务职称｜四川美术学院艺术教育学院院长

荣誉情况｜参与中央与地方共建高校特色优势学科实验室西南民族民间工艺实验室筹建，重庆人文社科基地当代视觉中心《西南民间工艺生态研究》，清华大学艺术与科学研究中心染牌非物质文化遗产研究与保护基金《四川荣隆地区民间夏布历史与工艺研究》《传统绞缬工艺方法与传承》，"十二五"国家科技支撑计划《传统村落民居营建工艺传承、保护与利用技术集成与示范》等科研项目

2.培养对象构成

招生简章的发布后经过严格筛选，项目招收了云南、广西、贵州、青海、湖南、重庆等西部地区规划建设专业工作人员、乡村建设基层管理干部、高校创新设计骨干以及开发文旅专业人士，共20名学员，其中少数民族学员有7人。地域和职业分布广，政策上照顾西部偏远少数民族地区，学员年龄最小24岁，最大49岁，是西南乡村建设代表性骨干群体。

五、课程体系

项目采用理论讲授、观摩辅导、集中授课、田野调研、实践创作、讲座研讨、专家点评等多种形式相结合的方式进行授课（图2-1）。本项目培训时长70天，共分三个阶段进行：第一阶段为集中基础知识培训；第二个阶段为田野考察与设计实践；第三阶段为结项验收及设计作品展览。

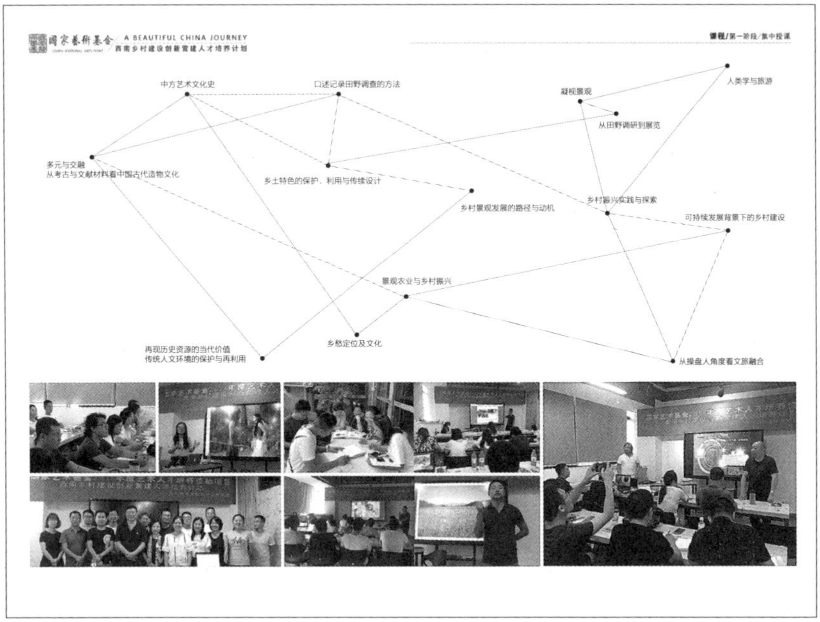

图 2-1 课程体系（课题组自制）

1. 理论课程

项目培训的主要课程为《中国设计简史》《西方艺术简史》《田野调查方法》《美丽乡村设计方法与乡村振兴思路》《乡建中再现地域性、民族性与生产性特征》《中外优秀特色村落比较赏析》《历史文化名村规划》《乡土中国与西部乡土》《乡土特色的保护、利用与传续设计》《乡土特色品牌战略》《乡村视觉形态与产业建构》等。

2. 实践课程

项目负责人及专家教师团队带领项目组学员深入江西、浙江、江苏等地开展田野调查，实地探访优秀乡村建设案例，学习发达地区乡村建设经验，开拓乡村建设视野。

第 三 章

知 与 寻

乡村振兴是中国农村发展的重大战略部署。党的十九大报告首次提出，要矢志不渝地贯彻实施乡村振兴战略。乡村振兴的基础是美丽乡村。党的十九大提出乡村振兴战略是"迄今为止乡村最为重大的利好"。

就美丽乡村建设而言，有"四个新"尤为让人振奋：一是把"美丽"二字写进了奋斗目标，形成"富强、民主、文明、和谐、美丽的社会主义现代化强国"新表述；二是对主要矛盾认知出现转化，形成"人民日益增长的美好生活需要和不平衡不充分的发展之间的矛盾"新判断；三是"美丽中国"独立成章，推动形成"人与自然和谐发展现代化建设"新格局；四是提出乡村振兴战略，形成"产业兴旺、生态宜居、乡风文明、治理有效、生活富裕"新要求。这是前所未有的机遇，"四个新"必将把美丽乡村带进新时代。[①]

乡村振兴战略与美丽乡村建设一脉相承，兼顾战略层面的部署和措施层面的抓手，共同构成了新时代"三农"发展的基本架构。乡村振兴战略是一定时期的战略性安排，美丽乡村建设则几乎是永恒的话题。因此，在乡村振兴的大背景下，追寻乡村发展与变迁的历史，踏寻乡村、认识脚下这片乡土以及探寻乡村建设案例，对美丽乡村的探讨和营建具有重大历史和现实意义。

本项目主要从追寻乡史、踏寻乡土、探寻乡建三个方面搭建西南乡村建设创新营建人才培养的理论课程体系架构。以下将通过阐述这三个方面的具体内容论证理论课程体系的意义和价值。

一、追寻乡史

中国的乡村文化迄今已有数千年历史，相比其他文化的断断续续或覆灭，中国的乡村文化由于得天独厚的地理位置和相对稳定的政治环境，在总体流变和孕育—雏形—定性—强化的建构过程中使得其变迁相对较小。

文化是世代累积的智慧精髓，而乡村文化是中国传统文化的根脉，是中国文化不断生长的丰厚文化土壤。文化是民族的血脉，是人民的精神家园，也是

---

① 魏玉栋. 乡村振兴战略与美丽乡村建设[J]. 中共党史研究，2018（3）.

一个国家和民族异于其他国家和民族最骄傲的标志，其特点就是地域性和民族性。乡村文化作为扎根于中国乡村的母土文化，是中国传统文化的一个支脉，因地缘和人文环境的差异，其地域性和民族性更加强烈。[①] 可以说，"乡村文化是中国几千年文化传承的重要载体，在乡村文化中保留了中国文化的DNA。"[②]

"乡村是中华文化发源和传承的重要载体，拥有众多的文化遗产和自然遗产。"[③] 对我国乡村文化发展脉络进行研究具有极其重要的理论和现实意义。在充分继承和弘扬乡村文化的基础上，利用乡村文化自身的功能为乡村全面振兴服务，为乡村经济社会稳定提供可持续发展服务。因此，本项目把追寻乡史作为一个重要的内容开设了"找回老家""认知生态旅游"等课程，使学员在正确把握乡村文化建设方向的前提下，深入挖掘与整理乡村优秀文化，加强对乡村历史文化和自然遗产、民俗文化、名人故居的修缮和保护。

（一）彭兆荣：找回老家

课程名称：《找回老家：乡土社会之家园景观》

课程概述：新农村、新民居建设进行得如火如荼，很多地方的村庄得到了新的规划布局，从原来的布局散乱、道路崎岖，逐步变成了房屋整齐、道路宽阔。但是由于各种原因，大多数的农村建设都套用了一种模式，形成了千村一面的状况，没有了乡土的本应赋予的那种纯朴和与众不同。乡土建筑的特色也没有体现出来，与周围的景观时常会体现出格格不入。乡土建筑代表的历史文化价值是不容忽视的。

乡土景观虽然只是日常生活的场景，与自然协调的风景，却能体现一个特定地方的精神。家园是人们最初生长的地方，也是人们记忆归属永远伴随的"祖地"。根据这一观点，阐述了"和顺古镇""江村"和"龙脊梯田"三个案例。此外，彭教授还讲述了传统文化中"五行"在景中的作用与运用，其中包括"风

① 赵金子，赵王青.实现乡村振兴的文化建设之路[J].沈阳工业大学学报，2019（5）：409-414.

② 张文明，牟维勇，张孝德.乡村文化复兴开启文化为王新时代———第三届中国乡村文明发展论坛综述[J].经济研究参考，2015（66）：58-61.

③ 张军.乡村价值定位与乡村振兴[J].中国农村经济，2018（1）：2-10.

水"布置，针对"风水"布置，详细阐述了贵州省遵义市的一个村落。最后，彭教授总结了如何留住乡土，与城市保持差异性。变"被动"为"主动"，因为乡土社会包括自主性"加速"移动的潜质。

1. 何处是故乡

从基层看去，中国社会是乡土性的。

——费孝通

中国这个国家，仿佛是集家而成乡，集乡而成国……所以要从乡入手。

——梁漱溟

人类的秩序、伦理从聚集开始。无论何种原居都是"故乡"，那不仅是人类的栖息地，也是秩序和伦理的原生地，是人类社会性的开始。

（1）家园的"表情"

乡土社会的基本形制是村落，即通常所说的"家园"；它成为最为重要的乡土景观。作为栖居动物的人，将自己视为景观的一部分，是景观的产物。

——约翰·布林克霍夫·杰克逊《发现乡土景观》

乡土景观是视觉印象，由特殊的形式化标识承载。同时，也是历史记忆和文化认同的最后根据。中国传统栖居以农耕为肌理。

舜耕历山，历山之人皆让畔；渔雷泽，雷泽上人皆让居；陶河滨，河滨器皆不苦窳。一年而所居成聚，二年成邑，三年成都。尧乃赐舜缔衣，与琴，为筑仓廪，予牛羊。

——《史记·五帝本纪》

乡土景观虽然只是日常生活的场景，与自然协调的风景，却是体现一个特定地方的精神，体现文化多样性。乡土性的家园的历史在创造和确立地方感，创造家园遗产等方面都扮演着重要角色。

家园是人们最初生长的地方，也是人们记忆归属永远伴随的"祖地"。

（2）景在"五行"中

水火者，百姓之所饮食也；金木者，百姓之所兴作也；土者，万物之所资生也，是为人用。

——《尚书大传》

故先王以土与金木水火杂，以成百物。

——《国语·郑语》

中国的"乡土景观"需从"五行"开始。中国的"乡土"是一个非常复杂的，集各种元素、材料、符号、关系于一体的结构系统。

（3）"被加速"的乡村旅游景观

全球化所伴随的移动性，不仅使传统的乡土社会本身被带动，并加速了移动的变迁，原先自治性的"静止乡村"在很短的时间内也骤然"被提速"。什么才是理想的风景画？诗意的田园？闲逸的日常？静止的过去？娱乐的体验？

乡土社会包含着自主性"加速"移动的潜质。保持完好的自然生态，村庄与自然构成一种和谐的整体景观。保持完好的农村传统习俗，包括生产、生活方式、民居、宗教、仪式、庆典、习惯等。具有鲜明的民族或地域特色，不是被设计师规划建造出来的"人工景观"。

旅游作为一个全球最大的产业，也随着移动性进入传统的乡村，不少村落也正以"主动"的姿态迎接大众旅游的到来。游客的到来，传统的生产、生计、生活的节律被打乱，历史形成牢固的社会结构可能产生松动。静止的乡土如何面对移动的人群，被动的应对如何转变为主动的迎接。这与其说是一种所谓的"转型"，不如说是一种对乡土社会的考验和检验。

（4）找回老家

在整个中华文明的历史中，"城市"作为乡土的一部分，遗留了许多乡土的因子和因素，更为直接的还是乡村，即"乡"与"土"的结合。

"乡土"的历史价值以"传统"昭示代际之承。"传统"是一个不易把控的概念，它是一个不断"累叠"的过程，各种各样的版块、土石都会沉积下来，它们都在时间的推演中呈现出各种各样的时态、形态和状态，仿佛"传统的发明"。

2. 回归乡土

我们在寻找和重新建构中国的乡土景观时，有一个重要的前提——必须厘清中西方历史价值观所赋予的各类景观，回归乡土，找回自己。探求中国具有"本土"特色的大众旅游发展模式。

3. 课程讨论

学员分成两个小组围绕"什么是景观"，以及"如何推进乡土景观"两个问题进行讨论。在组员给彭兆荣教授汇报每组的想法之后，彭教授强调要做好景观，必须要了解西方景观、中国景观、中国乡土景观。并且提出"行政权力其实对设计的影响并不大"的观点。对"景观"二字，彭教授拆分成"景"与"观"，首先"景"就是光，是一个时间的概念；"观"是用眼睛看。

（二）彭兆荣：认知生态旅游

课程名称：《认知生态旅游》

课程概述：青海省政府把生态放到很重要的位置，保护生态，但有可能会忽略GDP；生态旅游是一种新型的、可持续的旅游活动，有利于增强人们生态保护意识；将旅游对东道主社会所形成的负面影响和作用降至最小，保留和保存地方传统文化和遗产；充分考虑旅游给东道主社会和民众所带来的好处和利益；旅游和生态在一起，我们找到一个原则：旅游的同时生态不会被破坏，乡村旅游不把生态放在第一位，很难发展下去；生态旅游必须遵循几个部分：持续性应该包含环境、社会、文化和经济几个相互联系的事业；将教育的因素融入旅游活动之中；生态史观，早期生态观、近代生态观、现代自然观、当下深层生态自然观（人类中心、生物中心、生态中心）；早期部落把生物、动物、植物当作自己的亲属；介绍了"人与生物圈计划"，人与生物保持和谐关系，人与生物圈保护是区域性的保护；要保留环境自然的状态，不要毁坏乡村为代价，要尊重农业；稻田文化、图绘文化的进入，2003 年进入大图画、大地艺术时期，2005 年日本传统文化整体性，浮世日本历史文物引进稻田，扩大范围。2006 年，风神雷神主题，介绍大地文化的历史。2010 年介入光影的技术，历史剧的图案。

1. 什么是生态旅游

1983 年，墨西哥学者谢贝洛斯·拉斯克瑞提出"生态旅游"一词；

1986 年，生态旅游被定义为"一种常规的旅游形式"（国际环境会议）；

1993 年，生态旅游被定义为"具有保护自然环境和维系当代人们生活双重责任的旅游活动"（国际生态旅游协会）；

1995 年，生态旅游被定义为在生态学的观点、理论指导下，享受、认识和保护自然和文化遗产，带有生态科教和科普的一种专项旅游活动（中国）。

学界形成以下几个方面的共识：

生态旅游是一种新型的、可持续的旅游活动，有利于增强人们生态保护的意识；将旅游对东道主社会所形成的负面影响和作用降至最小，保留和保存地方传统文化和遗产；充分考虑旅游给东道主社会和民众所带来的好处和利益等；旅游决策部门和经营管理部门在旅游决策和管理方面将生态保护作为重要内容加以考虑。

2. 生态旅游的社会背景

（1）人类文明进展的需要；（2）自然保护区生态环境保护的需要；（3）旅游业可持续发展的需要；（4）生态学本身的发展也为生态旅游的形成和发展提供了理论依据。

3. 生态旅游政治学

生态旅游并不是一件孤立的旅游行为；事实上它是作为一种政治方面的价值转型，即所谓"新政治学"——追求"稳定的、持续性生活方式的利益"有关，与"新社会环境运动"紧密地联系在一起。所以，生态保护与生态旅游不仅是实践层面的事务，也是政治事务。"环境批评和公共环境的议题在过去的三十年里已经促使西方政治学上的明显转型……由生态环境问题所产生的难以对付的困难都必然出现在环境政治学中，或者'生态政治学'之中"。

以"生态主义"为原则的"新旅游"，艾克斯利归纳出五个基本视野：与政治组织联系的观点表达、地方性基本和主要的观念、以保护资源为目标（可持续性）的视野、政策与政治性项目和决策、生态旅游的应用性观点。

4. 可持续发展旅游

首先，这是一个未来构想，或一组理念，它来自环境或如所谓的"绿色旅游""生态旅游"的概念所激发。

其次，它以一种特殊性的形式将环境保护融在了生态发展与变化之中。"旅游的可持续性"被视作一个系统工程：对资源需要做合理的安排、经济发展对地方群体的利益、履行社会义务、创建优美形象、确定环境参数机制、维护生物的多样性、重新确认旅游的第三产业的角色等。生态旅游必须遵循以下几个部分：持续性应该包含环境、社会、文化和经济几个相互关联的事业。将教育因素融入旅游活动之中。这里的"教育"包括"旅客—东道主"双方通过旅游活动获得的教育。生态旅游能否成立，与地方性参与关系密切。

最后，任何社会活动都属于历史形态中的延续过程，是在传统基础上支撑和支持起来的社会行为。

5. 生态理念与生态旅游

德国生物学家黑克尔首创"生态"。20 世纪 20 年代，文化生态学建立自己的地位。该理论最重要的贡献在于认识到生态和文化不可分离，二者相互作用，互为因果。

文化生态学的基本思想是：环境和文化皆非既定，而是相互界定。环境在人类事务中的作用是积极的，而不仅仅是限制或选择。其代表人物斯图尔德将人类与环境关系归纳为：环境与开发或生产技术之间的相互关系；行为模式与开发技术之间的相互关系；行为模式对文化其他部分影响的程度。

健康的生态旅游必须是游客与旅游地生态资源之间的关系是永续性的，而非破坏性的、毁灭性的。

6. 生态史观

生态史观经历了早期生态观、近代生态观、现代自然观和当下深层生态自然观。当下深层生态自然观是以人类、生物和生态为中心。

7. 中国古代的生态观

中国古代的生态观主要体现在林业、渔业和野生动物的保护观念上。

（1）林业保护

春三月，山林不登斧，以成草木之长。

——《逸周书·大聚》

草木荣华滋硕之时，则斧斤不入山林，不夭其生，不绝其长也。

——《荀子·王制》

斧斤以时入山林，材木不可胜用也。   ——《孟子·梁惠王上》

（2）渔业保护

夏三月，川泽不入网罟，以成鱼鳖之长。

——《逸周书·大聚》

污池、渊沼、川泽，谨其时禁，故鱼鳖优多而百姓有余用也。

——《荀子·王制》

数罟不入洿池，鱼鳖不可胜食也。

——《孟子·梁惠王上》

（3）野生动物保护

畋渔以时，童不夭胎，马不驰骛，土不失宜。

——《逸周书·文传解》

鸟兽孕……兽虞于是乎禁罝罗。

——《国语·鲁语上》

当春三月……毋杀畜生，毋拊卵。　　　　——《管子·禁藏》

8. 人与生物圈

米歇尔·巴蒂斯（1923—2004）："人与生物圈计划"（MAB）开拓者，认为，在 MAB 项目的框架中，有必要建立一些特殊的区域，能将生物多样性的保护与满足当地人基本生活需求结合起来，并协助生态学研究和培训。

9. 国家公园的起源与变迁：黄石公园的例子

（1）公园的起源：园林、狩猎保护区和公有土地

古巴比伦王尼布甲尼撒为取悦妻子而模仿其家乡景象修建的"空中花园"。

（2）美国的村落公园—城镇公园—城市公园（风景公墓）

1634 年"波士顿公地"建立。在独立战争之前，英国人把这里当成营地，战后一直到 1817 年这里又是公共绞刑场。今天"波士顿公地"是市民们聚会的公园。2006 年 10 月 21 日，公地成为一项新的世界纪录的诞生地，30128 个南瓜灯同时在公园里点亮。

1831 年 9 月 24 日，第一个国家"景观墓园"诞生了。1851 年，真正"城市公园"——纽约的中央公园出现。

（3）国家公园与自然保护区理念的诞生

乔治·卡特林 1832 年沿着密苏里河上游写生，不仅带回了印第安人的肖像，还带回一个宏伟的规划——建立一个巨大的保护区，在此可以看到原始的美和野性；一个有人类、有野兽的"国家公园"。

（4）公园理念的巅峰：黄石国家公园

1872年3月1日格兰特总统签署了《设立黄石国家公园法案》，世界上第一家国家公园诞生了。黄石国家公园不仅是第一个由联邦政府管理的、以为休闲目的保护起来的野地，更是一个完美管理的先锋模式。在黄石国家公园建立20多年后，它的经验催生了其他的国家公园，促进了国家公园制度的成长，国家公园制度因此致力于保护，以及如何智慧地利用这些不可替代的国家遗产。保护的理念在黄石诞生，散布到全球。

（5）管理："回归自然"

1963年，一个由顶级科学家组成的国家公园咨询团基于科学研究发表了一份报告，建议公园应该在生物自己的生态系统中"维持生物关系"，这就是有名的"里奥波德报告"。该文件为公园建构的管理框架，至今在整个国家公园系统中沿用。根据新的管理哲学，黄石进行了调整，将过去不自然的自然资源管理法变为自然调节，也就是通常说的生态过程管理。

（6）黄石留给我们的遗产

用实践建构了一个恒久的概念：国家公园。在国家范围内保护自然美景和历史财富，以便全人类都有机会反思他们自己的自然和文化遗产，有机会回归自然获得精神的重生；美国用"荒野"作为自己的国家名片，用以建构这片新大陆、新国家的认同感；1962年，在西雅图一次关于国家公园的会议，世界自然保护联盟（IUCN）提出这些国家公园是具有国际重要性的。联合国教科文组织世界自然遗产的理念，从某种意义上说，就是国家公园这一理念的国际化拓展。

二、踏寻乡土

在建构乡村景观时，不仅要充分考虑当地的地理位置和环境，还要了解当地乡村历史及文化遗产。人类学的田野调查方法为深入了解乡村历史、自然遗产和文化遗产等内容提供了一套行之有效的办法。每一位设计者通过大量的田野调查和乡村调研，能让他更加立体和多维地掌握乡村的文化特征，为设计出

符合时代需求、乡村需求的规划打下坚实的基础。

（ ·）谢亚平：田野调查

课程名称：《田野调查方法》

课程概述： 在讲述田野研究方法时着重强调了文献在进行田野调查法之前的作用。文献的来源主要是政策咨询类、公开出版论文和著作类、地方文献（资料汇编、家谱、个人文本）、档案类，并介绍了文献搜索的方式、网址、类别等。同时通过一篇博士论文为例讲解了文献资料的作用及重要性。通过徽派建筑民居营建技艺的调研，从案例出发，讲述了乡村调研的一些感受和经验。如何做到从文献到田野的过程。

徽派建筑民居营建技艺调研是国家科技支撑项目"传统村落保护规划与技术传承关键技术研究"的一部分，调研的主要考察地点是江西省婺源县、安徽省黟县（宏村、卢村、碧山及黟县图书馆）、歙县、泾县，整个考察时间为8天。本次调研的目的是验证之前关于营建工艺文化调研的规范；尝试与其他各个小组的合作模式；地方性资料的检索，为项目其他组提供依据。同时确立了三个方向的研究：第一，地方性资料检索，为项目其他组提供依据。系统收集了《黄山区志》（2008年、2012年版本）、《黄山市屯溪区志》《徽州区志》《祁门县志》《歙县县志》（3个版本）、《休宁县志》等地方文献中行业习俗、工匠习俗等方面文献图片。此外，系统整理《徽州技艺》（六卷）中与民居相关的项目、传承人信息。可以为该地区典型性样本采集提供工匠名单和核对数据信息。第二，整个徽州地区营建礼仪与习俗。通过与文献核对，发现礼仪习俗集中在：选址（风水）、动土（吉日、仪式）、上梁（上梁歌、摆酒）、落成（摆酒）四大环节。按照徽州老传统，基本相似，每个村略有不同。第三，工匠采访。如木工、木雕、砖雕、石雕、古建材料厂工匠等。对工地工匠的采访有随机性，有时候信息含量不高，建议配合重要传承人信息修正。《徽州技艺》（六卷）中包括大量当地工匠姓名和项目，可以作为以后补充依据。

（二）张习文：口述史

课程名称：《田野考察方法之口述记录的田野调查方法》

　　课程概述：田野考察的基本方法有直接观察法、访谈法、实物测量法、资料采集法、历史溯源和科技整合等，其中通过深度访谈的方式进行口述记录可以作为认识乡村、理解乡村和融入乡村的一种方法。张习文老师从以下几个方面重点阐述了口述记录的田野调查法：什么是口述史；口述史的发展历史；为什么要做口述史；怎么做口述史；非物质文化遗产口述史研究的特殊性等。并介绍了口述记录田野工作程序有三个阶段流程。准备工作阶段：拟定提纲、建立信任、选择地址、了解背景、组织分工、准备器材；实地考察阶段：获准进入、建立信任、深度访谈、收集资料；整理分析阶段：分类整理、分析资料、文本转译。

1. 什么是口述史

　　口述历史是以录音访谈的方式搜集口传记忆以及具有历史意义的个人观点。

——唐纳德·里奇《大家来做口述历史》

　　通过传统的笔录或者录音和录影等现代技术手段的使用记录历史事件的当事人或者目击者的回忆而保存的口述凭证。

——杨祥银《与历史对话——口述历史的理论和实践》

　　作为现代意义的口述史学，实际上是通过有计划的访谈和录音技术，然后再经过筛选和比照，分析和辨伪，进行历史研究的方法及其成果。

——梁景和《关于"口述史"的思考》

　　口述史既是一种研究方法，也是一种成果、一门独立的学科。狭义上的口述史不仅强调史料搜集过程，更强调对史料进行研究，作为夯实史学研究的补充材料与方法。在这一过程中就存在将口述史料与文献相结合进行史料的筛选与甄别，一些基于口述史料基础上完成的研究性论文或著作都属于这一范畴。广义上的"口述史"即是主要以搜集口述史料为主体的历史研究过程，方法是采访人对口述对象进行访谈，并将访谈内容经由整理、编辑后形成的"访谈式口述实录"，强调原真性的保留访谈内容的史料。

2. 口述史的发展历史

动则左史书之，言则右史书之。

——《礼记·玉藻》

子曰："学而时习之，不亦说乎？有朋自远方来，不亦乐乎？人不知而不愠，不亦君子乎？"

——《论语》

始公孙季功、董生与夏无且游，具知其事，为余道之如是。

—— 司马迁《史记·刺客列传赞》

《荷马史诗》、古希腊史学家修昔底德的《伯罗奔尼撒战争史》、希罗多德的《历史》、《马可·波罗游记》、斯诺的《西行漫游记》等都是口述史的代表作。

20 世纪初，口述史从旧史学发展为新史学，这是一种从由上而下转变为由下而上的视角，从"社会精英"转向"社会平民大众"的过程。

美国人约瑟夫·古尔德于 1940 年提出"口述历史"，才真正和"访谈"联系到了一起，后随着艾伦·芮文思在哥伦比亚大学建立世界上第一座现代口述史档案馆，标志着现代口述史的诞生。代表性著作有保尔·汤普逊《过去的声音——口述史》、唐纳德·里奇《大家来做口述历史》等。

3. 口述史的类型

专题式口述史：《口述史学视角下的南京大屠杀史研究》《大漆髹饰传承人口述史》

传记式口述史：《沈从文晚年口述》《启功口述历史》《张学良口述历史》

事件式口述史：《共和国要事口述史》

社区式口述史：《创造平等：中国西北女童教育口述史》《西江苗族妇女口述史研究》《八路军口述史》《中国知青口述史》

生命史口述史：《最后的记忆：十六位旗人妇女的口述历史》

4. 为什么要做口述史

非遗抢救性保护的最有力工具；新方法拓展新视野；实现保护精神与学术目标的统一。

5. 口述史的主要方法——口述访谈法

（1）访谈法的质性研究特征

质性研究所关心的不只是具体事件或行为本身。质是具有动态与意义的特质，包含过程和意义的双重意义。

质性研究的代表性方法：深入访谈法。

纽曼《社会研究方法：量化研究与质性研究取向》一书中，将质性研究的特征归纳为6个方面：重视社会脉络；个别研究的价值；研究者的诚实；过程和时间顺序；意义的诠释；以建构理论为目标。

（2）具有质性研究特征的访谈方法具有四个特征

①有目的的谈话

质性研究的访谈与一般交谈不同，它是研究者根据某一特定的研究目的所进行的语言与非语言的沟通，通过沟通来收集相关的口述研究资料，以便探究所研究的现象或者行动意义。

②双向交流的过程

访谈是访谈者与受访者根据某一特定的专题，进行语言与非语言的双向交流过程，在访谈中，访谈者与受访者不断地互动，共同建构出对研究现象或行动的意义诠释。

③平等的互动关系

质性研究的访谈工作，大多是在一种自然情景中进行的。研究者与受访者之间是一种平等的关系。

④积极的倾听

通过访谈的方式搜集资料的过程中，听比说重要得多。

（3）口述访谈方法的价值

①让弱势群体发出自己的声音；

②弥补文字历史资料的不足；

③一种生命历程的再现；

④解释事件的方法；

⑤挑战主流的历史观点；

⑥双向互动的经验。

6. 口述记录田野工作程序的三个阶段流程

（1）第一阶段：准备工作阶段

拟定提纲、建立信任、选择地址、了解背景、组织分工、准备器材等，具体包括：

①访谈者的素质准备。

②文献与设备、组织分工准备：实施考察前的案头工作，收集相关背景文献资料，包括地方志、地理介绍、历史文献、地理杂志、地方人物传记等。准备考察记录所需的录音笔、摄像机、笔记本、地图、测绘工具、三脚架等，同时对参与考察人员进行组织分工。

③访谈类型与对象的选择

访谈类型：一般分为单人访谈和多人访谈。单人访谈，以研究者的传记、自传或者回忆录的形式来呈现；多人访谈，以某一群体或者团体为研究对象的口述史研究，侧重特定历史时间的历史事件或者是历史专题的研究。

主要访谈对象：关联度高的人，如民俗的口述历史项目主要访谈对象是地方文化工作者、民间信仰者、民间老人。

为每一位访谈者建立个人档案：姓名、年龄、信仰、职业、简历等个人信息。

④考察时间和地点的确定：认真选择考察地点，遵守访谈时间和地点由被访者决定的原则，提前预约。地点对于访谈质量起着重要影响。

⑤拟定翔实的考察提纲和访谈提纲，包括主题与问题大纲的设计：5个w。

研究什么（what）

——这项任务在哪里，在何时发生？

——每一个阶段由谁来负责？

——我们将访谈谁？

——我们将如何去做？

在哪里研究？（where）

何时研究？（when）

谁来研究？（who）

怎么研究（how）

（2）第二阶段：实地考察阶段

获准进入、建立信任、深度访谈、收集资料；访谈的方式分为结构式访谈和非结构式访谈。

①结构式访谈

结构式访谈，又称之为标准化访谈或者正式访谈。指研究者在访谈过程中，运用一系列预先设计的结构式的问题，进行资料收集的过程。一般有抽样、问卷格式，调查员不能随意变更提法，必须严格按照格式提问。

不要对研究进行过多的解释，只用设计者提供的标准解释。

不要偏离研究指南，打乱问题的顺序或者改变问题的措辞。

不要让别人打断访谈，不要让别人替被访者回答或者在被访者回答时发表她（他）对问题的看法。

不要暗示同意或者反对某个答案，不要给出在培训中统一规定的或者是由设计者提供的说明和解释。

不要解释问题的含义，可以重复问题，并且给出在培训中统一规定的或是由设计者提供的说明和解释。

不要临场发挥，比如增加答案类型或者改变问题的措辞。

②非结构式访谈

非结构式访谈，又称之为深度访谈、非正式访谈、非标准化访谈，也是田野考察中较为常用的一种访谈方式，它没有预设的问卷和固定的程序，但有一个访谈的主题和范围。不需要预先设计一套标准化的访谈大纲作为访谈的指导指南。强调如何在受访者讲述故事的自然情景中，了解受访者的复杂生活现象或者社会行为、日常生活、历史经历背后的意义。通常以开放性的题目引导访谈，可以让受访者在叙事和思考时享有充分的自主权，并有足够的时间把他们认为和主题相关的材料加进来。

深度访谈有两个重要特征：一是事前准备的访谈主题与范围，在访谈中双方都有足够的自由度来把握主题；二是深谈而不是浅谈，是深入事实的内部达到一定的深度，获取深度事实。

深度访谈应该遵循的原则：一是了解被访者日常生活情况的原则；二是提问简明扼要、突出重点，不让对方为难的原则；三是抓住发问时机、将访谈引入深度层次的原则；四是尊重对方、用心听、用心问、认真听、专心记的原则。

深度访谈三轮访谈序列：第一轮访谈着眼于受访者的生活经历；第二轮访谈让受访者在其所依背景中重构亲历过程的细节；第三轮访谈着眼于受访者对自己经历的意义反思。

（3）第三阶段：整理分析阶段、分类整理、分析资料、文本转译

①原生态资料的整理与保存

访谈结束之后，应在第一时间将录音、图片、录像等内容进行整理，将录音转成抄本。

进行口述资料的整理，包括人物传记和专题式。

②口述资料与文联史料的互证

口述史的书写过程中，研究者的思想已经不可避免地融入其中，正如迈克尔·弗里斯克所说，历史学家所做的——解释证据、权衡轻重、检查考证和联结认识因果，仍然是相当重要的。因此，整理和书写口述史一方面尽可能地保留受访者的原意；另一方面还要进行相关文献的补充和互证，这也是史学范畴运用口述史的一个基本方法。

③口述史访谈资料的分析方法

类型分析法；描述分析法；叙说分析法；内容分析法；事件分析法。

7. 非物质文化遗产口述史研究的特殊性

（1）技艺的"非语言化"

将肢体语言、经验转化为文本的过程。

除了文字记录以外，还要借助视频影像工具进行记录，使其成为"声音和影像的历史"，才能算作是完整的口述史。

（2）记忆的"物态化"

通过传承人对物的讲解能够更加直观地认识到蕴含在物背后的风格、工艺、材质、文化内涵等多层次的内容，或者关于人或物的历史记忆，这都是现有文

献资料没有的。所以非物质文化遗产口述史中的"物态化特征"使传承人能够"以物构史"。

这就要求在口述访谈过程中，注意图片的采集，以及传承人口述与物之间的对应关系，最终呈现的口述史也应该是"图文并茂"的形式，只有这样，才能建构起一个完整的非物质文化遗产的全貌。

（3）口述史的"生命历程化"

生命历程的三个范式性主题：

其一，个人的生命历程嵌入历史的时间和他们在生命岁月中所经历的时间之中，同时也被这些时间和事件所塑造着；其二，一系列的生活转变或生命事件对于某个个体发展的影响，取决于相互依赖之中；其三，个体能够通过自身的选择和行动，利用所拥有的机会，克服历史与社会环境的制约，从而建构他们自身的生命历程。生命历程理论能够给构建传承人的生命史，以及研究工艺史带来新的视角，应该积极予以借鉴。

8. 关于口述史真伪性的反思

研究口述史的目的并不仅限于求真务实的一手资料，需要竭力通过各种文献纠正民众记忆失真的一面，更应该是透过真伪的背后，通过多层次的解读来理解民间文化的脉络。最大限度地保留口述史料的原始生态性，这种原始生态性使传承主体作为"文化持有者"，掌握着重要的地方性知识，能够以自内向外的眼光来进行文化阐释。同时也反映了他们从个体化角度对进行的历史事件的记忆，折射出非遗所依托的历史文化结构，是非常难能可贵的。

（三）张颖：艺术与乡村振兴

课程名称：《日本的乡村振兴与艺术》

课程概述：课程介绍了日本两个典型的艺术节案例。

一个是青森古代稻种的新生。日本是一个以稻作文化为主的国家，受现代工业大规模生产的影响，日本青森县的手工稻作如何存续成了当地关注的一个问题。1993 年，当地有一位退休的中学美术老师，在村里用一块地开展稻田艺术实验。之后出现了不同主题的稻田艺术，吸引了很多游客。其中有两个特点值得关注：一是所有的创作者、参与者都是当地人；二是选取古代日本稻种的天然色进行创作。古代稻种的运用促进了田埂文化的生成表达。后期资金的流入、人们的关注又促进了古代稻种的培育和技术。

另一个案例是濑户内国际艺术季的乡村振兴。这是东方艺术进入乡村的个标杆案例。濑户内国际艺术季有一个目标：不是艺术家个人的表达，是为了一个人在他生命里活着的时候，可以和你一起高兴。一方面这个艺术季符合国家政策——乡村振兴和观光，让世界认知这些地方，让现代美术以新的方式进入这个地方。另一方面，这不仅仅是艺术节庆和表现，而是为了每一个土地上生存的人。

濑户内艺术季的背景主要有三个方面：自由的海、自在的岛所遭受的危机；让岛上每一个人都能发挥自己特殊的记忆；每一个人的生理对应每一种美。并分别介绍濑户内七个岛不同的艺术内容，如何用现代艺术去激活不同特征的岛。

（四）程潇潇：历史文化名城保护规划管理

课程名称：《重庆市历史文化名城保护规划管理概述》

课程概述：课程重点介绍了重庆的人文地理、历史文化、旅游发展，从多个方面讲述了重庆作为一座具有特色的历史文化名城的内容。整个课程主要从重庆名城保护的管理体系、历史建筑的规划管理、名镇名村街区风貌区的规划管理三个方面进行讲解。

1. 重庆名城保护的管理体系概况

（1）政府管理体制

重庆市历史文化名城保护实行市人民政府统一领导下的市、区县（自治县）、乡（镇）三级管理体制。（《重庆历史文化名城名镇名村保护条例》）

市政府：市人民政府负责统一领导全市历史文化名城的保护和监督管理工作。

区县（自治县）：区县（自治县）人民政府负责本辖区内历史文化名城保护和监督管理工作，是历史文化名城保护和监督管理的责任主体。主要任务包括：组织编制保护规划，开展资源普查和测绘，按年度计划开展建筑修缮，设置保护标识等。

乡（镇）街道办事处：乡（镇）、街道办事处负责辖区内具体的保护工作，包括保护对象的日常巡查、监督指导、修缮保养等。

（2）规划管理内容

保护对象：历史文化名镇、名村、街区、传统风貌区、历史建筑、传统风貌建筑。

工作内容：保护对象的申报及认定（普查）；保护规划的编制（规划编制）；保护范围内建设活动的管理。其中，保护范围：历史文化名镇、名村、街区、传统风貌区、历史建筑采用分区保护。一般情况下有三个保护层次：核心区为核心保护范围；建控区为建设控制地带；协调区为环境协调区。

对历史建筑和历史风貌有影响的建设行为都应当纳入名城规划管控。

2. 历史建筑的规划管理

（1）历史建筑定义

什么是历史建筑？

《历史文化名城名镇名村保护条例》：历史建筑是指经城市、县人民政府确定公布的具有一定保护价值，能够反映历史风貌和地方特色，未公布为文物保护单位，也未登记为不可移动文物的建筑物、构筑物。

总结：政府依法公布——具有一定价值——非文物——建（构）筑物

重庆目前有多少历史建筑？

2016 年，经重庆市政府批准并公布了第一批 176 处历史建筑，其中主城区分布有历史建筑 90 处，远郊区县分布有历史建筑 86 处。2017—2018 年，正在开展历史建筑普查，初步筛选出历史建筑备选名录约 500 处。

（2）历史建筑的责任主体

所有人（产权人）——主体责任

区县人民政府——保护责任

乡镇（街道）——巡查报告责任

相关职能部门——监督管理责任

（3）历史建筑的保护

划线保护、挂牌保护、原址保护、原貌保护、整体保护。

①划线保护——通过划定矢量的保护范围来实现规划空间管控

以沙坪坝区"园厅楼"优秀历史建筑为例。

定点定位：确定空间坐标

核心保护范围：保护重要的历史环境

本体范围：确定与相邻建筑的界限及明确保护对象

建设控制地带：确定需要进行管控地带及指导周边建设项目

②挂牌保护——在历史建筑醒目位置放置标识标牌

在确定历史建筑身份的同时要在醒目位置放置标识标牌，提醒使用者这栋建筑保护身份，这也是非常重要的保护手段。目前，重庆市 176 处历史建筑挂牌 2017 年已经全部完成。

③原址保护——原位置保留，不得擅自迁移、拆除历史建筑

《重庆市历史建筑保护与利用管理办法》规定：历史建筑应当实施原址保护，任何单位或者个人不得损坏或者擅自迁移、拆除历史建筑。特殊情况：因地震、洪水等自然灾害造成安全隐患、建设重大基础设施等原因，确需进行整体迁移异地保护的，由区县（自治县）人民政府编制迁移异地保护方案或提出补救措施，迁移异地保护方案应当遵循不改变原建筑外观和就近迁移的原则，广泛听取所有权人和相关利害关系人意见后，向市人民政府提出申请。市人民政府批转市城乡规划主管部门研究的，由市城乡规划主管部门组织相关市级主管部门对迁移方案和补救措施进行论证、公示和听证，报市人民政府审批。

原址保护案例："园厅楼"优秀历史建筑

"园厅楼"是重庆 176 处优秀历史建筑之一，位于重庆市档案馆内，由于档案馆整体搬迁，新馆建设资金缺口较大。土地储备公司没有认识到历史建筑的价值，简单地认为保留建筑的存在不利于土地出让，所以向市政府申请对历史建筑进行拆除或易地搬迁。

由于档案馆搬迁是市重点项目，市政府高度重视，搬迁还是保留一时无法决策。得到消息后，为了能更好地保护历史建筑，规划局及时开展应对研究。

为什么要强调原址保护？

保护其历史真实性，历史建筑一旦搬迁就失去了绝大部分历史信息和历史价值；历史建筑，尤其是砖石结构的建筑，迁建施工工艺要求较高，难以原貌恢复；大多数情况下历史建筑是可以和周边建设项目共存，而且可以提升周边

的土地价值，没有拆除迁移的必要，土地储备公司为了省事简单粗暴的方式，不可取。

④原貌保护——保护外部造型和风貌特征（基本要求）

特殊价值要素：楼梯、窗户、结构、构件等。反之可以对内部使用功能和空间进行改造的，这也有利于历史建筑的活化利用。

⑤整体保护——保护构成历史环境的特征要素（花园、围墙、古树等）

历史建筑的修缮包含名镇、名村、街区、风貌区内的其他建筑修缮。

历史建筑该如何修缮？

依据《保护规划》进行修缮；历史建筑依据《历史建筑保护规划》；其他建筑依据《历史文化名镇、名村、街区、传统风貌区保护规划》。按照保护规划中，对保护要素、建筑风貌、门窗样式、屋顶材质、色彩等控制要求进行修缮。

建筑修缮手续如何办理？（手续办理复杂或者没有对应手续）

居民有诉求，管理有真空。房屋修缮、加装空调、加装烟囱、更换门窗、外墙装修清洗等问题，到底管不管？管哪些？又怎么管？

如：位于磁器口核心保护范围内的一栋传统风貌建筑，业主准备对其进行装修，用作民宿客栈，其中涉及部分立面更新改造。业主初步咨询相关部门，得到的答复是这属于装修范畴，无法办理规划手续。业主在初步沟通后认为不需要办理手续了，就准备进行施工。

普通居民对风貌保护的要求和责任认识还不到位，在实际实施过程中容易出现偏差。由于过程中又缺乏规划介入，由业主自发修缮，有可能造成风貌破坏。这时，规划应当如何介入？不管是不行的，但办理正式手续又太复杂，所以需要创新管理模式。借鉴参考了国内先进城市的经验，我们做了一个新的尝试，采取技术咨询的方式介入规划管控。

创新模式：技术咨询

通过技术咨询和规划介入，很好地将风貌保护要求结合到项目中去。同时，将效果图作为申报表的附件，指导最后的规划验收。由于创新了管理流程，整个办理过程耗时不到一周，既达到了规划介入的作用，又节省了审批时间，初步尝试使用效果非常好。

3. 名镇、名村、街区、传统风貌区的规划管理

（1）挂牌管理

同历史建筑一样，名镇、名村、街区也需要明确身份，让居民和游客知道这是一个需要保护、关注的区域。标志标牌不用很复杂，但对于保护来说非常重要。

2017年11月住建部和国家文物局开展了国家级历史文化名城名镇名村的评估检查，其中是否设置有标识标牌作为一项重要的检查任务。自查结果不理想，标志牌设置缺失或者不规范现象比较突出。

（2）划线保护（确定保护范围）

历史文化名镇、名村、街区、传统风貌区在编制保护规划时都确定了保护范围。

（3）《保护规划》管理

保护对象（保护名录）：明确哪些对象需要重点保护。如文物、历史建筑、传统风貌建筑、古树名木、街巷空间、踏步堡坎等等。

高度控制要求，根据《磁器口保护规划》文件规定：

核心保护区：建筑层数控制在3层以内（檐口高度不得高于9米），局部可采用四层。

建设控制区：建筑层数控制在4层以内（檐口高度不得高于12米），局部结合地形可放宽到5层（檐口高度15米）。

环境协调区：建筑层数控制为多层（7层以下），建筑风格要采用传统风格。

风貌控制要求：

应采用坡屋顶、小青瓦、大挑檐等传统建筑形式特征。对核心区内已建成的如银行、住宅楼等与传统风格不协调的新建筑，应拆除或按照传统建筑的格调对其降低层数并对外观进行改造。

（4）建设项目管理

明确项目位置（在哪个保护范围内）；对照《保护规划》落实保护要求，指导项目建设（核心内容）；根据具体情况，办理相应手续。

（5）常见问题及注意事项

①保护规划与现有规划（控规、总规）不符该如何处理？

《保护规划》地位等同于控规，具有同等法律效力。通常情况下，编制保护规划同时应当对相关规划进行修改或者调整。但因为部分"保护规划"深度达不到要求，会出现容积率、限高等不匹配的情况。

目前可行管理模式主要是根据编制《修建性详细规划》落实保护规划要求，同步协调各方矛盾，并提出控规修改方案，一并报市政府审批。以保护规划为主，通过修建性详细规划的方式同步修改控规。

②保护要求与部门规范规则有冲突该怎么办？

我们在实际过程中经常会遇到消防、水利、园林绿化与保护矛盾问题。在历史文化名镇、名村、街区、传统风貌区保护范围内，因历史文化遗产保护需要，可以编制修建性详细规划，确定专门的建筑密度、绿地率、建筑间距与退让、停车位配建等，详见《重庆市城市规划技术规定（新版）》。

加强前期论证的重要性。前面提到的案例，虽然以容积率转移等方式进行了控制，但协调难度较大。究其根本原因是在土地出让过程中未详细研究保护规划，一定要重视在历史文化名镇、名村、街区、传统风貌区内项目开发前，尤其是招拍挂土地出让前做好规划条件细化研究。

（五）陈继军：可持续发展

课程名称：《可持续发展背景下的乡村建设》

课程概述：本课程主要从当前乡村建设的宏观背景、乡村规划、美丽宜居乡村建设、乡村整治与人居环境改善、乡村共建和绿色生态建筑等方面阐述关于乡村建设的几点建议，讲述近年来乡村城市变化的状态，然后以理论作为基础介绍了乡村规划的宏观背景和环境改善的建议。

1. 当前乡村建设的宏观背景

乡村仍是人口的重要承载空间。乡村（村镇）仍然是未来中国大量人口（4亿—6亿）的安居故里，应转变"乡村逐步衰落认识误区"为"乡村全面振兴国家战略"的思路。

（1）乡村是国家新型发展新载体

空间建设模式：从大城市为主体转向大中小城市协调发展。

新型城镇化：国家将"中小城市""小城镇"放在和"大城市""城市群"同等的考量平台上，比过去更加重视发挥小城镇和乡村的各项功能，促进中国的城镇化健康有序推进。

美丽乡村和特色小（城）镇——竞争力越发突出：

功能——专业化、地域化；

产业——更贴近本土资源；

环境——更生态、更宜居；

区域——更融入区域组织分工。

目前，大部分乡村教育、医疗等服务设施人均水平远低于大城市和官方统计的全国平均水平。乡村在公共服务和基础设施供给、产业发展等方面还有不少短板要补，在规划的有效引导下，将成为扩大内需市场的重要组成部分。

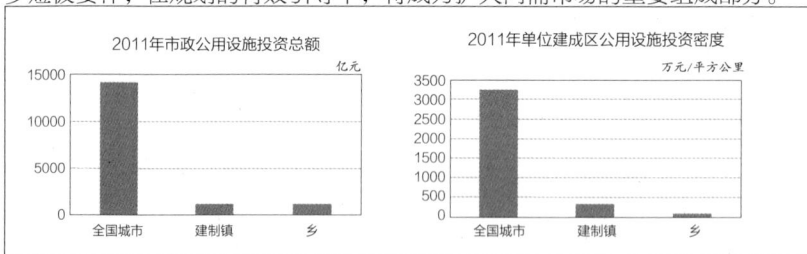

（2）国内外经验

①日本经验

1950 年—1970 年，经济高度发展，农村青壮年大量涌入城市，只剩下儿童和老弱病残，传统的村落社会迅速崩塌。工厂排放着污水，村庄被垃圾包围……政府开始重新定位农村，从单纯的产业发展角度转向视乡村为国土重要组成部分，成为"多功能空间"，融合乡村景观保护、防止水土流失、保持生物多样性、传承地域文化、创造良好生活的空间。

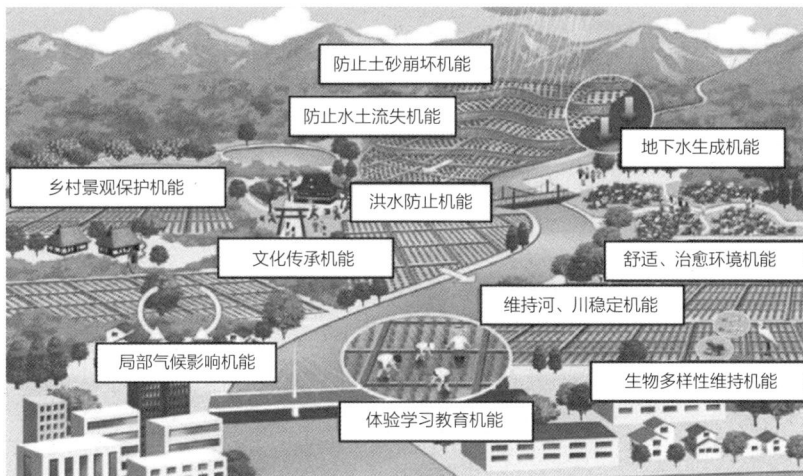

　　总结日本经验：重视对传统文化、传统风貌的尊重与传承，农村环境整治重视乡村景观维护、修复。

　　②韩国经验

发展阶段	时间	与经济开发期的对应	相关立法	主要内容
新村运动前期	1945	经济开发期前	农地改革法，山森法，道路法等。	农地的私有制改革，实现耕者有其田 农地扩张
	1961	第1次经济开发期	城市规划法，土地收用法，建筑法，公有水面填埋法，开垦促进法，国土建设综合规划法，地力增进法，土地区划整理事业法等。	城市规划、非约束性国土规划体系的建立。
新村运动第1阶段	1966	第2次经济开发期	农业基本法，农耕地形成法，酪农振兴法，草地法，农村近代化促进法，农水产品出口振兴法等。	法律事业制定阶段（1967—1970）；基础建设阶段（1967—1973）；政府财政支持、农民自主改善居住条件；扩展阶段（1974—1976）；着眼于居住环境及生活质量改善，集落公共设施建设与改善。
	1971	第3、4次经济开发期	关于农地保护与利用法，国土利用管理法，住宅建设促进法，山地开发法，产业基地开发促进法，农地扩大开发促进法等。	充实提高阶段（1977—1980）：支援农村新住宅区、农工开发区建设，鼓励发展畜牧业、农产品加工业及特产农业；自发运动阶段（1981—1988）：建立和完善新村运动的民间组织，树立规划及法规体系，进一步改善农村的生活、文化环境。
	1981	第5次经济开发期	首都圈整备规划法，农渔民收入来源开发促进法，农地租赁借贷管理法等。	
新村运动第2阶段	1988 2010	第6次经济开发期及以后	内地开发促进法，关于工业配置及工厂设置法，关于产业布局与开发法，农渔村发展特别措施法，农渔村振兴公社及农地管理基金法等。	挖掘农民收入来源；通过指定"农业振兴地域"进行农地保护；启动以"改善农工生活环境、创建农工区域、开发特产区域与农渔村休养地"等为主要内容的新村运动第二阶段。

　　③浙江经验

　　2003年，时任浙江省委书记的习近平作出了实施"千村示范万村整治"决策，揭开了浙江美丽乡村建设的宏伟篇章。

四美：科学规划布局美、村容整洁环境美、创业增收生活美、乡风文明身心美。

三宜：宜居、宜业、宜游。

"两山"理论。

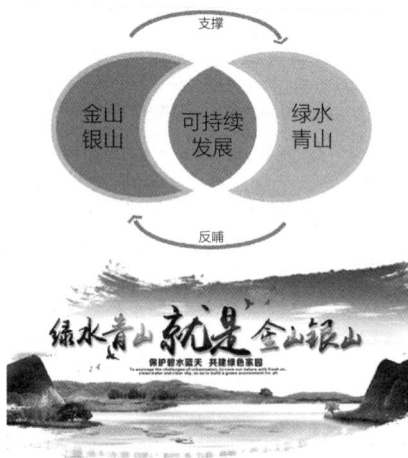

④江苏经验

特色田园乡村建设。

⑤中央高度重视农业农村工作

"乡村振兴"战略、改善农村人居环境、乡村建设新阶段、农村人居环境问题是全面建成小康社会的"短板"。

2．乡村规划

（1）新型城镇化大背景

我国正处在由农业国家向新型工业化和城镇化国家的转型时期，城镇化进程进入快速发展时期。县镇（乡）村成为国家最基层的社会治理组织结构，也是当下国家推进新型城镇化的重要组成部分。然而，在我国城镇化进程中，县镇（乡）、村域基础设施严重不足，生态和环境日趋恶化，严重制约了我国农村地区社会经济的发展，这已经成为国家推进新型城镇化和统筹城乡发展的瓶颈。

　　伴随工业化、城镇化深入推进，我国农业和农村发展正在进入新的发展阶段。党中央和国务院十分重视解决农业、农村和农民的"三农"问题，"十九大报告"进一步提出了"实施乡村振兴战略""把解决好'三农'问题作为全党工作重中之重"，坚持农业农村优先发展，确保国家粮食安全、生态安全、社会安全。

　　（2）高速城市化的负外部性

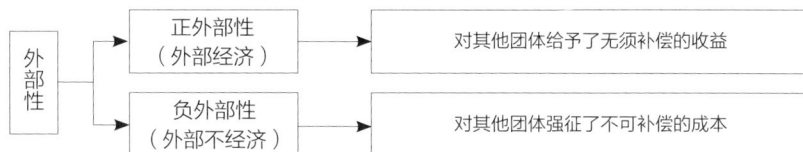

表现	乡村承担的额外成本
人口流失、城镇体系不均衡	乡村获得经济发展和享受文明进步的成本上升
机动化、郊区化	发展的经济、资源、生态环境成本急剧提高，主要由乡村承担
规范性就业滞后、失地农民问题	失业风险、生活保障等社会成本由乡村来承担

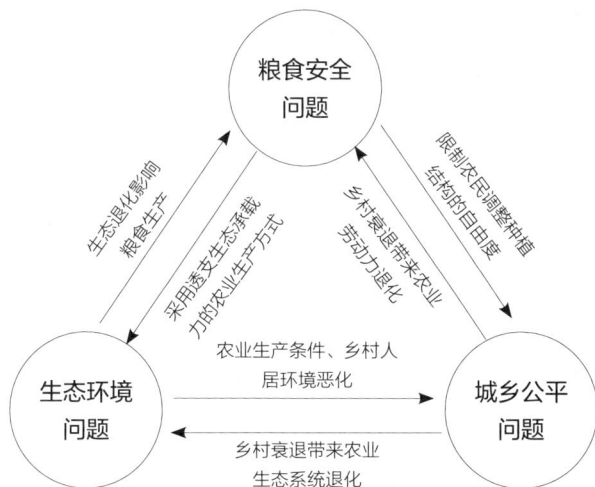

高速城市化负外部性带来的问题互锁

解决问题的关键，或者说解开这种互锁结构的钥匙，就是减小高速城市化的负外部性及其带来的乡村衰退。

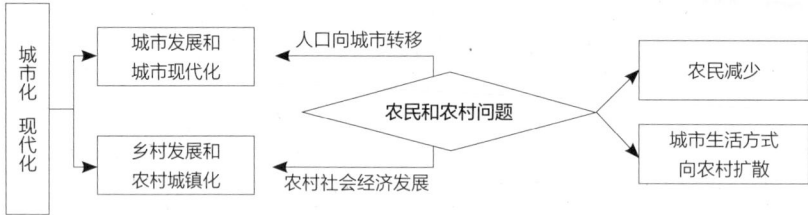

"新型城市化"和"乡村振兴"双轮驱动，成为党和国家应对我国经济社会发展转型、推进城市化进程的重要战略措施。

保障国家粮食安全、生态安全和环境安全，需要建立生态环境保护、乡村发展引导、社会公平重建和城乡一体化的复合目标体系，建构以生态本底、自然要素为本的乡村规划理念，整合农村城市化过程中的政府力、市场力和内驱力，遏制资金、土地、劳动力等要素及其价值从农村不断流失，为乡村生产安排发展空间，为乡村生活美化农村空间，从发展权益和公共服务两方面实现城乡社会公平的重建。

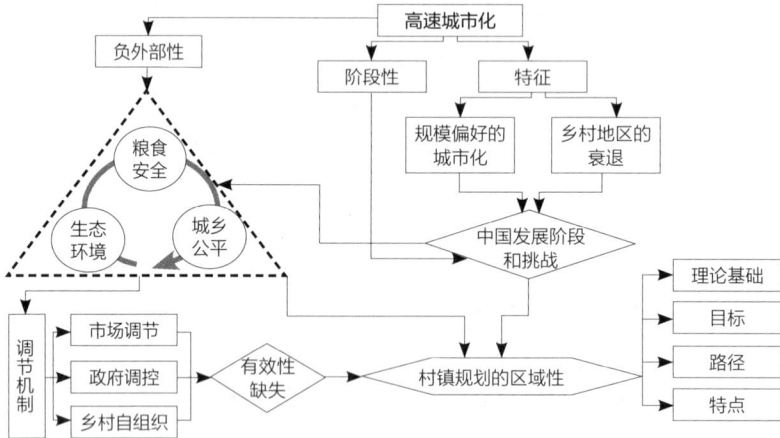

（3）乡村规划的理论、内容与方法

①内容创新

乡村较城市是一个更庞大的复杂系统，不仅仅具有生产生活功能，也存在生态环境功能，以及水、电、路、电信、资本等物质能量信息输入功能；乡村既有生活空间，也有生产和生态空间，而且与城市相反，生产和生态空间占据核心地位；乡村既要接受农业、村镇建设、国土资源、环境、水利、电力等国家纵向管理体系的管理，也要实施村自治、乡镇和县分层次的行政管理。乡村规划，需要解构互相嵌套的乡村发展系统，从乡村构成的系统要素、系统功能和系统结构梳理不同层次乡村规划的核心要素和主体内容。

乡村规划，需要依据国家主体功能区规划，从区域规划和长远规划的视角，拆开相互嵌套、关联互锁的乡村系统，以生产、生活、生态的"三生空间"为基础，划分永久农村地区和城镇化地区，建立县、镇（乡）、村三级四类，包括生态保护、产业发展、土地利用、居民点体系的布局、支撑体系建设以及管理实施等作为规划主体内容的乡村地区新型空间规划体系。

②方法创新

乡村规划，其规划目标无疑应该是综合平衡的，即应同时兼顾生态安全、经济发展和社会平等三方面的综合效益。然而，在面对一个具体的乡村区域时，一方面由于个体情况千差万别其发展的主导因素和主要问题各有不同，另一方面由于乡村的规模和体量小，一个主导因素或主要问题往往决定着整个系统的发展走势，再加上高速城市化时期乡村系统的非自主性使其主导因素的不确定性大大增加，这也为乡村规划方法论提出了实用性、有效性和可操作性方面的挑战。从乡村规划的工具理性出发，建构全要素全过程的平台式规划、面向需求导向的抽屉式规划以及以问题导向为主结合目标要求的协同式规划，力图使乡村规划去繁就简，实用可操作。

③不同层级、不同空间尺度的乡村规划衔接

乡村规划，具有系统性、层次性、综合性和鲜明的目标导向性，发展要素的有效不等于系统功能有效，系统功能有效不等于系统整体有效。要使乡村规划达到预期的规划效果，需要按照规划内容和内在逻辑关系，科学合理地设计不同层级、不同空间尺度及其相互之间的规划技术接口和内容接口。

在县—镇（乡）—村纵向空间层次上，以乡村发展目标统领各层次规划，按规划内容逐层深入。

　　鉴于规划体系的复杂性，各层次规划接口设计以简化、重叠不重复、弹性和刚性等思路进行纵横向乡村空间规划接口设计，达到"目标路径指引，各模块规划内容纵向共同作用"的整体效果。

　　为了增加乡村规划的弹性，各层次乡村规划内容接口设计，特别注重了既能保持规划的主体框架又能兼顾可能扩展的规划要素和内容模块，强化了支线拓展，替换接口、支撑体系逐层具象接口和立体实施管理接口的设计，并使乡村规划的目标、内容和实施一一贯穿其中。

　　④乡村规划思路

　　农村地区城乡空间的再划分：从区域规划和长远规划的视角，将农村空间进一步划分为永久农村地区和城镇化地区。

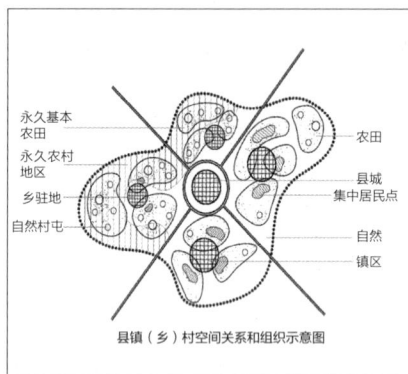

县镇（乡）村空间关系和组织示意图

　　在城镇化地区（镇域），强调高标准配套基础设施和公共服务设施，打造"花园小城镇"，增强镇的吸引力，实现其作为人口转移主要载体的功能要求。

　　在永久现代农村地区（乡域），以满足农业生产的基础设施为重点，在尊重农民意愿基础上，适度推进规模化经营，实现公共服务均等化、现代化。

　　以生态、农业、城镇"三类"空间为基础，根据有关主管部门制定的技术规范，开展县域全覆盖的资源环境承载能力评价和国土空间开发适宜性评价，根据评价结果，结合三条控制线成果划定。

　　生态空间，指具有自然属性，以提供生态服务或生态产品为主体功能的国土空间。按照生态功能极重要、生态环境极敏感，需要实施最严格管控的要求，划定生态保护红线，按照最大程度保护生态安全、构建生态屏障的要求来划定

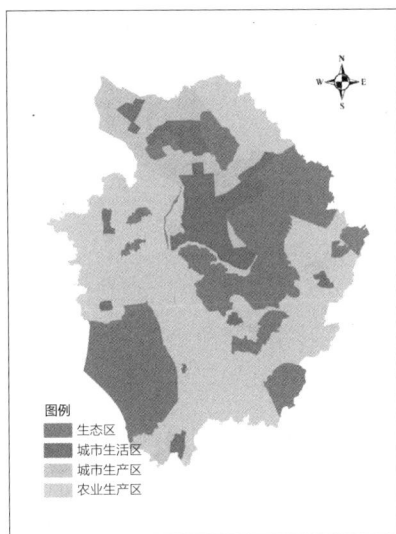

生态空间。

　　农业空间，指以农产品生产和农村居民生活为主体功能的国土空间。一般将划定的永久基本农田划入农业空间。农业空间划定时，需统筹考虑农业生产和农村生活需要。若为农产品主产区，则一般考虑保障粮食安全，优先划定为农业空间。

　　城镇空间，指以城镇建设和发展城镇经济为主体功能的国土空间，包括城镇建设空间和工矿建设空间。通常，将划定的城镇开发边界范围内区域，划入城镇空间。

　　⑤生态、产业和人口为主线的空间规划框架
　　包括生态保护，产业发展，土地利用，居民点体系的布局、支撑体系建设，以及管理实施等作为规划主体内容。

```
                            ┌─────────────────┐
                            │   区域发展规划    │
                            └────────┬────────┘
   ┌──────────┬──────────┬──────────┼──────────┬──────────────┐
┌──┴───┐ ┌────┴────┐ ┌────┴────┐ ┌──┴───┐ ┌────────┴────────┐
│规划背景│ │发展目标和│ │功能定位和│ │发展条件│ │自然资源开发与    │
│      │ │策略      │ │发展规划  │ │      │ │保护              │
└──┬───┘ └─────────┘ └────┬────┘ └──────┘ └────────┬────────┘
```

重点功能板块		非建设用地划定与管制
人口规模		水源涵养区划定
经济规模		生态区划和生态保护区划定
发展区规模		生态、生活、生产空间划定

经济和产业发展

经济功能区划
- 产业体系
- 产业集群
- 产业园区
- 静脉产业园区

城市（镇）弹性增长边界划定

发展区划定

城镇群　都市区　区域结构

空间组织

禁限建区划定

城市（镇）刚性增长边界划定

美丽乡村

交通和物流

城市（镇）建设地区概念规划

整体开发　功能区　片区发展　公共设施

规划实施和政策

空间　就业　土地　财务　协调　体制和机制

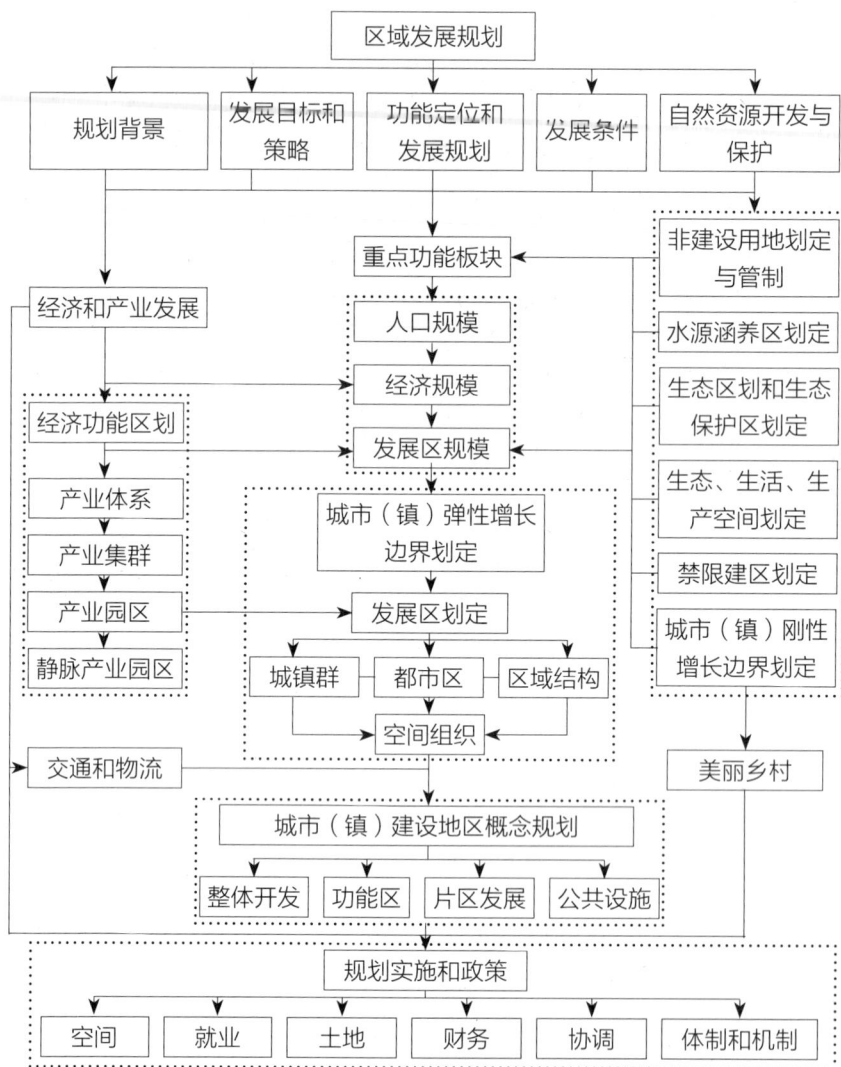

⑥村域规划编制

　　充分考虑村集体和村民自治的重要特征，重点解决农村生态资源保护、实现农业现代化以及公共服务设施与基础设施均等化等问题，引导农民生产致富、方便生活、彰显特色，提出不需要千篇一律的规划模式和刻板的规划编制内容。

3. 美丽宜居乡村建设

美丽宜居村庄应包含三个"美"：一是田园美；二是村庄美；三是生活美。

（1）田园美

田园美是村庄的自然风光和田园景观。其中，地形地貌、河湖水系、森林植被、动物栖息地或气候天象等自然景观优美、有特色，保护良好；农田、牧场、林场、鱼塘等田园景观优美，农业生产设施有地域、民族、传统或时代特色。

（2）村庄美

村庄美包括乡村的整体风貌、农房院落、乡村要素、传统文化、基础设施、环境卫生、安全防灾等。

整体风貌：村庄坐落与自然环境协调，村庄空间尺度体现乡村风貌。

农房院落：农房风格、色彩、体量体现乡村风貌，结构安全，功能健全。庭院内外整洁，有规划、有管理，无违规建房及私搭乱建现象。美丽宜居村庄的农房不应无序建设，应有规划、有引导。体现乡村风貌的农房不一定就是传统形式，也不会与生活要求相矛盾，关键在建设引导。良好的规划和管理并不是一刀切、大包大揽，替村民设计，而是对农房建设加以积极的引导，从形象上、材料上、功能上、生态上给予农房建设技术指导。

乡村要素：各类乡村要素是乡村风貌的重要载体，是乡村区别于城市的重要风貌元素。美丽宜居村庄的乡村要素应种类丰富，留存较好，且具有鲜明的地域和民族特色。

传统文化：历史遗存、地区民族文化及民俗得到良好保护与传承。

基础设施：基础设施齐全，管理维护良好。村庄道路基本硬化且通达性好，饮用水水质达标，污水有处理措施，排水良好，有公共照明，农户卫生厕所覆盖率达90%以上，人畜粪便得到有效处理与利用，电力电讯有保障。

环境卫生：村容整洁卫生，垃圾及时收集清运，有保洁人员和卫生保障机制，蚊蝇鼠蟑得到有效控制，无乱丢垃圾、乱泼脏水、恶臭等现象。

安全防灾：防灾、消防设施齐全，管理有效，无地质灾害隐患。

（3）生活美

生活美指乡村居民收入、公共服务和乡风文明都达到一定的水准。

居民收入：村民人均纯收入在所属地级市各村中名列前茅。

公共服务：入托、上学方便，入学率、巩固率达标；公交通达，村民出行及购物方便；文体场所设施完善，经常有文体活动；医疗卫生能基本满足需求，医疗养老保险覆盖率在所属地级市各村中名列前茅。

乡风文明：乡风纯朴、文明礼貌、诚实守信、遵纪守法、社会和谐。村领导班子工作好。

4. 村庄整治与人居环境改善
（1）总体要求

（2）农房改造

（3）垃圾清理

（4）杂物清理

（5）道路整治

（6）生活供水

（7）排水治污

（8）污水处理

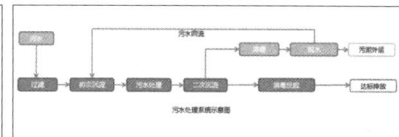

污水处理系统示意图

（9）公共设施

（10）绿化美化

（11）保护传统

（12）安全防灾

（13）长效管理

5.乡村共建

（1）为何共建

乡村社会构成发生变化——治理主体多元（话语权）

原有的种田能手；

衣锦还乡的农村年轻人；

告老还乡的中产阶层。

乡村功能全面转型——治理目标多元（发展权）

一是生态保护和建设功能；

二是文化传承和发展功能；

三是农村居民的健康居住与发展功能；

四是绿色农产品的生产与供应功能。

乡村治理基础已然存在——投入多元（时机性）

一是我国全面建成小康社会；

二是国家具有强大的财政转移支付能力；

三是乡村公共服务供给多元化趋势已然出现。

（2）乡村共建的本质与内容

乡村建设的核心：乡村社会秩序、经济结构和环境治理的重构。

乡村建设的动力：社会治理的回归，是乡村的自救和城市的救赎，二者缺一不可。

乡村建设的特征：长期性，只有开始没有结束；策略性，了解人性的弱点，发挥人性的优点；规范性，权威、程序、场所；合法性，《中华人民共和国城乡规划法》《中华人民共和国村民委员会自治法》《中华人民共和国村民委员会组织法》《中华人民共和国村民委员会选举法》；合理性，村民在乡建中居于主体地位。

乡村建设的目的：农村现代化，包括农民现代、化农村人居环境现代化、农民生活质量现代化和农业现代化等。

（3）乡村共建如何进行

乡村建设的基础：分工明确、解决问题。

公私之分：基本公共服务政府出钱、享受公共服务集体和个人共同出钱、私人空间个人出钱。

缺钱：恢复集体经济，公共建设收费采取"一事一议"制度。乡村的建设和运营维护资金提供可靠的预算；缺力：恢复投工投劳制度。

乡村建设的逻辑：由乡村规划作为单一的技术过程转向乡村规划、建设、运营和管理的系统过程。

乡村建设的态度，见下表。

当前乡村治理态度		本原乡村治理认知	
总体特征	具体体现	总体特征	具体体现
乡村城治	用对待城市的规划理念和方法规划本质与运行机制截然不同的乡村	乡村乡治	尊重乡村自身发展规律，体现尊重自然，尊重当地文化的乡村规划理论与方法
乡村逆治	夷平重建、盲目撤村并点，政策变化频繁	乡村顺治	有机更新改造，政策连贯性、一致性
乡村快治	跃进、跨越式、短期行为	乡村善治	逐步、渐进式、长效机制
乡村乱治	缺乏规划建设管理	乡村法治	将乡村规划建设管理纳入法制轨道
乡村府治	以政府行政管制作为主要手段	乡村自治	在整体科学框架约束和政府引导监管下的自管理、自运行
乡村失治	缺少社会约束和社会治理投入不足	乡村礼治	重构乡村社会秩序，增加乡村运行投入

6. 乡土生态建筑

（1）何谓乡土生态建筑

乡土建筑是指在乡村中围绕各种功能而建造的符合乡村居民日常活动的建筑。相对于人口集中的城市，乡村人口分布疏散而广阔，通常以村落或乡村聚落的形体体现。中国地域广阔，乡村风貌南北各异，从而滋生了众多独具特色的乡土建筑。

生态建筑通过平衡人、建筑和自然的关系达到可持续发展的目的。生态建筑在满足人活动所需的功能基础上，利用天然能源和人为手段构建出具有可持续发展并有利于人们舒适、健康生活的环境。生态建筑能从建筑形式、空间划分、材料应用等方面降低对常规能源的消耗。同时在能源分配、使用和生产的基础上实现能源使用和能源再生之间的互补，做到自给自足，降低碳排放，减少对周围环境的破坏和污染。

随着经济快速发展，工业化进程加快，生态环境的平衡关系日益恶化。而全国农村建筑能耗占全国建筑总能耗的 38%，农村开始从依赖传统生物能源转而依赖更多的不可再生能源，满足家庭所需。照此趋势，农村消耗不可再生能源将会成为我国经济和社会发展的能源障碍，故发展乡土生态建筑是顺势而为，势在必行。

（2）乡土生态建筑实施的意义

利于提高农房建筑质量，改善农房舒适性和安全性，强化农房节能减排，延长农房使用寿命，提升农村宜居性，加快美丽乡村建设。

大力发展绿色建筑，以绿色、生态、低碳理念指导城乡建设，能够最大效率地利用资源和最低限度地影响环境，有效转变城乡建设发展模式，缓解城镇化进程中不可再生能源短缺问题。

能够充分体现"以人为本"理念，为农村居民提供健康、舒适、安全的居住、工作和活动空间，显著改善农村居民生产生活方式。

能够全面集成建筑方面多种技术（节能、节地、节水、节材及环境保护等），极大带动建筑技术革新，直接推动建筑生产方式的重大变革，促进建筑产业的产业结构调整和经济转型升级，拉动节能环保建材、新能源应用、节能服务、咨询等相关产业发展。

（3）国际经验

①德国经验

主要技术特点：积极利用太阳能和先进的保温节能技术。

德国的生态建筑已经做到能源盈余，把富余的电力能源导入城市供电系统，赚取供电费用或输送到终端站，将环保技术带来的利益分享于大众；采用生态、可再生的建筑材料作为主要建材，既尊重环境又可再生；模数化、标准化结构装配形式有利于建筑既快速又精确地建成；标准化结构构件促使工厂大批量的生产，设计、施工都能做到快捷、精准；采用多种丰富的生态节能技术，雨水回用、污水废物回收利用、建筑的保温处理、生物降解技术等；造价和收益的平衡，生态建筑不仅仅只代表着建设的高成本、高投入，也代表着使用后的低成本、低投入，甚至可以创造利润；利用技术规范降低建筑耗能，德国建筑保温节能技术新规范的一大特点，是从控制单项建筑围护结构（如外墙、外窗和屋顶）的最低保温隔热指标，转化为控制建筑物的实际能耗。建筑的总能耗包括供暖、通风和热水供应。在大批老建筑的改造上面，新法规鼓励企业和个人对老建筑进行现代化的节能技术改造，并实行强制报废措施。

政策资助与措施

节能法及相应法规条例、可再生能源法、生态税改革。

资助措施

德国复兴信贷银行"生态建筑计划"：专门给新建的节能建筑提供低息贷款。

德国复兴信贷银行"减少 CO_2 排放量——旧房节能改造计划"：根据既有建筑的建造年限、可行节能改造措施及节能减排效果提供不同额度的资助。

对于可再生能源的应用：德国复兴信贷银行推出"可再生能源计划"和"太阳能发电计划"两项计划，对利用可再生能源的发电的项目提供长期的低息贷款。

②日本经验

特色之处

日本的能源相对匮乏，所以政府对节能问题也相当重视。日本政府很早以前就开始着手绿色建筑的发展工作。日本的特色之处在于它对建筑物用能的管理有独到的做法和对民众参与意识的培养非常重视。

建筑用能管理体制。该体制包括能耗统计、能耗监测和用能定额等制度。

民众参与意识的培养。日本政府倡导民众参与进城市规划起始阶段和绿色建筑的项目推广过程；日本认为有民众参与的项目在今后的维护过程中会节省管理费用；日本实行住宅环保积分政策，住宅环保积分在民众修建改造环保住宅时获得，积分可用于兑换购买券，以此来激发民众对绿色建筑的兴趣和购买热情。

政策法规

日本政府一直在通过法律法规、制度政策等引导全国的建筑节能工作与绿色建筑推广。日本这方面的主要政策法规主要为三种：

强制政策

节能法与节能基本方针、节能判断基准结合，强化了企业计划性和自主性的能源管理，规范了政府、企业和个人之间的用能管理关系和节能行为，是日本开展节能管理的工作基础。

配套政策

配套政策主要有提高新建住宅节能性能措施的制度、提高节能性能和性能标识的指导建议制度，前者是针对新建特定住宅的建造和销售商，后者是针对建筑物的销售和租赁者。

激励政策

激励政策的形式主要是发放补助金，对先进住宅或建筑物在建设中使用了有助于二氧化碳减排的技术应用进行资金补助，对住宅或建筑物的节能改造事业也进行资金补助。

实践案例

日本白川乡合掌村在文化遗产保护和传承上具有世界领先水平，沿袭并创造出一系列独特的乡土文化保护措施，如今这里被称为"日本传统氛围十足的美丽乡村"。为了抵御大自然的严冬和傲雪，村民创造出了适合大家族居住的建筑形式。

保护原生态建筑，开发传统文化资源：日本政府成立合掌建筑群的修复委员会，并且国家、县、市还下拨了保护修缮历史建筑的经费。

制定景观保护与开发规则：制定了《景观保护基准》，针对旅游景观开发中的改造建筑、新增建筑、新增广告牌、铺路、新增设施等都做了具体规定。

旅游景观与农业发展相结合，并且配套建设商业街：旅游观光与农业生产相联系，可提高经济收入促进农业发展。

民宿与旅游的结合：致力于让旅客在住宿中能感受到农村生活环境的朴实与温馨。

与企业联合建立自然环境保护基地：白川乡与丰田汽车制造公司在山间建造了一所体验大自然的学校，成为以自然环境教育为主题的教育研究基地，让人们用生态环保的眼光检点现代人的生活。

③美国经验

美国的生态建筑发展一直走在世界的前端，近几年来，美国绿色建筑产业化实践和建筑可持续发展的模式正在向更广更深的层次发展。美国未来的绿色建筑学将体现人与自然的协调发展，在未来表现人类文明的建筑产业将遵循社会、经济、科技、文化及生态环境可持续发展的道路向前发展。

美国生态建筑概念

尊重自然，与自然和谐共存；

整体优先，当前利益必须服从可持续利益；

资源经济，减少和有效利用不可再生资源；

全寿命设计，提倡 3R 原则（即减少使用、重复使用、循环使用）；

宜人性，考虑人的生活舒适与生活环境的健康性；

本土化与现代技术相结合，充分结合各地域气候特性延续地方文化风俗，利用地方材料并把地方适用和现代高新技术相结合；

建筑理论与环境科学相融合，发展各种可持续的建筑思想，强调设计和生态科学、环境科学相结合，丰富和发展传统的建筑设计理论和实践。

美国政府对于生态建筑产业的发展采用的策略

颁布政策：根据美国联邦、州、地方政府三个级别分别颁布政策。

修订法案：《2005 能源政策法案》《2004 美国节能标准代码（ASHRAE 标准 90.1-2004）》。

认证标准：LEEDTM 认证系统。

经济激励：财政拨款和节能公益基金。

税收减免：税收激励政策。

专项资金：专项资金除提供给开发商、消费者、技术开发人员，也提供给州和地方政府。

碳交易补偿：温室气体排放权交易机构，控制二氧化碳排放。

自愿性项目：设定更高的建筑节能绩效标准来推动能源节约。

（4）乡土生态建筑的发展趋势

趋势一：技术辅助

信息技术：与技术相结合的生态建筑必定是当下生态建筑发展的趋势，而通过信息技术的辅助，建筑的建筑性体现方面能够更加详细精准。随着社会的发展和政策扶持，我国生态建筑在技术方面基本没有发展障碍。但是由于对乡村建筑的忽视，以至于国内乡村生态建筑发展滞后。在当下信息化高速发展又提倡环保节能的时代中，研究如何利用现代技术对现代乡村建筑做生态化设计是有必要的。

软件技术：在项目设计初期应用工程设计建造管理的数据化工具，通过参数模型整合项目各种信息，如地理条件、建筑朝向、风玫瑰图、太阳辐射量等，在项目策划、项目运行和生命周期的维护中进行共享和传递。通过构建建筑信息模型，可以直观地展现建筑在设计初期到后期运营中所呈现出来的信息数据，对设计项目的推进和实施提供更高效的帮助。

硬件技术：乡土生态建筑的技术形式可以偏向于低投资，低技术。被动式建筑节能是比较适合乡土生态建筑发展的。在考虑乡土生态建筑的时候，可以从材料利用、建筑选址等多方面考虑，实现资源和能源的循环发展和可持续利用。

趋势二：文化传承

乡土建筑是承载乡村文化的重要器具。中国国土面积广阔，地形地貌复杂，也就萌生了不同的乡村文化，造就了不同类型的传统乡村建筑。处理好文化传承问题也是未来乡土生态建筑研究中需要重点考虑的方面。除了满足功能需求，以什么样的形式去传承、展现地域文化，是乡村发展生态建筑的意义所在。

尊重乡土经验

注意保留和发扬传统农村住宅中那些符合农民生活习惯、生产规律的平面布局和空间组合，建设真正属于农民自己既适用又美观的住宅。农村住宅不仅是农民的生活载体，同时也是重要的生产资料，生产与生活功能的兼容性是农村住宅的重要特点之一。

遵循地域性原则

因地制宜：注意与地域自然环境的结合，适应场地的自然过程，追求建筑与自然环境的和谐统一。

就地取材：当地建造材料的使用，包括植物和建材。

趋势三：产业化推进

	传统农村建设方式	产业化生产方式
设计	"居者自建"模式，设计感较弱	统一模数，标准化部品设计，通用性
施工	露天施工，手工作业，湿作业，劳动效率低，施工过程具有随意性	采用预制的住宅部品构件，工厂化生产，机械化施工，干作业
管理	管理粗放，工地管理混乱	精细化管理，规范化操作和施工
装修	装修与主体设计施工分离，等主体完工移交后再开始装修	以供应最终住宅产品为目标，在前期设计就考虑装修，达到一体化
成本	单方造价较低	现阶段成本较高，但是形成全产业链后成本将大幅度降低
对环境的影响	资源浪费较大，产生大量建筑垃圾，污水大量排放，产生噪音污染	节约资源，减少建筑建造过程中和使用中的能耗，减少建筑垃圾、污水、噪音和有害气体粉尘
节能环保	不利于节能环保	节水、节材、节能，采用绿色低碳技术和材料设备

7. 关于乡村建设的几点建议

（1）重振乡村"繁荣"

（2）重构乡村"空间"

（3）重塑乡村"文化"

上海大学文化研究与社会学交叉培养博士生方旭东在《1980 年代以来乡村的"家"及其变迁》中说："农民进城是为了'养家'，结果导致'家'不再完整。""乡村衰落，本质上是家的衰落。""乡村的价值是用来生活的，乡村得以延续是因为有'家'。"

文化是民族的血脉，是人民的精神家园。家是解读中国古代社会的密码。家族是中国传统文化的堡垒。不完整的家、断代的乡村是无法传承中国文化的。

（六）马泉：国家形象

课程名称：《城市视觉秩序与国家形象》

课程概述："城市视觉秩序"是对城市内在结构和特征有规则的外化，是通过对城市视觉符号、建筑景观、户外广告、交通秩序、国民公共行为等各个城市视觉元素的统筹和总体把控而形成的视觉结构，表现为城市外在视觉呈现的有序性。城市视觉的构成要素，分为动态与静态两类，在城市户外视觉设计中，要根据城市区域的属性需求而设计，不能一概而论。城市的视觉效果很混乱，要改变这一现状，要先改变知识结构，用视觉设计改变城市，提升城市的视觉品质。城市是表现一个国家形象的门户，城市视觉秩序的构建是城市形象以至于国家形象的直观展现。因此，城市视觉秩序的构建是国家视觉形象构建的核心内容。公众通过对城市各视觉要素的感受而产生的整体印象，是影响其对一国国家印象和态度的主要方面。从另一角度而言，国家形象的构建来源于整体的城市视觉印象。因此，城市各视觉要素经过统筹，被纳入城市视觉秩序的整体构建之中，从而影响国家视觉形象的建构。

（七）潘召南：村与镇

课程名称：《中外优秀特色村落比较赏析——村与镇的特色》

课程概述：从"乡村振兴"所反映出的现象来看，依然有许多需要思考和反省之处。长期以来，我们只注重乡村显而易见的、可以量化的物质基础建设，在经济发展、产业转型等方面投入大量的人力物力，而对于乡村精神文明建设的关注相对欠缺。乡村振兴不仅仅是基础设施、硬件的建设，更应该着力于乡村文化系统的修复和发展。

作为新时代的乡村建设者，推进乡村振兴是一个庞大的系统工程，建构实施系统工程的整体框架，必须考虑历史和现实的联系、继承和发展的关系。本课程以乡村振兴实践的三阶段演进为线索，来探究乡村振兴战略的百年演变，回顾历史、聚焦现实、展望未来，探寻新时代中国特色乡村振兴道路。

结合自民国以来乡村实践的探索经验、理论成果，了解认识梁漱溟、晏阳初、费孝通等前辈学者们在此方面的努力和尝试，而今的乡村与城市同民国乃至农耕历史的任何一个时期大有不同。因此，从社会学和人类学的角度分析中国现实乡村的状况，并通过国内外乡村发展的现状对比进行深度剖析，找出国内乡村建设存在的问题。

农村与城市是两个不同的社会形态，是一个量变到质变的生活与生产环境，两者有很大的不同。而乡镇却介于城市与乡村之间，既有城市的基本特征，又兼具乡村民俗的基本内容。因此，乡镇往往体现了中国现阶段最为突出的社会问题。本课程还以地缘和血缘为传统乡村的社会背景，对照今天乡村现状展开针对性的问题分析，让学员们了解，在现代工业化和智能化背景下，中国上千年形成的乡村社会格局和传统经验被瓦解，以小农经济为主体的村落景观正在迅速消失，空心化成为中国农村的普遍趋势。通过授课讲述、案例分析结合学员在不同工作条件下遭遇的乡村问题展开讨论，使课程不仅仅局限于理论的探索，更强调关联现实的作用。启发学员意识到面对中国西部广大乡村的差异性现实状况，如何根据各自乡村特色、特性、特征条件，思考振兴发展的策略、路径、方法。

1. 乡土文化

首先从"村与镇的特色"说起。以柯布西耶为代表的建筑师群体，提出《雅典宪章》"功能性城市"的现代主义城市建设主张，直接塑造了今天世界上千篇一律的城市景观。高楼、广场、绿地、大马路、"汽车主义"等，一切都以城市机器便捷运行为规划原则，确认城市生活的居住、工作、休闲和交通四大功能。模式化的城市建设改变了世界一半以上的城市，而面对建筑技术、交通技术、通信技术和智能化技术的广泛使用，中国传统村镇的未来将是什么前景？中国村镇量大面广，地理气候差异很大，造成了生产方式与生活方式的不同，也形成了人文和民俗的迥异。因此，多样化的文化基底成为中华文化的整体样貌。现代科技对城市的改变与塑造的结果，为未来中国乡村发展提出了设问。村镇要发展，特色文化要保留，社会生产与社会生活要改变，不能因为保留所谓的传统，就必须固守原有的生产与生活方式，脱离时代本有的文明条件。历史和传统始终是动态发展的，我们对传统的理解不应该定格在某一个所知的历史片段中，而是应该以现实所需、未来所望的立场去思考传统的来龙去脉。科技是文明发展所带给人类更新生产与生活的福利，千城一面或千村一面是我们尚未处理好科技利用与文化传续的更替关系，应该根据不同的地域条件、人文基础去研究如何与科技产生适应性利用的关系，而不是拒绝与之融合。但不得不承认农耕时代的生产与生活方式同工业时代、智能时代是完全不同的文明方式，传统与当代的融合并非易事，不能简单地叠加。东部是中国城市化、工业化发展起步最早的地区，也是目前中国经济最发达的地区，同时，还是同质化现象最突出的地区。曾经是中国最具特色的乡村田园，如今却风貌丧失，大量形式相同的多层别墅洋楼替代了水乡的幽巷院落民居，这种快速富裕起来并盲目改变村镇环境的现象，成为中国乡村经济发展中具有普遍性和典型性的教训与痛点。乡村要发展，但关键是要了解乡村，在充分了解认识乡村的基础上才能针对它特有的资源条件进行适应性发展。

中华文化的本质和基础来自农耕文化，农耕文化植根于农村的社会生产与社会生活。因此，对于中华文化特性的了解，应该从村镇切入。首先，要理解中国乡村形成的几个方面原因和特点：

（1）小农经济

每家所耕种的土地面积小，根据自己的家庭劳动力条件开辟土地资源，以田埂作为边界划定生产范围，这就是所谓的小农经济。各家相聚在一起，互为邻里或散居附近，相互依存，住宅和农地距离不远，便于生产劳作。

（2）聚居成村

聚居除相互依靠以外，便于合作需要。如：修建用于各自田地灌溉的水利设施、修建共同进出使用的道路、建设防御自然灾害的设施等，都需要共同合作完成，住在一起便于合作。

（3）合力御外

乡村聚居人多势众，一致对外，有安全的保障。

（4）家业传袭

土地平等继承的原则下，兄弟分别继承祖上的遗业，使人口在一个地方一代一代地聚积起来，成为相当大的村落。

（5）扩村为镇

随着村落体量的增大，对资源需求增加，劳动的分工也越加丰富，相当部分人的工作逐渐脱离务农，而改为手工业和经商，并不断吸引附近村落和外来商客汇聚成为乡镇。费孝通先生在《乡土中国》[①]一书中，对中国传统的社会和现代社会进行深入透彻分析，归纳出两种不同性质的社会形态：一种并没有具体目的，只是因为在一起生长而发生的社会；另一种是为了要完成一件任务而结合的社会。前者是"有机的团结"（礼俗的社会），后者是"机械的团结"（法理社会），以下我们将根据《乡土中国》一书中的要义对传统中国村镇的状况开展分析与解读。

礼俗的社会是传统的社会、熟人的社会。熟悉是从时间里、多方面、经常的接触中发生的亲密的感觉。熟人社会里的习俗，乡土社会的一个特点就是人在熟人里长大，他们生活上相互合作的人都是天天见面，在社会学里称之为"Face to face group（面对面的社群）"。他们熟到可以通过脚步声、咳嗽声或者是气息味道，判断来者是谁，不用文字。书信传情产生了历史上许多的悲剧，这就是文字的局限。每一个特殊生活群体中，必有他们特殊的语言，有许多特殊而无法通译的字句。语言只能在一个社群所有相同经验的一层上发生。群体越大，包括所有人的经验越复杂，发生语言的一层共同基础也必然越有限，

---

① 费孝通. 乡土中国 [M]. 北京：北京出版社，2009.

于是语言也越简单化。于是在熟人社会中，我们话也少了，我们"眉目传情"，抛开了比较间接的象征原料，而求得更为直接的领会。

法理社会是现代社会，陌生人的社会。工业化背景下产生的社会共同体，大家从不同的地方汇聚到工厂、公司、商场、商住区、影院、学校等，是在获取生存利益的前提下走到一起。每一个群体大部分由陌生人构成，他们没有彼此熟悉的历史，没有相互信任的条件，只有共同的目的。为避免各自争取利益的同时损害他人的利益，必须要制定法律规则来约束社会每个人的行为。因此，法理社会是规则的社会，并且要靠国家机构、机器来建立和维护规则的执行力，如法院、警察、工商局、规划局等。

2. 俗礼、道德、秩序

"礼"是传统中国社会公认的行为规范，尤其在乡村，"礼治"管理乡村，维系乡村社会秩序的准则。传统乡村可以没有"法治"，但不能没有"礼治"，中国历史上很多朝代都实行官权不进村的规矩。因为，一个村落大部分人都有血缘关系，渊源错综复杂，清官难断家务事。但却不能没有"礼"，因为"礼"是用来规范人行为的准则，乡村的"礼"就是家庭、家族、族群的法律，一代一代维系积累下来的，由家族的长老根据祖上传下来的规矩来规范后辈的行为。而"俗"则与"礼"有相似的关系，"俗"更加具有地域性的约定俗成的规矩，"俗""礼"往往生长在一起，形成传统乡村社会共有的秩序——"俗礼"。"俗礼"有内外之别，"内"指同姓家族内部遵守的规则，即"家规""家法""家训"，"外"指乡村外姓共同遵守的规则，即"乡约"。

"道德"是个人生活在社会环境中遵守社会行为规范的自我约束，不同社会环境有不同的规范要求，现代社会有法律，传统乡村社会有"俗礼""乡约"，都是维护一个社会的秩序。有什么样的社会规范要求就有什么样的道德约束，而道德约束力来自何方？来自每个人观念中的"团体格局"或信仰的"神圣力量"。中国人的道德观念首先来自家族"团体格局"的想象，个人是服从"家"这个抽象团体所建立的"家规"，以此约束自己的行为；其次是对"神"的信仰，中国乡村里的人多为泛神论者，信仰"阿弥陀佛"告诫自己内心向善，信仰"土地爷"表示自己对土地的敬畏和祈求土地给予的丰收，信仰"祖先"求得安心和规范自己教育后人。因此，道德的约束力是由家族的压力和信仰的想象力共同建构的，使每一个人发自内心遵守道德原则。

"秩序"，在前两者条件的约束下中国传统乡村都有共同的规范系统和不同的"俗礼""道德"形式，形成无政府状态下秩序井然的社会格局。这个格局在乡村封闭的环境中存在两千多年，在没有外力破坏下周而复始地延续下去，直到进入现代社会，大的社会变革使乡村社会的传统人文体系受到根本性的破坏。

3．习惯与信仰成就人生——休谟

（1）"孝"道文化

"孝"归结到"安心"两字。"百善孝为先"是中国自古以来的传统观念，不守孝道将受到社会的唾弃，"孝"成为社会衡量一个人品行的重要指标。因此，做子女的得在日常接触中去摸熟父母的性格，然后去应承他们的喜好，做到自己安心[①]。以此为道德的中心形成乡土社会中人和人相处的基本办法，并构成乡村社会的伦理秩序原则。这种办法在陌生人面前是无法应用的，在现代社会急速变迁中，从乡土社会进入现代社会的过程中，传统的乡土社会的生活方式处处产生了问题。年轻人从乡下到城市打工，不仅学到各种工作技术，也深受现代城市社会关系的影响，学会了法理社会所必须遵守的规则。当他们再回到乡村看望家人和长辈时，发现许多的不适应和不方便。没有宽阔的公路、便捷的交通工具、方便的给排水系统、网络通信、商店购物、优质的教育、明亮的办公楼等等，而且乡亲们谈论的话题也不再和自己在一个语境中，越是在城市工作生活的时间越长，就越发离乡村的生活越远，如果家中老人跟随子女进城生活或是故去，结果就是彻底离开故乡了。而"孝"的文化在中国依然根深蒂固，只是方式正在发生改变，以前是"父母在，不远游"。而今，却为了生计必须远走务工。但只要乡村家中有老人在，通常逢年过节外出打工的人一定是要返乡与家人团聚的，这是在中国传统文化与现代社会结合的最好的人文景观。春节过年的返乡潮，如此大规模的季节性迁徙在人类社会是绝无仅有的现象，从这个现象反映出中国"孝"文化依然深入人心，返乡的目的是回家，家中有老人、孩子。同时，也从另一个层面反映出乡村的问题——留守老人和

---

① 费孝通. 乡土中国 [M]. 北京：北京出版社，2009：10.

儿童，主要劳动力远离故土不务农事，外出务工，是导致乡村衰败的主要原因。"孝"文化与传统的"家"文化是一脉相承的，家有父母才称之为"家"，这个概念至今是中国文化的典型象征。老人不离乡土是因为长期形成的生产生活习惯，也是对祖祖辈辈生活的"家"的依恋，无法改变。老人进城，离开了赖以生存的环境，也无法适应城市的生活，滞留故乡成为被动延续的绝唱，也成为今天农村外出人群在"孝"道文化的影响下，不惧艰辛返乡探亲的重要理由。

（2）长者社会与现代社会的经验冲突

乡土社会是靠彼此亲密和长期的共同生活、相互配合的关系形成的，达到某种程度使人感觉是自动的、自觉的。"生于斯，死于斯"的人群里才能培养出这种亲密的群体，人们高度的相互了解，好恶相投。在空间上，乡土社会中空间位置的远近已经不能成为阻碍彼此的因素；在时间上，每一代人在同一周期中生老病死，像一个"公式"。年轻的人把年长的人当作他们生活的蓝图时，所谓"不了解"也不是分化的鸿沟。当同一时代将两种不同的社会形态并置一起的时候，人的文化问题就出现了。老人们长久积累的经验不再具有对后辈的指导性作用，不能成为未来生产生活的教条，长者的权威性也就衰减了不少，而外出的后辈们带回来的信息老人们也弄不懂，导致村镇长期存留的长者社会体系在现代社会文化的冲击下快速瓦解，唯一保留的"孝"道文化也将在未来的社会保障机制改革中逐渐异化。由于城市化进程的加快，法理社会机制将成为中国现代社会机制的主流，医疗、养老、保险等社会保障措施的逐渐完善，对传统乡土文化、家孝文化带来极大的冲击。二代一家的小家庭结构将成为社会普遍的现象（即子女和父母），三代、四代同堂的传统家庭结构将被瓦解（子女、父母、祖父母），老人养老将由社会专门机构负责，并从事实上成为社会和家庭的非主流群体。

（3）"私"的问题

费孝通先生在《乡土中国》里专门说到，中国乡下人最大的毛病就是"私"，自私。"各人自扫门前雪，莫管他人瓦上霜""人不为己天诛地灭"的俗语，是许多中国人的信条。中国传统乡村为什么没有公厕？就是因为缺少公德心。在农耕时代动物和人的粪便是农业生产中重要的生产资料，公厕中的粪很容易引发为争夺资源而"粪斗"，而公厕的清洁则大家都可以相互推诿置之不理，因此，公厕实在是难以为继。"私"的毛病在中国比"愚"和病更为普遍，在中国"私"的问题却是一个群己、人我的界限怎样划分的问题。"私"总是和"利益"联系在一起，"利益"争取的态度与"私"的获取程度直接发生关系。而"私"又与"家"密不可分，因为"家"就是自己最亲近、最有血缘关系的对象，通常中国人把血缘宗亲的人称之为"家人"。但中国在"家"字的理解和定义上可以伸缩自如，"家里人"可以指自己的太太，"家门"可以指家族，"自家人"可以包罗任何自己圈子里的，可以亲热的人。自家人的范围是因时、因地可以伸缩的，大到数不清。儒家最考究的是人伦。伦是什么？我的解释就是从自己推出去的和自己发生社会关系的那一群人里所发生的一轮轮波纹的差序，像水波纹一般，一圈圈推出去，愈推愈远，也愈推愈薄，因而"私的利益"考虑随着关系的淡薄也越来越稀少，最后就成了"无私"，没有关系亦不在利益考虑的范围 ①。

（4）"土"是智慧，还是"愚昧"？

如果说中华文化的根在乡土，那么"土气"实际上就是"文气"，中国许多的文化特性仍然保留在乡土环境中，而城市却在多元化和国际化的发展中淡化了这一文化特性。但今天我们似乎说"土"是贬义词，乡下人在城里人的眼睛里的"土气"是"愚昧"的代名词。没有见过世面，不明白怎样应付城市中的交通与商场购物等公共设施的功用。这是两种不同文明的冲突，就像农村孩子善于在田间运动，而城市孩子善于在街道玩耍；农村的成年人熟知季节、农田与农作物的生长关系，而城市里的人都熟悉公交、超市等系统的规则。放在一起无论农村或城市，都会有一方处于无所适从的状态。这不是智慧和愚昧的问题，是环境养成的思维习惯与能力。正如当代法国哲学家、人类学家、人类学结构主义理论方法创始人克洛德·列维·施特劳斯在所著《野性的思维》一书中指出："具体性思维与现代文明中的抽象性并不代表'原始'与'现代'、'初级'与'高级'的对立，而是人类历史上始终存在的两种互相平行发展、各有不同文化职能、互相补充、互相渗透的思维方式。"

（5）血缘与地缘

血缘社会是稳定的、缺乏变动；多变的社会尤其是现代法理社会，也就不容易成为血缘社会。血缘社会就是想用生物上单一系统的新陈代谢作用——生

---

① 费孝通.乡土中国 [M].北京：北京出版社，2009：31-32.

育，去维持社会结构的稳定。血缘所决定的社会地位不容个人选择。世界上最
用不上意志，同时在生活上又是影响最大的决定，就是谁是你的父母。地缘不
过是血缘的投影。"生于斯，死于斯"把人和地的因缘固定下来。生，也是血，
决定了他的地。两者决定了他的特性 ①。地域上的靠近可以说是血缘上的亲疏
的一种反映，区位是社会化的空间。这种例子在移民地区中很多，如美国组
约（新约克）、新墨西哥州等，中国香港有维多利亚港，在现实文明中传统
形成 DNA 正在断裂 。

　　由以上文化、习俗、道德、血缘、地缘等，以家庭为单位，血缘为线索形
成的利益共同体，在现代工业化和智能化的社会背景下逐渐崩塌。生产方式的
改变决定生活方式的改变，农村的空心化成为中国农村的普遍趋势，传统小农
经济形成的村落特色正在以很快的速度消失。在这样的现状下小农经济是否还
有保留下来的可能？精耕细作的传统是否真的要被工业化农业所替代？乡村长
期基于血缘与地缘形成的社会关系，在面对现实社会发展的同时是否代表着落
后而无一利？这是中国在乡村振兴的过程中必须认真思考的发展方向问题。

4. 社会达尔文主义的社会进化论

　　达尔文在《物种起源》中突出阐述了物种在"自然"的状态下"物竞天择"
"优胜劣汰"的思想，这一思想被转译到人类社会的发展上则理解为"丛林法
则"，实际上是给所谓文明人利用先进的科技手段无止境地掠夺自然、他人和
"野蛮人"的资源，不断满足自己膨胀的欲望寻找借口。由此衍生出人类中心
论，并进一步发展到种族主义的极端思想，把人类不同种族、不同群体分成不
同等级区别对待，造成人类社会的巨大灾难。虽然当代社会早已摆脱机械主义
思想的控制，但三百多年人类社会的工业化发展，二元论仍然影响着世界变化
的走向，也影响着中国乡村发展的现状。在中国城市化、工业化、智能化发展
的每个阶段都能凸显二元论的影响图景，尤其是在乡村建设上，城乡的二元对
立更为明显，使得大量历史形成的传统乡村环境，在生产技术的更新与城市生
活方式的影响下走向趋同化和模式化。

　　海德格尔思想是"为了寻回已经失去的本真性"。他强调拒绝资本主义的

---

① 费孝通.乡土中国 [M].北京：北京出版社，2009：105.

物质力量，抨击商业寰宇主义精神，追求"栖居"的诗意，试图以现象学的方式揭露人类存在的真理，从而通过真实的感官联结来抗拒全球化进程，提倡新保守主义思想，以此来消弭商业主义所煽动的过度消费欲望所带来的全球性的资源浪费和生态破坏的问题。

德国社会学家李凯尔特曾经对价值有过这样的定义："为人所承认的价值划分了文化现象和自然现象，任何一种实在之所以有价值或者与特定的价值相关，正是在于它的独特性。"在这个意义上反观中国乡村的独特性，在于形成的种种原因构成了完整的、各自不同的历史图像。今天在现实"自然毁坏"的过程中，我们似乎意识到潜在的危机，试图保留住一些传统文化中的典型特色，并希望将这些特色在今天发挥更大的现实价值。这是方法论的问题，如果这是一种普遍的需要，就应该寻求不同的方法解决历史与现实中存在的问题。

首先应该是认识问题。

村镇改变不仅仅是经济的问题，在今天已经成为一个时代积存的文化事件，也反映出中华文化从农耕时代向现代蜕变。而这个蜕变在现在看来更像是变异，越来越处于一种无根状态而造成社会忧虑。文化的根性断裂是所有知识阶层与权力阶层不敢想象的，恰恰中国的问题在于农村，而农村的问题又关联到各个重要方面。

其次是方法的问题。

中国乡村地广人多，地理、人文非常丰富。因此，南北东西的乡村各具特色。而问题也在于此，以一种典型范式来对待广大农村的发展建设，无异于将特殊性问题当成普遍性问题来解决，最终造成问题的普遍存在。东部地区的发展经验已经给出了显而易见的答案，就是没有从问题存在的根本去寻找解决问题的方法，而是用行政权力的力量替换了需求与协商的智慧作用。因此，单一的权力是容易造成本位单向度思考问题的歧义与误读，甚至是误判。以前，我们常常理解乡村建设或是特色小镇建设是政府给予政策解决经济的问题，是设计师、规划部门对乡村环境进行美化的问题，但都是从二元本位上单向度地思考乡村发展。乡村建设一定与乡村的人发生直接关系，了解他们需要什么，想什么，什么样的乡村是他们的家园，这才应该是乡村发展的方向。

再者是尊重当事方的权力与利益。

城市发展的教训、东部发达地区乡村发展的教训值得认真总结。将单一力量改变为多方共建，注重考虑村民自身的介入是新的方式。将权力、能力、效力、利益集合为一体，对原住民习俗的尊重，生产与生活方式改变的引导，倡导乡村建设、村民的参与和建设主导权力，就是对乡村文化最好的保护，也是对传统文化传续的保障，以多元论的方式去思考农村的问题。

不要把别人当作一个"他"，"他"是不在现场的，而要把别人当作一个"你"，"你"是跟我面对面平等的；再进一步，也不要把别人当作另一个"我"，而要把他当作"他者"。他者是具有位格的，他有他独立的人格，独立的思想，跟我不一样，他不是我的复制品，也不必是另一个我。

5. 传统手工艺复兴案例借鉴

中国乡村量大面广，仅靠单方面的力量来解决中国乡村问题是不可能的，合力共建突出特色是努力的方向。传统村落的差异化现状是由来已久形成的，不同地域培育了不同的生产生活方式和农耕文化，由于地理、气候、资源的不同也产生了不同的手工艺业态，无论是物质资源或是非物质文化遗产都将是值得挖掘和再造的资源，这正是乡村发展所需利用的特色途径。农业是农村的根本，也是乡村生产的共性特征，但单纯靠粮食、蔬菜生产的农业已无法使农村、农民获得更好的收益。要改变目前弃农务工、乡村凋敝的局面，应根据不同乡村的特色条件，因地制宜发展多种农业生产和手工业生产等副业，增加农民收入，逐渐改善乡村生活条件。乡村振兴必须以点带面，寻找特色、树立典型、创新思路，借鉴国内外好的乡建经验，结合本地条件，创新性地谋划发展前景。如：

日本工匠之乡水上町概况
面积：水上町占地 350 公顷，共有 4 个村落。
类型：乡村体验型、生态观光型、休闲度假型、教育学习型、民俗文化型。
产业：传统产业——当地人以务农为生，种稻、养蚕和栽培苹果、香菇等经济作物；新兴产业——手工艺制作、旅游休闲。
特色：自从"农村公园构想"提出后，当地走上了乡村旅游发展的道路，其中，尤以"工匠之乡"的建设成绩最为突出。这里发展聚集了"人偶之家""面具之家""竹编之家""茶壶之家""陶艺之家"等20多个传统手工艺作坊。

四川浦江县明月国际陶艺村（艺术介入乡村发展的优秀案例）

面积：明月国际陶艺村占地660余公顷。

类型：乡村特色手工艺体验型、生态观光型、休闲度假型、艺术教育型。

产业：4口古窑址，传统陶艺手工艺、种茶、种植雷竹、栽培柑橘果树等经济作物，扶持传统制陶、草木染坊等传统手工艺，同时引入艺术创作工作室，开展艺术观光与体验、休闲与度假旅游。

特色：引进40余个文创项目和多个手工艺工坊，100余名创客，建设数十个文化旅游项目。

提出三大建设理念：

（1）传承与创新——促进原工艺＋新技术的融合；

（2）保护与发展——促进原生态＋新风尚的融合；

（3）共建与共享——促进原住民＋新村民的融合。

从以上优秀的项目中反映出一个共同的特征，即成功的乡村建设一定是基于可持续的发展，而这种可持续体现在乡村生产与生活方式的良性更新所带动的乡村经济与文化的整体提升。基于对所利用资源的地方性、民族性、民俗性的深刻认识，才能择优利用与保护，并与现代社会、科技和时代文化相融合，既非简单的拿来，又非盲目的固守。乡村发展不离本土这是一个前置性条件，建设的一切出发点都将以此展开。因此，地域性是至关重要的因素，它决定着自然条件、气候、物产、生产方式和生活方式、人文习俗等。

乡村建设与发展不结合这些基本因素将无从开展，前面我们谈了关于中国传统乡村的许多方面，都与乡土直接关联。但为什么同一片土地养育了祖祖辈辈生活在上面的人，而今却不能满足村民们的生存需求？其原因在于生活需求的变化和社会整体生活方式的改变，数千年传袭下来依靠土地形成的传统产业，只能满足传统乡村简单的生活方式下吃饱穿暖的基本要求，形成大部分乡村产业单一，温饱靠天的自然农耕的状况。党的十九大提出的"乡村振兴战略"二十字总方针，第一个方针要求就是"产业兴旺"，这并非盲目发展，而是有效地利用和拓展地方资源，因地制宜的发展适合于当地环境、气候、人文等条件的产业。

6. 优秀特色村落建设调研

（1）四川蒲江县明月村

项目组实地调研了该村的业态情况，从农业、手工艺服务产业和艺术创意产业、旅游业等，都有很好的作为。

①农业生产

根据地方条件（浅丘陵地区），优化农作物种植，保留部分水稻田，利用大面积丘陵荒坡大量换种茶树、良种柑橘、雷竹等经济作物，在继续保持农业生产为基础的同时增加土地贡献率，不仅形成当地新的产业支撑，又优化了生态环境。

②手工服务

该村一直以来盛产雷竹，本地黏土又适合烧陶，因此，竹编和制陶的手工艺在当地已有悠久的历史。但之前未形成规模化生产，仅仅是传统个体化副业。现今，在专业团队的带领下，已得到规模化发展，形成明月村独特的手工艺服务产业。

③艺术创意产业

由于有当地特色手工艺产业的基础，将此传统技艺与艺术文创相结合，制订优惠政策，引进知名的陶艺家和手工艺匠师，打造特色产业和独特的人文景观。不仅吸引外出务工村民回流，还吸引艺术家、手工艺匠人作为新村民进驻，根治了空心村的通病，为乡村建设积累了有价值的经验。

④旅游业

发展旅游业是一个系统性的举措，不是所有的乡村都有条件发展旅游业，它不仅涉及乡村环境的优美、人文风貌的独特，还要具备良好的生态条件，物质资源条件、丰富的非物质文化条件和接待服务条件，这些条件需要大量基础建设的投入。明月村在这些方面做出了许多的努力，探索了一条有借鉴意义的乡村建设路径。通过系统有序地发展农业、本土化的手工艺产业和艺术创意产业，为乡村注入了新的活力，极大地提升了当地第一产业和第三产业的发展，形成常态化的生产性景观，由此带动了乡村旅游的发展。调研发现，明月村并非一开始刻意地发展旅游业，而是立足于乡村本土条件，创新思考生业更新，从物质与非物质资源的挖掘、开发和生产，打造出不拘一格的新型乡村格局，经验值得借鉴和思考。

（2）日本白川乡合掌村旅游业现状调研

2019 年 6 月初，应日本千叶大学植田教授和松尾教授邀请，与四川美术学院谢亚平教授及研究生一行同千叶大学师生团队共 20 余人前往日本白川乡合掌村展开田野调查。合掌村阳光明媚、天空湛蓝，虽是初夏，但仍凉爽宜人。此地最高的海拔高度 2702 米，最低 351 米。冬季是日本最好的降雪地带，积雪可厚达 4 米 ~5 米。因此，当地民居建筑都是木构草搭尖顶，其造型如同两掌相合，故名合掌村。合掌，在宗教上具有双手合十的寓意，同时也因为合掌建筑的屋顶是正三角形，传统的合掌造民居其屋顶是呈 60 度的角度，新建的约 45 度，其屋顶就看起来更尖。现在合掌造民居不到 170 户，其中有 60 多户村民还生活在合掌屋里。当地村民一直以来保持着较原真的生活方式，村里现在大多都是老人，同中国乡村的现状差不多，年轻人都到城市去发展了，逢年过节才回来，而留守的老人就自食其力。

合掌村的村民对环境非常重视，很清楚自己需要怎样的生活，把村民生产、生活的地方与游客参观旅游的地方区分开来，他们在改善乡村环境的初期时并不是为了旅游，而是自觉地对贫困现状加以改变。改善水利、交通、保持农耕生产基础、修缮民居等，而后才逐渐结合旅游发展。

通过对白川乡的村民上手重一访谈调研得知，流经合掌村的河流是庄川，它最终会流向日本海。"二战"后，合掌村开始村民运动（市民运动），该运动的主要宗旨是如何把传统的手工艺传习下去，其中也包括对当地传统建筑的保护。1950 年—1960 年是日本社会的快速成长期，现代化的思想也蔓延到合掌村，当地的村民也想修建新的现代建筑。此时，因为"二战"后的村民运动主要发起人和主体参与者，都已经从青年成长到老年，他们掌握着当时村庄的话语权，所以坚持要保护传统建筑和生态环境，避免合掌村建设现代化的混凝土建筑。于是村民们在 1971 年建立了自然环境保护协会，发表了村民都必须遵守的"三不宣言"，即"不买，不借，不拆"。村民就此承受经济的贫困从而去遵守这些着眼长远的乡村发展目标。传统的合掌屋虽然是木构草搭，但完成一个合掌造建筑需要大量的人共同协作，为此村里会召集村民开会形成"互助共建"的共识。由于建设合掌造建筑需要大量资金购买材料，村里就有人提出做旅游业，获得的利润来补充建筑的维护资金。当时村民都觉得不可行，认为这个想法很愚蠢，游客不会喜欢这样土里土气的合掌村。到 1979 年，日本颁布了文化遗产的法规，政府提供了大量资金去支持文化遗产，次年村民就想去申请世界文化遗产，并找来专家帮助他们申报，第二年，合掌村就成功地申报世界文化遗产。之前每年只有大约 7 万人来这里旅游，申请世界文化遗产之后每年有将近 100 万人来这里观光。

由于合掌造的建筑屋顶是茅草堆积成的，极其容易引发火灾，为了防止合掌村发生火灾，村民自发组织 7 个小组，两个人为一个小组，每天轮流巡逻 4 次。晚上十点钟那次，火灾巡逻队以打更的形式，敲门检查每一家的防火情况。火灾巡逻队所带设备是手电、打更的板子和笔记本，村内在 6 个不同的角落设置了印章，巡逻队必须盖满 6 个印章才完成一次的巡逻任务，再转交给下一组巡逻队，这样的路线设置与责任落实，极大地降低了合掌村因人为疏忽造成火灾事故的风险。

合掌村成功申报世界文化遗产获得了相关的保护资金，村民开会讨论资金的用途，一致认为建设完备的消防设施对于合掌村最为关键，所以三年共花费了 3000 万~4000 万日元建设了现在村里完整的消防系统，这也是全日本防火最为严格的村子。每一个合掌造的民居附近都有可以覆盖合掌民居的消防栓，为防止火势蔓延，消防栓内的水枪可以 360 度旋转，至今仅用过一次，因为一位游客放烟花引起火灾而使用。合掌村村民每年春秋两季会打开所有的消防栓，检查所有消防设备的使用性能，有摄影记者拍下了一组所有消防栓共同喷水的照片，这组照片迅速得到了国内外很多人的关注，引来很多游客就在检查消防设备这一天纷纷赶来合掌村拍照。

由于合掌村冬天很冷，游客量下降，村民就开会讨论如何在冬天吸引游客观光，就想到在夜里，把合掌造建筑安置了很多灯光，把夜景做得非常有吸引力，别有一番景象，于是冬天的游客又逐渐多了起来。从那之后，白川乡一年会接待 180 万观光客，一天就会有 250 台旅游大巴车。为减少车辆通行对村民的干扰，村民通过开会商讨对策，规定早上九点至下午四点，除了住在白川乡的原住民和旅游团体的大巴车可以进入，普通游客的车辆不允许进村。这样大大减少了白川乡因汽车造成的噪音和尾气污染。由此可见，合掌村在应对困难时允分发挥村民自主决策的力量方面，取得了非常有效的作用，这对于我国乡村建设和产业更新具有非常重要的借鉴意义。

白川乡的八方神社是公元 711 年建立，以前在山上，后来由于被山中的溪水冲刷而毁坏，于是搬迁到现在的位置。根据现在神社松树的周长，搬迁距今已有 800 年的历史。在明治时代，由于政府禁止村民私自酿酒，只有全国的43 个神社可以酿酒，八方神社便是其中之一，并且在每年的 10 月 13 日—14 日，神社祭奠活动，村民从早上八点在神社开始舞狮，村民簇拥舞狮绕村庄一圈，下午五点回到神社，大家一起喝酒聊天，5000 升的米酒两天全部喝完。全日本只有白川乡有这样的习俗，并且被编入世界文化遗产，现在还保留下来。

白川乡作为世界文化遗产，除了景观、习俗具有独特的价值，还有建筑的结构。因为可以抗台风与地震，对于现代高层也有借鉴价值。1932 年，德国的一位建筑师来白川乡考察调研，发现白川乡的建筑结构与欧洲中世纪的结构具有高度相似性，这次考察被称为"日本建筑的再发现"。夏天，建筑中的热量通过通风的窗户而传递出去，建筑窗户用和纸封上，两三年换一次。和纸的成本比玻璃高，因为其热胀冷缩所以具有保温隔热、冬暖夏凉的效果得以被保留[1]。

从以上两个实地调研的案例进行分析，可以看到其"共同性"特征。共同性在于：

①两个村落都坚持农耕为基础，建设乡村从实际出发，因地制宜不脱离地方性的客观条件。

②以改善村民生活条件为终极目标，唤起村民对乡村建设的自觉、自主意识，建立协商机制，遇事通过村民讨论会商决定，避免被动的服从。

③虽然两个村落各自在不同的国家，但都以解决村民自身问题为主导，不以发展旅游为第一建设目标，由自身业态的良好、传统人文特色的突出和环境生态的优质为本底，自然形成旅游的优质资源，从而促进旅游业的发展，并更

---

① 王佳毅，2019 年 6 月 15 日至 2019 年 7 月 1 日到日本乡村调研，《日本乡村建设田野考察报告》

好地带动其他服务业的良性互动。乡村振兴战略"产业兴旺、生态宜居、乡风文明、治理有效、生活富裕"的目标要求，在这两个村落的实践中充分地体现出来。

三、探寻乡建

从美丽乡村建设的角度来说，乡村景观设计是最基础的组成部分；从生态乡村建设的角度而言，保护自然资源的乡村景观设计对乡村的生产生活具有长远的意义，是创造经济价值，实现可持续发展的关键一环；从建设富强乡村的角度来看，充分体现历史文化、民间文化、地域文化的乡村景观设计，能够产生丰厚的历史价值、审美价值、景观价值，能够带动当地旅游业的发展。

改革开放 40 多年来，我国乡村文化的功能价值、传承主体、文化特色、文化自信均发生不同程度的变迁。在美丽中国的号召下，如何让乡村建设更加美丽，西南的乡村该如何建设，如何培养符合新时代要求的乡村营建人才？本项目结合实际案例作为课程授课的一部分，在探寻乡建这一部分作出了回应。富有文化内涵和地域特色的乡村营建无疑是构建乡村继往开来、和谐共生发展模式的重要构成。

（一）刘贺炜：传统村落保护

课程名称：《传统村落保护规划与技术传承关键技术研究》

课程概述：该课程介绍了数据库背景下的民居营建工艺调查，通过讲解国家"十二五"课题《传统村落保护规划与技术传承关键技术研究》的研究过程，讲授了如何进行田野调查。调查前先进行背景调研，对调研内容进行分解，再确立工艺库分层、分级的基础数据结构，形成主干条目。制定调研的步骤与方法，选点与提出调研方案。再进行文献与实地调研，从调研地点获取资料，最后进行成果资料的整理，成果有各种表现形式。在对传统民居调研的过程中，要尊重当地的风俗习惯，确保考察内容和成果的真实可靠，杜绝提供虚假材料。

（二）詹文瑶：古镇特色品牌

课程名称：《一镇一品：传统古镇特色品牌》

课程概述：什么是一镇一品？字面意思是一个镇子一个品牌，这个概念来自日本的一个对当地村镇的经济、农业和特色产品进行改造取得成功的案例。乡村建设进程中，一个镇就是一个最古老的聚落形式，每一个镇都具有历史性。怎么建设传统古镇的特色产品？授课教师詹文瑶为大家介绍全国古镇的分布及地方特色。古镇是人类古老的聚集地，分别介绍了浙江、云南、重庆一带的古镇的特点，以及古镇特有的产品，如浙江乌镇的特色产品、云南束河古镇特色产品、重庆龚滩古镇特色产品。同时，还介绍了国内外古镇特色品牌案例设计：案例一磁器口古镇，古镇文创产品的开发—传统文化的活态传承；案例二咯哆牌鸡蛋包装，绿色材料的创新设计—生态的古镇资源利用；案例三日本安田瓦古街特色小品设计，古镇小街的特色小品设计构建人文生态环境；案例四土家园土特产包装，古镇土特产的形象提升地域文化的当代呈现；案例五江津米花糖；案例六荣昌夏布；案例七合川桃片；案例八吃喝玩乐在桂林。随着国家精准扶贫项目在乡村的深入展开，C2C 电子平台成为农村脱贫致富的网购创收模式，农户通过 C2C 平台进行特色产品的小规模交易，不仅为特色产品拓展了交易空间，减少特色产品的积压，降低市场风险，还节约了中间交易成本，为城市生活提供了方便。

（三）黄红春：乡土特色

课程名称：《乡土特色的保护、利用与传续设计》

课程概述：设计导则是在现代城市与乡村设计的实践过程中形成法令型成果形式。基于空间形态的乡村建设的创作与实践，要求具有生态可持续性，具有本土特色，能够发挥乡土文化价值、低成本、低维护、易于建构等。成果由两个人一组，图文并茂的完成。老师提出作业文本纲要，讲解作业格式的基本规定，要求使用 A4 幅面设计导则图解文本。

如何制定计划？

（1）考虑到设计以及研究的步骤方法；

（2）困难与计划；

（3）周期计划（工作主次）。

老师要求学员梳理自己的设计导则，理清自己的思路，从以下8个方面进行：①乡土特色的内涵；②农村乡土特色的保护与利用方法；③基于空间环境的乡土特色；④设计导则的制定；⑤制定计划：A.设计以及研究的步骤和方法；B.困难与问题；C.周期计划（工作的主次）；⑥研究方法与角度（乡村特色保护的研究方法有：文献查阅法、定性研究法、定量研究法、历史性研究法、实验性研究法、调查研究法、田野考察法、逻辑论证法、个案与综合研究法）；⑦乡土特色分析（典型建筑风貌控制——嘉绒式下店上宅）；⑧关注不同的方法模式。

什么是设计导则？

设计导则是在现代城市与乡村设计的实践过程中形成的法令型成果形式。顾名思义，导，乃引导、启发之意；则，为规则、榜样之解，故而，导则既是行为的先导，又是遵守的法则。

设计导则可以追溯到19世纪欧斯曼的巴黎改建中对城市主要街道建筑立面的条例规定，以及20世纪初美国纽约的土地使用分区管制规则，即建筑使用类别、容积与高度的控制。20世纪60年代，由于城市的快速生长，人们迫切感受到生活的环境品质受到威胁，于是将城市设计的理念纳入官方的公共政策，修改管制规则。以后，人们又根据实际需要陆续制订了一系列关于街道景观、建筑立面、铺装、广告等的导则，并通过法定程序，使之成为城市设计的操作工具。目前设计导则在我国的运作尚处于探索性的起步阶段，但已得到重视和关注。住房和城乡建设部和中国城市规划学会正在组织有关导则的编制规范问题。

（四）赵宇：乡土景观元素

课程名称：《乡土景观元素的利用与创新设计》

课程概述：乡土与乡村，既相互关联，又各自独立不同。课程针对乡土景观的基本元素展开检索，利用乡土景观元素进行创新设计，注重发掘乡土景观元素的艺术价值、文化价值和生态价值，注重乡土景观元素的多维变化和适地利用，注重乡土景观元素的传承发展和创新适应。课程讲授内容由三个板块构成：第一，乡土景观元素概述，通过对"乡土"字面的释义，建立对乡土景观元素概念的正确理解；第二，乡土景观与景观元素的表现形态与特征，通过感性经验的唤醒达到对乡土景观的认识；第三，乡土景观元素的设计法则，一个设计方法论的梳理与清单建立，用理论的分析和案例的启发，引导学员开始对乡土景观元素的多维利用与创新设计，使乡土的价值在当代的乡村建设中发挥突出的支撑作用。

教学目的：通过课程的教学，建立对乡土景观的深化认识，从细节入手思考乡土特色景观元素的传承和利用，发现本土文化的价值意义，培养学员发现艺术创作源泉的敏感性，发掘学员创造性思维的习惯和能力。

第一讲：乡土景观元素概述

"乡土"是一个寻常的主题，"乡土景观"的正式研究只有短短几十年时间。

西方对乡土景观的研究始于 20 世纪 40—50 年代，早期并未对"乡土景观"的概念进行明确的界定，因而很多研究都是隶属于"文化景观（Cultural Landscape）"研究的范畴。经过六十多年的发展，如今西方的乡土景观研究已经形成了一个独立的学术领域，其研究内容具备了相当的广度和深度。

我国学者在从 20 世纪 80 年代开始关注乡土景观这一领域，研究多集中于自然地理学、民俗学、建筑学、人类学等领域。从 90 年代起研究队伍日益壮大，研究所涉及的内容也日益丰富。

"乡土"是地域特色和文化的记载，从生活中积淀了深厚的文化底蕴，具有鲜明的地域特色，了解乡土的元素并在设计中成功地运用，可使设计作品更加具备独特品质。

1. 乡土

辞海的解释：

（1）家乡、故乡。

有人去乡土，离六亲。　　　　　　　　　　　　　——《列子·天瑞》

（2）泛指地方。

乡土不同，河、朔隆寒。　　　　　　　　　　　　　　——《晋书·乐志下》

英语关于乡土的词语
local, native soil, home village, of one's native land
village, country, countryside, rural area.

显然，与乡村的英语完全不同，乡土原指那些质朴的、本土的、传统的事物，是个边界模糊的地域概念。

从基层上看去，中国社会是乡土性的。

现代社会是个陌生人组成的社会，各人不知道各人的底细，所以得讲个明白；还要怕口说无凭，画个押，签个字。这样才发生法律。在乡土社会中，法律是无从发生的。"这不是见外了吗？"乡土社会里从熟悉中得到信任。

从土里长出过光荣的历史，自然也会受到土的束缚，现在很有些飞不上天的样子。
　　　　　　　　　　　　　　　　　　　　　　　——费孝通《乡土中国》

解读乡土景观

传统的乡土景观包含两层含义。一层是指乡村里土生土长的"自然景观"，即所谓乡村风光、乡村田野、乡土建筑、官方村落和道路，以及民族人物和服饰等所构成的景观现象的复合体；另一层是指反映文化体系的特色和天文特质的"文化景观"，是当地人为了生活而采取的对自然过程和土地及土地上的空间格局的适应方式。是此时此地人的生活方式在大地上的投影，包括土地及土地上的城镇、民居、寺庙等在内的地域综合体。

提炼乡土景观元素

"乡土景观元素"取自特定地域生产、生活过程中用于景观表现的素材。主要从以下三个方面进行挖掘提炼：

乡土的"物"

实体性景观元素，指基本不需要二次加工而直接用于园林景观设计营造的物质实体类元素，如乡土建筑、乡土植被、乡土材料、器具和工艺品等众多实体元素。

因事物在生活中的存在形式不同。乡土的"物"又可以分为三类：第一类为因自然环境的天相和地相两大要素影响，形成的自然乡野景观；第二类包括当地人日常生活所涉及的器具、物品等生活元素。可以归结为"要素"；第三类指构成景观实体的材料，可以作为园林小品建筑材料的素材，如乡土植物、当地出产的石头、木材等。

乡土的"事"

主要指地方习俗、民族风俗、民间典故等乡土地域上的事件性元素。表现为非物质状态，它包括了百姓物质和精神生活的方方面面，与生产、生活紧密相连。

按事件发生时段性的不同，乡土的"事"又可以分为"过去的事件"（值得纪念的历史片段）和"正在发生的事件"（可供观赏和参与的活动事件），从事件的主题和性质来看，乡土的"事"则包括"日常生活事件""文艺活动事件"和"生产实践事件"三类主要乡土行为事件。

乡土的"意"

乡土的"意"主要指乡土所蕴含的地方精神、地方情结、乡土意境等可感知元素，也属非物质状态的元素。它通过生活中的场景、材料等形象所表现出来的意蕴，包涵丰富的民俗文化，既是乡土意境的表达，又是乡土"物"与"事"的联合与升华。

2. 乡土景观

"Vernacular"一词源于拉丁文"verna"，英文意为"白话的、方言的、当地的"。

美国著名景观地理学家 J. B Jackson 较早地把 "vernacular" 与 "landscape" 相关联，作为文化景观的一种重要表现形式展开详细阐述，形成了极具启发性的思想认识，同时也成为西方关于乡土景观较早的具有权威性的系统论述。

"Vernacular Landscape" 在国内有多种翻译，一般译为 "乡土景观"，此外，也有译成 "风土景观"，以及从字面含义直接翻译成 "白话景观" 的。

"乡土景观" 概念界定有四种视角：

（1）强调乡土景观形成原因的主体视角

有学者认为乡土景观是 "人们出于自身生活需要而自发创造形成的一种文化景观；另一种观点认为乡土景观是 "一种并非专业设计的人工户外环境类型"。

（2）强调乡土景观表现形式的客体视角

一种认为乡土景观的形式具有本土性、地域性特征；另一种则认为乡土景观的形式特征主要在于其寻常性与普遍性。

（3）强调乡土景观所在地域的空间视角

即将乡土景观与乡村景观等同，或是与城市景观对立。

（4）强调乡土景观系统性特征的综合视角

认为乡土景观是当地人为了生活而采取的对自然过程、土地和土地上的空间及格局的适应方式，是当时当地人的生活方式在大地上的显现，是包含土地及土地上的城镇、聚落、民居、寺庙等在内的地域综合体，是包括自然和历史文化在内的整体系统。

与乡土景观概念相近又有所区别，且极易引起混淆的概念有 "乡村景观（Rural Landscape）" "本土景观（Local Landscape）" 和 "寻常景观（Common Landscape）"。

"乡土景观" 与 "乡村景观" 的区别实际上是 "乡土" 与 "乡村" 的区别，"乡土景观" 不是 "乡村景观"，与 "城市景观" 也不属于一个分类范畴。乡土景观是一种自然与人类生活和谐的景观形式，在城市景观和乡村景观的设计中都可以运用乡土景观的设计手法。

"本土景观"和"寻常景观"只反映了"乡土景观"地域性、寻常性的特征，并不能与"乡土景观"的概念等同。

近年来乡土景观领域还诞生了"当代乡土（Contemporary Vernacular）"和"新乡土（Neo-vernacular）"等新概念。

第二讲：乡土景观的特征和价值

1. 乡土景观的内涵

（1）强调内在驱动力的非物质层面视角

J. B Jackson 认为乡土景观的核心内涵是 "将景观形式与其背后的驱动因素相关联来认知世界"，从这一核心内涵出发，他将乡土景观进一步界定为"非政治性因素驱动下的文化景观"。文化景观（Cultural Landscape）分为"政治景观（Political Landscape）"和"乡土景观（Vernacular Landscape）"：

政治景观由政府建立和维护，由法律和行政机构来管理，寄望于永久并有计划的演进；乡土景观则几乎没有由行政力量组织空间的迹象，并且具有风俗上的地方性、对环境具实效的适应性以及不可预期的机动性等特征。他强调乡土景观实际上是一种与政治景观相对立的、自下而上发展起来的文化景观。

（2）强调外在形态的物质层面视角

认为乡土景观是对当地原有空间形态的延续，是一种不断生长的历史的、过程的产物；强调地方材料和传统技术的使用；注重同自然环境的有机结合；富有民族特征和地域特征。

（3）强调系统性的综合视角

认为乡土景观是自然风光、乡村田野、乡土建筑、民间村落和道路，以及人物和服饰等构成的文化现象的复合体，具有自然、社会、文化三个方面的属性。

2. 乡土景观的构成

景观是包含了土地及土地上的空间和物质的综合体，它是复杂的自然过程和人类活动在大地上的烙印，构成景观的元素是多种多样的。依据研究角度的不同，乡土景观的构成研究归纳为：

（1）从主客体关系的角度

从此角度认为乡土景观是"适应于当地自然与土地的，是当地人的，是为了生存和生活的，三者缺一不可"，因此其构成可以划分为：乡土景观的主体、客体以及主客体之间的相互关系三个方面。其中乡土景观的主体指的是当地居民，他们是乡土景观的创造者和使用者；客体指的是由主体（当地居民）创造出来的乡土景观；主客体之间的关系指的是乡土景观形成过程中，人类通过自身的行为创造着环境，环境又反过来影响着人类，两者之间的作用是相互的。

（2）从构成因子的属性

从此属性认为乡土景观的构成可以划分为乡土的"物"、乡土的"事"和乡土的"意"。乡土的"物"指的是实质性的景观元素，如乡土建筑、乡土植物、乡土材料等实体元素；乡土的"事"指地方习俗、民族风俗、民间典故等乡土地域上的事件性元素，表现为非物质形态；乡土的"意"指乡土所蕴含的地方精神、地方情结、乡土意境等可感知元素，也是一类非物质形态的元素。

3. 乡土景观的价值

乡土景观作为与人类生活息息相关的一种文化景观，同时也是自然生态环境密不可分的有机组成部分，其意义巨大，关于乡土景观价值的研究具体可以归纳为景观价值、生态价值、文化价值、社会价值和经济价值。

（1）景观价值

乡土景观的独特性对形成多样化的地域景观作用巨大，能有效避免全球化形势下的景观趋同现象。

（2）生态价值

乡土景观的生态价值体现在其适应自然、巧妙利用当地生态资源的一种生态观。

（3）文化价值

乡土景观是乡土经验的载体，具有历史继承性，是人类历史和地域文化发展历程的见证，对建设具有传统内涵的人类聚居环境具有重要作用。

（4）社会价值

乡土景观设计理念是自发或半自发的、有机的互动设计，它强调自下而上的人义关怀，对自上而下的现代规划思维方式有重要启迪作用。

（5）经济价值

乡土景观的经济价值体现在其纯朴与地方特色在商品、旅游等经济市场中的独特魅力，在开发旅游产品时，乡土景观的展现是一种特殊的商品形式，并且能衍生出更多的经济价值来。

第三讲：乡土景观元素的类型

1. 田野与农耕

田野是农耕文明的典型象征。追溯中国农耕文化起源，有一句"男耕女织"之说，它不仅是指早期的劳动分子，也是农耕文化形成的基础。早在河姆渡时期，开始种植水稻，则说明"农耕"由此（或更早）产生。发现于湖北省京山市屈家岭村的屈家岭文化遗址，是"屈家岭文化"的发现地和命名地，是我国长江中游地区发现最早最具代表性的新石器时代大型聚落遗址，距今5300 年—4500 年。

在乡土景观的构成类型中，山水田园和农耕文化是核心的内容。地域广阔，包含了山地、平原、旱地等不同的田园类型，也产生出丰富多样的农事活动，形成中国乡土的典型特征。

2. 民居与建筑

民居建筑是指中国传统的普通民众居住的房屋建筑。包含了建筑的风格和形式，在不同的历史时期和不同的地区有不同的变化。中国民居是各地居民自己设计建造的具有一定代表性、富有地方特色的民家住宅。在中国的民居中，最具特点的民居有北京四合院、西北黄土高原的窑洞、安徽的古民居、福建和广东等地的客家土楼、内蒙古的蒙古包等。

中国传统民居建筑以木结构体系为主，兼有生土、砖石构造，总体上不能脱离木材的构造作用。单体民居由屋顶、墙身、台基三大部分构成，包括了结构体系如大木构架和围合体系如小木装饰两个营造阶段。

3. 器物与用具

器物是物品的统称，其中包含了用具。

乡土器物指传统生产生活过程中产生发明，并经过长期使用而定型的生产工具、生活用具。

4. 习俗与活动

东汉学者许慎将习字解释为"数飞也"，即练习或学习飞行的意思，这是习字的本义。习字随着人类社会文化的发展，在本义基础上又演变出多种重要含义，习惯、习性便是其中的一种。《礼记·乐记》说："五年视博习亲师"，学者解释其中的习字含义是"常也"。常即经常、惯常。经常、惯常自然成为习惯，这便是习俗的习的基本定义。俗字最早见于西周金文（铜器铭文《卫鼎》等）。《说文解字》说："俗，习也"。这是用转注的方法来解释俗字的含义，表示俗与习在意义上具有同一性的一面。《周礼·大司徒》疏说："俗，风俗也"；《荀子富国》注说："俗，谓民之风俗也"；《吕览·长攻》注说："俗，常也"；《周礼·大司徒》注说："谓常所行与所恶也"。根据以上解释可知，俗的意义与习字相近或相通，确切而言，便是风俗的意思。习与俗连文合并成习俗一词，大约始自春秋战国时期。《荀子·荣辱》说："是注释习俗之节异也"；《春秋繁露·王道通》说："人主以好恶喜怒变习俗"；《战国策·赵策》说："常民溺于习俗"。

按古代经史学家的解释，前述文句所见的习俗一词，均是风俗习惯的意思。凡有一定流行范围，一定流行时间或流行区域的意识行为，无论是官方的，民间的，均可称为习俗，这亦是习俗的基本定义。

它包括禁忌、居住习俗、饮酒习俗、族群习俗、交际习俗、婚丧习俗、节庆习俗等等。

第四讲：乡土景观元素在当代景观环境中的运用法则——变量与组织

1. 要素的设计

（1）点

一个点可以在靠近界定一个位置；小的物体可以被看成是一个点；点的特性可以和权利及所有权发生联系，可以有各种各样的象征性。

一个点，严格地说没有大小，但可以在空间标定位置。在景观中，小的或者远的物体可以看作是点。一捆麦秸，一棵孤立的树，远方一座较小的建筑都是常见的例子。

在过去，点经常被用于一个特定的目的，如标志领土、确定所有权以及在一片土地上的统治权，充当标界，作为重大设计的焦点，或者仅仅为一个无特色的景观提供一个兴趣点。

（2）线

线可以是想象中的，但仍可以施加影响，平面的彼岸可以看作一条线；线可以有自身的特性；在景观中，自然的线是普通和重要的；人造的线也是大量的；线可以广泛用作边界；线在建筑中可以作为定义性的要素。严格地说，点没有尺寸，而线是点在一个方向上的延伸。线需要一定的厚度来标记，并且根据画出或生成时的情况可以有特殊的性质，例如干净的、模糊的、不规则的或者不连续的。不同颜色和纹理之间的边界也是线。

线还能通过点的位置或边的协助来暗示，线还可以有独特的形状，含有方向、力量或能量的意思。线作为大脑处理视觉信息方式的一部分，特别重要。

或许作为描述所有权、土地使用权、疆土范围的边界线是长久以来最有意义的线。在英国，围合公共用地时设定的线，殖民地领土授地时设定的线，或划分文化的国际边界线有助于确定景观格局，对整个国家的景观有非常久远的作用。

在建筑环境中，在建筑或城市规划中，线可以是重要的定义性和控制性的要素，如房基线、视线及星顶线都是这些线的例子。

（3）面

延伸一维空间的线可以生成二维空间的面；面可以是平的、弯曲的或扭曲

的；面可以是隐喻的也可以是真实的；不同位置的面可以围合空间；自然完美
的面很少；建筑物的正面是一个面；面可以在论述别的问题时作为媒介；面可
以因其固有的性质而被使用。

把一条一维的线向二维伸展就形成一个面。它没有深度和厚度，只有长度
和宽度。实际上，一张纸或一堵墙或多或少都可以看作是纯粹的平面。平面可
以是简单的、平的、弯曲的或扭曲的。它们不需要是连续的，也不需要是真实
的——就像"图画平面"中所隐喻的那样。用平面围合成空间时，可以具有一
种特殊功能，如地面、墙面或屋顶平面。

（4）体

体是二维平面在三维方向的延伸；体可以是实体的，也可以是开敞的；实
体可以是几何形的，或者是不规则的；建筑、地形、树木和森林都是实体——
空间中的质体；开敞的空间由平面或者其他实体界定——围合的空间；建筑物
的内部、深深的山谷和森林中树冠下的空间都是开敞的体。

从二维移向三维，从而得到体。体有两种类型：实体——三维要素形成一
个体或空间中的质体；开敞的体——空间的体由其他要素（如平面）围合而成。

实体可以是几何形的。立方体、四面体、球体和锥体都是欧几里得实体的
例子。在景观中，埃及的金字塔和其他古代老结构，与网络球体、玻璃立方体
等近代的例子都是几何形体的实例。在简单但巨大的欧几里得实体给人的强烈
视觉印象中，有些东西特别突出，这些实体在建筑和设计中继续流行。

（5）要素的组合

一个要素孤立存在的情况是很少见的；要素之间的差异可能是模糊的；距
离可以改变要素被呈现出来的感觉。

通常它们都组合在一起，而且她们之间的差异可能是非常模糊不清的。许
多点可以表现为一条线或一个面，而从不同的距离看，平面可以像点、线和实
体或开敞体的面。当我们看景色或其构成时，这种可变性使我们兴奋。随着我
们从一个规模移到另一个规模所产生的这种变动，对我们从不同距离、不同的
观察位置去理解格局有重要的意义。

2. 元素的变量

（1）数量

数量多通常意味着更复杂；数量是以不同的方式表示的；数量中包含模糊的概念；数量可以有比例和序列。

单个要素可以独自存在，而且与其周围环境没有明显的关系。通过重复、相加或用其他方法增多，每个要素会与另一个发生视觉关系，这样就产生了某种空间效果。通常，一种要素的数量越多，图案或设计就越复杂。

表达多个要素的方法可以各不相同。单个完整的形状可以重复而形成格局。反之，单个形状本身可以由一系列别的形状组成。初始形状的区段或部分可以重新分布而创建新的形状或图案。在不同规模中出现的元素，在另一个规模上可能被看成是更大整体的一部分，或者本身是由多个在远处不能识别的要素组成的。

在解决一个设计问题时，增加数量会导致复杂性。在景观中布置单个建筑，与布置两个或多个建筑相比，是较简单的任务，建筑群的视觉关系、朝着建筑群看和从建筑群向外看的景色、安全通道和服务设施等会使设计更复杂。

（2）位置

有三种基本位置：水平、倾斜、垂直。点是在空间中定位的，根据定位情况，线可以引起视觉力和视觉紧张，面可以互锁或重叠，要素的位置可以和地形相互作用。建筑物的位置可以相互有关，或与地形有关，或与其他形体有关，确定位置的非视觉因素仍然影响视觉格局和结构。

空间中的形状有三种基本位置：水平的——平行于地平线；垂直的——垂直于地平线，即人的直立位置；倾斜的——在二者之间，斜的。

这三种位置可以有很深的内涵。水平的形状看起来稳定，静止，贴着地面。垂直的形式长期以来一直用于表述或者表明与天空的关系。因为垂直形式同水平相对比，它们往往显得更突出。垂直位置还代表生长，如树干、植物的茎。倾斜的位置创造出更动态的效果并可能显得不稳定。

要素可以通过其位置的不同，如平行、首尾相接、交叉等体现彼此关联。不同的位置如果同时使用，就可能出现混乱和不协调。点可以放置在空间的中心、外部、向着一侧或碰到边缘。每一种位置在元素和空间之间都建立一种关系，唤起一种感觉，或者是稳定平衡，或者是力量、移动和紧张。在每一种情况下，产生效果的都是要素与整个空间的关系。

线有强烈的单向的感觉。根据它们的相对位置，也能引起视觉力和视觉紧张。一对交叉线在空间中可以产生不同的效果，取决于它们的方向，是否相交、是否延伸到空间之外或留在空间内部。不同的位置可以加强或减弱围绕要素的视觉力。

（3）方向

要素可以按一个特定的方向布置，要素的形状可能隐喻着方向。景观中的线能够产生一种方向感，引导观察者注意整个构造；自然要素按照力量显示方向，如风、浪。

一个要素的位置可以由特定的方向决定。另外，它可能表现得不稳定，它可能暗示着运动，这种运动几乎总是使人想到方向。

（4）方位

方位是位置和特定方向的组合。它在字面上的含义是"面向东方"。这里指的是罗盘的方向。

方位有三种基本类型：

按照罗盘的方向——不只是朝东，也有其他方向，例如，阳光的方向和角度、一年中特定时间的盛行风的方向、太阳和月亮升起的方向。相对于其他要素，特别是地平面——水平的或是倾斜的。相对于观察者——从一所大房子的阳台上看到的花园轴线，潜在的攻击者看到的通向堡垒的角度。

（5）尺寸

尺寸涉及要素的尺度，有高、矮，大、小，宽、窄，浅、深；尺寸的定义取决于测量系统，可以有多种来源；大、高、深的形状给人印象深刻，用于产生力量感；较小的形状可以因其小而受到尊重；植物和动物的尺寸由于遗传因素或环境因素的影响而受到限制。

许多测量系统是从人体部分的尺寸派生出来的，如前臂（腕尺）和拇指的关节。例如用于建筑物的单位尺寸可以用手（或一块砖）的尺寸来决定，或者由现有技术能提升的高度来决定。这对建筑物的尺寸有影响。土地的丈量曾经取决于一天能犁多少地，或者供养一家人（生命或部分生命）所需要的土地数量（部分）它影响田地的尺寸和景观的格局。

（6）形状（形式）

自然形状通常是不规则的，但有些自然形状在小规模上是几何形的；植物，特别是树，表现出很多不同的形状和形式；建筑物较常见的是由几何形式组成，但也能见到有机形状的设计；几何的和有机的形式可以混合在一起，产生有趣的效果。

形状是最重要的变量之一，在我们以一种格局感知周围环境时有特别强烈的效果。形状涉及线的变化和面、体的边缘的变化（形式是三维的，相当于形状）。这是我们识别要素的主要手段是一种强有力的因素，我们只要一条轮廓线就可以认出许多三维形式。换句话说，如果去掉一个物体的所有其他性质，只留下它的基本形状，我们仍然能认出它来。研究人员探究了我们如何感知形状，以及大脑如何处理接收到的视觉信息，假定大脑中有专门的细胞在处理信息时"寻找"线和边的视觉要素，将视觉信息的有用部分储存起来。

线形可以是直的或曲的，或是许多直线和曲线的组合。它们可以是规则的或不规则的几何形，或者是自然的不规则形。景观中可以发现许多自然的线，很少是直的或几何形的，通常它们是不规则的曲线。这一点很重要，因为形状的和谐一致是设计整体性的一个主要属性。一个不和谐的形状会引起视觉紧张和视觉冲突，如在全是直线的地方冒出一条曲线。这些自然线条的不规则曲线特征是力量作用过程的结果。例如水的流动自然地形成多种曲折的图案。

（7）间隔

要素间的间隔是设计的必要部分；间隔可以是均等的或变动的，规则的或不规则的；混合间隔的复杂图形发生在规模有变动的场合；间隔可以生成有条理的或无条理的图形；间隔在设计中是有用的变量；在许多村镇和城市的布局中可见规则的间隔；建筑物经常以均等的网格来设计和建造间隔。

要素之间以及要素组成部分之间的间距是设计整体的必要部分。实际上它们的重要性如同要素本身。间隔可以是均等的或变化的。一个均等的间隔创造一种稳定规则和拘谨的感觉。变动的间隔可以是随机派生出来的，也可以是根据某种规则生成的，如数学数列。还可以有更复杂的图案。要素被小的间隔分开，而成组的要素又被更大的间隔分开。

（8）纹理

纹理与间距相关；纹理取决于要素的规模和它们的间距；纹理是相对的，从细致到粗糙；从不同的距离看，纹理是变化的，因为不同的纹理可以同时存在；植物，无论是它们的组成部分还是整个外观，都有不同的纹理；土地利用模式显示出各种纹理；在一定的观察距离下看建成区也可以见到纹理。

（9）密度

密度与间隔、纹理有关；通常，在各种土地使用类型和植物类型之间的过渡地带，密度是分级的；在城市景观中，密度的分布与功能有关。

密度与间隔、纹理有关指的是在给定的区域内（如一个平面的表面）一个要素的数量。在整个格局中密度是可以变化的。较高密度的区域有较重的视觉分量。这方面的例子如成簇的点或带色调的阴影。

纹理密度的变化常见于两种类型的交接处。在林地让位于开阔地的地方，树的密度逐渐减小，从密实的覆盖到留有一些空隙的基本密实的覆盖，然后补丁状的覆盖越来越多，直到只留孤独树木的几乎完全开放的开阔地，最后是一棵树都没有了。这样的分级通常不是规则的，是随当地的条件（如土壤、掩蔽所）而变的，并且可以从不同的距离看到这种情况是重复出现的。

（10）颜色

有几种组织和描述颜色的方法；色圈可以显示不同颜色之间的关系，是一种好的排列；颜色可以进一步用色调、明度和纯度来描述，常用的是孟塞尔颜色体系；某些颜色还可以描述为暖或冷、前进或后退，而蓝色是与距离联系在一起的；深的颜色似乎比浅的颜色占据更少的空间，并似乎更重；景观倾向于与有限的特定颜色相结合，以便赋予当地的识别标记；景观中见到的颜色可以用于建造调色板，为人造结构着色；可以用浅淡的天空色调使大的建筑在视觉上脱离地面。

（11）时间

所有的物体或景观随时间而改变；时间是以自然周期、宇宙和我们的生命来标记的；时间可以记录为周期性的或者累进性的；变化发生在可变的时间间隔内；季节是分割时间的较重要的方法之一；人、动物和植物的生命跨度是时间的其他记录方法；时间还与运动和移动着的观察者的位置有关。

我们已经就其静态的物理属性考察了基本要素。所有的真实物体都随时间（第四维）变化。我们经常按自然世界、宇宙的各种韵律和与我们自己生命跨度的关系来评判在时间上的变化率。时间可以记录为周期性的，例如一季接一季，一年复一年。或者可预知的昼夜更迭等的连续性。时间也是演进的。就如它无可阻挡地从过去、现在到将来，这一点可以纪录在景观中，如诞生、成长、衰落和死亡，也许和生命循环轮回再生有关。因此循环的大自然就在这种线性演进中运作。时间也和运动有关，如速度或速率。

（12）光线

我们需要光线以便感知环境；光线可以是自然的，或者是人造的光线的量、质和方向是重要的；自然光线包含所有的可见波长；光线可以是漫射的，或者是直射的；颜色取决于光线；光线的质量包括光线的强度和大气的清晰度，它是一个重要的变量；光照的方向是另一个变量，可以是侧光、背光、迎光或顶光；人造光线是可以完全控制的，可以达到所希望的效果。

（13）视觉力

运动的感觉存在于静态的图像或物体中；围出要素的位置和它们的形状会提示视觉运动的幻觉或视觉力；视觉力的作用可以是互相对立的，或者是互补的；视觉力在景观中是一直存在的，沿山脊、凸起、山谷和凹陷处一直往下；添加到景观上的形状和线条反作用于地形，产生视觉力；响应视觉力的和谐形状会产生更和谐一致的效果。

视觉力可以用多种方法产生。一个点的位置可以引起视觉力，形状也可以，特别是如果它们有方向方面的品质。箭头和锯齿形道路标记是熟知的有力实例。线可以提示运动，而运动与方向结合在一起可以产生不同的速度感受。当我们看景观时，我们的眼睛持续和下意识地对存在的视觉力作出反应。它们动态地被引导到景色的周围，被整个地貌所吸引。明显的线，如蜿蜒的路或弯曲的河流引诱我们的眼睛去跟随。明亮天空与较暗地面的反差吸引我们的注意。

（14）视觉惰性

某些物体可能不显示视觉力，它们可能提示惰性；重的、超稳定的水平形状似乎最有惰性。

虽然大多数形状展现出视觉力，但有些物体可以多少显得有惰性。这通常是实体的性能，它的形状以及颜色使它们显得重，贴在地上，特别稳定。角度小的金字塔、在水平面上的一个立方体、矮小的圆丘或低矮的平顶建筑都是这种例子。尽管有少量的视觉力沿着形状的山脊线而下，但是物体本身似乎非常有惰性，要求强烈的外部视觉力才能产生紧张的感觉。为了在一个构造或景观中维持一个平静和安静的外观来对抗别的地方的视觉能量和运动，就会需要惰性。

第五讲：优秀设计实例解析

案例 1：金台村重建项目

金台村位于四川省广元市附近，是"5·12"大地震受灾最严重的地区之一。2008 年的这次地震导致近五百万人无家可归，受灾区据估计有 80% 的建筑受到不同程度的毁坏。灾后重建迅速地展开了，然而 2011 年 7 月，一次大雨后，山体滑坡侵袭了金台村附近，许多刚重建好及正在重建的房屋受到了再次的毁坏。此外，当地居民也不会再收到任何资助和援助了。在当地政府和非政府机构的支持下，金台村还是顺利完成了重建，此项目为震后重建提供了一个在社会、生态层面上都富可持续性的房屋原型。

重建项目包括 22 栋房屋和一个社区中心。设计为村民提供了四种不同的户型，它们在面积，内部功能和屋顶剖面上各异。这展示了如何使用当地材料、绿化屋顶、沼气作再生能源以及饲养家畜、家禽的空间等概念。同时，设计通过垂直的内庭院提高了室内采光和通风环境，并为雨水收集提供通道。设计同时也考虑到了芦苇湿地净化废水和村民合作社饲养家畜等。通过将农村生产生活的不同环节连接成一个生态循环，提高了人们对环境的关心，将这个村子转变为周围的榜样。因为当地适合建房的土地有限，金台村的设计将城市的密集居住模式结合到乡村的环境里，屋顶为农户进行自给自足的种植提供场地，而地面层的开放空间则允许他们开展简单的家庭作坊。这个项目一方面试图保护村庄的共同利益，另一方面为反思现代乡村景观提供了契机。

项目本身就是一个针对现代化农村生活的研究。2008 年地震以后，成千上万的家园已经完成重建。在此语境下，此项目是对乡村规划的美学，以及如何使居民与自然环境的关系衍生成其空间组织与物理环境的一次挑战。

案例2：西班牙古城灌溉渠修复项目

占地 3.7 公顷的 Hortes do Baix 是毗邻巴塞罗那的温泉古镇 Caldes de Montbui 旁一块历史悠久的农业耕作区。然而随着 20 世纪城市的发展，这片久负盛名的田园景观正经历着来自环境与社会结构调整的双重压力，灌溉系统的水源污染、游览途径的缺失以及农业人口的瓦解与消失让 Hortes de Baix 走向似乎难以避免的衰落。

作为整个灌溉系统的核心要素，一条以石头砌成、高达 3 米的灌溉渠连接着城市与延绵的农田，将从温泉中溢出的泉水和落在城区的雨水引向田野。然而，城市的发展让这条曾经无比重要的灌溉渠被一点点掩埋，消失在人们的视野之中，逐渐沦为了充斥着污水与废物的沟渠。这不但为受其灌溉生长的农产品埋下了潜在的健康危害，弥漫的臭味和漂浮的污物也让人们唯恐避之不及。幸而这种情况唤起了公众的重视，希望将清洁的水源作为民众共享的资源，重新回到小镇居民的生活之中。

在代表当地民众发声的城镇公共空间自治委员会的推动下，市议会委托 Círcica 与 CAVAA 为小镇重建水系统，清洁灌溉水源，引流废水，并让其成为城市的一个重要部分。Círcica 与 CAVAA 的方案提出了三个举措：开放私人性质的都市农业鼓励食品上的自给自足，并以此为介质创造全新的公共生活空间；整个设计过程将与农业社团和利益相关者保持紧密的联系，让他们真正参与到设计中；推广传统水资源管理作为物质与文化遗产的宝贵意义，让居民认识到其重要性。通过与农业社团的合作，设计团队发现了私人温泉 spa 中水资源管理的漏洞，决定将其多余的水量与温泉浴场的多余水量一并引入至水系统中用作灌溉水源。历时两年的参与式行动研究计划让农业团体树立了足够的信心，在保证现有灌溉系统与管理机制完整性的情况下，农业团体同意了设计团队的部分干预措施。整个项目耗资 93，881 欧元，同时也包括了一个城镇就业计划。而后期的维护将交由农业团体管理。

设计团队在兼顾灌溉系统的可持续性管理的同时，打造了一条步行系统以增强农田区域的可达性。来自温泉 spa 的水源将汇集在新建的大池子中冷却，用以灌溉果园。池子与现存的灌溉系统相连接，利用重力将水源输送到各个角落，而无需引入任何机械设备。生活污水被导流至下水系统，一条全新的小径顺着重获新生的主灌溉渠延伸，将城市与农田连接到一起。位于石墙之内的小路让灌溉系统古朴的外观得以完整地保留下来。

花岗岩石、手工砖块、手动水闸门、金属网栏杆，这一切都将园艺文化中质朴的自建特质愈发的凸显。而柳木作为温泉文化的传承，被栽植到了这片场地之中。而水池中的漂浮花园以植物处理的形式，在起伏的波澜中吸收着泉水中残留的有机物质。

全新的社团合作模式与生态策略也要求建筑团队作为调节者和观察者，从不同的领域引入创新性的概念并与各式各样的合作者协同合作，帮助设计团队在项目的技术领域交流、沟通并做出决策。

景观设计团队从政治、生产力与公众性三方面去最终评价本项目的价值。从政治方面，政府实现了他们对此地保护和维护的诺言，并在长期和密集型的合作过程中组建了园艺协会。委员会的成立保证了这片灌溉渠的自我管理与维护，内部规则的制定，与市议会的交流合作，这片历史区域长期的可见性以及当地知识文化在不同代际间的传承。从生产力方面，清洁的水源让有机生产得以实现，同时也提升了灌溉的效率。在未来，农产品的销售也将成为本地旅游经济中的支柱。从公众性来看，一个个果蔬园成为开放性的公共活动空间，提升了这片农业空间的辨识度、内涵与教育性。

第六讲：乡土景观元素的创新运用设计

艺术介入设计
艺术是用形象来反映现实、但比现实更有典型性的社会意识形态。

艺术包括绘画、雕刻、建筑、音乐、文学、舞蹈、戏剧、电影、电子游戏（第九艺术）等。
艺术可以是宏观概念也可以是个体现象，是通过捕捉与挖掘、感受与分析、整合与运用（形体的组合过程、生物的生命过程、故事的发展过程）等方式对客观或主观对象进行感知、意识、思维、操作、表达等活动的过程，或是通过感受（看、听、嗅、触碰）得到的形式展示出来的阶段性结果。

形象是艺术的重要特征，是艺术活动特有的存在方式，艺术作品作为人的精神生产的产品，依存于一定的物质载体，它必须是直观的、具体的，能为人的感官直接感知的感性存在。形象是构成艺术作品的基本要素，所以每个艺术形象都必须以个别具体的感性形式出现，把生活中的人、事、景、物的外部形态和内在特征真实地表现出来，有血有肉，有声有色，使人产生一种活灵活现的真实感。艺术形象又是艺术家认识体验生活的结果，是艺术家审美意识的结晶，因此艺术形象又具有艺术家审视、体验生活时把握到的鲜活性和具体性，通过人的视觉、听觉等感官能够感受、把握到艺术形象的色彩、线条、声音、动作，给人以闻其声、见其人、临其境的审美感受。

情感在艺术活动动机的生成、创造与接受过程中均是重要的因素之一。同时，情感又是艺术创作的基本元素。艺术活动总是伴随着情感，这是欲望、兴趣、个性的具体的心理表现，也是对对象能否满足自身欲望的价值评判。艺术家的情感往往通过艺术形象得到充分的展现，艺术家反映生活，描绘艺术形象，绝不是冷漠的、无动于衷的，而是凝聚着他的思想情感、爱憎褒贬，渗透着他的审美情趣、审美理想。

艺术介入设计，是在乡土景观这种低技术高情感的设计活动中，以形象和情感为出发点，在平淡的乡土日常中创造与城市生活（通用生活）模式完全不同的景观情景，使地域文化、传统情感和乡愁依恋得以存续。

乡土营造

乡土营造指采用当地自然材料制作，具有鲜明的民族风格和地方特色的建造技艺，一般具有百年以上历史以及完整工艺流程。传统营造技艺的流逝，导致乡土景观在当代环境中被日益淘汰的命运。乡土景观元素的设计，需要对其进行有意识的挖掘、整理和运用，在设计、营建中获得保护。

（六）刘涛：乡愁

课程名称：《巴渝乡愁 时代田园》

课程概述：课程以"巴渝乡愁 时代田园"为主题，以重庆兴隆镇的巴渝乡愁为例，分别从政府角度和企业角度讲述了乡愁定位出发点有不同的诉求。从政府角度有地方区域的诉求。重庆作为中国的直辖市，在农旅项目上没有特别突出优秀的代表性产品，缺少标杆性田园项目。面对美丽乡村的国策，市场存在空白。城乡二元结构调整的大时代背景之下，重庆需要一个能代表重庆同时面向中国的美丽乡村项目。从企业角度有产品升级诉求。作为一家致力于绿色生态城镇建设，文化旅游产业开发和运营的大型复合产业集团，已经呈现"乡愁贵州"项目，并形成"乡愁"系列性产品，在今年的产品研究上，在之前的经验上，总结探索，力求打造乡愁2.0产品。

课程还对乡愁记忆深入浅出地讲解，其中，农耕生产记忆点包含生产和生产工具（比如栽秧打谷、耕牛犁地、晒苞谷和辣椒酱、赶鸭子等）；乡土生活记忆点包含吃、穿、住、行、用、耍（泥路、石板路、土墙瓦房、水井、坝坝席、草鞋、扇画片等）；村镇生意记忆点包含商贩及生产工具（打铁、磨刀、木匠、挂面、唱戏、染布、赤脚医生、茶馆、酒馆等）；山水生态记忆点包含山水田林（山连山、泥巴小路、堰塘、板板桥、田坝、田坎等）。同时结合杭州莫干山经典民宿进行实际案例分析，以设计方案和视频内容呈现。

（七）徐耘：文旅

课程名称：《从操盘人角度谈文旅融合》

课程概述：课程开始介绍了《伊藤可士和的超整理术》《找魂》《从0到1》《清单革命》等几本影响思维的书，以及阮仪三、邓东、李景汉、梁军、赵晓钧等几位影响思维的大师。以乌镇、和顺、安仁、明月村为案例介绍文旅融合，并提出了对文化创意与旅游产业的思考。

1. 几本影响思维的书

（1）伊藤可士和：《伊藤可士和的超整理术》

佐藤可士和以自己的知名设计案为例，将"超整理术"分为三大阶段，从有形到无形分别是：空间整理、信息整理以及思考整理。从随身物品、办公环境开始，透过对于空间整理的习惯，养成对于思考整理的敏锐，只要按部就班，时时刻刻磨炼整理技巧，便能促使思绪清晰、提高判断能力、开启灵感之门，大幅提升工作效率与精致度。

（2）王志刚：《找魂》

"今天的人们在越来越小的问题上知道得越来越多，而在越来越大的问题上却知道得越来越少。"《找魂》向人们揭示如何在充满变革和机遇的社会转型期搭建小与大之间的桥梁、找到正确的方向、成为市场竞争中强者的奥秘。

该书是目前国内第一本集原创性、历史性和故事性于一体的本土战略咨询实战案例作品。它真实地记录了王志刚工作室10年来在每一个社会发展阶段的经典策划案例以及工作室独特的成长历程，全方位地展示了一幅破解中国社会经济进程中诸多疑难杂症的"清明上河图"，刻画了一部极具中国特色的战略咨询的孕育和发展史，并展现了具有东方智慧的中国式战略策划的精髓。

（3）彼得·蒂尔：《从0到1》

从1到N不是创新，而一定是利润摊薄的过程。从0到1才是创新。避免竞争、创造市场、进行垄断。创新是知识和眼界基础上的想象力，是个人认识的东西转化过来的。

（4）阿图·葛文德：《清单革命》

现代世界的复杂性已经超出了人力所能控制的范围，任何一个需要从业人员掌控大量知识的领域都难逃厄运。从医疗到金融，从商业到行政，生活中的错误屡屡发生，令人触目惊心。它提供了一个简洁易行的清单工具，让古老的东方从容智慧在现代社会中找到了一个载体。使用清单，就是为大脑搭建起一张"认知防护网"，它能够弥补人类与生俱来的认知缺陷，如记忆不完整或注意力不集中。作者在书中提出清单的4大行事原则：权力下放、简单至上、人为根本及持续改善。它们不是僵化的教条，而是实用的支持体系，将在复杂的世界中拯救你的生活。

截至2016年8月31日，明月村随三张清单：新村民独立项目清单（14个）、新老村民互动项目清单（19个）、老村民项目清单（23个）。

2. 几位影响思维的大师及其观点

（1）阮仪三（著名教授、非遗专家）

"新则新之，旧则旧之。"这里的"新"指的是发展的眼光，"旧"指的是保护的手法。

案例：杨华珍小院、建筑·艺术创新实验室

（2）邓东（著名规划师）

"专家论证作用有限，过程控制更加重要。"

案例：明月村

（3）李景汉（美籍华人、著名时尚专家）

"标杆要立起来。标杆很重要，从低到高很难。"

案例：明月村公共空间标杆——石头房子、艺术院落标杆——蜀山小筑

（4）梁军（著名乡建专家、土成木村与乡村细作创始人）

"乡建需要一个理念走下去，人多思路不易统一，千万不能办成神仙会。"不要纠缠于形象定位，产业定位更重要；不要纠缠于单体风格，布局更重要；最后一点：公共区起步真的很重要。

（5）赵晓钧（著名设计师、乡建专家）

"五行说：政府、农民、资本、文化人、操盘手五要素要平衡关系。"资本不任性，权力不任性。操盘手成为重要力量。

案例：明月村——乡建中的"三个不任性"

①权利不任性

②资本不任性

③农民不任性

3. 文旅融合案例介绍

（1）乌镇：观光小镇＋度假小镇＋文化小镇

（2）和顺：田园景观＋古镇老街＋小型博物馆

（3）安仁：安仁古镇＋博物馆小镇＋艺术小镇

（4）明月村：茶山＋竹海＋明月窑（农业＋文创）

4. 关于文化创意与旅游产业的思考

关于旅游产业的思考

（1）旅游思维最有价值

如海南全域旅游规划，充分利用生态环境、经济特区、国际旅游岛三大优势，打造成世界一流的休闲度假旅游目的地。

（2）旅游产业是大产业

旅游产业是综合产业、泛产业、美丽产业。旅游与其他产业的融合是旅游产业的最好出路。所以要跳出旅游产业说产业。明月村不是旅游村，明月村不是文化村，明月村是新老村民生活和生产的地方。

（3）旅游是空间的"文化生产者"

我们许多旅游做得不好，是空间的感觉做得不够，文化的生产做得不够。

关于文化创意的思考

（1）思想的高度决定文化的深度

案例一：

邛窑：让遗址活起来！

市民公园＋文创基地＋公共文化服务＝新型文博产业园

案例二：

银川贺兰山：十大书画家文化旅游区

已停工并一片荒芜景象

（2）创意靠人

所以支持创意就是支持人，支持人的创造力。

1＝2＝4＝100！一个神奇的等式。

（3）文化产业、创意产业和旅游产业比较

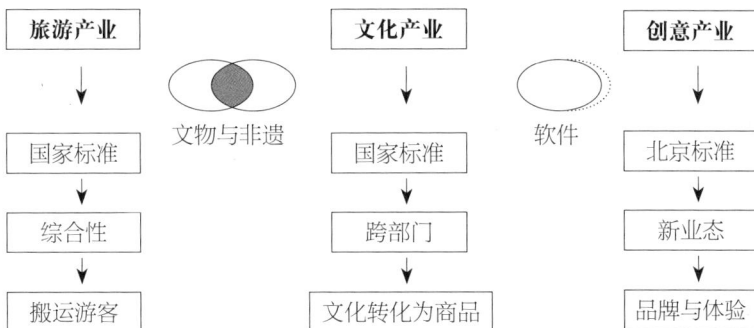

文化 + 创意 + 旅游 = 有温度、有内容、有魂的文创旅游产品

5. 操盘人心得体会

（1）操盘手关注的最重要问题：

定位、产业、机制、系统、逻辑、人。

（2）中国城市建筑研究所方明（1+5+2+1）：

一个定位；

五个研究：产业、宜居、文化、基础设施、机制；

两个提升：旅游、智慧；

一个空间布局。

（3）利益机制导图

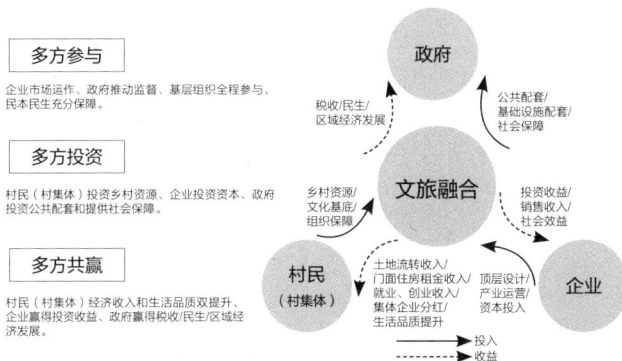

（4）全域心得

思想比策划（规划）更重要：策划和规划前应当研究和回答若干基本问题。

机制比金钱更重要：有机制才有系统性保障，有机制才避免政出多门。

系统比技术更重要：做明月村项目，懂得了技术不是问题、系统才是关键。

内容比建筑更重要：做邛窑项目，懂得了建筑固然要好，但只有装得进内容才叫好项目，内容的连接靠逻辑。

人比一切都重要：文创项目靠人成就。

三个不任性：好项目要三个不任性，即权利不能任性、资本不能任性、农民不能任性。

（八）张月：设计方法

课程名称：《美丽乡村设计方法与振兴思路》

课程概述：张月教授首先用两幅图分别展示了城市面貌和乡村景观，并对两种不同的存在因为不同的视角得出了不同的结论，引出了该课程要进行探讨的问题：乡村究竟是风景还是生活？并进一步分析了背后所产生的原因。基本的动因是乡村发展的滞后。我们的力量都主要集中在城市与工商业，对于农业我们在产业结构和运行机制上没有太多的投入，绝大多数农村还是传统的生存模式。很多农民脱离农业转到城里，以及以工辅农的模式，淡化了农村发展滞后的问题。 张月教授从两个专题《风景 or 生活——乡村景观发展的路径与动机》《设计可持续发展的城乡互动机制》和两个案例《第二届安龙可持续发展与设计国际夏令营——D 组乡村宿营地设计终期汇报》《念香——香车河国际建筑文化村规划设计》深入地探讨乡村设计的方法与振兴的思路。

专题一：《风景 or 生活——乡村景观发展的路径与动机》

1. 农村发展模式的局限

（1）城镇化模式

将农村现代化，按现在城市的模式来改造农村。这潜在地存在着三个方面，即生活方式、经济水平、建设技术的不同。

如果按照城市的模式改造农村，则绝大多数乡村在这三个方面都难以满足高水平的要求（不能以几个少数发达地区作为标准），其结果是城市建设和管理模式的低水平简化版。这也是绝大多数乡村不够"美丽"的症结所在。

（2）保护自然与文化原生态，走旅游开发的路线

强调农村原有的自然生态环境与传统文化的遗存保护。这一方式虽然对历史文化的保留有意义，但是对原有村镇基本不动或以保护性修缮为主，使村镇环境成了活古董，无"新"可言。为了获利而保持原有的村镇风貌，这种模式使生活变成了"表演"，虽有获利，但村镇生活无法发展改善。适合这样以旅游为发展模式的村镇基于各类原因也是有限的，并不适合所有的广大地域。

（3）两者的局限性

工商业为主、产业延伸转移为辅助模式的城镇化主要集中在东部发达地区，辐射空间有限。以河北省为例，真正可以把旅游做成产业的却有限。

2. 区域发展的失衡

（1）东部沿海区域快速发展

中国东部的沿海区域农村发展，以乡镇企业起步，脱离传统农业的范畴，由此展开从传统农业向第二产业和第三产业的过渡和深度发展。

（2）中西部发展艰难而缓慢

中西部的发展艰难而缓慢，在寻求发展上并没有完全脱离农业产业，多围绕种植业展开其产业结构的发展，并依靠当地优势发展畜牧业，多采用小规模家庭式模式，经济上的收益也远远没法跟东部地区以集体或集团形式所获取的

经济效益相提并论。由于发展规模有限，劳务输出成为剩余劳动力安置的最主要途径。

最迫切的问题不是那些进入城市边际体系的工商业、旅游业发达的乡村，而是不应以单一的常规模式对待所有地区，发达水平不同的地域应区别对待。

3. 主体视角和语境的缺乏

城市与乡村两个不同的存在，各自有自己的评价体系与努力的方向。我们讨论的"语境"是"城里人"的视角，农民即使关心这种"语境"也是借以获得资源。但作为这片土地的主人他们自己面临的最迫切的问题是什么？乡村建设的动机是发自农民自身？还是城市视角对农村的定义？这些都是值得我们去思考的问题。

4. 功利与盲目的发展现象

乡村建设应该从根本上改变农村传统经济结构，发展现代农村产业，提升农业经济竞争力。而"以工辅农"的思路没能从根本上确立起农业经济良性发展模式。农村产业引入的项目往往依附于城市经济，成为附庸。

城乡二元差异巨大。虽然乡村建设旨在消弭两者之间的差异，但是从现状看，以工业和城市经济为主导的农村发展模式不但没有解决这一问题。相反，更多农村居民脱离乡村生活，进入城镇，造成乡村"死亡"。

例如：某村建设规划目标

要把握总体思路，即以实现农村布局优化、民居美化、道路硬化、村庄绿化、饮水净化、卫生洁化、路灯亮化、服务强化为目标，以"强班子、促发展、惠民生、保稳定"为主题，不断提升农民生活品质，促进农村经济发展、农民素质提高、党群干群关系改善和基层组织建设进一步加强。

这其实体现出了发展定义的表面化。在这种语境下设计师有可能成了粉刷匠，一个本来需要的深刻变革变成了涂脂抹粉的表面文章。

5. 乡村发展模式的思考

优美的环境源自优美的生活，重视乡村社会生活自身的发展。

乡村建设是否应该是找到一种符合当地生活模式的、符合当地建造技术的、符合当地经济水平的建造模式?

一是符合当地的生活模式。符合当地的生活模式，"新生活"是发展的核心。建筑空间的模式是人的生活模式的外化，如果农村的产业模式不发展改变，农民还维持着原有半手工状态的农业劳动模式，村镇改造就是脱离实际的纸上谈兵。现有的所谓比较好的农村其实都是工商业比较发达的，因此城市的开发模式可以适应。而真正的以农业为主的村镇，如果不是把农业变成现代集约化农业，也无法改变其空间模式。

二是符合当地的建造技术。千百年的农村就是这些农民建设的，他们有自己的建造方式。那些城里人趋之若鹜的村镇环境也是由这些农民建造的。

三是符合当地的经济水平的建造模式。脱离当地经济模式的环境建设等于是无源之水，不可持续、不可自生长。

在乡村建设中，还要思考社会构成中的平等地位、社会思考中的平等视角。因为城市和乡村是两种不同的存在与生态系统。乡村与城市之间的关系不是迭代的关系，也不是发展与进化的前后关系，乡村与城市是二元化的人类社会生态类型。

同时，对城市的理解应该有新的定义，有观点认为，城市只不过是人们谋取效率和利益不得已而委身的环境类型，但从生活品质和与自然的和谐来说城市并不是最好的环境，乡村才是。

因此应该这样理解城市与乡村的关系，城市只是人们谋求利益与寻求刺激的机器，而乡村才是追求生活品质的环境。从这个意义上来说不应该把乡村这种稀有资源弱化，恰恰应该努力保护。而城市与乡村民众的差异化需求应该通过"置换"而解决新的"围城"。我们应该做的是找到这两种生态系统的结合点而不是用城市生态去改造乡村生态。

专题二：《设计可持续发展的城乡互动机制》

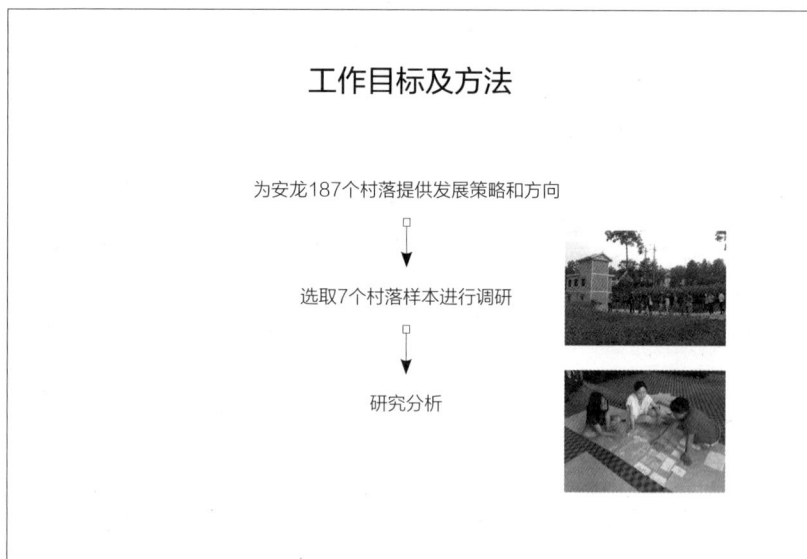

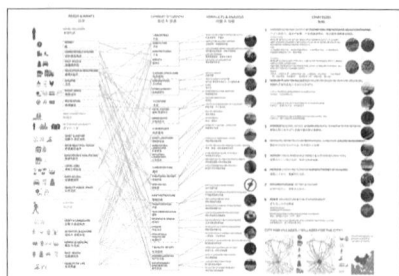

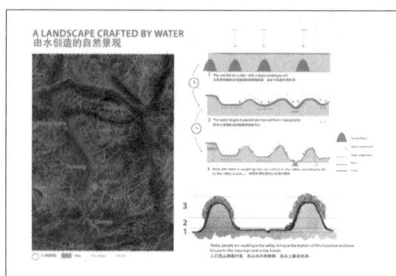

工作目标及方法

为安龙187个村落提供发展策略和方向

选取7个村落样本进行调研

研究分析

ANALYSIS OF 5 VILLAGES
5个村落考察调研

上坛村 SHANGTAN　拉波村 LAPO　香车河村 XIANGCHEHE　纳往村 NAWANG　浙跃村 ZHEYUE

NEEDS & WANTS
诉求

LOCAL VILLAGERS 本地村民　NEW INHABITANTS 新居民　RETURNING MIGRANTS 返乡打工者　VISITORS 来访者

DIFFERENTS KINDS OF LANDSCAPE

CLIFFS 山崖　TYPICAL LANDSCAPE OF SMALL MOUNTAINS 典型峰林地貌　WORK / LIVE / ECOLOGY 人与自然和谐相处

IS IT A GOOD SOLUTION TO SEPARATE ?

LOCALS PEOPLES /// OUTSIDERS

搂纳村 [意义] LOUNA

雨环勇村 [意义] YUBULU

RENOVATION : LOCALS AND OUTSIDERS CAN BE TOGETHER

IF NOTHING IS DONE... 如果我们什么都不做...

A GHOST VILLAGE 村落衰亡

BUSY PUBLIC'S SPACES (CARS...) 乡村无序发展

WATER AND HEALTH POLLUTION 环境和水污染

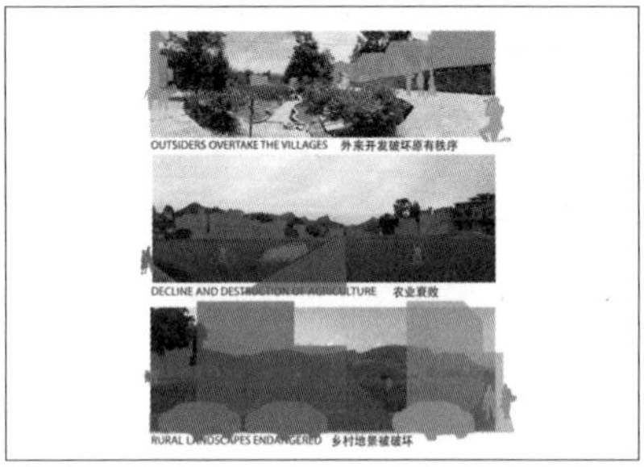
OUTSIDERS OVERTAKE THE VILLAGES 外来开发破坏原有秩序
DECLINE AND DESTRUCTION OF AGRICULTURE 农业衰败
RURAL LANDSCAPES ENDANGERED 乡村地景被破坏

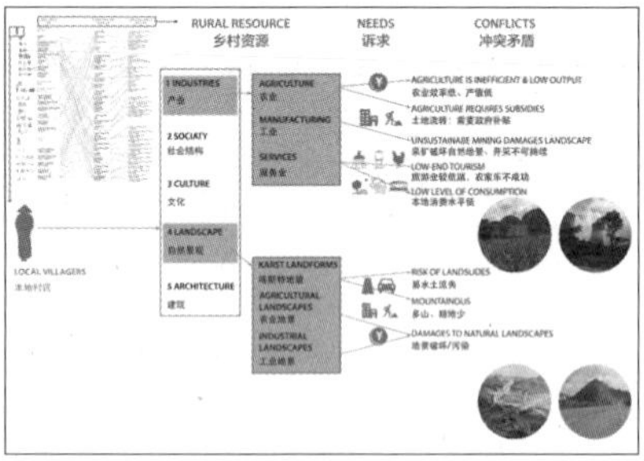
RURAL RESOURCE
乡村资源
NEEDS
诉求
CONFLICTS
冲突矛盾
1 INDUSTRIES
产业
2 SOCIATY
社会结构
3 CULTURE
文化
4 LANDSCAPE
自然景观
5 ARCHITECTURE
建筑
AGRICULTURE
农业
MANUFACTURING
工业
SERVICES
服务业
KARST LANDFORMS
AGRICULTURAL LANDSCAPES
INDUSTRIAL LANDSCAPES
LOCAL VILLAGERS

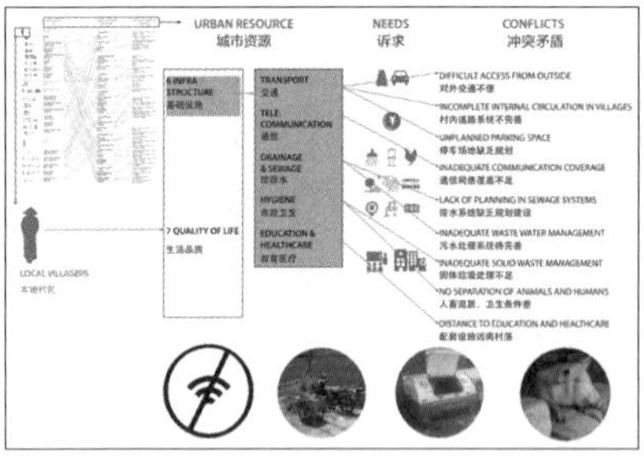
URBAN RESOURCE
城市资源
NEEDS
诉求
CONFLICTS
冲突矛盾
7 QUALITY OF LIFE
生活品质
TRANSPORT
交通
TELE COMMUNICATION
通信
DRAINAGE & SEWAGE
HYGIENE
EDUCATION & HEALTHCARE
LOCAL VILLAGERS

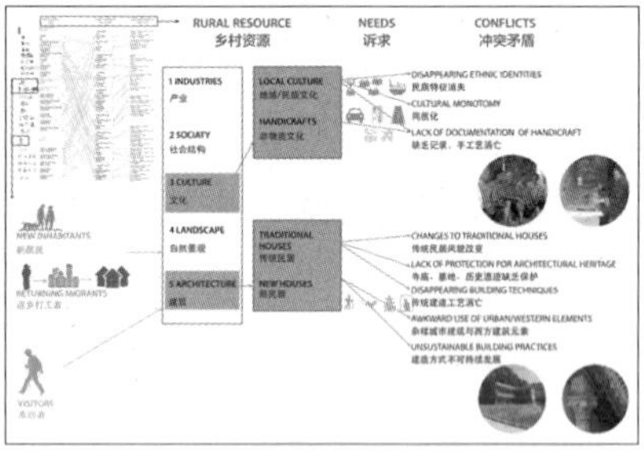
RURAL RESOURCE
乡村资源
NEEDS
诉求
CONFLICTS
冲突矛盾
1 INDUSTRIES
产业
2 SOCIATY
社会结构
3 CULTURE
文化
4 LANDSCAPE
自然景观
5 ARCHITECTURE
建筑
LOCAL CULTURE
HANDICRAFTS
TRADITIONAL HOUSES
NEW HOUSES

STRATEGIES
策略
1 INCREASE ECONOMIC OUTPUT BY DIVERSIFYING AND INTEGRATE EDUCATION/TRAINING.
产业价值提升，延长产业链、产业构成多样化、结合教育和再就业培训。

STRATEGIES
策略
2 DEVELOP PLANS FOR VILLAGE REVITALIZATION BASED ON INDIVUAL SITUATIONS.
根据村子现有资源分类制定发展原则。
TYPE A: PRIORITIZE DEVELOPMENT OF AGRICULTURE.
A类村庄：优先发展农业。
TYPE B: DEVELOP SPECIALTY INDUSTRIES TO ACTIVATE TOURISM.
B类村庄：发展特色产业，带动旅游业。
TYPE C: PRESERVE VILLAGE & REHABILITATE NATURAL LANDSCAPES.

STRATEGIES
策略

3　INCREASE REGIONAL ACCESS & COMPLETE RURAL TRANSPORTATION NETWORK.
增强区域交通可达性，完善乡镇内部交通网络。

4　INTEGRATE INFRASTRUCTURE WITH NATURAL LANDSCAPE & FLOOD MANAGEMENT.
整合基础设施与自然地景，并考虑水土治理。

STRATEGIES
策略

5　DEVELOP CLEAN, RENEWABLE ENERGY & SUSTAINABLE PRACTICES.
发展清洁与可再生能源，落实可持续发展。

6　INCREASE CITIZEN PARTICIPATION & RESPECT WISHES OF VILLAGERS.
增强公众参与，尊重村民意愿。

STRATEGIES
策略

7　**DOCUMENT VILLAGE** HISTORY & CULTURE
记录村落历史，传承乡土文化。

8　**RENEW** ARCHITECTURE & PUBLIC ENVIRONMENT
建筑与公共环境更新
ADAPTIVE REUSE;
老建筑的多样化再利用;

ESTABLISH BUILDING CODES AND PLANNING GUIDELINES
规划、建筑的立法及"公约"制定;

PROVIDE SPACES TO CONGREGATE AND CELEBRATE TRADITIONAL CULTURE
提供聚集场所，复兴传统庆典活动。

Reusing an agricultural building for leisure.　法国的旧农舍改造项目
Pierre and Rémy Janln's farm, France

（九）詹文瑶：乡村视觉形态

课程名称：《乡村视觉形态与产业构建》

课程概述：该课程从什么是"一镇一品"、全国传统古镇的分布、传统古镇的特色文化、古镇特色品牌案例、C2C 的电子商务模式、B2C 的电子商务模式六个方面进行讲述，并提出了怎么建设传统古镇特色产品的关键问题。课程还列举了磁器口古镇、咯哆牌鸡蛋包装、日本安田瓦古街特色小品设计、土家园土特产包装、江津米花糖、荣昌夏布、合川桃片等设计案例。

中国现有 19522 个建制镇 14677 个乡，其中，百年历史以上的古镇共 220 个左右，大概分布如下表。

全国传统古镇的分布数量

省份	个数	省份	个数
浙江	39	湖南	5
四川	38	河北	4
江苏	23	山西	4
安徽	15	陕西	3
贵州	14	山东	2
重庆	13	北京	2
云南	11	湖北	2
福建	11	天津	1
上海	10	内蒙古	1
广西	7	甘肃	1
江西	7	新疆	1
广东	5	西藏	1

（十）尹克林：景观农业

课程名称：《景观农业与乡村振兴》

课程概述：本课程主要通过研究国内外农业发展的案例是如何通过景观农业设计把乡村做得更美丽；从政策角度和农业的角度解读什么是乡村振兴战略；东方乡村景观和西方乡村景观区别；果树、蔬菜和花卉分别对乡村景观进行讲述。

1. 景观农业设计原则

（1）选择具有一定经济效益的产业：无污染产品、初加工产品；

（2）动、植物 / 作物优良品种适宜当地环境：当地和引进品种；

（3）种植和栽培方式考虑其景观效果：个体和群体；

（4）植物 / 作物的各物候期器官形态：枝叶、花果的观赏与采摘；

（5）不同季节植物 / 作物的观花和采收的匹配：四季有花、四季有果；

（6）植物 / 作物与环境的匹配：乡村建筑、自然山、水、林。

2. 果树的观光价值

（1）果树器官：枝、叶、花、果、树冠等；

（2）自然果树：孤植、群体果园、生态果园；

（3）整形果树：庭园果树、行道果树、室内盆栽果树；

（4）陈列水果：果篮、水果插花造型艺术；

（5）水果采收：自助采收、丰收节、节会活动；

（6）美食水果：水果疗法、水果沙拉、水果烹饪；

（7）果树文化：传说、历史、民俗、宗教、艺术。

3. 观光休闲农业规划步骤

（1）现场考察：谷歌地图、无人机勘测、踏勘；

（2）地形地貌图生成：正摄影像图、地貌图、等高地形图；

（3）项目定位与功能区划分：红线、骨架道路、水系、产业、分区等；

（4）项目设计：产业（新品种、新技术）、核心区、节点、景观、建筑风貌；

（5）规划设计成果：可行性报告（A4）、规划设计文本（A3）、汇报PPT、动漫介绍、高清晰总平面和效果图等；

（6）项目汇报：相关部门；

（7）实施：建设、生产技术指导。

（十一）代略：乡村振兴实践

课程名称：《乡村振兴实践与探索》

课程概述：该课程主要围绕乡村振兴的背景和怎么样打造具有地方特色的休闲两个问题进行深入的探讨。未来中国乡村看到的是密集的城市群。同时，田园综合体的关键是解决两个问题：一是人为什么来（核心聚合力）；二是来了做什么（综合体模式）。乡村振兴加了两个方面的要求：一是人才的回流；二是组织的建立。课程最后，提出了"重庆农业产业的未来会是怎样？"和"农业产业与地区运营的关系"两个问题让学员们进行探讨。

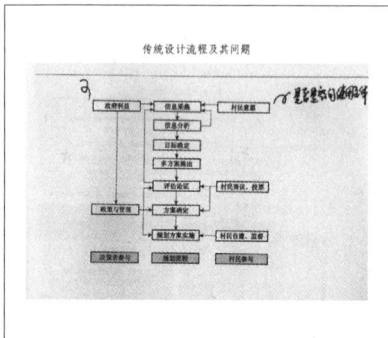

（十二）王铁：再现地域性、民族性

课程名称：《乡建中再现地域性、民族性与生产性特征课程》

课程概述：通过对乡建民居的研究，发现当代中国建筑中对地域性特色的表达问题，分析传统民居的地域性、民族性、生产性特征形成的自然环境和人文环境，提出传统民居地域性特征形成的原因和不足，有利于传统民居保护以及生态、宜居建筑的研究。乡土建筑是社区自己建造房屋的一种传统的和自然的方式，是一个社会文化的基本表现，是社会与它所处地区的关系的基本表现，同时也是世界文化多样性的表现。乡土建筑既是一个物质实体，也是一种文化历程。它被当地的使用者自行设计并建造，与当地资源、文脉、生活方式息息相关。它犹如民间的街头杂耍、家庭作坊，是民间自发的以家庭或个体为单位的活动，是当地资源、生活方式、家庭观念、邻里关系、文化活动的物化，是一种切切实实的文化沉淀，是乡土性在其岁月流逝中乡土精神和本土文化的外在显现。

第四章

行与建

俗话说，"读万卷书，不如行万里路"。即使理论课程安排得再丰富多彩，也不如带领学员们亲自去文物古迹和乡村古镇间行走一回。"行"包含了亲眼所见、亲耳所听和切身体会，当亲身去经历这一切的时候，对当地的历史、文化和环境就有了更为深刻的印象。村落考察是本项目培养学员认识农村建设现状的重点内容。在整个项目培训的过程中，采取小调研和集中调研的方式展开。每个周末项目负责人将所有学员带进重庆周边的古建筑、古镇和乡村。待所有理论课程学习结束，课题负责人组织一次全面集中地对国内在乡村建设成果突出的村落进行重点考察。通过每次调研让学员发现和认识农村建设在实践中存在诸多实情与问题。蹲地头、走田间、爬山峰，短短两个多月的学习，虽难以深刻体会乡村之魂，但所见所闻所感能让每一位学员有所触动、启发和思考。

在每次调研过程中，课题负责人都为每一位学员讲授农村实地调研所涉及的一些方法。当规划者和设计者对规划和设计对象有了全面、立体的了解之后，做出来的规划设计方案才可能适宜当地发展需求，才可能符合"美丽中国"和"美丽乡村"的建设需求。脚很短，路很长，以后更长的路还需学员在实际践行乡村工作中去思考和行动。

一、行走乡间

（一）巴渝历史建筑观摩

考察地点：重庆湖广会馆、重庆市规划展览馆、重庆中国三峡博物馆

第一站，首先参观了重庆市湖广会馆。重庆湖广会馆位于重庆渝中区东水门正街 4 号，建于清乾隆二十四年（1759 年），道光二十六年（1846 年）扩建，占地面积 8561 平方米，现有广东会馆、江南会馆、两湖会馆、江西会馆及四个戏楼，包括广东公所、齐安公所。会馆建筑浮雕镂雕十分精湛、栩栩如生，其题材主要为《西游记》《西厢记》《封神榜》和《二十四孝》等人物故事的图案，还有龙凤等动物及各种奇花异草等图案。整个古建筑群雕栏画栋，雕刻精美，是我国明清时期南方建筑艺术的代表，也是我国现存规模最大的古会馆建筑群。东水门一带，按照"风水"学说，河道弯曲的内侧是"吉地"，外侧是"凶地"。东水门一带恰好是朱雀翔舞之地，"风水"很好，会馆就选址于

图 4-1 参观重庆市规划展览馆（课题组自摄）

此。在专业导游的带领下，考察团参观学习了湖广会馆的建筑形式、民俗图案、凿井、屋脊等民居特色，并进行了热烈的讨论与学习。

第二站，学员共同参观了重庆市规划展览馆（图 4-1），重庆市规划展览馆有着海量的重庆市规划模型，并拥有许多互动科技装置对重庆的建设进行传播，学员们在其中了解了重庆的城市化建设进程，产生了许多的启发和思考。

第三站，学员们参观了重庆中国三峡博物馆，其又名重庆博物馆，是首批国家一级博物馆、中央地方共建国家级博物馆。位于重庆市渝中区，与重庆人民大礼堂正对。其前身为 1951 年 3 月成立的西南博物院，1955 年 6 月更名为重庆市博物馆，2000 年 9 月经国务院办公厅批准成立，并加挂"重庆博物馆"馆名，其新馆于 2005 年 6 月 18 日正式对外开放。据 2016 年 3 月博物馆官网信息显示，重庆中国三峡博物馆占地面积 5 万平方米，建筑面积 7.17 万平方米，展厅面积 2.7 万平方米。陈列展览由 4 个基本陈列、6 个专题陈列、1 个 360 度全周电影、1 个半景画陈列、1 个观众实践中心和 3 个临时展览构成。

学员们重点参观了几个展览。壮丽三峡展览主要分为几个单元：（1）造化三峡：该单元讲述了经过几十亿年的海相沉积和陆相沉积，在"晋宁运动""印支运动""燕山运动"和"喜玛拉雅运动"等地质运动的作用下，造就了长江三峡地区奇特地貌景观和山川形胜；（2）山水之间：该单元讲述了在与山水的撞击中，三峡人传承历史、创造文明，在特殊的自然环境下形成了独特的三峡文明；（3）三峡风流：该单元讲述了长江三峡绚烂多彩的历史文物古迹、神话传说和流传千古的瑰丽诗篇；（4）永远的三峡：该单元讲述了宏伟的三峡水利枢纽工程和三峡移民精神，该单元拥有中国第一座全周数字无缝环幕电影厅，可以更好地展现三峡大坝蓄水前的三峡原貌。

远古巴渝：远古巴渝展览以石器时代、青铜器时代的馆藏文物，集中展示重庆古老文明，追溯3000年文化的根源。

抗战岁月：抗战岁月展览以丰富的文物资料，突出表现在中国抗日战争和世界反法西斯战争中，重庆这座城市和重庆人民为人类和平进步事业所做出的贡献与牺牲。

"李初梨捐赠文物展"：荟萃已故著名收藏家、党的高级干部李初梨捐赠的各种文物，纪念这位革命老人无私奉献的精神，展示他高超的文物鉴赏能力。

城市之路：城市之路展览以大量文物资料，反映20世纪的100年中，重庆面临的若干机遇及发展，包括城市变迁、商业金融中心地位的形成、工业的崛起等。扫描对重庆起推动作用的人物、事件，展示重庆直辖后的风采。

（二）重庆周边优秀村镇案例现场考察及集中教学

考察地点：歌乐山镇国际慢城、开心农场、龙洞农家乐

歌乐山镇假山石制作基地，村民的石匠艺人把当地的石材经过加工处理成富有意境的假山石，学员认真观看了假山石的制作工艺并且询问手工匠人的具体制作工艺，比如石头与石头是怎么连接的？石头上的植物是怎么种植的？学员在欣赏这种微型景观的美感的同时讨论其在乡村景观中的运用。

对开心农场进行田野调查（图4-2），询问开心农场的村民满意度，以及村民对于开心农场的态度和开心农场的现在运营状态，并对开心农场的现状做了初步的调研，仔细参观开心农场的农业景观和互动性景观，将大家对开心农场的修建意见反馈给管理部门。

最后调研了歌乐山镇的龙洞农家乐考察农家乐的现状，大家对龙洞的盆景印象尤为深刻，龙洞农家乐的景观以中式园林为主，亭台楼阁，雕梁画栋，小桥流水，细微别致。

图 4-2 调研歌乐山开心农场发展模式（课题组自摄）

（三）田野考察与优秀乡建案例调研 （7 月 25 日 -8 月 3 日）

图 4-3 江西婺源李坑（课题组自摄）

图 4-4 婺源李坑、江湾、晓起村田野调研（课题组自摄）

图 4-5 婺源李坑、江湾、晓起村田野调研（课题组自摄）

图 4-6 百柱宗祠田野调研（课题组自摄）

图 4-7 传统村落思溪延村田野调研（课题组自摄）

图 4-8 浙江大陈村田野调研（课题组自摄）

图 4-9 浙江廿八都浔里村田野调研（课题组自摄）

图 4-10 浙江文村、东梓关村田野考察（课题组自摄）

图 4-11 浙江文村、东梓关村田野考察（课题组自摄）

图 4-12 浙江余村田野调研（课题组自摄）

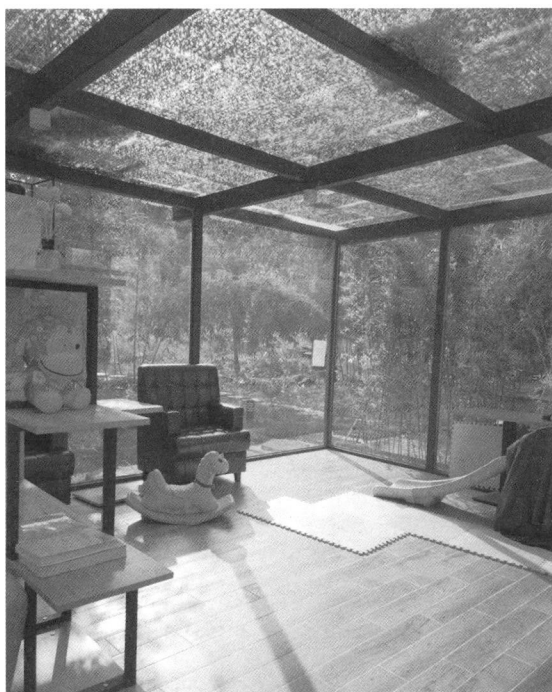

图 4-13 浙江三山岛田野调研（课题组自摄）

1. 调研报告一

学员：孙鹤喻、杨志斌、姜建雄、彭辉华

地点1：最美乡村的婺源

"婺源归来不看村"，道出了婺源作为中国最美乡村的地位。婺源的乡村之美，体现在其浑然天成的和谐。在婺源行走，可谓村村是画，步步皆景。这里的山水之间处处被古意盎然的民居、石径、廊桥打造，青山绿水间掩映着白墙灰瓦的徽派建筑，使得每一个逃离纷繁城市的人都能找到归宿，流连忘返。

婺源县位于江西省东北部，是古徽州六县之一，也是徽州文化的发祥地之一，自古即为徽饶古道必经之地。被外界称为"中国最美的乡村"。周边有著名旅游景区——庐山、黄山、九华山、武夷山、三清山、龙虎山、鄱阳湖、千岛湖等，涵盖了"名山、名水、名镇、名村"四大看点，景区里婺黄（常）两条高速公路2006年11月已建成通车，周边1个小时里程内有三个机场（黄山—景德镇—衢州），1个半小时可以到达周边名山、名水、名镇，3小时高速直达杭州、南昌，5个小时内可达武汉上海等周边所有名城，被旅游界称为"中国旅游精品线路上的明珠"，是江西对外开放与发达地区对接的前沿和精品花园。

地点2：小桥流水人家的李坑

李坑是一个以李姓聚居为主的古村落，距婺源县城12公里。李坑的建筑风格独特，是著名的徽派建筑。给人一种安静、祥和的气氛。李坑自古文风鼎盛、人才辈出，是个水乡小村，一条小河穿村而过，前有大片油菜花田，后有徽派民居建筑。两相结合，十分有画派意境。春季时，前半段的田地里开满油菜花，还有拱桥、栈亭、寺庙和庭院。后半段入村后，沿街店铺林立，主要出售这里特产的徽派木雕和龙尾砚，还有众多"农家乐"可住宿、吃饭。民居中夹杂着不少明清古居，室内的雕刻十分精美。临河有不少茶楼、酒店，坐在阁楼上，面临一派小桥流水，黑瓦白墙，倒有几分惬意。一条河流分段穿越整个村庄，可以坐长长的竹筏漫游其中。村里有青石板的路，闪烁着幽微的光泽，撑着伞散步其中，感受着四周静谧的气氛，恍如世外。李坑的吃住都很简单。基本都是住民居，菜色也大都是"天然"的。酒吧简单而安静，别有味道。就像这儿的风景，简单而安静的徽式建筑，缓慢的生活节奏、斑驳的墙壁……犹如一幅淡淡的水墨，自有其风韵。

地点 3：灵气之湾的江湾

江湾位于江西婺源县城东 20 公里处，地处三山环抱的河谷地带，东有灵山，南有攸山，北有后龙山，一条梨园河由东而西，呈 S 形从三山谷地中穿行，山水交融，给婺源江湾平添了许多灵气。这里山水环绕、风光旖旎、物产丰富、文风鼎盛。绿茶、雪梨久负盛名。还孕育出了明代隆庆年间户部侍郎江一麟，清代经学家、音韵学家江永，清末著名教育家、佛学家江谦等一大批学士名流，是当之无愧的婺源"书乡"代表。村中至今还较完好地保存着省堂、敦崇堂、培心堂等古老的徽派建筑，还有东和门、水坝井等公共建筑物，极具历史价值和观赏价值。在婺源官宅与商宅的建筑有所不同，官宅讲究气魄，商宅注重财运。江湾的古建筑处处体现着商人的这种祈祷。

地点 4：古文化村的晓起

晓起村在江西省婺源县，是典型的徽派古生态民俗文化村。如今的晓起，被评为国家级农业生态示范村。堪称"天人合一"的晓起有着古朴典雅的明清民居，曲折宁静的街巷，青石铺就的驿道，野碧风清的自然环境和遮天蔽地的古树。群山环绕、一水横亘的上晓起，村屋多为明清建筑，风格鲜明，气势非凡。进士第、大夫第、荣禄第等官第、商第无不折射出这方钟灵毓秀土地曾经有过的辉煌。两溪汇合处的下晓起有十几棵百年老树和成片的樟树林，即使在古树遍布的婺源也不多见。村内小巷均铺青石，曲曲折折、回环如棋局。此外还有双井印月、濯台焕影等景。

地点 5：鱼水相依的思溪村

思溪村落由俞姓建于南宋庆元五年（公元 1199 年），因地处清溪旁，故以鱼（俞）水相依之兆而取名"思溪"。思溪村以明清古建筑为主，现存有古民居 156 幢，其中明代建筑 5 幢，清代建筑 80 余幢，可见这是一个历史悠久的古村落。村落内以青石板铺地，古建群背靠青山，面临清溪和稻田，房前屋后四季都种满了瓜果蔬菜，村庄与秀水青山的优雅自然风光融为一体。现存古建筑占地面积约为 16000 平方米。古民居大多粉墙黛瓦，整体色彩效果是黑白相间，给人朴素淡雅的美感。从远处看这些古民居，在外观上是大面积空白的一片粉墙，粉墙上嵌有几个高低有序的小小洞窗，形成整体与局部、面与点的对比效果，体现"道法自然"的意蕴，里外墙着重采用了马头墙、山墙的建筑造型，尤其是马头墙屋檐角飞翘，在蔚蓝的天际勾画出民居墙头与天空的轮廓线，增加了空间的层次韵律美。思溪民居建筑的显著特点是屋里都有天井，商业文化在天井建筑中得到完美体现。

地点 6：古生态村的延村

延村原称"延川"，是因为村落面临川流不息的清溪，乡民以期后代子孙绵延百世，故名延川。后来延川才慢慢地被人们俗称为"延村"。村内至今较为完整地保存着 56 幢清代商人建造的古民居，被誉为"清代商宅群"。当时，婺源属徽州管辖，作为古徽商队伍中一支劲旅的婺源人（主要是茶商和木商），纷纷把当地盛产的茶叶和木材运销到外地经营。他们经商致富后，又纷纷把白花花的银子寄回来买田造屋，以此来光宗耀祖。延村与思溪村合并为思溪延村，现在开发成了一个景区，是我国徽商文化在婺源的一个典型，走在村中你会发现清代商家住宅"三雕（砖雕、石雕、木雕）"工艺精湛，充分体现了徽派民居的建筑特色。这里的徽派建筑除了典型的马头墙以外，显著特点是屋里都有天井，商业文化在天井建筑中得到完美体现。

百柱宗祠：徽派建筑"存世孤例"

百柱宗祠建于明末清初，因内有固柱 99 根而命名。祠堂的轴线不偏不倚正对着一座干净利索的圆锥形小山，叫"金字面"，古村民认为这是"风水"上的文笔峰，以它作为宗祠的朝山，有利于宗族在科第上的成功。大门处理精致，结构复杂，为了正面和背面都有适当的形式、和谐的比例和正确的尺度，它以门阀为界，内外两半分别处理，外半是华丽的三间"五凤楼"，内半是简单的一三开间单檐歇山顶，这做法和古希腊的雅典卫城异曲同工。百柱宗祠布局很典型，由门屋、享堂和两层的寝室三部分组成，严谨地前后排在一根纵轴线上。这种科学的布局也是百柱宗祠引起关注的主要原因。由于百柱宗祠建于明末清初，既保留了明代建筑的特点，又开创了清代盛世徽派建筑的先河，且宗祠的"月台""重门"等建筑结构，有别于其他同类宗祠，被认为是明清过渡时期徽派建筑典范的存世孤例。

地点 7：文化地标、精神家园的江山市大陈村

大陈村位于浙江省江山市大陈乡，距江山市区 10 公里。下辖 7 个村民小组，3 个自然村，总人口 1300 多人。整个村子坐落于群山的怀抱，一条溪水似玉带穿村而过，白墙黛瓦、绿树成荫，拥有"江南第一古村落"的美誉。独特的风光被近代著名史学家、鉴赏家、书画家和法学家余绍宋（樾园）誉为"十里环山皆松树，天下应无第二园"的地方，旧以经商办学扬名。近年，又以弘扬传统文化与中国村歌发源地闻名遐迩。2017 年 11 月，大陈村获评第五届全国文明村镇。

大陈村距今已有 600 多年历史，村中居民 80% 姓汪。据考证，明朝永乐年初徽州婺源的常山人汪普贤"爱其山环如城，水漾如带，林木葱郁，土厚泉甘，遂挈家而居"并赋名环山，意为汪氏源出徽州，受黄山钟灵毓秀，一取黄山谐音，二为四周确为山峦环绕。到了清代，大陈村已是"烟居数百家，云连鳞次皆其一姓"的汪氏聚居村落。整个村庄、村巷和房屋，均依山建造与分布，鳞次栉比，马头墙、走马楼、花窗雕板，徽派特色显著。村中最典型的古建筑当数汪氏宗祠，汪氏宗祠始建于清康熙年间，气势恢宏，占地面积达 1100 平方米。三进二天井五开间，一进更比一进高，意为步步高升。宗祠内两厢房墙上壁画精致华美，石雕木雕皆工艺精湛，牛腿雕板细致精美，充分体现了匠人高超的技艺。在殿堂内，站在高台往下望，清逸的古宅厅堂，错彩镂金的雕板木刻，朱阁转、绮户低、黛瓦飞甍，斜阳落于高高的屋脊。

地点 8："乡村城市化"的社会实验的杭州市富阳文村

文村位于浙江省杭州市富阳区洞桥镇，全村分 13 个自然村，32 个村民小组，559 户人家，总人口近 1900 人。全村山林面积 17654 亩，其中毛竹林 2000 亩，人造杉树林 2000 亩，用材林 5000 亩，薪炭林 8654 亩；耕地总面积 2287 亩，其中水田 1287 亩，旱地 1000 亩，森林覆盖率 90% 以上。全村四面环山、青山绿水、鸟语花香、风景优美，非常适合人居住。

文村是新型城市化背景下美丽宜居村庄建设省级综合试点，由普利兹克建筑奖得主王澍担纲设计。临溪而建的 14 幢 24 户浙派民居，外墙所用石材是当地常见的杭灰石，每块石头保留着原有的纹理，却又严丝合缝地契合在一起，给人一种坚固和安宁的感觉。而白色的墙和原木色的门，无不透露着江南独特的质朴之美；还有一种土黄色墙壁的农居，采用当地传统工艺夯成的黄黏土墙，朴实中透着一种现代美。文村浙派民居打破了并列式的农居点布局，用新生的手法重构乡村的美与生活。

新建的十几幢农居房位于文村原有农居房西侧，除了新建建筑，原有老建筑和公共空间进行了一部分改建和修缮，如加盖了屋顶，改造了立面和入口。文村依山沿河而建，周边被农田包围，曾经应该是一个比较传统的农业村庄，目前村子的生产方式经观察推测是男性中老年在家务农，男性青壮年外出务工，女性持家。新建农居房的格局为一幢房，为一家三代人而设计，一层住老人，二三层住年轻人，一楼无法从屋内走到二三层，避免了不同代人的生活习惯不同造成的矛盾，但是房子内部的天井又保证了视线和声音的联通。构图和取景纳入了很多乡土元素，尽力给文村新居带来一丝生活气息。

通过乡村建设、乡村改造，试图重新探索一条立足于本土的、创新的中国建筑学之路。

地点 9：最美回迁房的杭州市富阳东梓关村

富阳区场口镇东梓关村位于场口镇西部，地理位置独特，面临富春江，背靠小山群，文化底蕴深厚，因郁达夫同名小说而著名，古代是两府、两县两镇的中心点。相距杭州府、严州府各 135 里，距富阳、桐庐县城各 45 里，离场口、江南镇各 15 里，东有 10 里洋涨沙，西有 10 里桐州岛。水陆交通十分便捷，区位优势明显，居住环境较为优越。村内有近百座明清古建筑，不少还是精品；它还是古代著名水上关隘，存有不少颇有开发价值的历史古迹，如官船埠遗迹、越石庙、古驿道。2016 年 12 月 9 日第四批中国传统村落名录的村落名单在住房和城乡建设部网站公示，杭州市富阳区场口镇东梓关村入选。

东梓关村上接桐庐、建德，下承富阳、钱塘。历史上，东梓关就因这一条大江与这一个码头而繁盛，可以说东梓关自古以来就是一个恬静、悠闲、安然、自足的江边小镇。时至今日东梓关村仍遗留了近百座明清古建筑，如许家大院、安雅堂、越石庙等，还存有不少颇具价值的历史古迹，如官船埠遗迹和古驿道。

在场口镇合力打造三美经济的乡村振兴道路上，焕然一新的东梓关村每天都会迎来四方来客，这里既有时尚的咖啡吧，也有传统的酒作坊，旧村与新居，相得益彰。沿富春江景观带打造的"江心一条街"发展渔家乐和精品民宿，整个村落将以跨文化发展、跨产业融合、跨门类整合为主题，形成一个以创新设计等为主导的产业示范区。东梓关村，这个沉寂已久的江畔古村在船运失落的年代，重新迎来了生机。晚唐诗人崔颢曾经写过"日暮乡关何处是，烟波江上使人愁"。思乡，尤其故乡如果恰好是个足够美丽的村庄，实在是中国文化的根脉，也是长久不衰的情怀。

东梓关村采用政府代建的模式进行回迁安置，打造了具有一定推广性的新宜居示范村。在规划上从传统肌理的院落空间基本单元出发，遵循从单元生成组团，再由组团演变成村落的生长逻辑，通过四种基本单元的组合再现传统聚落的多样性。

平面功能空间从农民需求出发，回归生活本源，寻找一种介乎于传统民居和城市化居住模式之间的状态。立面上没有拘泥于传统地域民居的造型符号，而是对其提取解析并加以抽象，外实内虚的界面处理塑造传统江南民居的神韵和意境。设计旨在竭力避免城市对传统村落肌理的侵袭，力求还原乡村的原真性；在低造价的基础上保证品质；以现代的形式语言重构传统元素，以当代建造方式实现地域性表达，试图探讨在政府主导模式下建筑师介入乡村建设的立场、态度和价值观。

地点 10："仙岛无仙人人仙，画中有画处处画"的江苏省苏州市吴中区东山镇三山村

三山村位于苏州市区西南 50 公里处的太湖之中，由泽山、厥山、三山三个岛组成，总面积 28 平方公里，分 5 个自然村，6 个村民小组，260 余户，800 余人。2017 年 11 月，三山村获评第五届全国文明村镇。登山眺望烟波浩瀚，水阔天长。西山群岛、层次丰富，并与石公山、明月湾、长圻咀等互为对景。三山村目前设立生态果树示范园及采摘园，建设总面积 300 亩，种植品种有枇杷、桃树、李树及茶树。果树示范园建成后，是一个月月有果的集东山各类果树品种于一体的一个生态示范果园。通过丘陵山区项目的实施，充分利用得天独厚的自然景观、文化资源和丰富的丘陵山区特色经济作物，将丘陵山区的现代农业和旅游产业有机结合，发展特色休闲乡村旅游业。

中国建筑设计研究院城镇规划院陈继军老师，带领我们走进三山岛，与村党支部吴书记进行了深度交流，并考察了三山岛的人文、建设发展。三山岛历史上以农业为主，村民收入低，村集体收入薄弱，几乎为零。三不通——交通道路不通、电不通、电话不通，是名副其实的贫困村。

在村党支部已经任职15年的吴书记的带领下，2011年1月28日岛上通了电，并成立了三山岛旅游开发公司，带领村民共同发展，在三年的时间，由一产种植枣类和养蚕成功转型到三产旅游。三年发展以来，最多一年门票收入高达1600万元。开发旅游以来，旅游业已成为三山村发展经济的支柱产业，也成为村民收入的重要来源。村民"农家乐"饭店有57家，三山岛上的载客电瓶车有50多辆，还有快艇、导游、农副产品销售等，旅游带动的经济效益达2520万元。村民收入稳步提高，人均年收入达15300元。目前通讯四通，基础设施建设很好，旅游业的蓬勃发展，壮大了村集体经济，促进了村民三产经济收入，乡民生活富裕，收入增高。

三山村可以说是旅游开发体制很特殊的例子，通过村民自治，旅游开发，独立自主，服务于乡村，拥有5个村集体公司，包含旅游发展公司、文化发展公司、管理发展公司、文体发展公司、农业合作社。村董事会9人，团队100多人，总人口800多人。

三山岛因在太湖的中心，以湿地美景而得名，满岛内的三山枣硕果累累，环境保护是三山岛的重大任务。为方便居民生活，给游客提供良好的餐饮、住宿服务，保护三山岛生态环境，占地一亩的三山岛污水厂已开工建设。为保障居民吃水安全，自来水厂已完成立项、选址、规划以及地质勘探，取水口选址正在论证中。

三山岛的区域优势，吸引了社会资本共同开发，通过挖掘三山岛的历史渊源，未来的三山岛会借助湿地公园的优势，发力高端旅游市场，新建五星级酒店，让旅游提档升级。

2．调研报告二

学员：陈相全、郭倩、蒋田福

地点1：李坑村

7月26日开始了田野考察的第一天，上午考察了李坑村，走访了几个商铺的老板，并联系了村委会，在村委会临时会议室与镇旅游公司管委会洪主任、李坑的老村主任朱主任和秋口镇党委张书记进行了交流。

李坑村位于江西省上饶市婺源县秋口镇，距婺源县城12公里，是国家4A级旅游景区。建村于北宋祥符年间庚戌年（公元1010年），至今已有千年的历史，是一个以李姓聚居为主的古村落。李坑村落呈R字形，群山环抱、山清水秀、风光秀美，环境与自然和谐统一。两条山溪在村中汇合为一条小河，清澈见底的河水穿村而过，河边有用石板铺就洗菜、洗衣的溪埠，河两岸均傍水建有徽派民居。旅游公司管委会洪主任向我们介绍了婺源的旅游管理模式，婺源景区统一收取门票（江湾、卧龙谷、灵岩洞、李坑、汪口、晓起、思溪延村、彩虹桥、文公山、江岭、石城、严田古樟12个景区），每人240元，可以游览5天。旅游公司每年给村民分红，平均每人约2300元，旅游公司负责垃圾处理和河水治理。

地点2：江湾村

江湾是一座具有丰厚徽州文化底蕴的古村落，村中既有保存尚好的御史府笔、中宪第、崇堂、三省堂等明清时期官邸，又有滕家老屋、培心堂等徽商建筑、徽派民居，以及赞江宗祠等祠堂建筑，还有许多古井、古亭、古桥，处处透露着古徽州文化的神韵，极具历史价值。萧江宗祠，又名永思祠，始建于明朝万历六年（1578年），后毁于太平天国战火，2003年重建。萧江宗祠以其建筑宏伟、规模庞大、雕刻精美、建筑材料考究为国内所罕见，而且人文丰富、历史悠久，被誉为"江南第一祠"。

江湾依托丰富的旅游资源，大力发展旅游业，建立了江西省江湾旅游有限公司，按照4A景区标准，着力打造"伟人故里——江湾""古埠名祠——汪口""生态家园——晓起"等景点。2001年江湾村聘请上海同济大学编制了《江湾旅游规划策划及村镇总体规划》。2013 年开始实施"江湾文化休闲旅游综合体项目",江湾村已成为文化生态旅游的一颗璀璨明珠。

地点 3：晓起村

晓起村是江西省婺源县江湾镇的一个小村落,距婺源县城 21 公里,位于段莘水和晓起水交汇处,有上、下晓起之分,景婺黄高速公路从村前而过。晓起村始建于公元 787 年,是江西省历史文化名村,有"中国茶文化第一村"与"国家级生态示范村"之美誉。群山环绕、一水横亘的上晓起,村屋多为明清古建,风格各具特色,村中小巷均铺青石,曲曲折折、回环如棋局。晓起村中保持 600 余年的房屋有几十幢,风格鲜明、气势非凡。其中"进士第""大夫第""荣禄第"等官宅商第气派非凡砖雕图案,有前后天井,厅堂宽敞。村头青石护栏的古道、古亭以及"江氏宗祠",均展现出古村当年的显赫与繁华。古朴典雅的明清民居,曲折宁静的街巷,青石铺就的驿道,野碧风清的自然环境,遮天蔽地的古树,天人合一的晓起堪称"中国别具韵味的古文化生态村"。

地点 4：思溪村

思溪村位于江西省婺源县思口镇境内,距县城紫阳镇 13 公里左右。始建于南宋庆元五年（公元 1199 年）,至今已有 800 余年历史。村庄背靠青山,面临清溪和稻田,四周都是绿地,村落古建与秀水青山的自然风光融为一体,互为点缀、如诗如画、意境幽美,达到房屋群落与自然环境巧妙结合的意境。整个村落以百年明清古建筑为主,村落内以青石板铺地。村口有一座建在三个船形石礅上的明代桥"通济桥",是古时村落水口组合建筑的遗迹。现村中保存有明清民居 30 多幢,有清代商家住宅"振源堂""承裕堂""承德堂"等。建筑三雕（木雕、砖雕、石雕）工艺精湛,充分体现了徽派民居的建筑特色,在村中一路看到许多来此写生的学生。

地点 5：延村

延村与思溪村临近,相距不足 1 公里,延村现有居民 100 余户,600 余人,主要种植水稻、玉米等农作物和花、桃子、核桃等经济林果。处于山水环抱之间,思溪河流经村前,是江西省古建筑的重点保护村。这些古建筑的里外墙都采用了马头墙、山墙的建筑造型,尤其是马头墙屋檐角飞翘,在蔚蓝的天际勾画出民居墙头与天空的轮廓线,增加了空间的层次韵律美。延村的田园风光与徽商古建的完美融合，被誉为徽州儒商第一村。2003 年 7 月，延村被江西省人民政府命名为"历史文化名村"。

地点 6：大陈村

大陈村位于浙江省江山市区西北部，距市区约 10 公里，是大陈乡的中心村，48 省道贯村而过，交通便利。这个拥有 600 年历史的村落，旧以经商办学扬名。近年，又以弘扬传统文化与中国村歌发祥地闻名遐迩。大陈村是全国生态文化村、中国十大最美村庄、全国第三批美丽宜居村庄、浙江省休闲旅游示范村、江山市和谐新农村、江山市首批中国幸福乡村。2014 年入选中国历史文化名村，2017 年获评第五届全国文明村镇。村庄依山傍水，鳞次栉比，里巷村道青石铺砌，曲径通幽。其房屋和村巷均依山建造与分布。村落的古建筑大都建于清代，以徽派建筑为主。公共建筑恢宏大气，民居结构细巧精美。现保存的古民宅、古祠堂、古戏台等古迹有 111 处，其中明、清时代的古建筑 75 座，青石路 300 多米。粉墙黛瓦、穿斗架梁、呈现显著的徽派特色。其中以大陈"汪氏宗祠""汪汉滔旧宅"为主的一批古建筑更是充分展示了大陈汪氏文化的魅力。始建于康熙五十三年（1714 年），重建于同治二年（1863 年）的三进二天井"汪氏宗祠"与二进一天井的"文昌阁"，雕梁画栋、富丽堂皇。

地点 7：廿八都镇

廿八都镇位于浙江省江山市西南端，浙、闽、赣三省结合部，仙霞岭山脉腹地，距江山市区 60 公里，是一个古老小镇。2007 年，廿八都被列为中国历史文化名镇。北宋熙宁四年（公元 1071 年）江山设都四十四，此地排行第二十八，故得名廿八都。据统计，现存完整、规模较大的明清古建筑民居、厅堂共有 36 幢，桥、庙、阁等公共建筑 11 幢。在这些公共建筑中以大王庙规模最大，孔庙最雄伟壮观。廿八都是浙西南明清古建筑群和街区风貌的古代重镇代表，是我国江南传统村镇和集镇生活的一个典型的活标本，其历史悠久，保留完整，历史价值和建筑艺术价值高。

镇上的古建民居，不仅数量多，保存完好，而且它的建筑风格与别处民居迥然不同。

地点 8：东梓关村

东梓关村安置房成为网红的最美乡村回迁房，被众多网友称为现实中的"富春山居图"。在村里能欣赏到 100 多年历史的清末民初古建筑，也看到如今红遍网络的"新杭派民居"。建筑师孟凡浩团队，将现代绘画大师吴冠中笔下的江南粉墙黛瓦的水墨画卷"实体化"，成为乡村改造的一股清流。东梓关村民居改造项目除回迁房工程外，还新建村民活动中心、乡村书院、东梓关文化主题公园、游客接待中心、养殖基地、甘蔗产业园等，形成一个集古典与现代于一体的江南古村落。同时沿富春江景观带打造"江心一条街"，发展渔家乐和精品民宿。同时，东梓关村还引进了开元集团投资的文旅休闲度假医养小镇项目，打造富春山居田园综合体。东梓关村将以跨文化发展、跨产业融合、跨门类整合的主题，打造以创新设计为主导的产业示范区。

地点 9：文村

文村是杭州市富阳区洞桥镇的一个小山村，是国家级美丽宜居村。为了留住乡愁，我国首位普利兹克建筑奖得主、中国美术学院建筑艺术学院院长王澍带领团队，在富阳文村打造出了 14 幢新"浙派民居"，也让这座名不见经传的小村庄焕发了前所未有的生机。新落成的"浙派民居"邻溪而建，以夯土墙、抹泥墙、杭灰石墙、斩假石为外立面，整体上保持了古民居灰、黄、白三种基础色调。白色的墙和原木色的门相配，更透露着江南独特的质朴之美。夯土外墙的融入使得新建筑与文村现存的 40 幢古民居形成了较好的融合度，同时大面积白墙的应用使新老建筑形成较好呼应。文村"浙派民居"打破了并列式的农居点布局，以村庄自然风貌、地形结构为依托，将房屋与村庄肌理有机结合形成生长的、延续的村庄发展模式。

地点 10：余村

余村是习近平总书记"两山"理论发源地，浙江省首批全面小康示范村，"中国美丽乡村"精品示范村。余村三面青山环绕，生态优美，旅游资源丰富。村庄整体环境规划有序，单体建筑协调精致，人居优势突出。然而十多年前，这里曾是空中飞沙走石、河里泥浆遍布的"穷山恶水"景象。余村依靠着"绿水青山就是金山银山"的理论指导，切实转变发展思路，逐步关停矿石开采，进行生态修复，变靠山吃山为养山富山，实现了经济发展与生态保护的双赢。

几年来，余村通过产业调整、村庄规划、环境美化以及积极发展生态旅游经济等举措，有效地推进了社会主义新农村建设，使美丽山村更具魅力和特色。曾经名不见经传的小山村，如今正成为安吉中国美丽乡村经营的典范，成为一个旅游风景地。余村的功能定位是"生态旅游村"，目前农家乐发展态势良好，是安吉县 6 家正式挂牌的农家乐服务接待中心之一，建造了较大的公共活动场所和会议中心。村里建起了文化礼堂、电影院、便民服务驿站，农民住上了别墅，真正享受到了践行"绿水青山就是金山银山"理念的福利。

地点 11：鲁家村

浙江省安吉县鲁家村，6 年前还是一个出了名的穷村。2013 年起发展家庭农场，2015 年创建美丽乡村精品示范村，2017 年被纳入国家首批 15 个田园综合体项目之一。

鲁家村又与浙江省农科院合作打造属于鲁家自己的农业高新产业园区，成立经营公司专注景区的管理和营销宣传。旅游休闲项目融合乡村观光、游乐、休闲、运动、体验、度假、会议、养老、居住等多种旅游功能，打造特有的"田园综合休闲旅游"，如开设垂钓、果蔬采摘、农事体验等项目。此外还设计了一条 45 公里的环村观光线，将分散的农场串点成线，使之成为一个整体。载着游客的观光小火车，呼啸着穿行在灵芝农场、竹园农场、桃花农场、蔬菜农场、石斛农场等 18 个各具特色的家庭农场间，沿途可见翠绿的树林、流淌的清溪、密放的玫瑰，以及民宿、露天影院、房车基地等各类休闲旅游设施。鲁家村建立了合作分红机制，由村集体、旅游公司、家庭农场主按照约定比例进行利益分配，村民再从村集体中慢慢分红。"公司 + 村 + 家庭农场"模式，让农田变农场、小村变景区、村民变股民。鲁家村的家庭农场集群是对休闲农业和乡村旅游在模式上的一次大胆创新，特别对于大型农业园区或村集体主导下的休闲农业和乡村旅游的发展，具有重要的借鉴意义。

地点 12：三山村

东山镇三山村位于苏州市区西南 50 公里处的太湖之中，由泽山、厥山、三山三个岛组成，总面积 2.8 平方公里，290 余户村民，840 余人。三山岛又名小蓬莱，亦称笔架山，历史悠久，有距今一万余年，被称为"三山文化"的旧石器时代遗址及哺乳类动物化石遗存，有建于唐咸通十三年（公元 872 年）

的三峰寺和明清古建筑群落，是中国历史文化名村、中国传统村落、国家5A
级旅游景区、国家地质公园、全国特色景观旅游名村、全国生态文化村、中国
最美休闲乡村、全国文明村等，三山岛是全国第一个以村级和岛屿形式创建的
国家级湿地公园。2000年全岛通电，逐步建起自来水厂、污水处理厂、垃圾
中转站、液化气燃气站，修通全岛环岛公路，建设环岛湿地公园。2017年三
山村集体经济总收入约1760万元，村民人均年收入48万元，村民幸福感指数
逐年提高。

3. 调研报告三

学员：王瑾琦、张彪

地点1：李坑
李坑是一个以李姓聚居为主的古村落，距婺源县城12公里，李坑自古文
风鼎盛、人才辈出。全村共计120户，固定人口700余人，耕地面积200余亩，
林地面积1500亩。房屋多沿河而建，小河清澈见底，可以清晰看到小鱼自由
地游来游去。人均年收入达到4万元以上，主要收入为外出务工、自家开店（含
网店）、民宿、旅游分红等。目前李坑村没有卫生室，没有公共活动中心，小
学只能上到3年级就必须到镇上去寄宿学习，镇政府领导说村公共服务设施都
正在规划当中。

地点2：江湾
江湾是一座具有丰厚的徽州文化底蕴的古村落，村中还保存尚好的御史府
宅、中宪第等明清时期官邸，又有徽派民居滕家老屋、培心堂等，以及徽派民
宅，2003年重修的萧江宗祠，目前收入为旅游分红、开店、外出务工、民宿等。

地点3：婺源晓起
江西省婺源县晓起村，是典型的徽派古生态民俗文化村，被评为国家级农
业生态示范村。

地点4：思溪

村落由俞姓建于南宋庆元五年（公元1199年），因地处清溪旁，故以鱼（俞）水相依之兆而取名"思溪"。

地点 5：延村

村名原称"延川"，是因为村落面临川流不息的清溪，乡民以期后代子孙绵延百世，由此来名。后来，延川才慢慢地被人们俗称为"延村"。

地点 6：婺源黄村

百柱宗祠是建于清康熙年间的家族祠堂建筑，属于黄村家族祭祀祖先和先贤的场所。祠堂为砖木结构，由庭院、门楼、正堂、后堂、后寝组成，面积1200平方米。

地点 7：大陈古村

一首《妈妈的那碗大陈面》，感人肺腑、印象深刻。大陈古村位于江山市区西北部，距市区约10公里，是大陈乡的中心村。全村现有人口1293人，580户。共有耕地面积918亩，其中水田783亩，旱地135亩，村地面积388亩，园地面积1510亩。现保存有的古民宅、古祠堂、古戏台等古迹111处，其中明、清时代的古建筑75座，青石路3000多米。大陈汪氏宗祠、汪汉滔旧宅为主的一批古建筑充分展示了大陈汪氏文化的魅力。2012年6月18日被浙江省政府授予浙江省第四批"历史文化名村"。大陈村的思想教育工作开展得非常好，建有党员教育基地、青少年革命传统教育基地、爱国主义教育基地、共青团校外教育实践基地、党建馆等等教育基地，为党员干部、青少年、普通老百姓的思想教育、发展起到了很重要的影响作用。其他的各项公共设施都非常完善，各个方面都有很完善的评比机制，起到了很好的激励和带头作用。

地点 8：东梓关村

位于富阳区的场口镇西部，古代是兵家重地，往来行旅都要通关，行人到此无不东望指关，故而得名东指关，后因指江边种有大批梓树，年深日久传为东梓关。作为"最美回迁房"的东梓关村，为了能"望山看水记乡愁"，在古村落保护工程的推进过程中，东梓关村并不是简单地照搬旧村改造方式，而是在传承与创新的基础上，以传统文化为纽带，统一设计、因地制宜地建造"杭派新民居"。这既有效避免了村民各自建房，对古村落整体保护的破坏，又真正解决了村民生活居住不便、留不住年轻人的尴尬困境，用新生的手法重构了乡村的美与生活。如今，对于离开东梓关村在外谋生的年轻人来说，家乡也得到青年人越来越多的关注，从一个过年过节时才能记起的模糊符号，变成了不必远行的新选择。

地点 9：走进文村

在文村感受最大的特色就是民居，民居的文化传承、民居的独具匠心、民居背后的故事，让人深刻感受到、触摸到了百姓赖以生存的、恒久悠长的村落文化和发展脉络。整个村子新与旧的相互碰撞、链接、叠加与映射，凸显出现代与传统的一脉相承、相辅相成，从旧居走到新居，既能看到旧居的影子，又富有新意且无断层感。文村人都会说起建筑师王澍，这位中国美术学院建筑学院院长，在深入调研之后，选中旧居保存完整的文村，又破题式精心设计出文村新民居，架起文村传统与现代的桥梁，成就了文村今日的美丽和辉煌。谈到美丽乡村建设，从文村村党支部沈支书的叙述中，梳理出四个关键：一是浙江前两三年的"三改一拆"（即旧住宅区、旧厂区、城中村改造和拆除违法建筑）大行动，打好了基础；二是建筑师王澍的精心设计；三是两家民营企业的倾力资助；四是数个自然村宅基地的拆整、复垦，置换出建设用地，保证了新民居的落地。现代与传统的民居给文村留下一笔财富，但文村没有满足和止步，设法在其他途径上做文章，4月1日依靠满地的油菜花，举办别具特色的"山乡节"，吸引游客，赢得商机，依靠自身走好今后持续发展之路。文村的变化带给我们的启示：一是把根留住，无论在美丽乡村建设中，还是在一个城市发展中，一定要尊重历史，继承和发扬传统，在继承中创新；二是设计的魅力，一个好的规划设计，不但能设计出令人惊叹的美丽，而且能开辟出一条改变命运、改变生活的发展路子；三是思想的持续解放。发展依靠理念，思路就是出路，只有不断地解放思想，更新观念、丰富理念、才能越走越远。

地点 10：余村

"两山"理论的发源地。早在 2005 年，习近平同志在担任中共浙江省委书记，在安吉县考察工作时，首次提出"两山"理论，当时强调"我们过去讲，既要绿水青山，又要金山银山。其实，绿水青山就是金山银山"。2006 年，习近平同志以笔名"哲欣"在《浙江日报》上发表文章，生动地阐述了"两座山"之间辩证统一的关系。"第一个阶段是用绿水青山去换金山银山，不考虑或者很少考虑环境的承载能力，一味索取资源。第二个阶段是既要金山银山，但是也要保住绿水青山，这时候经济发展和资源匮乏、环境恶化之间的矛盾开始凸显出来，人们意识到环境是我们生存发展的根本，要留得青山在，才能有柴烧。第三个阶段是认识到绿水青山可以源源不断地带来金山银山，绿水青山本身就是金山银山，我们种的常青树就是摇钱树，生态优势变成经济优势，形成了一种浑然一体、和谐统一的关系，这一阶段是一种更高的境界，体现了科学发展观的要求，体现了发展循环经济、建设资源节约型和环境友好型社会的理念，以上这三个阶段，是经济增长方式转变的过程，是发展观念不断进步的过程，也是人和自然关系不断调整、趋向和谐的过程。"2008 年，习近平同志担任中央政治局常委、中央书记处书记、国家副主席、中央党校校长时，在中央党校发表重要讲话，强调"要牢固树立正确政绩观，不能只要金山银山，不要绿水青山；不能不顾子孙后代，有地就占、有煤就挖、有油就采、竭泽而渔；更不能以牺牲人的生命为代价换取一时的发展"。2013 年，习近平在哈萨克斯坦纳扎尔巴耶夫大学发表演讲时，指出"我们既要绿水青山，也要金山银山。宁要绿水青山，不要金山银山，而且绿水青山就是金山银山"这一论述被公认为是总书记对"两山"理论进行的最全面、经典的一次论述，标志着"两山"理论成为我们治国理政的主要理论。

地点 11：鲁家村

以小火车串联各个家庭农场，以及通过美丽乡村建设，改善人居环境，推进产村融合，完成"三变"（即田园变景区、资源变资产、农民变股民）的举措十分值得借鉴。改善农村人居环境是实施乡村振兴战略的第一步，必须按照党中央、国务院决策部署，遵循乡村建设规律和特点，因地制宜确定政治任务和建设时序，充分发挥农民主体作用，注重建管并重。

总结：推进新农村建设，这是党中央在新的历史时期提出的重大战略。"新农村"在 20 世纪 50 年代就提出过，人们向往的是耕地不用牛、锄草不低头，点灯不用油；80 年代讲的是三转一响；90 年代讲的是住得宽敞、穿着漂亮、吃有营养。尽管"新农村"这个概念在 20 世纪曾几次提出过，但这次提出并不是简单的重复，而是当前农村全面发展的重要探索，既源于实际又指导实际，既来自群众又造福群众，既体现全面性又体现科学性。"生产发展、生活宽裕、乡风文明、村容整洁、管理民主"这二十个字，是经济建设、政治建设、文化建设、社会建设四位一体的综合概念，既注重发展生产力，又注重政治文明、精神文明、和谐社会建设；既注重推进农村生产方式的现代化，又注重推进农民生活方式、思维方式和价值观念的现代化。

4. 调研报告四

学员：徐诚程

为了确实做好西南地区乡村建设项目，找到乡村建设的路径和策略，培训学员和老师一起走访了解江西婺源、杭州、苏州等中部地区乡村建设现状。主要通过实地考察、调查研究等形式，了解当地乡村建设模式，了解基层领导和村民对乡村建设的反馈意见。通过听取各个方面意见和建议，了解其地区乡村建发展过程中优势和所面临的挑战，以期能够为西南地区乡村建设有一定指导作用。现将考察调研中几个具有代表性的乡村情况分类汇报如下：

地点 1：以旅游带动乡村——李坑、晓起、江湾

李坑、晓起、江湾三个村落位于江西婺源县。村落大力发展乡村旅游，属于婺源县乡村旅游东线主要景点。这里是徽派文明与文化的传承处，村落具有典型的徽派特色，独特的地理优势，拥有许多历史古迹和名人文化遗迹。

江湾与晓起在一条平行线上，他们与李坑呈三角形空间关系。江湾，地处婺源县东北部，距县城 28 公里，占地面积近 1 平方公里，始建于隋末唐初，村内有众多明清官邸，徽派商宅以及一批古建筑，具有历史价值和观赏价值。晓起，位于婺源县东部，距离县城约 20 公里，是段莘水和晓起水交合处。始建于公元 787 年，是典型徽派古生态民俗文化村，村屋多为清代建筑。李坑是一个以李姓聚居为主的古村落，距婺源县城 12 公里，村落文风鼎盛。自宋至清，仕官富贾达百人，村里的文人留下传世著作达 29 部，南宋年间出了一位武状元，村中民居沿溪而建，多为明清古建，溪桥数十座，构筑小桥、流水、人家的空间格局。

通过这三个村子的走访调查了解到，村落通过旅游的发展，在居民的收入和文化传统这两方面有积极的作用。但同时也出现很有问题，这些消极作用影响古村落旅游产业的可持续发展。首先从实际调查来看，村民对当地政府并不信任，对旅游开发企业并不满意，由于景区经营权出租，村民与旅游企业之间存在矛盾，村民所获利益较少，参与度低。其次，村落成为景区之后，无序的摆摊设点，经营旅游产品使得古村落商业气息过于浓厚，古村落失去宁静和古朴的印象。然后，古村落旅游形式结构单一，目前婺源提供的旅游产品还是普通的观光型旅游产品，游客缺乏互动，只是观赏风景，看看老房子老街，属于走马观花的旅游，很难产生抵达内心深处的真实共鸣。并且这三个景点主要特色均是古村落和古建筑，粗略看上去大同小异，没有深挖和凸显不同村落的特色，容易使游客产生视觉疲劳，同时这种同类型景观也会诱发古村落之间的竞争关系。在旅游规划时应注重村落自身文化挖掘，寻找自身独特的特点进行开发，丰富游客体验，与附近村落形成合作关系而不是竞争关系。最后是文化旅游产品缺少特色，不具代表性，很多旅游纪念品都是从外地批发来，在国内许多的旅游景区都能买到。

地点 2：以文化振兴乡村——大陈村

大陈村位于江山市西北部，三面环山，是徽州汪氏后裔聚居地，是一个承继徽派古建特色的古村落。大陈村相较于考察途中的其他村落，最大的优势在于推行文化治理乡村。依托本村文化，提升村民凝聚力，振兴村落建设。来到村子，感受最深的就是村民浓郁的幸福指数、村落文化自信、亲切的村落空间尺度。整个村子环境整洁干净，在基础设计和景观处理上体现出很多细节，能够感受到村民对村子强烈热爱情感和本村文化自豪感。

大陈村通过深挖传统历史文化典故，创作了两首村歌《妈妈的那碗大陈面》和《大陈，一个充满书香的地方》。一首弘扬孝道文化，一首弘扬重教文化。让村民学村歌、唱村歌、演村歌，在丰富村民生活的同时也把家的文化、家的理念灌输到村民心中去。让村民懂得，乡村振兴首先要家和万事兴，村落基础治理，依靠村歌来传播。用祖宗文化和现代文明相结合，得到了乡村治理有效的结果。一首村歌唱到了省人民大会堂，唱进了中央电视台，还制作成 MV 作为国礼送给参加 G20 的外国元首和嘉宾，极大程度地树立了大陈村强烈的村落文化自豪感和自信心。

村歌成了大陈村一张靓丽的名片，同时也为大陈村带来了相关产业的发展。中国国际广播电视台开出村歌频道，频道里所有民家老百姓的村歌擂台赛包括非物质文化遗产大比拼，都将选址于大陈村，现场录制直播。这些年来，大陈村每年举行村歌晚会六十多场，感染来到大陈村的每一个人。大陈村依托自身独具的优势，既实现了乡风文明、治理有效、熏陶村民，又能激发文化的力量，走出了一条文化乡村的振兴之路。

大陈村以村歌振兴乡村具有其独特性和不可复制性，但在乡村建设中，给我们很多可借鉴之处。通过自己的方式建立村民凝聚力和文化自信，这将成为乡村建设中极大助力和发展根源。

地点 3：以设计媒介振兴乡村——东梓关村、文村

随着乡村建设的进行，大量的设计力量开始介入乡村。东梓关村和富阳文村就是典型的代表。这次考察我们先后调研走访了这两个村子。东梓关村位于富阳区场口镇西部，背靠小山群，文化底蕴深厚，因郁达夫的小说而著名。地理位置独特，面临富春江，背靠小山群，是两府、两县、两镇的中心点。曾经水交通便捷，区位优势明显。但是随着水路航运和传统农业的逐渐衰退，这个曾经繁华的历史文化村落正在逐渐凋敝。此次主要是考察村民的回迁安置房。东梓关村回迁安置房遵循宅基地（占地面积不超过 120 平方米）一户一宅的分配方式，采用政府代建、农户集资、政策补贴的模式进行。建筑的整体空间形态将江南民居中曲线屋顶这一要素作为切入点，提取、解析、并加以抽象，将传统的对坡屋顶或单坡屋顶重构成连续不对称屋顶，以现代手法，呈现传统江南民居气韵，并且不同建筑单元还塑造了与之相匹配的屋面线条轮廓，空间形式丰富既有独立性又有连续感。初见东梓关村会被他如同江南画卷般的建筑形制所惊艳，如同吴冠中的画走入在了现实空间中。建筑有四种空间类型，通过前后错落和镜像形成一个带有公共院落的规模组团，这样既节约了土地，同时在空间的层次上有很大提升。

在新村和老村的交界处设置有公共开敞的村民活动中心，作为村民交流活动、乡村展览、红白喜事的场所，是整个村落活力源和精神中心。整体景观环境的塑造趋于实用性，街巷空间以硬质界面为主，绿植为辅，大多选用食用果树，沿水界面和停车场区域增加绿化密度，产生空间疏密的节奏感。建筑空间内部功能布局以村民实际生活习惯为依据，保留院子用以洗晾衣物，院落由南边进入，后院设置洗衣池、电瓶车位、农具间、杂物间等。在建筑材料的选择

上以白涂料，灰面砖及防腐木纹、金属等成熟材料为主，减少木头、夯土、石头等的用量，这样既节约了成本同时也方便村民的日常使用与维护。每户农居的成本仅每平方米 1300 元左右，与本村自建房成本相当。

　　杭州富阳洞桥镇文村，距杭州市约 80 公里，处于山地和平原过渡地带，村子沿溪而建，建筑密度高，40 余栋古民居，分别建造于明代、清代、民国三个时期，每个时代的房子形态各异，高低错落。新村由建筑大师王澍设计，根据新村应该是在老村的自然生长的理念，所以新村设计延续老村空间肌理，东西主路沿溪流向规划，中间道路与老村通过廊桥自然连接，一共设计了 24户新民居，单元之间多样的组合方式疏密有致，像是从老村庄蔓延出来，恢复了户与户守望的邻里环境。在文村考察时，会发现新村和老村极强的和谐感，空间新旧对比融合而自然。新村建筑外观运用了中式建筑的材料与元素，小青瓦、夯土墙、竹片以及太湖石等，在视觉角度上有空间情怀的延续，但由于工艺的失传，生产建造方式更新，人工费和材料费的增加，建筑成本较高。建筑空间灵活多变趣味性强、露台延展、楼梯外挂、开窗独特、局部通高等。内部空间堂屋和天井作为建筑的核心位置，让室内外空间相互渗透，同时也可以缓解采光通风问题。文村新村建筑整体形制和材料都具有强烈的王澍个人风格。很可能发展成为都市人比较喜欢的乡村生活而非本地居民，从这个方面看其建筑设计的意义大于社会意义。

　　通过设计介入乡村，可以借助辐射效应为其带来复兴的机遇，例如乡村论坛的举办，设计工作室的进驻，民宿、农家乐、酒作坊、咖啡厅等生活配套逐步跟进，可以让村子的人气大大提升。诚然乡村振兴绝不仅仅是靠一个建筑，一个设计可以解决的，但可以作为一个媒介。对于设计师来讲，在乡村营建工作中注重以村民为主导，沿袭传统村落肌理，还原乡村的原真性，以现代的形式语言重构传统元素，以当代建造方式实现地域性表达，这是值得我们学习和借鉴的重要方法。

　　总结：
　　在乡村建设如火如荼进行的当下，西南地区如何根据自己的区域环境以及文化特点振兴乡村，实现乡村的永续发展，是我们要思考实践的问题，通过此次实地调研考察东部地区乡村建设实况，更全面地认识了乡村，对乡村问题进行更深入直观的分析，有很多优秀的案例值得我们借鉴学习以期能将考察所见所学结合西南乡村建设实际情况，为今后西南地区乡村发展厘清思路，为乡村建设尽自己的一份力量。

5. 调研报告五

学员：谢建

习近平总书记在十九大报告中指出，实施乡村振兴战略，农业、农村、农民问题是关系国民生计的根本问题，必须始终解决好"三农"问题，作为全党工作重中之重，要坚持农业、农村优先发展。按照产业兴旺、生态宜居、乡风文明、治理高效、生活富裕的总要求，建立健全城乡融合发展机制。这给我们明确了目标，指明了方向，确认了时间表。就传统村落的保护和发展，开展本次田野调查。

调查前的准备工作：
（1）调查攻略
①调查方向及范围：重庆→江西→浙江→江苏→上海→重庆。预计10天。
②范围涉及江西的李坑、江湾、晓起、思溪、延村等。浙江的大陈村、浔里村、枫桥村、文村、东梓关村、余村、鲁家村等，江苏的三山岛等。

（2）人员安排
这次外出调查由项目组老师带队统筹安排，每两个同学一组，并配备几名研究生一起完成本次调查。

（3）准备工作
①调查期间相关物品：笔记本、笔、照相机、录音笔、无人机等。
②预防中暑和感冒药品以及个人洗漱物品等。

（4）调查总体分析
①地形地貌
江西这几个传统村落所属地为丘陵地带，山地较多，森林植被保护较好，

石灰岩地质结构，耕地较少。

②自然环境

这些村落几乎都是依山而建，村落不大，一般 200 至 400 户左右人家，并且有小河穿村或绕村而过，形成山水田园风光，小桥流水人家的天然画卷。

③民居风貌和明清时的古建筑保护较好

李坑村的铜绿坊、大夫弟，江湾村的萧江宗祠、三省堂、教崇堂、培心堂等几百上千年的建筑，无不透露出先人们的智慧和当年的气势繁华。经导游处了解，这些大宅院或宗祠都是以前经商或做官的大户人家修建的，保留了当时的风貌和传统工艺，经历千年仍能保护较好。具有较好历史文化和人文景观价值，也为打造乡村旅游提供了一个很好平台。李坑的青石板路和青石板桥记录着历史的变迁，记录着一代一代人的足迹，迎着日出而作、日斜而落和匆匆忙忙出行者的身影，记录着繁忙和萧条。千年的古樟树见证这个村落的起起落落。

④民俗文化

这里村民民风淳朴、勤劳善良，现保留的中明亭就是当年村民议事的场地，如遇什么事，大家相聚于此商议办法，违反村规的人不准直接经过中明亭，而是绕道而过以示悔过，每年中秋举行舞龙活动，从村头开始每经过一家，主人都要放鞭炮，有的还要放礼花，谁家放得多，舞的时间就越长，整个舞龙过程要走遍全村。

⑤产业发展

由于受地理位置影响，人均耕地面积较少。农作物主要是水稻和玉米红薯为主收入较低，由于是传统古村落，其他产业几乎没有。现主要支柱产业为旅游业，几个村有大部分村民搞民俗和旅游商品。这几个村交由婺源旅游公司统筹管理。在秋口镇党委张书记处了解到，李坑村原来比较脏乱差。一是脏，环保意识不强，清扫保洁不到位，门前三包不到位，部分游客乱扔、乱吐现象不少，给人一个比较脏的影响；二是乱，店招店牌乱、占道经营乱，人车共行、乱搭乱建给人以混乱的感觉；三是差，恶意竞争服务态度不好，管理无序给人以差的感觉，一度在社会上造成不良影响。这些问题引起了镇党委、镇政府的高度关注，并提出整改措施。

　　首先是加强基层组织建设，增强基层组织能力，引导村民如何管好自己的家，如何保护好自己的家，如何发展好自己的家，广泛征求村民意见，完成村规民约，由户主会议表决通过后，形成村民共同遵守的合约。充分发挥村支两委会工作职责，带头执行并督促村民的关系，解决好村民提出的困难和问题，帮助规范好经营户的经营行为，店招店牌规范悬挂，严禁占道经营，拆除乱搭乱建或有损风貌的违章建筑。请专人负责村内道路、河流的保洁，垃圾日清日运，通过一系列工作的推进，才使得今天的李坑更加美丽。

　　下一步思路，应该继续在最美乡村这篇文章上书写。一是更加严格地保护和维护好这个村落的建筑风貌。二是发展多业态产业，把源黄菊品牌做大做强，在"旅游+"这个板块中融入更多的生产品。三是把外围的基础设施建设好。特别是民俗博物馆和文化广场的建设，让更多的游客来了解李坑，让更多的人来体验李坑。

　　江湾和晓起两个村落，传统明清建筑保护较好，具有较重的历史人文积淀。特别是江湾村萧江宗祠是家族宗祠的代表，建筑宏伟雕刻精细，特别是砖雕、木雕、石雕。

　　晓起村除保护较好的徽派民居外，还能隐约感到当年人们生活的影子。这里生态环境保护较好，特别是古樟树群，树龄多者上千年少者几百年，如今都生长良好枝繁叶茂。特别是有一棵直径约 3 米的香樟树王，更是伟岸挺拔、郁郁葱葱，充分展现了这里人杰地灵和良好的生态环境，也体现了这里村民对自然环境的敬畏和爱护。

　　思溪村以俞姓为主曾出了四名官员而闻名十里八乡。有著名的百花厅、百寿厅距今有 1200 余年的历史，现大部分建筑保护较好。砖雕、木雕雕工精细栩栩如生，花鸟虫鱼寓意深远。特别是百寿厅更是蕴意了先人们对孝道文化的尊崇。以工艺手法展示了先人们的智慧和对长辈的敬爱之情。这里依山傍水，村落布局合理。小桥流水，一幅美丽的天然田园风光，常年在此写生和旅游的人较多。延村以前主要是靠经商为主，现两个村落由婺源旅游公司统一管理，对于对外开设商住的民居每户补助 3000 元 / 年，其余的民居都由政府和村民保护好。现两村村民都以旅游和民宿为主要经济收入来源。但村民收入普遍不算高，其中大部分年轻人都是外出经商或打工。

综合江西上述村落，其相同之处都在于，这几个村落都有保护较好的传统徽派建筑民居，每个村大约 200 至 400 余户人家，人口 2000 左右。其中大部分年轻人都外出经商或打工。村里没有支柱产业，村里留守的基本上是老人和小孩。虽然都由旅游公司统筹管理，但村民的经济收入普遍不高，部分民居破损严重，维修维护有待加强。

⑥三产业融合发展有待提升

浙江省的大陈村、浔里村、枫桥村以及习近平总书记"两山"理论发源地余村，这里重点对大陈村和余村作了田野调查。

大陈村位于浙江省三江市，面积 4.98 平方公里，450 余户，人口 1286 人。这个村有约 600 年历史，文化积淀厚重。徽州婺源的常山人汪普贤，一路从医迁徙到此，爱其山环如城、水盈如黛、林木葱郁、上厚泉甘，并定居于此，至清代汪氏族人数百家，村庄、村巷、房屋依山而建，青石板路通迤曲折贯穿整个村落。现保存较好的 43 栋民居大都建于清代中晚期，装饰质朴白墙黛瓦穿斗架梁，是显著的徽派特色，特别是这里的宗祠文化，汪氏宗祠拥有 600 余年历史，其间有两大天井高明敞亮，木结构戏台优雅别致，木雕图案惟妙惟肖，四周墙上都是画，线条简洁唯美，人物清秀圆润，特别显眼的是两幅镶金图《贤仕规》《仕进禄》。因其始祖从医又曾出任六州主簿，历代重视医学和办学，可见汪氏先人对教育的重视，厅前有一幅汪氏先人迁徙到此的线路图，一进宗祠就能感到家族文化，让我们了解到其家祖的来历、家族的历史以及家训家风的传承。据大陈村导游讲解汪家迁徙的历史和现代汪家人在此定居后的生活。由于这个村大多数人姓汪，每年春节大陈村都要在祠堂外的广场照一张全村人的全家福，那些在外经商的、做官的、打工的、求学的都自觉回到村里参加这一项盛会活动，以示不忘根本，宗祠每年接待参观、学习、旅游的人不计其数。《妈妈的那碗大陈面》更是唱出了浓浓的思念之情，让更多的人了解了大陈村，了解了大陈村的文化。这里乡风文明，环境干净整洁，现在的大陈村在村支两委的带领下，党员干部带头把每家每户的家训和党员示范户，都以一个小牌进行公示在家门口，让每个村民都知晓和相互监督。把这个拥有 600 年历史的村落保护好、爱护好，让更多的人来大陈村做客，让更多的人来了解美丽的大陈村。

"绿水青山就是金山银山"，这是习近平同志于 2005 年在浙江安吉天荒坪镇余村调研时提出的主要思想理论。据村支书文革介绍，余村面积 4.86 平方公里，辖属 8 个村民小组 1005 人，其中竹林面积 600 多亩，耕地面积 320 亩。山多地少，原来村里主要是以矿山和水泥厂为支柱产业，矿山的开采和水泥厂生产严重破坏了当地的生态环境。由于重车的通行造成道路损坏严重，天晴时一片灰蒙蒙的，下雨时一身泥泞。2003 年至 2004 年逐渐关闭矿山和水泥厂进行生态修复。2005 年时任浙江省委书记的习近平到村调研，对余村的工作给予了肯定，并提出"两山"理论。村支两委班子以此为契机，加大对矿区的生态修复。通过近十几年的努力，现在的环境恢复得很好，同时大力发展乡村旅游，现成为全国民主法制示范村、浙江省首批全面小康示范村、中国美丽乡村精品示范村。现在的村民家家户户都住别墅，村里环境干净整洁，河道清澈水质好，真正体现了"绿水青山就是金山银山"的理念。

中国最美田园综合体之一的鲁家村，全村人口 2200 人，幅员 16.7 平方公里，13 个村民小组。这个村是一个非常平常的小村庄，既无名人故居也无名胜古迹，没有一样产业，典型的空心村。以前村里走的是泥巴路，住的是土坯房。环村而过的母亲河——鲁家溪，河床河道满是垃圾，水质污染严重，年轻村民都外出经商或打工，是一个负债 150 万的贫困村。2011 年换届，在外经商的朱仁斌当选为村支书，在这种艰苦的条件下，村支两委一帮人在支部书记的带领下首先从环境整治入手、筹钱修路、安装自来水、改厕改卫、修建化粪池和污水处理池对河道进行清淤，短短几个月村里环境大为改观，在保持环境的同时更多的是如何发展产业。村委会出资 300 万元邀请设计公司为全村做了旅游规划，流转土地 8000 余亩，发展家庭农场和农业旅游项目，打造了十八家差异化特色农场，有万竹、蔬菜、果园、葡萄、野猪等，每个园区由一列小火车连接，取得良好的收益。2017 年被评为全国首批国家农村产业融合发展示范园、全国农村优秀学习型家庭农场示范点、省级美丽宜居村、省级森林村等荣誉。在乡村振兴发中鲁家村的模式值得我们学习。浙江的这几个村落，有传统的也有贫困的，但都在乡村振兴发展中因地制宜谋求发展思路。

江苏太湖三山岛，是一个四面环水的湖心岛，村域面积 2.8 平方公里，5 个村民小组，216 户，807 人。由于受地理位置限制，一度岛上也开办了企业，但最终还是倒闭了。三山岛历史悠久，上溯至春秋吴国，三山岛作为苏州、湖州的水上交通驿站，最鼎盛时期人口达八百多户五六千人。新中国成立后，由于历史原因，三山岛交通闭塞。在经济发展方面还是依靠果木经济，主要是马眼枣。有的树龄上千年，少的几百年、几十年，长毛兔也是当时主要经济收入之一，由于信息不灵，其他产业先后都夭折了。直到1993年岛上与先奇集团公司共同联合开发三山岛旅游项目，逐步把三山岛打造成为一个以旅游收入为主，依托太湖这个旅游大环境和岛上独特的自然风光，人们休闲旅游的好去处。

综合本次对三个省的不同村落进行田野调查，各个村在乡村振兴中因地制宜充分发挥村庄的自身优势，通过政府引导多体合作共同参与，充分发挥基层组织作用，集思广益，引领村民为乡建工作出谋划策，为建设美丽家园而共同努力。

乡村振兴战略必须规划先行，当前的乡村建设决定着未来相当长一个时期的村庄风貌，一些特色村落、历史文化名村会成为乡村振兴的亮点，在产业发展布局，公共服务基础设施建设，土地利用生态保护等方面，地方政府应因地制宜编制乡村振兴地方规划和专项规划方案，分类指导精准施策，做到乡村振兴事事有章可循。

乡村振兴第一要务是发展，产业兴旺是关键。按照农业高质量发展要求，继续深入推进农业结构性改革，大力发展地方特色产业，实现农村第一、二、三产业融合发展，要坚持以农业发展为基础，延长农业产业链，提升农产品附加值，把农业生产与休闲、观光、体验、养老等产业发展结合起来。

6. 调研报告六

学员：潘春利

（1）田野考察总体情况

2018年7月25日至8月3日，国家艺术基金艺术人才培养资助项目"西南乡村建设创新营建人才培养计划"的全体成员由四川美术学院潘召南教授带队从重庆出发，由安徽经江西、浙江和江苏九省，历时十天考察了江西省婺源县的李坑、江湾、晓起、思溪和延村，浙江省江山市的大陈村、衢州市的廿八都镇、杭州市的东梓关村和文村、安吉县的余村和鲁家村、江苏省苏州市的三山村等十几个优秀乡村建设案例，最后在苏州结束考察行程。

（2）调研的具体内容

地点1：赣风徽韵的美丽乡村——李坑村

2018年7月26日田野考察第一天，考察了李坑村，走访了几个商铺的老板，联系村委会，在村委会临时会议室与秋口镇旅游公司管委会洪主任、李坑老村主任朱主任和秋口镇党委张书记进行了交流。

李坑村位于江西省上饶市婺源县秋口镇，距离婺源县城12公里，是国家级4A级旅游景区。建村于北宋祥符年间庚戌年（1010年），至今已有千余年的历史，是一个以李姓聚居为主的古村落。李坑村落呈R字形，群山环抱，山清水秀，风光秀美，环境与自然和谐统一。两条山系在村中汇合为一条小河，清澈见底的河水穿村而过，河边用石板铺就洗菜、洗衣的溪埠，河两岸均傍水建有徽派民居。该村的古建筑风格独特，保存完好，布局极有特色，是著名的徽派建筑，村中明清古建遍布、民居宅院沿溪而建，依山而立，青石板路纵横交错，石、木、砖各种溪桥数十座沟通两岸。山光水色与古宅民居融为一体，相得益彰，构筑了一幅小桥、流水、人家的美丽画卷，是婺源精品线上的一颗璀璨明珠。村内保存尚好的古建筑有"大夫第""李其高故居""铜绿坊""申名亭"等都是典型的徽派建筑，挑高的大厅，精美的木雕，精致的马头墙，粉墙黛瓦、参差错落，是标准的徽派宅院，砖雕、石雕、木雕精致传神。2003年，李坑村因其保存完好的徽派古建筑群和秀丽的自然景观被评为省级历史文化名村。

镇旅游公司管委会洪主任向我们介绍了婺源的旅游管理模式，婺源景区统一收取大门票，每人240元，可游览五天。旅游公司每年给村民分红平均每人约2300元，旅游公司负责垃圾处理和河水治理。

老村主任朱主任说李坑村现有三百多户人家，有两千多居民。种植高山皇菊、油菜和辣椒，手工艺有木雕和砚台，村民多数经营农家乐和民宿，人均年收入为2至3万元。

秋口镇党委张书记向我们介绍当地乡建经验，首先要加强村规民约建设，约束农民的行为，由村民选出的理事会后再向群众广泛征求意见，本着公平、公开、公正的原则公示后实施，施行村民自治；其次对环境进行综合整治，做好污水管网、垃圾清运工作，主干道由公司负责维修；再次全县农民建房统一标准，建房前要向县里申报平面、外立面图纸，村里将建设村史馆和与居民区分开的商贸区；最后是提高旅游的服务质量，进一步改善民宿的住宿条件，住宿达到三千多个床位。

7月26日下午我们考察了江湾村以及晓起村，并在江湾进行了走访，在晓起村观摩了老匠人制作木桶的工艺，晚饭后回到李坑入住。

地点2：江湾村

江湾村位于江西省婺源县境内东北部、江湾水下游梨园河的一个河湾处，距婺源县城28公里，为国家5A级旅游景区、国家级文化与生态旅游景区、中国最美乡村。2016年入选第一批中国特色小镇，2017年被住房和城乡建设部评为国家园林城镇。溪水穿村而过，离景婺黄高速公路道口1公里，交通便利，江湾村是村委会所在地，也是江湾镇人民政府驻地。江湾村始建于隋末唐初，是婺源为数不多的千年古镇之一。村庄位于山环水抱的河谷地带，嵌于锦峰绣岭、清溪碧水之中。村落北部后龙山逶迤东去，山上林木葱郁，生机盎然；南侧梨园河呈太极图"S"形由东向西蜿蜒流过，碧波荡漾；村东成片的良田高低错落，春天的油菜花错落有致、金浪翻滚，与远山、近水、粉墙、黛瓦相映成趣，山与水的交融给江湾平添了许多灵气。

江湾是一座具有丰厚的徽州文化底蕴的古村落，村中既有保存尚好的御史府宅、中宪第、敦崇堂、三省堂等明清时期官邸，又有滕家老屋、培心堂等徽商建筑、徽派民居，以及萧江宗祠等祠堂建筑，还有许多古井、古亭、古桥，处处透析着古徽州文化的神韵，极具历史价值和观赏价值。萧江宗祠，又名永思祠，始建于明朝万历六年（公元1578年），后毁于太平天国战火，2003年重建。萧江宗祠以其建筑宏伟、规模庞大、雕刻精美、建筑材料考究为国内所罕见，而且人文丰富、历史悠久，被誉为"江南第一祠"。

江湾依托丰富的旅游资源，大力发展旅游业，组建了江西省江湾旅游有限公司，一开始就按照 4A 级景区标准，着力打造各景点。2001 年聘请上海同济大学编制了《江湾旅游规划策划及村镇总体规划》，2013 年开始实施"江湾文化休闲旅游综合体项目"，同年，被评为国家 5A 级旅游景区，江湾成为婺源文化与生态旅游的一颗璀璨明珠。

地点 3：生态家园——晓起村

晓起村是婺源县江湾镇的一个小村落，距婺源县城紫阳镇 21 公里，位于段莘水和晓起水交汇处，有上、下晓起之分，景婺黄高速公路从村前而过，晓起村始建于公元 787 年，是江西省历史文化名村，有"中国茶文化第一村"与"国家级生态示范村"之美誉。群山环绕、水横亘的上晓起，村屋多为明清古建，风格各具特色，村中小巷均铺青石，曲曲折折、回环如棋局。晓起村中保持 600 余年的房屋有几十幢，风格鲜明，气势非凡。其中"进士第""大夫第""荣禄第"等官宅商第气派堂皇，门楼上雕刻精美的砖雕图案，有前后天井，厅堂宽敞深进，村头青石护栏的古道、古亭以及"江氏宗祠"，展现出古村当年的显赫与繁华。古朴典雅的明清民居，曲折宁静的街巷青石铺就的驿道，野碧风清的自然环境，遮天蔽地的古树，天人合一的晓起堪称"中国别具韵味的古文化生态村"。

2001 年以来，晓起村抓住机遇、开拓进取，开始创办旅游业，提出了旅游兴村、农业稳村、个体旺村、商贸活村的经济发展思路。经过几年的艰苦创业，初步形成了以旅游为主导，农业为基础，商贸大发展的产业格局，以旅游带动了三大产业的发展。晓起村坚持高起点，做大做强旅游。2005 年聘请江西省城乡规划设计院专家编制了《晓起村古村落保护规划》，结合晓起村的实际情况，将晓起村分为古村落保护区、村建社区、生态旅游区，体现了晓起人文合一的生态家园的特色，为旅游发展和乡村建设描绘了美好蓝图。晓起村按照《古村落保护规划》，大力发展旅游产业和加强村庄建设，村容村貌焕然一新，人与自然更加和谐相处。

7 月 27 日早上我们从李坑出发，上午到达思溪延村景区，导游带我们先去了思溪村，返回来又参观了延村，看了几家民宿。午饭后离开婺源，在去往浙江的路上看了黄村的百柱宗祠，下午由江山市的领导带领考察了浙江省江山市大陈村，晚上入住衢州市廿八都镇的边城度假酒店。

地点 4：依山傍水的写生基地——思溪村

　　思溪村位于江西省婺源县思口镇境内，距县城紫阳镇 13 公里左右，是由俞姓建于南宋庆元五年（1199 年），至今已有 800 余年。村庄背靠青山，面临清溪和稻田，四周都是绿地，村落古建与秀水青山的自然风光融为一体，互为点缀、如诗如画，意境幽美，达到房屋群落与自然环境巧妙结合的意境。

　　整个村落以百年明清古建筑为主，村落内以青石板铺地。村口有座建在三个船形石礅上的明代"通济桥"，是古时村落水口组合建筑的遗迹，现村中保存有明清民居 30 多幢，有清代商家住宅"报源堂""承裕""承德堂"等。"三雕"（木雕、砖雕、石雕）工艺精湛，充分体现了徽派民居的建筑特色。其中建于清嘉庆年间的"敬序堂"，面积达 664 平方米。"敬序堂"花厅，下铺金砖青石，上覆斗拱藻井，木雕尤为精美，一派古色古香，精巧玲珑，更为罕见者是清乾隆年间建造的俞氏客馆，客馆各扇门上分别刻有 96 个不同字体的"寿"字组成的"百寿图"，花窗上雕刻成八仙、锦字、万花卉等各式各样的古样图案，堪称"木雕精品"。民居太多粉墙黛瓦，整体色彩效果黑白相间，给人朴素淡雅的美感，我们在村中一路看到许多来此写生的学生。

地点 5：商宅民宿群——延村

　　延村与思溪村临近，相距不足 1 公里。处于山水环抱之间，思溪河流经村前，是江西省古建筑的重点保护村。根据《婺源县地名志》和宗谱等史料记载，延村始建于北宋元丰年间（1078 年—1085 年）。村内至今较为完整地保存着 56 幢清代商人建造的民居，有"聪听堂""明训堂""余庆堂"等商宅，被誉为"清代商宅群"。"聪听堂"是延村著名的书香门第，为徽商金嘉藻的祖先于乾隆年间所建，两进三开间，水磨消砖门面，门罩翘角飞棉，门头上的砖雕讲究，至今仍显得古色古香。"余庆堂"建于清代乾隆年间，整个门面是个"商"字这些古建筑的里外墙都采用了马头墙，山墙的建筑造型，尤其是马头墙屋檐角飞天，在蓝的天际勾画出民居墙头与天空的轮线，增加了空间的层次的律美。延村的田园风光与徽商古建的完美融合，被誉为"徽州儒商第一村"。2003年 7 月，延村被江西省人民政府命名为"历史文化名村"。

　　延村现有居民 100 余户，600 余人，主要种植水稻、玉米等农作物和花椒、桃子、核桃等经济林果。村中建有多家高端民宿，如"保鉴山房""明训花园"等。调研得知，思溪村和延村通过开发旅游每户每年可得五百元，好的具有参观价值的古宅每年可得二全三十元。

地点 6：村歌发祥地——大陈村

大陈村位于江山市区西北部，距市区约 10 公里，是大陈乡的中心村，48 省道贯村而过，交通便利。这个拥有 600 年历史的村落，旧以经商办学扬名。近年，又以弘扬传统文化与中国村歌发源地闻名遐迩。是全国生态文化村、中国十大最美村庄、全国第三批美丽宜居村庄、浙江省休闲旅游示范村、江山市和谐新农村、江山市首批中国幸福乡村。2014年，大陈村入选中国历史文化名村，2017 年，其获评第五届全国文明村镇。

村庄依山傍水，鳞次栉比。里巷村道青石铺砌，曲径通幽。其房屋和村巷，均依山建造与分布，村落的古建筑大都建于清代，以徽派建筑为主。公共建筑恢宏大气，民居结构细巧精美。现保存的古民居、古祠堂、古戏台等古迹有111处，其中明、清时期的古建筑 75 座，青石路 300 多米、粉墙黛瓦、穿斗架梁，呈现显著的徽派特色。其中以大陈"汪氏宗祠""汪汉滔旧宅"为主的一批古建筑更是充分展示了大陈村文化的底蕴，如始建于清康熙年间，重建于同治二年（1863 年）的三进二天井"汪氏宗祠"与二进一天井的"文昌阁"，雕梁画栋、富丽堂皇。

大陈村历史悠久，文化积淀厚重。据调研了解到，近年来大陈村加强文化融入，充分挖掘、传承和发扬"麻糍文化""古祠文化""崇尚教育"等传统文化，以文化熏陶大陈人，以文化繁荣大陈村，着力打造"文化大陈、幸福乡村"；以"学习、创新、文化、和谐、发展"理念来经营村庄，抓实一系列惠民工程，充分调动村民参与建设的主动性，有力提升了村级管理水平。相继完成"汪氏宗祠"修缮、村道硬化、村庄绿化、亮化工程、厕所改造和污水处理等项目；建立健全卫生长效保洁机制，村容村貌长年整洁。成立旅游公司，发展民宿经济。大陈村由政府引导、企业管理、村民自治、村民自觉遵守村规民约，保持环境卫生，垃圾分类处理，每家每户门口都有家训，有村歌《妈妈的那碗大陈面》和《大陈，一个充满书香的地方》，每年拍全村照。整个村庄环境干净、安静，村民自律、自信，幸福感极强。

7月28日上午由镇党委宣传委员带领我们考察了廿八都古镇及其周边的村落枫溪村，下午我们在宾馆会议室对几天来的考察进行了座谈，大家交流了考察以来对几座村落的感想，座谈后我们又进古镇与当地居民进行了访谈。

地点7：风格迥异的历史重镇——廿八都镇

廿八都镇位于浙江省江山市西南端，浙、闽、赣三省结合部，仙霞岭山脉腹地，距江山市区60公里，是一个古老小镇。205国道穿镇而过，交通便利。镇区有许多保存完好的明清古建筑，属省级历史文化保护区。2007年，廿八都被列为中国历史文化名镇。北宋熙宁四年（1071年）江山设都四十四，此地排行第二十八，故得名廿八都。小镇始于唐宋，兴盛于明清，衰败于20世纪中叶，至今已有900余年历史。由于历史上少受战乱，使镇上古建筑风貌依旧，保存较为完好，与那些江南水乡古镇有着截然不同的风格。据统计现存完整、规模较大的明清古建筑民居、厅堂共有36幢，桥、庙、园等公共建筑11幢，在这些公共建筑中，以大王庙规模最大，孔庙最雄伟壮观。廿八都是代表浙西南明清古建筑群和街区风貌的古代重镇，是我国江南传统村镇和集镇生活的一个典型的活标本，其历史之悠久，保留之完整，历史价值和建筑艺术价值高。

镇上的古建民居，不仅数量多、保存完好，而且它的建筑风格与别处民居截然不同，廿八都民居最具特色的是大门和门楼的处理，门楼绝少见到砖雕，多以精致木雕构件组合而成，门楣多为楼阁式的四柱三楼形式，上覆黛瓦、棉角起团，风貌独特。各个部件都有精细的木雕装饰，特别是斜撑，装饰最为精美。看这徽式的马头墙、浙式的屋脊、闽式的土墙，其内涵的丰富足以使建筑学家所惊叹。镇南村口，有一座跨枫溪之半圆形的单孔石拱桥"水安桥"，建于清光绪十七年（1891年），桥上建有九间桥亭，中为重敬山顶，为浙西唯一的设有古桥亭的古桥，丰富多彩的人文景观，古朴浓郁的民俗风情，独特厚重的文化积淀，使古朴淡雅的廿八都镇在现代文明的包围中显得异常夺目，极具历史保护和旅游开发价值。

7月29日离开廿八都镇，上午参观了网红最美回迁房东梓关村，下午参观了建筑大师王澍设计的文村，并在文村村委会与村领导进行了交流，晚上入住杭州市余杭区径山镇双溪竹海漂流景区狮子山脚下的狮子山农庄。

地点 8：网红最美回迁房——东梓关村

浙江省杭州市富阳区场口镇东梓关村位于场口镇西部，面临富春江，背靠小山群，风光秀丽，文化底蕴深厚，因郁达夫同名小说而著名。水陆交通十分便捷，区位优势明显，人居环境优越，是沿富春江的一个古村落，2016 年被列入第四批中国传统村落名录，为了改善居住与生活条件，当地政府决定采用政府代建的模式进行回迁安置，打造具有一定推广性的新农居示范区。2016 年下半年，东梓关村核心长塘周边 39 幢古建筑整治改造以及 46 幢"新杭派民居"回迁房相继完工。这使东梓关村安置房成为网红的最美乡村回迁房，被众多网友称为现实中的"富春山居图"。在村里能欣赏到 100 多年历史的清末民初古建筑，也看到如今红遍网络的"新杭派民居"。建筑师孟凡浩团队将现代绘画大师吴冠中笔下的江南白墙黛瓦的水墨画卷"实体化"，成了乡村改造的一股清流。

东梓关村民居改造项目除回迁房工程外，还新建村民活动中心、乡村书院、东梓关文化主题公园、游客接待中心、养殖基地、甘蔗产业园等，形成一个集古典与现代于一体的江南古村落。同时沿富春江景观带打造"江心一条街"，发展渔家乐和精品民宿。同时，东梓关村还引进了开元集团投资的文旅休闲度假医养小镇项目，打造富春山居田园综合体。东梓关村将以跨文化发展、跨产业融合、跨门类整合的主题，打造以创新设计为主导的产业示范区。

地点 9：新旧共融的"杭派民居"——文村

文村是杭州市富阳区洞桥镇的一个小山村，国家级美丽宜居村。为了留住乡愁，由我国首位普利兹克建筑奖得主、中国美术学院建筑艺术学院院长王澍带领团队，在富阳文村打造出了 14 幢"新杭派民居"，也让这座名不见经传的小村庄焕发了前所未有的生机，新落成的"杭派民居"邻溪而建，以夯土墙、抹泥墙、杭灰石墙、斩假石为外立面，整体上保持了古民居灰、黄、白三种基础色调。白色的墙和原木色的门相配，更透露着江南独特的质朴之美，夯土外墙的融入使得新建筑与文村现存的 40 多幢古民居形成了较好的融合度，同时大面积白墙的应用使新老建筑形成较好呼应。文村"新杭派民居"打破了并列式的农居点布局，以村庄自然风貌、地形结构为依托，将房屋与村庄肌理有机结合，形成生长的，延续的村庄发展模式。建造了一个具有浙江地域文化特色、融合了浙江区域性传统建筑的风格与现代居住功能的新民居，呈现出一个理想中的美丽宜居乡村样貌。

据村干部介绍，洞桥镇公布了"江南艺居文村"文创旅游项目，由众安云忆旅游发展有限公司负责运营管理。现在，逸山栈、文村人家等一批精品民宿开出来了，浙江房产名企众安集团旗下众安民宿产业发展有限公司也已进驻文村，他们要做精做强文村的民宿产业，把文村打造成为国内精品民宿群落典范。从规划中可以看到，未来的文村不仅有大师建筑，还有四季花海、五星级乡村酒店、商业街等各类商业。解决村民的就业问题，也将吸引更多人常驻文村。

7月30日离开余杭来到安吉县，上午考察了"两山"理论的发源地余村，在村委会与村里的工作人员进行了访谈，下午考察了田园综合体的鲁家村。

地点10："两山"理论发源地——余村

安吉县天荒坪镇余村，是习近平总书记"两山"理论发源地，浙江省首批全面小康示范村，"中国美丽乡村"精品示范村。余村三面青山环绕，生态优美，旅游资源丰富。村庄整体环境规划有序，单体建筑协调精致，人居优势突出。

余村的工作人员说，十年前这里曾是空中飞沙走石、河里泥浆遍布的"穷山恶水"景象，余村依靠着"绿水青山就是金山银山"的理论指导，切实转变发展思路，逐步关停矿石开采，进行生态修复，变靠山吃山为养山富山，实现了经济发展与生态保护的双赢。几年来，余村通过产业调整、村庄规划、环境美化以及积极发展生态旅游经济等举措，有效地推进了社会主义新农村建设，使美丽山村更具魅力和特色，曾经名不见经传的小山村，如今正成为安吉中国美丽乡村经营的典范，成为一个旅游风景地。余村的功能定位是"生态旅游村"，目前农家乐发展态势良好，是安吉县6家正式挂牌的农家乐服务接待中心之一。建造了较大的公共活动场所、村会议中心、文化礼堂、电影院、便民服务驿站等，农民住上了别墅，真正享受到了"绿水青山就是金山银山"的福利。

地点11：美丽乡村田园综合体——鲁家村

浙江省安吉县递铺街道的鲁家村，6年前还是一个出了名的穷村。2013年起开始发展家庭农场，2015年创建美丽乡村精品示范村，2017年被纳入国家首批15个田园综合体项目之一。通过打造中国首个家庭农场集聚区和示范区，将美丽乡村田园综合体"有农有牧、有景有致、有山有水、各具特色"的独特魅力呈现给世人，如今的鲁家村已蜕变为"开门就是花园、全村都是景区"的中国美丽乡村新样板。

鲁家村请设计公司对整个村子进行村庄环境规划、产业规划和旅游规划，以"公司+村+家庭农场"的组织运营模式，引入外部资本对农场进行项目投资和运营管理。鲁家村开创性地提出了打造家庭农场聚集区的理念，在全村范围内建设了18家各具特色的家庭农场，分别以野山茶、特种野山羊、蔬菜果园、绿化苗木、药材等产业为主，没有一家重复，这是鲁家村家庭农场的特色。

鲁家村又与浙江省农科院合作打造属于鲁家村自己的农业高新产业园区，成立经营公司专注景区的管理和营销宣传。旅游休闲项目融合乡村观光、游乐、休闲、运动、体验、度假、会议、养老、居住等多种旅游功能，打造特有的"田园综合休闲旅游"，如开设垂钓、果蔬采摘、农事体验等项目。此外还设计了一条45公里的环村观光线，将分散的农场串点成线，使之成为一个大景区。载着游客的观光小火车，呼啸着穿行在灵芝农场、竹园农场、桃花农场、蔬菜农场、石斛农场等18个各具特色的家庭农场间。沿途可见翠绿的竹林、流淌的清溪、盛放的玫瑰，以及民宿、露天影院、房车基地等各类休闲旅游设施。鲁家村建立了合作分红机制，由村集体、旅游公司、家庭农场主按照约定比例进行利益分配，村民再从村集体中享受分红。"公司+村+家庭农场"模式，让农田变农场、小村变景区、村民变股民。鲁家村的家庭农场集群是对休闲农业和乡村旅游在模式上的一次大胆创新，特别对于大型农业园区或村集体主导下的休闲农业和乡村旅游的发展，具有重要的借鉴意义。

7月31日早上离开安吉，中午来到江苏省苏州市的三山岛，下午由中国建筑设计研究院的陈继军高工带领考察了三山岛。8月1日上午与村民和商户进行访谈，下午在村委会与三山村村党支部书记进行座谈。8月2日中午午饭后离开三山岛到达苏州，参观工艺美术馆。8月3日参观苏州博物馆、园林博物馆等，考察之旅至此结束。

地点 12：太湖小蓬莱——三山村

吴中区东山镇三山村位于苏州市区西南 50 公里处的太湖之中，由泽山、厥山、三山三个岛组成，总面积 2.8 平方公里，20 余户村民，840 余人。三山岛又名小蓬莱，亦称笔架山，历史悠久，有距今一万余年、被称为"三山文化"的旧石器时代遗址及哺乳类动物化石遗存，有建于唐咸通十三年（公元 872 年）的三峰寺和明清古建筑群落。是中国历史文化名村、中国传统村落、国家 5A 级旅游景区、国家地质公园、全国特色景观旅游名村、全国生态文化村、中国最美休闲乡村、全国文明村等，三山岛是全国第一个以村级和岛屿形式创建的国家级湿地公园。

村支书吴书记向我们介绍说，2000 年三山岛通电，逐步建起自来水厂、污水处理厂、垃圾中转站和液化气燃气站，修通全岛环岛公路，建设环岛湿地公园。2001 年 9 月份成立"三山旅游开发公司"开发旅游以来，旅游业已成为三山村发展经济的支柱产业，也成为村民收入的重要来源。村民开设"农家乐"100 多家，还有多家高端民宿。旅游业的蓬勃发展，壮大了村级经济，促进了村民经济收入。2006 年，三山村创建全国农业旅游示范点，在硬件建设上对全岛沿路外环境进行了集中整治，在五角咀至小姑村太湖沿岸建设 350 亩的人工湿地。2017 年三山村集体经济总收入约 1760 万元，村民人均年收入 4.8 万元，村民幸福指数逐年提高。

7. 调研报告七

学员：马燕

务农重本，国之大纲，"三农"问题更是关系国计民生的根本性问题。实施乡村振兴战略，是党的十九大作出的重大决策部署，按照"产业兴旺、生态宜居、乡风文明、治理有效、生活富裕"的总要求，坚持问题导向，切实抓好"三农"工作各项任务落实，让农民共享改革发展成果。

2018 年 7 月 25 日至 8 月 3 日，国家艺术基金艺术人才培养资助项目"美丽中国行——西南乡村建设创新营建人才培养计划"学员在四川美术学院潘召南老师的带队下，实地考察了江西婺源李坑、江湾、晓起、思溪、延村，衢州江山市大陈村、廿八都，浙江省杭州市富阳区东梓关村、文村、"两山"理论发源地余村，鲁家村，江苏省苏州市吴中区三山岛等乡村振兴走在前列的优秀案例，并与当地的村干部、村民进行咨询互动，取得了良好成效。

（1）考察优秀案例建设情况

产业发展导向：根据江西、浙江省的经济社会发展现状，美丽乡村聚焦信息经济、环保、健康、旅游等支撑未来发展的产业，兼顾茶叶、青瓷、木雕、根雕、石雕、文房等历史经典产业，坚持产业、文化、旅游"三位一体"和生产、生活、生态融合发展。

运作方式：坚持"政府引导、企业主体、市场化运作"原则，每个美丽乡村基本上都以企业为主推进项目建设，凸显了企业投资主体地位。创新之处采用了"公司＋村"的组织运营模式，把企业的收益和村集体甚至是每个村民的收益紧密联系起来，增强了村民责任感，极大调动了村民的积极性。例如江西上饶李坑，旅游公司和村集体联合打造景区，村民也可以开放家里的古宅供游客参观，不论是村集体或是村民，每年都有一定的门票分红，旅游公司也增加了游客收入，是一举多得的实例。

管理模式：在实地调研中发现维护一村和平的除了村委会这只抓手外，村里自发成立的村民理事会在处理家长里短的事件中占据着更重要的位置。村民自己选出理事会成员，制定自己的乡规民约并恪守，家家户户门前以家训警示子孙后代。这次外出调研学习给我最深刻印象的是江山市大陈村的乡风民俗，给我们讲解的是一个外嫁进来的广西人马玲，她在言辞之间毫不吝啬地表达了对大陈村的喜爱与自豪，大陈村的村歌、大陈村每年的全村福、大陈村的乡规民约、大陈村的教育体制、走出去的大陈村村民对家乡的反哺行为等。

政策支持：在土地资源保障方面，对纳入创建名单的美丽乡村，新增的建设用地由政府给予各项政策支持，积极配合土地合法合规入市，大力引进专项资金。浙江安吉余村是"两山"理论的发源地，依托森林资源，发挥林业优势，走出"绿水青山就是金山银山"的现代林业发展路子。

（2）从优秀案例中得到的几点启示

①坚持营销策划

怎样从观光旅游向体验式旅游转变？需要用活乡村的本土材料、果林、菜园等，而不是城市化的照搬照抄。要按照乡村原有的脉络进行梳理，策划新产业，引进新思想，让更多年轻人回到村庄，将规划和运营有机结合，让美丽乡村产生美丽经济。要创新产业规划设计，打造合理的乡村空间格局、产业结构、生产方式和生活方式，促进乡村人和自然的和谐共生，让更多人爱上乡村。现在许多乡村建筑盲目模仿城市建筑，不适合乡村特点，庸俗而又没有美感，这都是因为缺乏懂乡村特点的设计师造成的。根据农村的自然条件，设计出适合乡村特点的建筑与景点，也会吸引外来观光者，促进乡村经济的发展。

一个城市的品牌营销不仅仅局限于城市，也适用包括乡村、景区景点和土特产品。我们的城市营销不仅宣传景区景点，还应从美丽乡村、产品品牌上进行包装推介。把一个项目、一个景点、一个产品推介好了也是城市形象的提升，而不是靠一个项目一个企业单打独斗式的营销。政府打捆推介，农民也会从中得到更多的实惠。

②坚持市场主导

建议政府不要大包办，坚持市场主导、企业为主体的原则，必须走市场化道理才能持续发展乡村，单靠政府一时半会儿的扶持是无法实现可持续发展的。发展农旅融合的田园综合体、产业庄园、特色小镇等必须匹配适度的建设用地满足游客的"吃住行游购娱"。不能吃、不能住、不能娱就留不住游客，也就不会有更多的消费，建议集体土地不仅可以用于租赁住房，也应用于旅游康养服务。

③坚持一、二、三产业融合发展

一、二、三产业融合发展，打造产业新村、产业庄园。孤立的农业种植不会提升土地的附加值，发展创意农业，把田园乐园、农业园变旅游景区，就能大幅度提高土地的收益。孤立的加工生产也不会提升产品的附加值。要让生产劳动更具乐趣，让加工生产更具体验性，就会提升产品价值，可开发伴手礼等土特产品，扩大知名度，形成收益的互补。乡村有许多宅基地、集体建设用地、森林湖泊、田园山水等资源，怎样把资源变资本，吸引更多的企业资金进入乡村，需要我们创新。村集体就是一个很好的平台，可以借鉴余村、鲁家村模式成立集体经济组织，农民入股开发乡村；企业也可以采取众筹共享模式吸引更多的乡村热爱者共筹共享；开发共享村庄、共享果园、共享菜园、共享民宿等等。共享的不仅仅是资金而是更多的信息、渠道、人脉、营销等无形的资源，一个好汉三个帮，一个篱笆三个桩，众人拾柴火焰高。

④坚持可持续发展

产业发展型乡村建设同时应注重保护人们赖以生存与发展的自然环境，要以资源承载能力与生态环境容量为前提，将产业规模的发展和土地承载力相结合，严格制定生态保护红线，强化土地高效集约利用，因地制宜地控制人口规模，构建自然与人的和谐关系，维系乡村地区的生态安全肌理，践行生态文明的发展理念，乡村发展过程中要始终坚持可持续发展的基本理念，努力留住乡村特有的"青山绿水"构建良好的生态自然发展基底，依托富有活力的产业发展来促进乡村人口聚集。利用居民点的合理规划布置不断优化人口布局，通过土地整治、村民自住房改善、公共服务设施合理布置来改善居住条件，并且村容村貌整治突出重点、连线成片，形成生态环境补偿机制，创建舒适与宜居的人居环境体系。

⑤坚持人才振兴

怎样吸引青年人才回乡创业？要让年轻人不只盯住城市，乡村广阔天地一样大有可为。乡村市场潜力巨大，政府的人才战略可定制优惠政策吸引人才下乡，双创基地可以设置在农村，如一个庄园开设一个总部，一个庭院设置一个总部。如何扶持乡村发展，绝不是金钱式的扶贫，产业扶贫才是真正的造血式扶贫。要扶大扶强、扶持产业发展才能实现真正的扶贫，产业的兴旺关键靠人才的兴旺。要多渠道整合政策、人才、资源和资金，着力人才的引进和培养。

⑥坚持金融杠杆作用

金融是实体经济的血脉。实施乡村振兴战略，金融应当发挥更重要的作用。因为农旅项目不会有大量的国有建设用地，主要是宅基地、集体建设用地和流转用地。因为长期缺乏资金，项目受到局限，不能做大做强，有的农民只好走民间借贷被逼上还高额利息之路。所以如何打破金融供给不足、农业经营主体信贷可获得性较差的困局，需要政府部门制定鼓励政策，打破信贷瓶颈。

3. 对大足区乡村建设发展的建议

①关于规划

首先我们要从以前的村民自发随意建设转变到科学统一的规划上来。以农民主体，把维护农民切身利益放在首位，充分尊重农民意愿，把群众认同、群众参与、群众满意作为目标，做到先规划后建设，不规划不建设。然后按照统一规划、集中投入、分批实施的思路，量力而行、量体而行。逐步逐村整体推进，完善配套，确保建一个成一个，而不是一哄而上的井喷式发展。

②关于产业

乡村建设离不开产业的发展，乡村振兴，某种程度上可以说是产业的振兴。中国是传统农业大国，庞大的人口生活在广袤的农村，目前面临着人才缺乏、农民消失、土地荒废、乡村资源难以活化等问题。以农业产业为例，核心问题无外乎是种（养）什么，怎么种（养），怎么提高经济效益，单纯的农产品收入已经不足以支撑整个家庭的开销，此时唯有综合开发产品的价值，形成创意农业，做到一、二、三产业融合，才能最大限度地提高农业产业产出，使农民的腰包鼓起来。

③关于乡约

乡约是由乡村群众集体制订，进行自我约束，自我管理，并自觉自愿履行的民间公约，礼是社会公认合适的行为规范。合于礼的就是说这些行为是做得对的，对是合适的意思。如果单从行为规范一点说，礼和法律无异，都是一种行为规范。礼和法不相同的是维持规范的力量。法律是靠国家的权利来推行的，而维持礼的这种规范是传统。传统是社会所积累的经验。在乡土社会中，由乡绅长者治理下的宗祠制度就是最开始的乡约了。现在我们仍然部分遵循着达者、能者为先的乡村管理模式，恪守先辈留下的优良传统，形成良好的村民自治氛围。这种力量的制约无疑也是当代农村有序和谐发展的原因之一。

④关于文化延续

乡村振兴不仅仅是经济的问题，在今天已成为一个时代遗留的文化事件，也反映出中国文化从农耕时代向现代的蜕变，而这个蜕变在现在看来更像是变异，越来越处于一种文化无根状态而造成社会忧虑。文化的根性断裂是当今社会所不敢想象的，中国地广人多，地理、人文非常复杂，因此东西南北的乡村各具特色。目前的问题在于以一种典型范例来对待广大农村的建设发展，无异于将特殊性问题当成普遍性问题来解决，最终造成问题的普遍存在。东部地区的发展值得认真的总结，改变以往单一力量的强势推进，多方共建，更多考虑村民自身的介入。将权利、能力、效力、利益集合为一体，对原住民习俗的尊重，生产和生活方式改变的引导，注重村民的参与和建设主导权利，就是对乡村文化最好的保护，也是对传统文化延续的保障。

⑤关于"123+N"模式

为全面实施乡村振兴战略提供平安、和谐、稳定的社会环境，促进深化平安大足建设，探索"123+N"模式，创新打造"平安和美"村庄。

完善一个体系，打造平安村庄。一是整合设置警务室人民调解室、应急消防室、巡逻防控办公室和监控室，完善相应硬件和软件设施建设；二是充实基层防控力量，配齐配强专兼职巡逻队员、网格员，负责村庄内治安巡防、矛盾纠纷排查、特殊人群管理等相关工作；三是健全完善基层综治群防群治、网格化服务管理等各项工作机制，规范完善各类工作台账，做到底数清、情况明，做细做实基础工作；四是建好智能安防系统。完善村庄内部视频监控、联网报警器等智能安防设施，以村综治中心为平台，整合各类信息资源实现人口管理、治安防控、群防群治、司法调解、党建宣传等事务网上办理功能，探索在网上指尖运行的新型乡村社会治理模式。

加强两项建设，打造和谐村庄。一是加强法治建设。开展"法治乡村院坝会"，通过引导村民自编自演经典案例法治宣讲、播放普法电影等多种形式对群众开展法治宣传教育；开设"法治宣传"专栏，通过喇叭、微信群、法治建设宣传橱窗等对群众开展普法宣传教育；设置法律服务站，选聘一名律师或法律服务工作者为村法律顾问，负责为村民提供法律咨询、法律援助等服务，协助健全村民自治组织，完善修正村规民约，开展依法治理。二是加强精神文明建设。通过在春节、端午、中秋等传统节日，组织开展文艺演出、体育竞赛、"百家宴"等活动，增进邻里感情。通过开展"好媳妇""五好家庭""平安家庭"等创建活动促进乡村精神文明建设。

实施三大改造，打造美丽村庄。一是实施硬件设施改造。通过维修村庄内部道路、完善公共照明设施、修建公共厕所、修建污水处理设施、清理排水沟渠河流、规范供水、供电通信、燃气等管线及设施设备，改善村庄内硬件设施。二是实施配套功能改造。科学规划，合理布局，优化绿化增设休闲座椅、健身器材等休闲娱乐设施，增设交通标志，划定车辆停放位置，合理规范车辆临停点。三是实施环境改造。开展环境综合整治，清理公共空间乱堆乱放的杂物，疏通消防通道，改善环境脏乱的现状，组建专门的队伍负责垃圾打扫和清运，维持环境的干净整洁。

发挥 N 个优势，打造特色村庄。各创建村庄充分发挥当地区位优势、文化优势、产业优势等各种优势资源，积极发展特色产业特色文化、特色生态，加强特色产业种类、品质、品牌建设，提高特色效益农业发展水平，建设宜居乡村、活力乡村，展现"生态优、村庄美、产业特、农民富"的特色村庄。

总之，新时代、新乡村，乡村振兴战略不能沿袭传统，要敢突破，还有许多的模式值得去创新和探索。如科技农业和新乡村、智慧农业和新乡村、休闲农业和新乡村、设施农业和新乡村、寿养旅居和新乡村，青年双创和新乡村，共享众筹和新乡村等。

乡村振兴战略，不能仅仅是把乡村看成是农产品生产的地方，也不仅仅是农民居住的地方，它应该成为城市的后花园，成为城市居民旅游观光休闲的地方，更应该成为城市居民退休养老的地方。我们要倡导乡村生活，把"把酒话桑麻"的乡村新生活发展成为所有市民的共同追求。

8.调研报告八

学员：黄秋华

时间：2018.07.25

国家艺术基金艺术人才培养资助项目"美丽中国行——西南乡村建设创新营建人才培养计划"培训班老师同学一行 27 人，于 7 月 25 日早上 7 点 30 分，重庆机场出发，晚上 12 点到达江西婺源李坑村，夜宿李坑村民宿。

时间：2018.07.26（天气晴，户外最高温度 37 度）

地点：婺源李坑村

乡村调研第一天，一大早出门，就被美丽的乡村自然景观迷住了。古朴雅致的徽派建筑，小桥流水人家，原生态乡民生活的场景，不由自主地感受到吴冠中笔下的水墨江南。

时间：2018.07.27（天气晴，户外最高温度 37 度）

地点：婺源思溪村、延村

思溪村：传统建筑保护良好，过去是文人官员村，这里有中国的传统文化百善孝为先，他们运用建筑形式表达人文气息。这个传统村落属于典型的空心村，因常年无人修缮，很多老宅无人打理，脏乱差比较严重。

延村：与思溪村为姊妹村，过去著名的商人传承下来的村子，传统村落长期无人打理，房屋破损，目前被一家公司租赁 40 年，引进民宿业态，传统建筑得到了保护，并通过商业解决了环境的保护与产业发展的转型。每个院子独立成行，又各具特色，是一个经济转型的范例。婺源黄村百柱祠堂，因 100 根柱而得名，具有代表性的明末清初建筑形态，保存完好。因村里游客少，因而处于闲置状态。

调研总结：传统建筑保存完好，让旅游的发展更具有生命力，祠堂文化需要融入百姓生活，弘扬祠堂文化刻不容缓。

时间：2018.07.28（天气晴，户外最高温度 35 度）

地点：浙江大陈村

有历史有文化的传统村落，汪氏祠堂保护得非常好，现代人文气相融最好的乡村。一碗大陈面的歌曲让在外的游子盼望乡愁，回家团圆，一张全家福，体现了幸福家的范本。虽有空心村的存在，但当地乡民感谢政府，幸福指数高。尤其对古建筑的利用与融入生活的场景，真正体现了乡民共建家乡的美好愿望，乡风文明在当下的发展。

地点：浙江廿八都

位于江浙赣交界处，民国时期古建保持完整，乡风建设好，街道整洁，生活环境干净，古建人文气息浓厚，典型的历史文化名村。基础设施好，政策落实到位。

时间：2018.07.29-07.31（天气晴，户外最高温度35度）
地点：杭州市富阳区东梓关村、文村

梓关村：中国最美回迁房，吴冠中笔下的水墨山水图，一副春意盎然的景象，最美江南风情，视觉感特别美。我们走进半虚掩的人家，乡民热情接待了我们，不光乡村美，当地人也美，对搬进的新家很是满意，乡村建设有建筑师的参与，未来乡村是中国特色中的一个亮点。

作为建好后生长出来的网红村，吸引了投资人的关注，开元集团投资的文旅康养小镇项目正在进行初步的概念设计只待后续落地了。

文村：著名建筑师王澍最美乡村代表作，以五金加工产业为龙头的富阳区，经济富裕的同时，以第三产业民宿服务配套第一产业转型升级，利用家乡传统村落，让家乡更美的发展思路，让艺术与自然结合，村委会在上级的支持下，很有信心带领村民走上最美乡村发展之路。以旧房改造的别墅级时尚新房，不光可以一饱眼福还可以感受到高品质的生活方式，村民在自觉中成长起来。

富阳区政府、众安集团、中青旅联合成立的主体联合投资运营商——众安云忆旅游发展有限公司负责运营管理，每年5万元的经营权租赁费，将修好的房子租赁20年统一经营，20年后归还村集体，不光盘活了闲置资产让乡民增收，还解决了当地就业，一举两得。

未来文村不仅有大师建筑，还会有五星级乡村酒店、商业街等。未来还会有200个就业岗位，确保村民就业，正如建筑大师王澍所说"建民居才刚刚是个开始"。

时间：2018年8月1日（天气晴，户外最高温度25度）
地点：江苏三山村

三山村，也称三山岛，中国太湖上的湿地公园，由中国建筑设计研究院陈继军老师带领我们走进三山岛，与村党支部书记进行了深度交流，并考察了三山岛的人文、建设发展。三山村曾是江苏省最贫困的村落，三不通，交通道路不通、电不通、电话不通，在村党支部书记吴书记带领下，2000 年 1 月 28 日通了电，并成立了三山岛旅游开发公司，带领乡民发展三山岛，通过三产带动一产，在三年的时间内，由一产种植枣类和养蚕成功转型到三产旅游，三年发展以来，最多一年门票收入高达 1600 万元，目前四通，基础设施建设很好，乡民生活富裕，收入逐步增高。

三山岛村，是旅游开发体制很特殊的村子，通过村民自治，旅游开发，独立自主，服务于乡村，拥有 5 个村集体公司，包含旅游发展公司、文化发展公司、管理发展公司、文体发展公司、农业合作社。

村董事会 9 人，团队 100 多人，总人口 600 多人。因在太湖的中心，以湿地美景而著名，满岛内的三山枣硕果累累，环境保护是三山岛的重大任务。三山岛的区域优势，吸引了社会资本，共同开发三山岛，挖掘三山岛的历史渊源，未来的三山岛会借助湿地公园的优势，发力高端旅游市场，新建五星级酒店，让"旅游 +"提档升级。

三山村调研总结：
集体经济下的消极懒散现象存在，村支部书记年事已高，需要年轻力量加入，在乡村转型提档升级中再次发展。

时间：2018.08.02（天气晴，户外最高温度 25 度）
结束了乡村调研的行程，从三山岛启程到上海，回到重庆。

浙江地区调研的总结：
经济发展好的同时，村委会班子思想解放，国家政策解读执行到位，并落实到了乡村发展中，最美乡村不光是在表面上，而是老百姓的生活状态中，不光是生活美学得以呈现，乡民的精神状态，乡风环境都是发自内心的变化，这就是我们乡村振兴的核心。

社会性的乡村建设力量加入，如何引导乡村经济转型？各种对乡村感兴趣的人，会对乡村带来怎样的变化？

调研总结报告：

在四川美术学院学习的 70 天里，累计考察了 25 个乡村，包括学校周末组织的重庆周边的村子和自己田野调查的村子，通过实地走访、村民口述、环境体验、导师指导，有了一些思考作为对本次的调研报告，提供参考。

（1）乡村建设是一项综合性、系统性、复杂性的工程，需要多方机构联合，团队作战。

（2）乡村建设是一项国家级顶层战略设计工程，需要政府审时度势，敢作敢为。尤其是基层村委组织，作为执行层面，需要务实肯干。

（3）美丽乡村是现代美学与设计技术多业态的产物，系统性的操作能力很强，同时还得有综合性的管理人才，进行指挥布局实施。

（4）美丽乡村核心在于恢复乡贤文化，找到乡愁的源头，让乡民安居乐业，在乡民经济增长的同时践行中国传统文化，治疗当下经济快速发展带来的浮躁病，是国家长远发展的民生问题。

（5）乡村建设面临的普遍问题正是国家应高度关注的社会问题，空心村、老弱病残留守老人儿童，将成为未来很严重的文化断层，将带给乡村更多的社会问题。

（6）农业是乡村建设产业的重要布局，土地是农民的根，如何利用现代农业设施、农具、信息化科技手段，是产业发展的大计。

（7）乡村旅游的发展，需要生态环境的保护，如何在散乱的村舍房屋布局中，进行基础设施改善，提高垃圾处理能力，让乡村生活条件更好，吸引更多的城市人进入乡村发展乡村。

（8）乡村建设中，地区之间存在非常明显的差距，美丽乡村政策已经实施 5 年了，沿海一些地区乡风文明，政策落实到位，政府力度很大，但是在西南一些地区，面子工程严重，党建宣传和村委办公楼都很好看，但村里的发展不是滞后就是不畅，特别是很多农业项目，农业设施一流，但没有好成果，乡民投资信心不足。

（9）美丽乡村建设中关键是人，如何培养人，如何有更好的机制，让参与乡村建设运营的人与机制适合，让机制激发人的创造潜能，让乡村建设有专业的人才培训机制评估机制，让更多的人参与乡村，关注乡村，发展乡村。

（10）国家艺术基金为我们开辟了先河，建议有更多经验的规划师、建筑师、设计师、乡村业态的企业家、经营管理者加入一年一度的国家艺术基金乡建人才培养计划中来，快速参与到乡村振兴战略的实施中，乡村急需振兴发展，刻不容缓。

结语：

习近平总书记 2018 年 7 月对实施乡村振兴战略作出重要指示强调，实施乡村振兴战略，是党的十九大作出的重大决策部署，是新时代做好"三农"工作的总抓手。各地区各部门要充分认识实施乡村振兴战略的重大意义，把实施乡村振兴战略摆在优先位置，坚持五级书记抓乡村振兴，让乡村振兴成为全党全社会的共同行动。

作为一名大山深处走来城市创业的乡村人，非常感谢国家艺术基金、四川美术学院、同学一路相伴，有幸成为乡村建设中的一员，深知肩上的责任与担当，让我们践行乡村振兴发展战略要求，解放思想、实事求是，实现乡愁的美好愿望，为家乡的美丽乡村建设贡献一份微薄之力。

9. 调研报告九

学员：金珍羽

经过 2018 年 6 月 15 日至 2018 年 7 月 24 日这 40 天集中的理论学习，让我们对乡村振兴有了最基本的认识与了解。在潘召南教授的带领下我们进行了为期 10 天的调研，此次调研我们走访了江西、浙江、江苏三省，分别去了江西婺源李坑、江湾、晓起、思溪、延村；浙江江山市大陈村、富阳东梓关村、文村、"两山"理论的发源地——余村，鲁家村；江苏省苏州市吴中区三山岛，最后在苏州市解散自行去了苏州博物馆。

第一站的目的地是婺源县李坑。李坑是一个以李姓为主的聚居村落，距离婺源县城 12 公里，有乌镇的建筑景观，同时是 4A 级旅游景点，也是离县城最近的旅游景点。一条川流不息的小河把村子分为两个部分。

河上有各式小桥，或木质，或是石质，岁月打磨的痕迹简单粗暴直接呈现在眼前。住在这里的人们在这里洗衣洗菜、刷竹篾、洗拖布，这些原先出现在图片中的生活情景真实的出现在眼前，亲切自然的同时还是有一点震惊。沿河两岸的民宅大部分被改成商铺，售卖各种当地特产，菊花茶、干果、乐器、纸伞，还有各式木制品。

这些木制品中除了中规中矩的传统工艺，最吸引眼球的就是造型奇特、雕刻精美的各式手工艺品。我在老街边一个专卖木雕的铺子里发现一个黄杨木雕反弹琵琶飞天，手法细腻、刻画生动，连飞天身上的飘带花纹都雕刻清晰，我开始凝视，脚定在原地，不舍得迈开。夜幕笼罩着小村庄，一串串红色灯笼高高闪耀在各家店铺门前，静谧安详的夜晚替代了喧嚣燥热的白天，飘在河面上的微风泛着凉意，在这个有月亮的晚上拂过脸拂过心……磨得发亮的石板路在月光和灯光的映衬下，幽幽地泛着白光。

婺源晓起村是典型的徽派古生态民俗文化村，有着"天人合一"的美誉。村内多以清代建筑为主，既有周庄的小桥流水，又有香格里拉的宁静悠远，更有古朴纯实的民风民情，堪称"中国最具韵味的古文化生态村"。晓起村位于江西省婺源县境内，分为上晓起和下晓起。其中，上晓起以进士第、大夫第、荣禄第、江氏祠堂、砖雕门罩、养生河与古濯台等傍山而建的民居和清代建筑为主，下晓起以水绕城郭的田园风景为主。无论是晓起神樟、还是双井印月，抑或是唯一保存完好的茶作坊，都表明晓起村是一处原生态旅游的好地方。婺源思溪延村位于江西省婺源县思口镇境内。始建于南宋庆元五年（公元1199年），至今已有800余年历史。

大陈村位于江山市区西北部，距市区10公里，辖区面积4.98平方公里，有8个村民小组，455户，1286人。衢州市最具历史文化村庄，江山市先进基层党组织、江山市和谐新农村、江山市首批中国幸福乡村等多项荣誉。大陈村《妈妈的那碗大陈面》和《大陈，一个充满书香的地方》两首村歌，荣获"中国村歌十大金曲""中国村歌十佳作词"等大奖。这里的村民以大陈村为荣，满满的自豪感。每年大年初一村民们会来到汪氏宗祠前拍全村福，不管村民在外是什么身份，身价多少，只要回到大陈村他们都是大陈村的村民。因为要拍准每一个村民的状态、表情，所以全村福大概会花两个多小时。村子里有人们生活的气息，但又很恬静。村内随处可见的垃圾桶还有很有意思的灭烟处。每家每户都有自己的家风家训挂在门前。以前的萃文中学老建筑现在仍在使用（最好的保护就是使用），他们的村歌不管男女老少都会唱。大陈面也是当地的特色，那正是妈妈的味道。环境好、人也很淳朴友善，村民们很幸福！

富阳区东梓关村位于场口镇西部，地理位置独特，面临富春江，背靠小山群，文化底蕴深厚，因郁达夫同名小说而著名，是两府、两县、两镇的中心点。古代相距杭州府、严州府各 135 里，距富阳、桐庐县城各 45 里，离场口、江南镇各 15 里，东有 10 里洋涨沙，西有 10 里桐州岛。水陆交通十分便捷，区位优势明显，居住环境较为优越。东梓关存留大量明清时期的建筑，但由于管理的问题，一些民居、祠堂处于破败状态，亟待保护与修缮。传统村落有效保护要与发掘研究、合理整治、适度开发相结合，以保护促利用。

王澍设计的文村处于山区和平原过渡地带的文村，有 40 多幢来自明代、清代和民国时期的民居，它们沿溪而建，采用当地常见的杭灰石建造，每块石砖保留着不同的纹理，看似信手拈来，却又严丝合缝地契合在一起。王澍设计的村子，一共改造 320 户，面积 1.82 平方公里，在三省交会地。其他公司施工，免费设计，村干部不能参与村里面的工程，不可以在本村有副业，工资不高，村支书一年收入 5 万元。河里面的鱼禁止打捞、仅供观赏。旅游以民宿带动，其产业引进外资，工业发达，新民居村民出 20 万元左右费用。每月举办一次党员会议。招商属于政府引资，房子由公司运营几年再还给村里，属于集体资产，老房户已经安置完毕。

"两山"理论"绿水青山就是金山银山"的发源地——余村。余村地处浙北天目山北麓，位于安吉县西南，是天荒坪镇西侧一个小山村，因天目山余脉——余岭而得名。村北的荷花山村南的青山、村西的大余岭，郁郁葱葱地环抱着这个村子，一尘不染。清澈的余村溪，从村子西侧峡谷高处的冷水洞蜿蜒而下，流过"两山会址公园"，荡漾着镌刻"绿水青山就是金山银山"石碑的影子，向东而去。潺潺溪水，用自己的方式把余村的故事带到五湖四海，余村面积 4.86 平方公里，人年均收入四万多元，两百多户，一千多人，四面环山，经济主要是承包山（毛竹），集体经济年收入四百多万元，曾经因为矿山、水泥厂的污染，余村常年笼罩在烟尘中，竹林黄了，竹笋小了，连那棵千百年的银杏树也不结果了。村民们不敢开窗、无处晾衣，甚至还因生产事故致死致残……那是村里一代人共同的灰色记忆。2003 年至 2004 年余村开始产业转型，进行垃圾分类，可以到银行兑换积分，达到一定额度会送礼品，每家每户会配置压缩垃圾的器材。

江苏省苏州市吴中区三山岛，一大二小的三岛，一为主岛三山，余名泽山、厥山。山上旧有十景之胜，进岛的快艇费由旅游公司收，自行车由农户自己收取，以前的主要产业是养蚕养兔，村里面有保洁院，村干部带领村民创收，1985 年村里成立了一个遗址文物保护小组（12 人），发现 36 种动物牙齿化石，经专家考察岛上有 2 万年没有这种动物。现在以旅游为主，最大的枣树有 400 年，马眼枣是岛上的特产，枣子主要是由外面的小商贩卖出去，1985 年发现溶洞，专家判断两千多年前就有人在岛上生活。岛上最大的老人有 102 岁，90 多岁的人比较多，三山岛为国家 5A 级景区，国家地质公园，国家湿地公园。

综合所有地区，发现大多数农村实用人才不足。目前随着国家各项政策的落实，部分群众尝到了甜头，农村剩余劳动力一部分在村务农，另一部分在外务工或经商，有许多在外闯出天地的人从此留在了城市，基本不回村里，更谈不上对全镇经济社会发展做出贡献。另外，近年来随着全国城镇化建设的推进，城市的发展理念、生活环境、基础设施、教育资源、公共服务等要素不断吸引年轻的大学毕业生，农村的资源要素已不能满足现在年轻人的发展，导致年轻人才流失，人才资源要素向本地回输较少，输血功能较弱。

乡土特色的保护、利用与传续。乡土特色由文化农业产业、景观建筑、民风民俗、语言文字等组成。以当地资源为导向的主题环境营造，基于空间环境的乡土特色。聚落——营建乡村景观意境，文化——保留和保护天然景观，延续和发展乡土文化，农耕——传统的农用工具，农事农活、农事节气。

乡村景观发展的路径与动机。发达进步是我们的价值体系里对城市这种存在方式的认同，而乡野是对一所在的不同视觉得出不同的结论。基本动因还是农村发展滞后，农村的发展模式，一种是城镇化模式，另一种是旅游开发模式，城镇化模式将农村现代化按现在城市的模式来改造农村，从而产生生活方式经济水平，建设技术的问题。保护自然与文化原生态，走旅游开发路线。强调农村原有的自然生态环境与传统文化的遗存保护。这种模式的局限性有：没有特色、交通不便、经济凋敝的问题。城市只是人们谋求利益与寻求刺激的机器，乡村有追求生活品质的环境。乡村稀有的资源弱化应该保护，而城市居民与村民的差异化需求应该通过"置换"而解决新的"围城"。

打造乡村旅游必须要保护自己的特色文化，同时也要吸引外来游客观赏参观，用当地的生活方式文化特点历史文化来吸引游客，传达一种独特的文化，以农产品为旅游纪念品，有自己的村落名片，以农产品为艺术，以自然生态为中心，吸引当地人参与，民众为主。人居环境改善，村民素质提高，经济发展才会使农村真正振兴。

二、乡建实践

通过大量的理论课程和实地考察，参训学员分成八个小组，选取八个村落进行规划设计。这是一次从学员向规划设计者身份的转变，他们将所学的知识用于实地项目的规划设计，展开乡村营建的实践设计。这一部分主要突出学员们在对项目的实践调研工作和感悟，以及为什么要针对这个村落进行这样的设计。

（一）王瑾琦、张彪：重庆秀山贵贤村田野调研与规划

1. 秀山县贵贤村区域位置

重庆市秀山县贵贤村，坐落于渝东南门户，是319、326国道、G65高速必经之地。作为"重庆市第二批少数民族特色村镇"的李家院子，便是贵贤村的重要组成部分。

地势为山地丘陵，西南高，东北低，山峰走势呈现"丫"字型，中间为山谷平地，贵贤村便是建于山谷平地与两山之间的山腰之间（图4-13）。

2. 现状概况

贵贤村位于平凯街道西南部，距离平凯街道办事处7公里，辖区面积114平方公里，辖12个村民小组，总户数826户，总人口3219人；有耕地面积28229亩，林地面积123026亩，支部有党员50名（系原长沟村、贵坝村、贵

贵贤村人口现状			
序号	名称	户籍数（户）	人口（人）
1	半沟组	63	269
2	榨房组	48	248
3	阁边组	45	148
4	上坝组	99	473
5	彭家组	86	432
6	爱民组	63	269
7	贵坝溪组	58	249
8	郑家院子	68	269
9	李家院子	51	237
10	桃子坪组	43	186
11	大坡组	28	119
12	长田坎	63	262

左：图 4-15 贵贤村地理位置图（课题组自制）

右：图 4-16 贵贤村人口现状（课题组自制）

贤村合并为贵贤村）。全村经济以种植、养殖和劳务输出为主。

　　贵贤村地处秀山县中部偏西南，为低中山区，由十二个村落组成，各个村落之间有道路互通，由于山地特征，耕地面积有 20000 余亩，于居民住宅区附近有少量梯田耕种。

　　村内有两条溪水流经，其中李家院子溪流为梅江河源头，水质较好。村内森林覆盖率高达 80% 以上，自然资源较为丰富，有野生核桃树、杨梅、竹林与石蛙，同时在贵坝溪村种植大量柚树。

3. 为何要将李家院建设为生态老年休闲度假中心？

　　李家院子有住户 56 户，建筑 33 栋，其中只有 5 户 9 位老人依然居住李家院子，其余 28 座房屋目前都处于常年空置状态。经过问卷调查，李家院子空置房屋主，愿意将空置房屋出租，以获得日常打理劳务收入以及部分租金。

　　贵贤村李家院子作为典型的渝东南山区，自然环境优美，生态良好，森林覆盖率高，城镇老年人不需要承受城市快节奏生活压力，可以摆脱孤独感，回归中国传统的邻里关系。

　　曾经参加"青年三下乡"的知识分子，在如今也进入到老年阶层，退休以及卸下责任以后，他们之中有不少人，会怀念自己"下乡"时期的生活，结伴养老也慢慢成了目前一种安度晚年生活的方式，回到乡村喂养一些鸡鸭，消遣式地进行耕作劳动，重新体验年轻时期的"三下乡"生活。

4. 资源优势特点

　　水秀山清自然生态——贵贤溪；大野山、观音山、火烧湾，森林覆盖率高。
　　山地立体田园景观——梯田、林果、湿地、油菜花田。
　　质朴古韵人文村寨——郑家院子、李家院子；古村落保存完好。

5. 国家战略及政策指引

　　通过乡村振兴战略指引，统筹引领各领域战略协同落地。新时代乡村振兴占据重要地位，新时代乡村振兴注重产业培育。

　　产业融合——国家产业战略
　　《国务院办公厅关于推进农村一二三产业融合发展的指导意见》提出拓展农业多种功能，加强统筹规划，推进农业与旅游、教育、文化、健康养老等产业深度融合，建设一批具有历史、地域、民族特点的特色旅游村镇和乡村旅游示范村，有序发展新型乡村旅游休闲产品。发展乡村旅游应遵循国家产业战略，通过农旅融合发展乡村旅游休闲产品，拓展农业功能。

　　三农政策——国家引导
　　《中共中央国务院关于深入推进农业供给侧结构性改革加快培育农业农村发展新动能的若干意见》要求：优化产品产业结构，着力推进农业提质增效；推行绿色生产方式，增强农业可持续发展能力；壮大新产业新业态，拓展农业产业链价值链；强化科技创新驱动，引领现代农业快速发展；补齐农业农村短板，夯实农村共享发展基础；加大农村改革力度，激活农业农村内生发展动力。

　　城乡统筹——重庆先试先行
　　要促进城乡区域协调发展，促进新型工业化、信息化、城镇化、农业现代化同步发展，在加强薄弱领域中增强发展后劲，着力形成平衡发展结构，不断增强发展整体性。

精准扶贫——国家旅游战略

《国务院关于促进旅游业改革发展的若干意见》提出大力发展乡村旅游，依托当地区位条件、资源特色和市场需求，挖掘文化内涵，发挥生态优势，突出乡村特点，开发一批形式多样，特色鲜明的乡村旅游产品。

加强乡村旅游精准扶贫，扎实推进乡村旅游富民工程，带动贫困地区脱贫致富。统筹利用惠农资金加强卫生、环保、道路等基础设施建设，完善乡村旅游服务体系。乡村旅游对接国家旅游扶贫战略，对乡村发展具有重要意义。

6. 打造贵贤村产业发展需求

根据中央提出的"全民运动，健康生活"的口号，结合贵贤村低中山区的地势特征，将老年休闲度假与青年健康运动相结合。政府统筹规划，将各个节点相互串联。

注重生活体验，山区农家生活以及运动体验，四个季节体现不同的特征，"春花、秋叶、夏树、冬雪"。从"全民运动，健康生活"出发，突出健康与运动的要素，推进业态，发展产业。

注重全方位服务，完善"快旅慢游"服务体系，于细微之处做精做细管理服务，推进大数据智能化创新运用，提高重庆旅游美誉度和吸引力。注重全社会参与，发挥政府主导作用，突出企业主体地位，动员全社会力量参与旅游发展。

要始终把旅游安全摆在重要位置，压紧压实安全责任，切实加强消防安全、交通安全和食品安全等工作。

贵贤村在发展乡村休闲度假与健康运动产业过程中，应当以中央与重庆发展总体要求为指导，通过因地制宜发展乡村休闲度假与健康运动，突出当地特色；同时注重四季全时体验感打造；注重社会参与，充分调动贵贤村民参与乡村旅游服务积极性，提升乡村服务技能；加强村内乡村安全等工作。

7. 发展战略 —— 一体化生态健康产业链

老年休闲度假

社会快乐养老成了一种流行的养老方式，由于目前老龄化加快，以及社会的发展，部分老人对自己的老年生活环境提出更高的要求，贵贤村具备较好的生态条件，宜居宜乐，能够提供老年休闲度假，成为主载体。

青年越野运动

由于生活节奏的加快，我国大部分城镇青年阶层在快节奏的工作与生活当中寻求自我放松，以及部分在校求学人员具备充分的时间与精力，去体验各类生活。目前户外越野骑行成为这类人群的重要发泄与舒缓方式。

旅游观光

贵贤村拥有较好的自然环境依托，在对老年休闲度假中心与青年越野运动线路的建设与规划上，辅助观赏性景观设计，在提供基础的舒适性与体验性的同时，代入四季的观景植物，将体验感从空间向时间进行有效转化。

特色民宿

目前参加越野骑行活动的人群对于生活，对于环境的理解更加贴向于自然环保思想，民宿进行改造，从运动、生态角度出发，增加对骑行人员的理念认同感，同时举办越野活动，扩大越野运动的规模和时间长度。

贵贤村规划开发主要以老年休闲度假中心与青年健康运动这两个重点项目为突破口，通过完善老年休闲度假中心与青年健康运动项目，增加其相关配套设施。在提供老年人休闲度假的同时，发展养殖业与种植业，提供给老年人平时的业余消遣，活跃身心。同样大力发展农作物种植与具有观赏性作物的种植，增加青年健康运动项目过程的体验感。

李家院子作为贵贤村中较为古朴的民居村寨，生态环境优美，空气质量等良好，老年休闲度假中心坐落于此，远离城市的喧嚣，回归自然宁静，在原有建筑基础之上进行开发改造，增加人员承载量，建立良好的医疗系统，在服务外来度假休闲老人的同时，也能提高在住居民的舒适度，开发李家院子外围的竹林生态景观，形成一处休闲养生场所。同时，开发竹篾技术，向前来度假的老年人提供不同的生活体验，在娱乐休闲的同时也能大力发展地方产业。

青年健康运动项目以普通骑行越野项目与山地自由行项目为主，同时辅以慢行项目进行补充，将健康运动项目覆盖老中青各个年龄阶层。山地自由行项目以贵贤村原始森林地区作为依托，在活动中不单单锻炼身体，同时能够更加亲近自然，体验秀山地区自然生态。普通骑行越野项目，骑行路线覆盖贵贤村各个村组，能够体验不同的骑行环境，并在路线周边，进行产业种植，进行骑行过程中的观赏景观点缀，通过不同地段、不同季节时期，所表现出的不同景观特征，在增加体验感与活动仪式感的同时，扩大第一产业的发展，做到第三产业反哺第一产业的良性结果。

（二）范珉珉、尕藏多杰：青海拉布乡拉司通传统村落田野调研与规划思考

1. 现状调研
（1）自然地理

称多县地处青藏高原的东部、青海省的南部，玉树藏族自治州东北部，县东邻果洛藏族自治州玛多县，北部、西部与曲麻莱县接壤，东南和四川省石渠县毗邻，西南和玉树市隔河相望，是国家江河源自然保护区县之一，也是江河源头县之一。境内地形复杂、地势高亢，平均海拔 4500 米，境内基本形成以县城所在地为中心，以 214 国道为主骨架，以乡村公路为辐射的公路交通网。

青藏高原三江源腹地玉树州称多县拉布乡地处称多县东南部，辖区北与称文镇接壤，西与玉树市仲达乡以通天河为界，南与歇武镇以山脉为界，东与珍秦镇以顶拉山相连。拉布系藏语拉郭汉译音，1958 年解放，同年建乡。拉布乡政府所在地拉司通村藏语为拉司梅朵通，简称"拉司通"，意为仙人境地，即仙人居住的地方，位于称多县向南 20 公里处，素有"中国民间艺术之乡"美誉。

拉布乡全境多高山峡谷，属典型的高原山地峡谷地形，平均海拔 3600 米，年平均气温 1.8℃，历史最低气温 42℃，历史最高气温 32℃，年平均降水量 493 毫米，年日照时数 2503 小时，无霜期为 2 个月。当地以农业生产为主，主要栽培作物有青稞、油菜、马铃薯和绿色蔬菜等，分布有重点中藏药资源 135 种，常见的有大黄、冬虫草、川西獐芽菜等。

（2）经济社会

拉布乡距离县城 132 公里，人口 3 万人，以藏族为主，占总人口的 99%，面积 5387 平方公里，辖帮布、德达、达哇、兰达、郭吾、拉司通、吾海七个村，主要沿称拉公路和兰直公路分布。拉布乡境内旅游资源丰富，自然资源包括莫落天险和通天河、三江源保护区，文化资源包括拉布寺、拉司通村、万户社、郭吾古堡、白塔等。拉布乡的产业以农业为主，养殖业为传统牧养，粗放管理，农产品档次不高，生产总量不足。增收增产双重压力下，过度开垦湿地和坡地，天然植被遭到破坏，过量施用农药，也造成面源污染。

拉司通村是拉布乡政府所在地。拉司通村产业类型以农业为主，近一两年才有旅游活动，与旅游相配套的家庭旅馆、饮食等服务业在产业结构中开始占有一定比重。拉司通村依山傍水，气候相对温和，有精致宜人的自然和人工园林，民宅村落别致古朴，独具康巴民俗特色，该村以其独特的自然人文景观和丰富的藏文化内涵享誉玉树。2004 年被文化部授予"中国民间艺术之乡"，2009 年在上海外国语频道发现中国"魅力小城"播出，同年被国家旅游局（现文化和旅游部）评为国家 4A 级旅游景区，2011 年被青海省委确定为社会主义新型小农村示范点。

（3）历史沿革

拉司通村最早是藏民族居住的村落，明朝永乐年间，宗喀巴弟子代玛堪钦元登巴奉师命来今称多县地区建寺。明永乐十六年（1418 年）代玛堪钦元登巴在明王朝和拉布头人尼玛本的支持下，改建原有萨迦派小寺，新建经堂 1 座，僧舍 6 间，聚僧 10 人，形成拉布寺。清同治三年（1864 年）清朝敕赐小金匾一块。同治十二年（1873 年），通过西宁办事大臣锡英又赐"普济寺"匾额，至此拉布寺进入全盛时期，辖子寺 18 座。

（4）文化遗产

①拉布寺

藏语全称"嘎登多昂谢周塔吉林"汉译为"具喜显密讲修兴旺州"。东望玛嘉山，南临吉嘎精秋沟，西依森格囊秋山，北临拉布乡。1491 年由藏传佛教创始人宗喀巴弟子代玛堪钦元登巴创建拉布寺起，至今已传承十五世，是原西藏地方政府在玉树地区册封的"四大嘉贡"之一。拉布寺第十三世活佛江永洛松加措曾数次去内地，请来建筑工匠和绘画艺人，整治河床、规划道路、种植树木、开辟田园，使拉布寺建成布局合理、绿树成荫、独具特色的大村庄，人称"小北京"。拉布寺的石板雕刻艺术造诣高，也很有特色。拉布寺于1981年6月8日批准开放，1986年3月该寺被青海省政协、省委统战部、省绿化协会、省宗教局等评为宗教界种草种树先进寺院。

②拉布格萨尔拉宫

格萨尔拉宫雄踞于拉司通北山八座佛塔右侧的山顶上。据说，格萨尔拉宫在1440年间拉布寺三大活佛之一的第一世坚贡代玛堪钦元登巴为了防御北山区的敌对势力和当时政教需要所建。而在十二世坚贡时蒙古军入侵此地，格萨尔拉宫遭到了不同程度的损毁。后第十三世坚贡江永洛桑嘉措按照第十二世坚贡旺庆吉饶多杰的遗愿将格萨尔拉宫进行了大型的修缮。

格萨尔拉宫有四根大柱子，上有做工精美的顶盖，内供格萨尔王的栩栩如生、工艺精湛的雕塑。拉宫内还有记录了相关格萨尔王时代的历史壁画，壁画上的人物线条流畅，惟妙惟肖，形态各异。而在1958年间格萨尔拉宫又惨遭破坏，损失严重。为了不遗失祖先留下的遗迹，拉布寺和拉司通村又将格萨尔拉宫进行修缮。在原有的基础上供奉了真人身高的师君三尊像和玉树州结古镇格萨广场格萨尔王雕像的原模格萨尔王雕像。每年的藏历正月十三，这里将会聚集上千人对格萨尔王作祭拜和供奉，以祈福平安、顺利和吉祥。

③嘎白塔石刻文化

位于玉树州称多县拉布乡以南的让那社3公里处，平均海拔4000米，日照较足，气候相对温和，这里至今还保留着嘎白塔石刻文化的清晰脉络。历史可追溯到公元828年间，在苯教覆灭，宁玛派兴起时莲花生大师开光嘎白塔时，就已有石刻文化的历史。屹立在通天河畔的嘎却丁嘎布（即白塔之意）是奉释迦牟尼之谕，在雪域各地修建最早的佛塔之一，白塔周边就有寂怒一百尊为首的300余尊佛教人物石刻像，刻雕惟妙惟肖，形态各异，有些凶神恶煞，有些慈祥安和。

石刻的采石以硬为佳，采到合适的石板后先用白碎石打磨，后由美工打底，再由石刻匠刻出精美的图案，该石刻艺术不仅纹脉清晰，具有立体感，更重要的是其石刻在正面刻有佛像的同时，其反面均有对应的经文双运。嘎白塔石刻文化具有很高的艺术价值和历史价值及观赏价值。

④神奇的舞蹈——巴吾巴姆

"巴吾巴姆"堪称密舞（即密宗舞，不得外传），是称多县拉布寺第十二世坚贡旺庆吉饶多杰所创作。据传，公元 1872 年，旺庆吉饶多杰在闭关修行后自传称，"在修行达到境界时，在眼前出现的光环中有一红色的女神传授的小型歌舞剧"。"巴吾巴姆"最早仅限拉布乡群龙社的村民才能跳，后群龙迁移，传到车锁村。舞蹈由于渲染了宗教的神秘色彩使该舞不能随时组织和任何场合都能演，只有在盛大的活佛坐床庆典仪式和迎请重要贵宾时才能演出，因此以神舞形式存在民间当中。

舞蹈词曲内涵健康而丰富，融佛理与人性的真谛，曲调舒畅、祥和，旋律优美缓和，舞姿飘逸而欢快，唱词内容极为丰富深刻，其内容多半为赞美神灵、藏地、山河，祈福世人健康、长寿、平安吉祥、丰衣足食的美好祝愿。"巴吾巴姆"的舞者有严格的要求，必须为没有被"玷污"的 15 岁以下的童男童女，可称"神童"舞。"巴吾巴姆"显示出藏民族古老的图腾和神灵文化以及宗教文化的博大精深，它所涵盖的内容不仅仅是舞蹈艺术的魅力，更是融入了藏民族的神秘文化和地域、人文文化。

⑤拉布布达

"布达"中"布"的藏语意为"红糖"，"达"为砖块之意。"布达"是称多县拉布乡拉布寺制作的一种饮食。制作配料为酥油、藏糖以及寺院从不外传的秘方配料和最主要有"达拉"所滴起的白色汁作为原料。"布达"是由第十二世坚贡旺庆吉饶多杰所奉制作的，距今约有 100 多年的历史。"布达"在每年的"来明朗"和"来日勒"拉布寺两次盛大庙会，七天素食后就施僧侣和民众，而其他任何时候都不会随意制作"布达"。"布达"口味独特，是一个老少皆宜的食品。"布达"的制作方式是先生火，在火势方旺时再放上新鲜的酥油，将酥油融化后再放上磨碎后藏糖和寺院不外传的秘方配料，酥油和藏糖为 4：1.2 的比例然后用木棒一直搅拌，以免糊焦，最后倒在厚石上，用《阿然卡冉》宗教舞蹈道具——宝刀来抚平后用菜刀按格纹划开，再一块一块放到纸上。气温太高"布达"容易融化，所以最好的制作期为冬季。"布达"这一独特的饮食及制作方式，完全可称得上是饮食文化中的极品，极具保护价值。

⑥龙庆图巴

藏族是一个信奉藏传佛教的古老民族，藏民族的饮食文化也相对丰富，而且大都富于营养，口感和味道比较独特。广阔无垠的青藏高原，草原一望无际，水质十分纯净，没有污染。在这块沃土上生产的食物都是绝对的绿色食品，营养价值极高，而"龙庆图巴"则是藏族饮食中款待僧侣的美味佳肴。"龙庆图巴"的饮食渊源，距今已有1300多年的历史，在文成公主进藏时，因高寒缺氧，公主身体不适时，将从汉地带来的大米、果脯、红糖和藏地的酥油以蒸的形式烹制，就成了"龙庆图巴"，其营养丰富，补血养气、口感甜润。该食物蒸量越多越香，特别是寺庙蒸制得更为香甜可口，有较高的营养价值，是雪域高原一种独有的饮食。

（5）土地利用现状

拉司通村现状村庄建设用地以居住和宗教寺院用地为主，外围主要是林地、水域、牧草地和生态绿地。林地主要以寺庙杨树林为主，水域主要包括拉曲河和宪宗河，牧草地包括跑马场用地，生态绿地主要沿山体、河流分布。

（6）保护建设现状

村庄生态植被完好

拉司通村庭院里、道路旁、河川岸到处杨柳成行、绿荫丛丛、景色宜人。

空间格局相对完整

2010年地震造成村庄建筑大量损毁，寺庙外仅有几栋古建筑保留。古建筑离中心区2公里，建于1713年，高8米，内设12间房，一楼为牲畜房，二楼为主人房，三楼为佛堂，为三级危房。村庄核心区域空间格局完整，外围区域为自由生长的空间肌理。拉司通村寺院用地主要分为五个部分，寺院入口处为讲经广场，沿轴线进入分别为主体大殿，内部主要为喇嘛生活区，沿转经筒的另一面为寺庙杨树林，在山脚设有活佛闭关处、辩经院等。寺庙整体用地相对完整，空间序列明显，佛教色彩和氛围明显。

新建注重特色维护

按照统一的规划，宗教建设和保留民居基本按照原有建筑形式和建造工艺进行重建或维护，新建的公共建筑外观有一些藏式建筑的符号，新建原有独立民居保持原有藏区民居特征，并维护原有空间肌理。

2. 存在问题判断

虽然拉司通村的发展具有较大潜力，但拉司通村保护区和其他大多数的历史文化保护区一样，在保护方面存在些普遍的问题，如：村庄基础设施水平较低；污水垃圾污染现象较为严重；部分居住建筑质量较差，维护力度不够，出现无人居住的现象，影响了景观的连续性；一些在村庄外围边缘建造的新式住宅建筑与古村落历史风貌不相协调，具体如下：

（1）保护与发展的矛盾

随着村民生活水平的提高，生活观念的不断变化，古村落传统民居的平面型制已不能适应现代生活的需要，村民改善居住条件的愿望越来越强烈，新建的房屋越来越多，虽然建筑风貌相差不大，但空间格局发生巨大变化，影响了古村落整体传统风貌，保护与发展的矛盾日益尖锐。

（2）生态环境质量下降

古村落现状部分街巷路况较差且年久失修，影响村民的生活质量。村民的生活污水大部分通过路边明沟排至拉曲河，对村落水环境造成不利的影响；生产生活垃圾乱倒现象严重，尤其是拉曲河沿岸和附近山体，这样既影响了视觉景观，又造成了环境污染；村庄基础设施不全，线路架设杂乱，有着极大的火灾隐患，生活环境质量急需改善。拉司通村周边现状自然环境得天独厚，但是对环境的保护尚缺乏明确的政策引导和有效的实施措施。

（3）专门人才严重缺乏

古村落的保护、维修和整治是一项工作面广、周期长、技术要求高的艰巨工作，由于缺乏规划、建筑的专业人才，使得古村落的保护处于一个较低的管理水平，制约了对居民建房的正确引导，导致村民在居住过程中的不当改建、搭建、拆建、新建等人为破坏十分严重，造成了对传统建筑风貌完整性的极大冲击，加剧了对古村落整体环境风貌的破坏。

（4）旅游产业发展滞后

除了以上提到的历史文化保护区存在的普遍问题外，拉司通村产业可持续发展缺乏支撑，体现在：一是村内公共服务设施匮乏，不能承担一定规模的旅游接待功能；二是村内旅游经济项目的开发还处于完全空白的阶段。

（5）传统文化日渐失落

发展的压力、外来文化的巨大冲击带来的村民价值观的改变等，对传统村庄聚落的进一步发展产生的影响亟待解决。

3. 项目规划背景

（1）地震灾后重建带来的发展机遇

2010年4月14日青海省藏族自治州玉树市发生7.1级地震，地震给称多县人民带来了巨大的损失，但灾后重建也给称多县带来了新的发展机遇。首先，玉树地震引起全世界的关注，使得玉树及称多县等周边地区独特的藏区文化和高原景观展现在世人目前，具有巨大的开发潜力价值。加上灾后玉树重建需历时多年，持续的世界性关注提升玉树以及称多县的知名度，有助于称多县的旅游核心区域拉司通村未来旅游业的发展。其次，国家确定的玉树重建目标以及大量的社会捐助、政府投资使玉树、称多县、拉布乡等灾区的城市、乡村建设获得较为充足的建设资金，建设水平和质量在原有基础上极大提高，城乡功能和公共服务能力、水平进一步提升，整个地区的经济社会发展实现新的跨越。而拉司通村也借助大规模建设的发展机遇，在重建的过程中按照历史文化名村规划要求建设，对延续拉司通村历史文脉，保持历史文化名村特色具有重要的意义。

（2）三江源生态保护带来的发展机遇

拉布乡位于三江源生态保护区的核心区，国家出台了一系列的政策来推动该地区的生态环境保护，包括退耕还林退草还林、生态移民、牧民定居等措施，并通过不断加大的中央财政转移支付来促进这些政策的落实。中央转移支付大一方面提高了保护区农牧民的收入，改善了他们的生活条件，另一方面通过基础设施建设的持续投入，积极推动牧民生产方式的转变和居住地的集聚，进而推动城镇的发展。同时，作为三江源保护区，称多县包括拉布乡为了保护水源和生态，限制了地区经济的发展，国家和长江、黄河、澜沧江流域相关省市应对上游源头地区作为相应补偿，提高当地居民生活质量和城镇发展水平。

（3）特色村落旅游开发带来的发展机遇

拉司通历史古村落独具特色的神山圣水自然环境、相得益彰的藏传佛教建筑及文化以及传统藏式民居为其进行旅游发展的基础，具有良好的发展前景。古村落保护性的开发将推动旅游事业的发展，并为当地经济注入活力，势必会带动旅游、服务业及相关产业的快速发展，因此历史文化名村保护规划的编制将为更好地做好保护和开发工作提供指导和依据。

4. 发展方向

以发展农牧业、旅游业为主的，具有藏地高原特质、浓郁宗教文化色彩和独特建筑风格的中国历史文化名村。

根据拉司通村经济发展的有利条件和制约因素，确定其经济发展方向为：在保护好古村落整体风貌及外围山水景观的前提下，为使其可持续发展，积极进行保护性旅游开发，充分认识并有效开发利用拉司通村的旅游价值，大力发展集拉司通藏传佛教历史文化景观、神山圣水生态自然景观为一体的旅游业，并带动餐饮、住宿等第三产业的发展；同时，村庄的农业、养殖业要综合发展。村庄不宜发展工业，以保护好周围的自然生态环境。农业发展主要以种植业养殖业相结合。种植业本着因地制宜的原则，普通田和温室种植共同发展，普通田种植当地特有的青稞等农作物，满足村民的口粮，温室适当种植一些蔬菜等特色作物，一定程度缓解当地蔬菜依靠输入的局面。养殖业在传统养殖牦牛、山羊基础上，增加藏香猪、藏鸡等养殖，主要位于先宗社以东地区，便于管理。

5. 规划目标和定位

（1）目标

在以拉布寺为核心的历史建筑群落保护的基础上，重现地方传统文化氛围，为拉司通村风貌延续和保护历史文化名村提供依据。同时，加强村庄基础设施的建设，改善村民的生活质量，以适应居民现代生活和村庄可持续发展需要。

（2）定位

根据拉司通村的历史文化机制和现实状况，规划确定拉司通村是以生活居住、旅游观光、宗教修行、商业服务、文化经营为主要职能，集中体现玉树乡风歌舞、藏传佛教宗教文化和神山圣水人居环境的历史文化村落。

（三）代丽枝、徐诚程、徐朝珍：贵州纳汪村田野调研与规划思考

1. 地理位置

安龙县位于贵州省西南部、珠江上游南盘江北岸，全县辖5个街道10个镇：栖凤、招堤、钱相、春潭、五福、普坪、笃山、海子、洒雨、龙山、万峰湖、新桥、德卧、龙广、木咱，辖区总面积2237.6平方公里。安龙县东邻黔西南州册亨县，西邻兴义市，南与隆林县隔江相望，北邻兴仁县、贞丰县。纳汪村距安龙县城12公里处普坪镇南面，距镇政府所在地6公里。安兴二级公路穿越村内，东临安龙县钱相乡，南临安龙县新安镇，西临延必村，北临总科村（图4-17）。

图 4-17 贵州纳汪村现状鸟瞰（课题组自摄）

纳汪村有一条长为 9 公里的主要入口道路，内部由一条宽为 4 米 ~4.5 米的环形车行道路及众多分支土路组成。

2. 经济水平

2014—2017 年期间，有劳动力的大部分村民租用无劳动力或外出劳务村民的土地大面积发展种植业，使村民经济水平慢慢得到提高。

村民基本职业以种植养殖为主，烤烟与薏米是种植主打产业，带动其他传统农作物种植同步发展。养殖主要是牛、猪、鸡、鸭、鹅等，都是散养供村民日常食用。村里的基础设施较差，没有产业和项目支撑，所以种植养殖未成规模，导致老百姓的生活水平和经济收入都不高。在 2008 年前村内种植烤烟村民的就只有几户，至 2014 年期间得到政府扶持种植业才慢慢开始得到提高。

纳汪村村民 500 人左右，人均年收入 2012 年度是 4287 元，2013 年度是 4718 元，2014 年度是 5585 元，2015 年度增长明显，人均年收入 2.2 万元。

纳汪村生活污水排放量大、处理率低。大多数生活污水排放到土壤中自然沉降影响地下水质量；也有一些生活用水（如清洗衣物、蔬菜）排放到水沟流到河流中，影响水系的质量。

3. 生产现状

主要以农业耕种与养殖为主，其种植业为主要产业，主要以烤烟和薏米为主打产业，带动其他传统农作物如水稻、玉米、高粱、辣椒、蔬菜、金银花等同步发展。

季节性：
春季（12—次年 2 月）：腾地，烤烟播种、施肥、移苗
夏季（3—5 月）：水稻播种，种烤烟、薏仁、玉米
秋季（6—8 月）：水稻、薏仁、玉米施肥，烘烤烤烟
冬季（9—11 月）：烘烤烤烟、秋收、外出务劳

区域性：

种植区以烤烟和薏仁米为主。烤烟苗床地选择要求高，需具备病虫害少、水源条件好、土地肥沃、交通便利、便于管理、排水条件好等条件。而且不能重复种植，种植后要与薏米交替种植才能得到更好的收入。耕种区以水稻为主，耕作与种植区根据降水量衡量耕种。

4. 环境质量评价

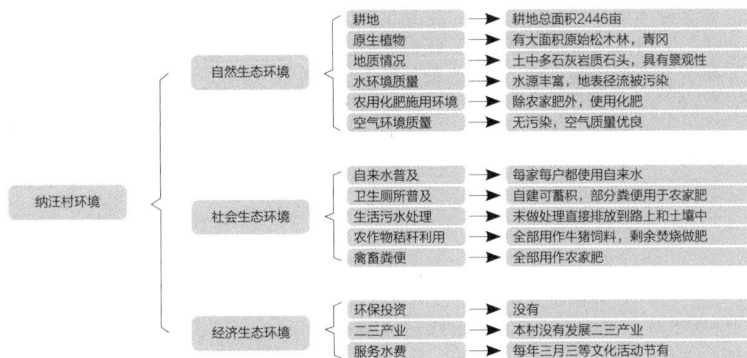

图 4-18 纳汪村环境质量评估（课题组自制）

5. 此次调研的思考

本次基础调研围绕的三个重点：运行机制，如何使村民的生产、生活有机自发的运行；生态平衡，如何让村落的摄入与排出达到生态平衡；产业循环，如何有效永续地注入活力产业。

纳汪村产业主要由第一产业（农业）中的种植业、林业、养殖业三者组成。通过对种植业、林业、养殖业的了解，思考怎么样建立一个纳汪村的产业循环。

6. 规划定位

（1）《黔西南州旅游发展总体规划》

安龙县位于黔西南旅游发展空间结构属于生态旅游廊道和民族旅游东廊道上，是黔西南周次级旅游中心城市，属于 5 个特色组团中的历史文化旅游组团。

在安龙县发展格局定位为"一心一带四板块"。一心：安龙古城招提文化旅游中心；一带：喀斯特山水民俗休闲体验带；四板块：喀斯特探奇娱乐版块

（笃山乡—普坪镇—新桥镇—万峰湖镇）。本项目在安龙发展格局中的生态文化养生板块。

（2）《安龙县县城总体规划（2015-2030）》

根据安龙县总体规划中县域旅游规划要求，将全县旅游区划分为"一心、二轴、四个旅游片区"。本次规划范围属于县域旅游规划中的北部旅游区。

（3）规划定位

依据安龙县的发展现状和相关的政策，将安龙县纳汪村的发展规划定位为：传承传统农耕文化，注入稻鱼共生产业；通过寻回布依文化，环境整治，建筑改造，生态设计，改善村民生活环境，使得经济水平得到提升，最终形成趣味安逸的纳汪新村。

（四）谢建、潘春利、马燕：重庆金刚村田野调研与规划思考

1. 地理位置

重庆位于中国西南部，以"山城"闻名。长江、嘉陵江在市中心交汇，形成了山环水抱的城市格局。金刚村位于重庆市沙坪坝区歌乐山山顶，海拔680米，森林植被保护较好，为重庆市主城肺叶。金刚村位于歌乐山镇北端，南与歌乐村接壤，北接中梁山镇茅山峡村。村庄现居住农户约1600余户，5300余人，17个经济合作社，是距离主城较近城乡接合部的一个行政村。距离东部沙坪坝主城区大约20分钟车程，距离西部新城区大约也是20分钟车程，距离大学城大约30分钟车程，是典型的城中村。

2. 现状调研

金刚村东西两边是林区，为两山一槽丘陵地形地貌。有小型水库一座，面积100余亩，库容30万方。村域内森林植被保护较好，村域内自然景观优美，气候宜人。村内有钙长石、脆硫锑铅矿、车轮矿、沸石、钛等矿产资源。村域有大量富有特色的石头民居，喀斯特地貌溶洞和抗战时期发挥过重要作用的文化遗址"蒸儿洞"。

农房依山而建，自然村庄院落布局，农村宅基地占地1200余亩（建设用地），

现村流转 800 余亩地用于文化创产业用地。

村里有 1 所建制小学，3 所幼儿园，1 家农家乐，1 所养老院。基础设施较好，每户都有人行便道连通，每个合作社都相通公路，水电气讯全覆盖。现村产业主要是一二产业，村民的主要收入由四块组成：一是在企业打工；二是土地流转；三是农业生产；四是房屋出租。现年均收入 18000 余元。金刚村位于歌乐山国际慢城中心部位，面积 5.6 平方公里，其中耕地面积 3200 余亩，森林保护较好，属于两山一槽的丘陵地形，是以石灰石为主的典型喀斯特地貌，根据地形地貌和整个道路交通的状况，结合乡村振兴战略，拟发展乡村休闲旅游。

3. 存在问题分析

作为城市肺叶，在未规划时二产业无序发展，给这个村庄造成了大量违章违法建设，厂房等级较低，主要是彩钢瓦，以至于视觉效果很乱，同时也从不同程度造成环境污染。

流动人口的增加，虽然推动了经济发展，也给当地造成了很多社会问题，给社会治安和管理增加了压力。对此，各级政府高度关注歌乐山发展，进行产业定位，特别是十九大报告明确指出了"绿水青山就是金山银山"的发展理念，严禁以牺牲环境来发展经济的要求，对现有污染企业劝导搬迁，并加大对污染企业的执法，对"三条红线"范围内的违建进行清理并有序拆除。企业的搬迁，也给当地造成了很多问题：村民收入减少、欠薪、土地流转费拒交等，迫使我们对于发展重新思考，乡村振兴战略给我们指明了方向。

4. 发展规划定位

根据村域位置和村域实际情况，结合政府对歌乐山定位发展的思路，结合歌乐山国际慢城的打造，结合乡村振兴发展战略的 20 字方针，将金刚村产业发展布局为四大功能区域，即田园综合体、文化创意产业、康养产业和新农村建设。

（五）黄秋华、金珍羽：回归·乡愁——重庆彭水县润溪乡白果村发展规划

1. 调研现状

（1）地理位置

白果村位于茂云山国家级原始森林保护区的入口，距离国家 3A 级旅游景区摩围山约 5 公里，是摩围山风景区主干道入山的第一村，距国家 4A 级旅游景区蚩尤九黎城约 15 公里，距国家 4A 级旅游景区阿依河约 30 公里，距重庆主城区仅 2 个小时的车程，交通极为便利。

白果村主要是高山地势，海拔 900 米 ~1500 米，全村呈带状沿彭务二级路两侧分布，二级道路两侧耕地资源较好，其余用地坡度大，多呈阶梯状，村内森林资源较为丰富。

（2）旅游资源

白果村紧邻摩围山景区，靠山吃山是项目最大的资源，摩围山景区作为重庆市最年轻的 3A 级旅游景区，距县城 25 公里，距重庆市主城 2.5 小时车程。平均海拔 1500 米，面积 10 万亩，森林覆盖率达 91%，年均降雪日数 40 天，负氧离子含量高达 11 万个 /cm^3，素有"中国森林氧吧"之称，是国家级森林公园、中国森林康养基地。

从彭水县旅游局获悉，2017 年国庆、中秋佳节双节喜相逢，彭水县作为重庆旅游线上的一颗明珠，备受市内外游客的青睐。8 天大长假彭水县共接待游客 88.5 万人次，实现旅游综合收入 3.7 亿元，主要旅游景区共接待游客 30.1 万人次，实现旅游收入 1318 万元。2017 年就摩围山景区 1—10 月，累计接待游客 64 万人次，门票收入达 1300 万元。

（3）生产现状

白果村辖 4 个村民小组，共有人口 1380 人，共 349 户。其中劳动力资源 680 人，占全村总人口的 49%。村内从事农业生产 355 人，占劳动力资源总人口的 52%，外出务工 298 人，占劳动力资源总人口的 44%。全村累计实现经济总收入 347.66 万元，人均年收入 3920 元。

白果村主要是以烤烟种植作为第一经济支柱产业，30 年来国家重点扶贫烤烟种植项目，带来家庭经济收入的增加，乡民盖起了楼房，基本脱贫。随着改革开放城市化进程的快速发展，进城务工收益增多，与烤烟种植的收支比对，很多村民不愿种植烤烟，大部分人选择进城务工，一部分人在家种植烤烟。外出打工，成为乡民主要经济来源，生活基本能自给自足。

种植主要粮食作物有玉米、高粱、红薯和荞麦；经济作物有烤烟、辣椒、雪莲果。总耕作面积 4442 亩，夏收粮食 633 亩，秋收粮食 3650 亩。其中：种植玉米 1800 亩，占总产量为 414 吨；种植水稻 52 亩，总产量 31 吨；种植秋荞 220 亩，总产量 15 吨；种植烤烟 263 亩，总产量 394 吨。年出栏生猪 463 头，家禽 3500 只。在村内三组和四组各有一个养殖家禽 800 只以上的养殖大户。

2. 发展分析

（1）劣势

居民点分布较为分散，土地资源浪费严重，基础设施和公共设施共享困难。

基础设施还不完善：村道路和机耕道道路都未硬化，路面狭窄，自来水饮用覆盖率低。

产业结构不够合理：村内粮食种植用于自食，烤烟种植经济下降，其他农作物种植零散，未充分发挥经济效益。

村内建筑风貌杂乱，环境卫生条件较差。

社会保障和文化素质较低：村内农业劳动力老弱化，村民文化程度普遍偏低，村民社会参保率较低。

（2）优势

区位优势：白果村北邻龙洋组团，西南接润溪集镇。彭务二级公路贯穿整个村子。

耕地资源：村内耕地资源丰富，人均耕地面积 18 亩。

林业资源：白果村地势坡度较大，林地分布相对集中，林业资源丰富。

旅游资源：旅游资源区位好，交通便利。

（3）发展思考

享有天时地利的白果村，村落发展正面临着的尖锐问题，在挑战与机遇面前，如何履行国家乡村振兴战略摆在重要工作来做？做什么？怎么做？为什么做？是白果村乃至乡镇领导的一件大事。集中体现了白果村全体村民盼望发展的强烈愿望。

3.发展策略

项目定位：田园综合体

品牌定位：一村一品

（1）对产业结构进行调整，把摩围山高山美食村作为一村一品定位，通过高山生态种植一产带三产服务业，三产带动二产战略思路，打造成摩围山高山美食村，白果村的农副产品通过白果村美食街品牌进行市场运营，通过白果村高山美食街作为村第一品牌进行策划推广，塑造白果村高山美食品牌的影响力，带动更多苗家高山美食的小品牌走出去，形成经济作物的规模化发展。

（2）积极探索土地流转模式，推进农村集体经济、合作社先进运营模式，让村民参与到三产业的融合发展中，解决好当地村民和邻近村民的创业与就业，让更多的外出务工人员回乡创业，充分发挥村民正能量，作为乡村振兴的强大动力，进一步释放农村的发展活力、改革红利。

（3）利用彭水旅游大县资源，苗族文化集聚地的原生态，摩围山森林氧吧的生态优势，提供游客摩围山白果园驿站、白果园青年旅舍、个性民宿、精品民宿，将闲置的村舍老屋再利用，还乡村干净整洁环境，打造能让游客住下来的理由。进一步巩固农民安居乐业、乡风文明的良好局面，打造生态乡村养生度假旅游地。

（六）孙鹤瑜、杨志斌、姜建雄、彭辉华：大理凤阳邑村田野调研与规划思考

1. 现状调研

（1）历史地理情况

凤阳邑村为白族聚居的自然村，位于大理市下关镇北部，隶属于下关镇刘官厂行政村，属于半山区。海拔1880米，年平均气温15.7℃，年降水量695.3毫米。距离下关镇城区6公里，距离大理古城6公里。村庄背靠苍山，东面洱海，南接太和城遗址，北邻大理古城。全村辖4个村民小组，有农户339户，其中农

业人口 1328 人，劳动力 853 人，其中从事第一产业人数 545 人。凤阳邑是百年古村落，曾经是茶马古道上的一个驿站，至今任留存着约 700 米的古道路段。2013 年 8 月 28 日被列入中国传统村落名录。

（2）资源优势

凤阳邑茶马古道——滇藏茶马古道在大理境内唯一的遗存。凤阳邑村形成于元代以前，而这条古道始建于汉代，成型于南诏大理国时期。它是大理古驿道中的一段，也是滇藏茶马古道大理段的部分。现存的凤阳邑茶马古道全长约 700 米，宽 3 米左右，中间铺条石，两侧铺卵石，路旁有石凳和店铺，具有典型的茶马古道特征。

草帽街——曾经滇西著名的草帽集市，如今仍然能看到村中的老妇人在此聚集编织草帽。

太和城遗址——昔日的南诏国都。

法真寺——大理最早的佛教寺院之一，为南诏国寺。

此外，项目组成员还对该区域的周边用地、公共基础设施、电力电信设施、水系统管网等内容做了调研分析。

2. 存在问题

（1）交通问题

大凤路的东西两侧同属凤阳邑村，但交通联系较弱。大凤路为过境道路，车流量大，在这些地方没有交通灯，行人横穿马路安全隐患巨大。缺乏公共停车场。传统区域停车目前有 2 处，一处为北面骑马租赁点，一处为沿老 214 国道沿路停车，且停车空间非常有限。大凤路上的出入口过多，影响交通流畅度。

（2）多处水管暴露问题

凤阳邑村内给排水管道及污水管道多暴露于地面或外部墙体，与村庄整体传统风貌不协调。

（3）建筑风貌不协调

在凤阳邑村内，传统建筑居多，主要是传统民居、当地传统佛教、道教寺庙，沿道路分布在保护区各区域。但在保护区东南部，建筑材质形式样式与传统建筑完全不同，但色彩突兀，对传统建筑形象展示影响较大。其中有两栋建筑在材质形式、色彩上与传统建筑差异较大，对传统建筑形象展示有重大负面影响。

3. 村落发展定位

将凤阳邑村发展为一个有着较好历史遗存的和谐村庄，打造古城古道遗址保护村庄、文旅综合传统村落和村庄集体产业示范点。

（七）孙鹤瑜、杨志斌、姜建雄、彭辉华：昆明海晏村田野调研与规划思考

1. 乡村设计之海晏村畅想

（1）背景

中国当代农村问题即是历史问题的当下延续、全球对地方的同质化取代、城市化进程在乡村尺度的延伸，同时也是无数个不能简单归类的差异现象的并置与累积。昆明大渔乡海晏村便是无数特殊性个案中的一个。它并非村落肌理和建筑形态的特殊，而是农耕与传统渔业文化的当代景观生产方式的特殊——呈现为自然人文景观传统的商业延续，社会视角则呈现为城市游客对于自然环境和海晏村的消费及消费预期。作为海晏村历史演进的一个切片，现有村庄样貌呈现出现实村落肌理上乡村尺度的内涵和资本介入后城市尺度的建筑的混合拼贴，正是三种因素矛盾交织的反映。

（2）问题

什么是未来的海晏村？是一个传统视角下自上而下的规划，是一个现代文化与地域文化深度杂交后的体验性消费景观，是一个自下而上的村民自我发展，还是文化精英对地方传统的想象式怀旧？如何重新梳理海晏村未来面对的真实人群：人机一体的后人类，社会协同进化的新集体人、不断临时性解体与重组的全球游客？如何在"乡村建设"的整体语境中重新定位"乡村设计"？如何重新定位当代建筑师在这个社会系统中的身份：知识分子？艺术家？技术专家？如何重新定位学校在面对这些问题中的位置。实践者或传播者？再现性或批判性？如何平衡现实问题解决与建筑学知识生产之间的关系？对这些问题的困惑是我们这次课题研究的起点。在今天，我们如何为海晏村这样一个特殊性的差异地点，寻找积极有效的社会—物理模型与空间介入策略。

（3）策略

在"乡村建设"的整体语境中重新定位"乡村设计"。"乡村设计"是一个领域广阔、角度多维、面貌多样、实践性强的多面体，"乡村设计"是乡村建设的微观显像，"乡村建设"是政府、民间、NGO 组织、专业人士、知识分子、艺术家、新"乡绅"（基层干部和回乡精英）等不同参与主体，以一种集群性的研究与实践的姿态介入，结合宗族谱系、政府愿景、现代生活、乡村价值、环境保护、利益平衡、传统智慧与当代创新（制度与科技）的综合性实践。"乡村设计"是以农业、农民、农村作为设计和研究的背景，以生态、生活、生产、传统、当代、未来作为乡村设计和关注的角度与立场，以弥合沟通、迭代生长、有机更新为策略。在"乡村建设"的整体语境中重新定位"乡村设计"，就是在新与旧、过去与现在、农村与城市、东方与西方、集体与私人、政府与民间、日常与非常、现实与学术等关系的并置对照下，将社群参与、行动主义、地域建筑、乡土建造、前期策划、后期评估综合为一体的策略性实践。

辨析今日农村公共生活的内涵，激活日常公共空间的情境瞬间。以内外渗透的边界作为课题设计的场地策略，通过开放性的循环完成使用功能上城乡一体的设计，关注在地性的建构，营造使用者的景观，设计一个事件性的场所，以一个程序化的装置，重新激活农村公共空间中日常生活里的特殊性时刻。从空间计划到时间计划，从蓝图规划到内容规划，我们的最终设计目标不只是形式，而是未来的各种潜能。

2. 海晏村节点式保护策略的研究

海晏村节点式保护策略的研究始于 2017 年，是在昆明市呈贡区政府的指导下，由"乡村实践工作群"作为区域保护与乡村复兴的研究主体，希望通过基于微循环节点式创新实践改造的乡村有机更新计划；同时成立了一个开放的工作平台——协同创新中心，作为学术与市场的对接平台，希望通过与城市规划师、建筑设计师、艺术家、环境设计师以及商业家合作，探索并实践原生态乡村有机更新的新模式。

作为滇池流域内保留相对完整的一个渔村，和其他乡村社区一样，海晏村的保护、整治与复兴面临着种种难题：村落空心化、公共设施不完善、区域风貌不断恶化、产业结构亟待调整，复杂严格的历史风貌保护控制，无法成规模地进行产业引入，难以找到一种合适的路径引导在地居民参与改造，没有形成有效运作模式支撑区域保护与发展。改善民生、社区共建、风貌保护、城市可持续发展之间的矛盾在很长一段时间内难以取得平衡，这也使得原住民在保护和发展区域过程中缺乏主动性，区域本已落后的生活、社会与经济环境条件继续恶化。

在此背景下，亟须采取一种新的模式对海晏村进行保护与更新。新模式的重要特点之一，即改变"成片整体搬迁、中心规划建设"的刚性方式，转变为"区域系统考虑、节点式微循环有机更新"的方式进行更加灵活、更具弹性的节点和网络式软性规划，视海晏村为互相关联的社会、历史、文化与乡村空间脉络。散步其间的院落、街巷，按照系统规划、社区共建的方式进行有效的节点簇式改造，并产生网络化触发效应，不同节点的改造形成节点簇、逐步再连成片。这样不仅可以尊重现有街巷肌理和风貌，灵活地利用空间，更重要的是将"单一主题实施全部区域改造"的被动状态，化为"在地村民合作共建、社会资源共同参与"的主动改造前景，将海晏村传统的渔猎与农耕群落建设成为新老居民、传统与新兴业态相互混合、不断更新、和合共生的社区，复兴滇池流域传统村落本该有的繁荣景象。

（八）刘檬、王鼎杰：长沙靖港古镇田野调研与规划思考

1. 现状调研

（1）地理位置

靖港古镇为湖南省省会长沙的千年古镇，位于望城县城以北、湘江两岸，老沩水（哑河）在此汇入湘江，自古的水运优势，曾为三湘物资集散的繁荣商埠，美名"小汉口"。该镇位于湘江下游，属于河流下游冲积平原地区，地势平坦。湘江、老沩水（哑河）流经该镇，为该镇提供了丰富的生活水源和农业灌溉用水。土地以耕种为主，其次为水域、园地、林地，农村居民点用地和工业用地较少。

（2）交通区位

水、陆、空立体交通初步形成。长沙市区直达望城区的高等级公路雷锋大道直接延伸至该镇（路宽 12 米，境内长度 5.3 公里），已经硬化了的东西主

轴线靖格线（路宽 6 米，境内长度 7.4 公里），中格线（路宽 6 米，境内长度 37 公里）与雷锋大道相连还有即将拉通的玉新公路（玉泉山至雷锋大道），镇域主要道路骨架已基本形成。此外，处于湘江西岸与老沩水交界处，有一定的航运基础，有利于开展综合交通。

区域交通联动优势明显。靖港与长沙之间的交通非常便利，水路可借湘江，陆路可行金星大道和雷锋大道，两地车程仅半个小时。靖港距离益阳 50 公里、宁乡 30 公里、湘潭 50 公里、株洲 60 公里、岳阳 100 公里，有京珠高速、长常高速、长永高速、上瑞高速相互联系。更有黄花机场、武广客运专线、京广铁路和石长铁路方便与外省市的联系。

2. 优势与劣势

优势

（1）资源

古建筑：拥有明清、民国时期徽派古建筑 40% 的保存率。

古街区：保存"8 街 4 巷 7 码头"，古民居 1008 栋，主街道长 1275 米。

古文化：湖湘文化、商旅文化、红色文化、宗教文化湘军文化等多元文化集结地。

（2）历史

唐朝：唐朝李靖将军驻军于此，芦江因此改名为靖港。

清朝：曾国藩的湘军在此与太平军对战，铸就"无湘不成军"的军魂。

民国：与津市、洪江同为湖南省繁盛三镇，有"小汉口"之称，一度成为湖南除长沙外第二大商贸中心。

（3）区位

位于长江黄金水带、洞庭湖尾口、长株潭扼口、湘江古镇群核心地段。

（4）交通

湘江水道、城市轻轨、京广铁路、长常高速、石长铁路、黄花机场等立体"水、陆、空"交通格局，助力靖港古镇发展。

（5）政策

国家、湖南、长沙、望城四级政策保障，国家自主创新示范区、长株潭两型社会综合配套改革试验区、洞庭湖生态经济区、湖南湘江新区等都有政策全力支持。

劣势

（1）模式

开发导向不准确，开发模式需创新，发展定位不够准确，合作渠道过于单一。

（2）品牌

品牌形象不突出，缺乏核心龙头项目，缺少明显标志性地理标识，整体形象模糊，辨识度和吸引力不足，国内影响力十分有限。

（3）产品

目前以单一观光型产品为主，不能满足当前市场需求，缺乏体现靖港特色的旅游产品。现有的商业业态开发粗放，类型雷同，个性化、体验型、高档次的业态缺失，旅游产业链短，盈利情况不佳。

（4）配套

基础设施和配套服务设施缺失，缺少旅游环境氛围和旅游服务意识。

（5）管理

政府干预过多，受财力和物力限制，存在投入不足、开发水平不足、开发缺乏连续性等客观问题。市场的带动作用不明显，严重缺位。

3. 发展定位

靖港古镇为仍有原住民居住生活的以旅游业为主的活态古镇，根据所有调研报告、乡志、传说等等资料综合调研的反馈及综合可知，其空间规划及产业业态均存在不同程度的症结，空间规划其症结为：公共空间的利用不当；游览路线的重叠；当地寺庙改造毫无规制；规划与产业毫无关联性；"千村一面"。

根据空间症结所推出的相应解决策略为：重塑水陆交通及重要公共空间、重塑产业规划。手段如下：

（1）以保护原本古镇风貌为前提；

（2）街道不变，建筑保护；

（3）重连水道，再现水上交通；

（4）重定分区，再现米市盛况；

（5）重塑寺庙，满足祭祀需求。

产业症结为：产业与古镇原住民联系不大；产业结构同质化严重；古镇缺

乏独立品牌；产业与原住民日常活动无互动，与旅游节庆无联系；规划与产业无联系；缺乏文化产业及产业供应链。

根据产业症结所推出的相应解决策略为：重塑产业规划、重塑产业品牌——米。手段如下：

（1）挖掘本身的米产业；

（2）重新制定的产业链；

（3）定义新的景区；

（4）以"百家米"导入作为游览主线；

（5）再现以米为主的交易方式。

（九）陈相全、蒋田福：红星村田野调研与规划思考

1．现状调研

红星村位于普安县盘水街道西北部，距县城约 7 公里，属贫困村，计划 2018 年出列，辖 10 个村民组 689 户 2846 人。截至目前，还有贫困户 76 户 237 人。2016 年已经脱贫 86 户 321 人，2017 年脱贫人口已锁定 49 户 187 人。村内居住有布依、苗、彝等少数民族，少数民族人口占 23%。全村总面积 1065 平方公里，属典型的纯农业村寨，农民收入主要依靠种植玉米、马铃薯、小麦、大豆等农作物和养殖猪、牛等牲畜，目前村集体经济仅有 6 万元。

2015 年 5 月 12 日前，红星村仅有一条通往县城的碎泥石通村公路，10 个组没有一条通组公路得到硬化，什么产业也没有，老百姓主要依靠种植玉米、马铃薯、小麦、大豆等农作物，饲养猪、牛，外出务工维持生计，生存环境恶劣、生活质量差。之后，省、州、县领导高度重视红星村的脱贫攻坚工作，协调统筹各部门资金投入红星村基础设施、产业发展、改善民生等方面，如今红星村发生了翻天覆地的变化。

（1）基础设施方面：一是修通县城至红星村 7.5 公里 6 米宽水泥路；二是全村 12 个自然村寨均通了 4.5 米宽水泥路；三是在高家冲组、鱼塘组修建休闲广场；四是对高家冲、尾巴田、田坝、鱼塘四个村民组 260 户房屋进行了立面改造；五是红星村至上寨村通村公路毛路已修通，正在实施水泥路面硬化；六是对部分农户实施了"三改"、庭院硬化项目，并安装路灯；七是新建了村级

综合用房、村卫生室、亲情家园、村幼儿园；八是对山塘、河堤进行了治理，红星小二型水库 2018 年将动工建设；九是全村实现 4G 网络覆盖；十是在全村实行了电网改造。

（2）产业发展方面：一是长毛兔产业成为全村贫困农户增收的主要途径，建成的长毛兔养殖小区兔存栏近 1 万只，覆盖全村所有贫困农户；二是实施的 2000 亩有机生态茶园涉及 161 户农户，将是贫困农户的收入来源之一；三是 1100 亩猕猴桃挂果后，不但农户增收，而且将进一步壮大村积累；四是近千亩的生姜种植，可让贫困户的钱袋子鼓起来；五是冬瓜、箐坝两个组的魔芋种植，惠及两个组的 7 户农户，脱贫成效明显。为促进产业的发展，新修了冬瓜→箐坝→登坡→代布嘎 4.5 米宽 7 公里长的魔芋产业路，新修了田坝→火把地（尾巴田组）→席草沟 4.5 米宽 2 公里长的魔芋产业路，新修了探山坡 4.5 米宽 4.25 公里的茶山产业路，新修了 4.5 米宽 6 公里长的猕猴桃基地产业路。

（3）其他方面：一是完成了猕猴桃基地部分景观树及观光步道建设；二是在猕猴桃基地产业路了新建了 5 个休闲亭；三是正在对猕猴桃基地产业路进行景点打造。

2. 发展思路

按照"春赏花、冬观叶、夏秋就采摘"的思路、实施乡村旅游、农业产业融合发展项目。赏花、观叶、茶园风光、峡谷风景构建红星村乡村旅游要素，茶产业及产品加工、魔芋产业及产品加工、猕猴桃产业及产品加工、冬桃产业及产品加工、其他养殖产业及产品加工，成为全村农户收入增长要素，成为村积累资金来源渠道，成为企业收益部分。

3. 项目建设规划

（1）乡村旅游发展项目

一是将猕猴桃种植园打造成能吸引游人观光、拍照、采摘园为一体的景点。在毛草寨至高鱼公路 920 米产业路两侧交叉种植红色樱花树及银杏树，在毛草寨至鱼塘 1500 米产业路两侧交叉种植白色樱花树及银杏树，打造"双龙戏猴（猕猴桃）"或龙腾桃园、双龙抢宝（毛草寨）景点；在两条产业路之间的两座小山坡上分别交叉种植白色樱花和银杏树，打造"雪山""金山"景点。春天来临樱花开时，登高远眺（观景点设在茶山上），两条产业路宛若一条白龙、一条粉红色长龙在猕猴桃园内嬉戏，而种上白色樱花的小山仿佛一座雪山；秋天来临银杏叶黄时，又仿佛两条金龙在园内腾飞，以此吸游人到此拍照、观赏、采猕猴桃。另一条从欧家凹子至观景亭至灯盏窝（当地百姓叫法）的约 2500 米长观光步道两侧全部种植红枫树，秋冬来临仿若一条红带子在园中飘飞。如此，就可做出"春赏花、冬观叶、夏秋就摘"的效果，也是婚纱摄影基地；二是将鱼塘组鱼塘升级改造蓄水养鱼吸引游人到此垂钓，成为红星乡村旅游景区的一景；三是将鱼塘旁边山上的"神树"，作为景点打造，供游人祈福、祭祀用；四是鱼塘周边农户开设农家餐馆，设置烧烤场地，专为游人提供餐饮、烧烤服务，同时配套儿童游乐设施；五是从搅拌站以下公路沿线两侧山坡两百米高范围内种植冬桃，打造"桃花走廊"景点。拟在通村公路两侧种植冬桃，打造桃花走廊景观；六是发挥毛草寨居住有彝人的优势，组建小学生"东方踢踏舞"表演队，节假日为游人表演，与游人同乐；七是将探山坡 2000 亩茶山打造成茶园风光景区；八是在红星至上寨公路路段增设峡合观景亭，与盘县羊肠乡村旅游景点连片发展，做成两县亮点景区；九是在茶山、桃花走廊等地设观景亭，打造摄影爱好者乐园，赏红星村云雾海景观。

（2）农业产业发展项目及加工

一是在冬瓜、箐坝、尾巴田、席草沟种植魔芋，规模达到 2000 亩以上。引进企业投资建设魔芋加工厂，做成红星村的旅游休闲食品。

二是引进企业投资经营猕猴桃产业，做好猕猴桃基地的种植管理及产品加工，做好红星村的旅游休闲食品。

三是引进企业经营 2000 亩茶叶产业，建成茶叶加工。

四是冬桃种植项目及产品加工。

第 五 章

思与悟

一、学习与讨论

（一）黄红春：乡土特色怎么样保护？乡土特色可以利用吗？

乡土特色的保护主要有两个方面：一是人文环境；二是民风民俗，包括历史传统、手工传承（图 5-1）。

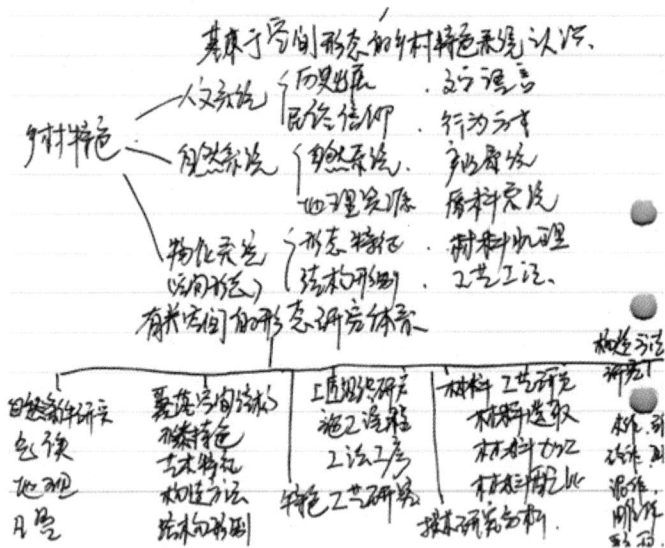

图 5-1 课程笔记（课题组自制）

（二）彭兆荣：乡村旅游怎么来打造？如何在乡村建设中保持文化延续性？

乡村文化是多样性的，不可以同质化，必须要保持自己的特点和文化，同时也要吸引外来游客观赏、参观，用自己当地的生活方式、文化特点、历史文化来吸引，传达一种独特的文化。

农民是农村的主人，尊重农民意愿。归纳乡村治理的模型，分析它各自的优劣，乡音、乡土、乡情、古朴的生活，生活的价值；民风民俗，让有价值的、有历史的东西留下来，推进乡镇文化站、文化广场建设。"有人人生万物，无人万物不生。"

（三）潘召南：再现历史资源的当代价值——传统人文环境如何保护与再利用？

历史的价值多少是在于对今天和未来的影响力大小。保护与利用并重，让历史文化资源与传统人文环境对区域经济与社会文化发展产生重要的作用。

中国有五千年以上丰厚的历史文化资源，但承载着这些文化资源的人文环境却所剩无几。30年前在中国大地上数百年的历史街区和传统村落比比皆是，而今却越来越少，这是社会高速粗放型发展所带来的结果。在追求体现国家软实力，倡导低碳、节能、零排放的今天，如何充分利用丰富的历史文化资源和有限的传统人文环境，发展城市与乡村经济，是提升城市形象、优化人居环境生活品质、探索城乡发展的又一热议主题。以地域的差异性结合传统人文环境的特殊性，形成可持续利用的新资源是未来城市与农村经济，乃至社会文明发展又一新途径。

设计的人文之美往往来自对人文历史的理解和对社会的人文关怀。对于历史与人文，我们应持有四种态度：尊重历史，才能更好继承文化传统；挖掘历史，是为了更深入地研究和了解历史；演绎历史，才能让历史产生丰富的人文影响力；发展历史，就是结合当代生活使历史产生新的价值。

环境因人而生，和人一样都有生命。从儿童、青年、中年到老人都会呈现不同的生长特征，这是自然现象。我们不可能以某个时期的生长形象定论一个人永远如此。城市也是这样，可以肯定500年前的城市、乡村并非今天所见。我们虽然不能设计历史，但设计的空间却能承载历史，要以发展的眼光看待历史与人文环境。时间的痕迹就是历史的年轮。我们不能以片段概括其过去、今天和未来，更不能用"刻舟求剑"的方式来认识历史，理解传统。

利用才是最好的保护。有限、有效地利用其历史价值，让传统文化的基因透过环境来影响今天和未来的人，并在认知与体验的过程中产生对传统文化精神的归属感。这不仅仅体现在精神的层面，在此过程中旅游与服务业的渗入亦成为社会实现文化精神需求下的经济增长点。因此，有限、有效的利用才是最好的保护，它使得传统人文环境具有与时代共同生长的生命力。

我们可以对一幢建筑、一座寺庙、一件瓷器标上文物级别加以封存保护，但我们不能将一个古城市、一个街区、一个山寨、一个村落贴上标签同社会生活隔离起来。在今天对于传统人文环境有两种极端观点：一种观点是僵化的"保护"思想，认为利用的唯一后果便是破坏，"保护"便是封存，将历史与现实隔离，让传统与生活隔离，使历史人文环境成为博物馆中供人们参观的供品；另一种是无序的利用，利用历史人文环境的资源为眼前利益而进行大规模的改造，以过度开发为代价服务于短期经济的快速增长。这两种观点造成许多常见的现象和教训，虽然观点不同但造成的结果往往是相同的。几百年的传统人文环境发展至今怎样继续下去，或许有另外一条解决思路：保护是原则，传承是目标，改造是手段，利用是条件。利用是为了更好地保护传统，使其文脉延续，让历史环境影响今天的人，让人们去感知真实的历史，让传统文化借助古老的街、巷、民居等载体继续延伸，并形成绿色经济服务于社会发展。

活化的利用，就是让传统的环境依然产生现实价值，依然有原住民世代生活在此，使环境保持原真性。但这里有一个重要的伦理问题，即是文化的责任与生活水平的问题。我们不能在欣赏和保护传统文化的同时要求原住民保持落后的生活条件，而不能享受现代科技成果所带来的便捷生活。

1. 关于传统人居在现代社会中的伦理冲突

不同时期的人居环境代表了不同的社会与家庭伦理关系，当传统街区、村落进入现代时期所面临的问题是根本性和复杂性的。从逻辑表面看是农业社会向工业社会转变的过程，实际是社会结构与家庭结构发生重大变故的过程。在此过程中稳固而规范的中国传统社会与家庭伦理基础开始崩塌，以家族、宗室、家庭、邻里、地域、帮会等形成的共同体关系解体，个体从家庭、家族、地域抛向社会，成为独立的原子体（社会最小的单元）。而历史上这些因共同体形成的人居环境和空间格局则不再被今天的生活所接受，在现代化的社会经济形态中，众多的原子个体为争取自己的权益就形成了相互平等、相互制衡、相互作用的社会约定即新的伦理关系，集中居住、工作、购物等活动成为现代社会的典型形态无论是城市或者乡村。面对传统人居环境，人们一边在强调非物质文化的重要性，一边又在盘算物质价值的现实性和现代生活的舒适性。

2. 在冲突中了解、在对立中学习、在矛盾中解决问题

不同时代的文化都有其明显的特质和时代性，其中人伦的规范与超越是引发文化发展与文明进步的重要原因，它反映出这一时代的人性、人与人的关系、社会结构、道德范式等，并直接影响和体现在人居环境之中，以空间的形式形成社会与人（个体）的格局。随着社会结构的改变和道德范式不断地被超越，文化的特质与表象也在发生变化，与此同时空间与环境的格局也产生改变，这就是我们通常理解不同时代的建筑是改朝换代的结果。

这种改变实际上是不同文化在冲突中融合与超越的结果，但这个变化并非断裂、突变，它依然存留着不同文化母体的基因，就像母与子的关系。从古到今建筑格局与人居环境的形成，一直在不同文化的对立与交融、伦理的建构与解构再走向重构中产生的。母体基因保持的强弱不在于自身抗体条件，而在于遭遇冲突的机会，在不断的对立过程中汲取对方的特质与经验，从而改变自己走向强盛。反之，环境封闭，遭遇冲突的机会少，母体基因长期以单一性径向生长，人文伦理格局固化，反映在人居环境上即习俗的持久性和风貌的一致性。但在今天的时代背景下，与现代文化的冲突与对立中，脆弱的抗御能力使得原生的单一性文化基因可能在发展中断裂或泯灭。对立中学习不是指弱势文化向强势文化学习，如果是这样，非主流的地域人文就只有消亡，而应是相互融合、相互兼容，并寻求共生共存。

历史与现实永远都处于矛盾的状态，这是因为我们有需要、有目标、有利益。历史与现实将距离遥远的关系拉到切身的位置，并以空间环境为载体形成矛盾的焦点。于是关于利益和需要、人文与道德、权利与义务都会集中体现在这个载体上，这是现代经济社会规则与传统社会伦理必将引发的冲突，而正是矛盾交接才有解决的路径与智慧的显现。

3. 融合的目标

（1）主流文化学会尊重与保护非主流文化的特性，以保持人文生态的丰富性与多样性。

（2）对于现实应采取的利用方法，对待传统环境应采用非断裂性改造、非移植性建设，以尊重地域传统人居环境的自发性与原生性特征，在保持建筑、

街区原有风貌的同时研究安全、便捷，并符合现代文明生活水平的、易于持续建设的技术。

关于灵感来源：

因为社会生活的极端复杂化已经把艺术家们的感受和思想彻底碎化了，每个人的知觉与敏感性是难以归纳的。不过，在对西方艺术了解的三十年之后，试图继续在西方资源中寻求显而易见的要素来帮助自己的艺术创作，已经变得非常困难。从根本上讲，艺术来自内心的需要，这就很自然地促使艺术家自己回到一些最基本的精神来源以及文化基础上。

——吕澎摘自《当代美术家》2008 年第 6 期

（四）谢亚平：乡镇建设的真正意义是什么？

乡镇建设的真正意义：通过合理规划和发展村寨集体经济，严格控制不良资本进村，保护好村寨的自然生态和社区文脉，以及乡土文化的承袭与延续。

（五）易小林：当前乡村振兴面临的几个问题是什么？

人才缺乏：鱼博士没有鱼腥味，农业教育行业专家不下田，学生不识五谷，懂农业、会种植、养殖的人越来越少。

农民消失：新农民进城，老农民逐渐逝去，真正会种植、养殖的"农民"正在消失，"农业劳动力"正在消失。

土地荒废：不懂农业的"新农民"虽然已经进城，但难以扎根，游离在城乡之间。

乡村资源、要素难以活化：土地非私有制、人才的缺乏、劳动力短缺、地块分散、"路、水、土"等农业基础设施建设标准仍然处于"家庭承包责任制"小农水平，规模化、机械化等高效农业无法实施。

为什么要打造赏花经济？

（1）大农业：农业种植、养殖业受国家粮食安全供给调控，不可实行市场自由价格，无商业利润空间；

（2）小农业：水果、食药、香料等不具市场竞争力的地理标志性产品，难以发展起来；

（3）互联网＋农业大背景；

（4）旅游＋农业：环境景观、田园综合体；

（5）打造"旅游＋农业"的三种途径：地理标志性旅游＋农业，大足石刻；人造硬质景观旅游＋农业，乐和乐都；人造软质景观旅游＋农业，花舞人间。

赏花经济案例：

赏花经济紧密依托并服务于城乡居民（不仅是城市居民，还有很大部分消费者是农民），以赏花为主题的旅游，有五大标志，即商业性质、花卉主题、乡土特色、景观生态、休闲旅游。它是通过造景——聚人气——促消费——带动发展的一种发展模式。

日本樱花旅游季、英国切尔西花展、迪拜国际花展，中国香港深圳华侨城、成都花舞人间等。赏花景观是目前能快速聚集人气，建设周期短，升值空间大的农业休闲旅游项目。

（六）小组讨论

1. 如何在乡村建设当中保持对文化的延续性？

2. 请归纳乡村建设治理的几种模式并提出优劣？

第一组代表发言：

大家认为乡村建设文化的延续性非常重要。

1. 乡建存在两种文化，第一种物质文化体现在建筑、服饰、生活方式、民风民俗等。第二种非遗文化出现断裂，没有传承，例如三月三以前是祭祀，而现在演变采花节，乡建保持延续性需要当地人参与项目，主体（政府）引导进行。

2. 乡村治理模型有三种模式：（1）以农业为主的旅游产业，主要是企业参与模型；（2）以旅游为主的旅游产业，以生态资源发展乡镇乡村旅游；（3）以资源型为主的旅游产业，以矿冶等稀有资源发展工业，带来经济收入。

3. 乡村治理涉及乡村振兴组织结构：（1）直接参与，独立投资，自发性；（2）村民、企业、政府合作方式；（3）专家顾问型，引导方式乡建。

点评：讨论两个话题，传统文化如何延续？思考主体是谁；乡村如何治理的模型，思考治理是什么、如何治理？如以农业为主的旅游产业，是治理模式吗？是利用现代产业参与，不是治理模式。治理要有权威才能维持秩序，查找传统村落的权威，例如传统汉族村落治理以本村宗族为主，或是同姓村落最早的家庭具有权威性。治理模式更多是国家治理模式渗透到乡村治理，国家法治与乡村治理相结合。

彭兆荣点评：要抓住关键词"延续性"。传统文化具有区域性。所以我们要很注意地"听"，什么是乡村共有的、特有的、独有的。治理在传统当中应该是使它有一个秩序。以什么关系来维持村落里的秩序。乡村几千年来都是自治，传统的村落自治是大家讨论和商量，今天出现了新的变化，党的领导和村民自治如何有机统一。中国传统村落的治理方式，一是宗族为力量为权威的主导；二是大家在共事时共同讨论，权威、权力和乡村民约构成传统乡村社会的治理方式。

这一代人在乡村的成功要找到一个更加积极、更传统的治理方式，摸索一个有建设性、更符合人民的方式。当前，以政府、企业、产业进入乡村，更多的是一种参与的方式，更多的是以经济为主导，传统的村落中间它所具有的治理模式在现在已经发生变化，它实质是"礼制"，在民族村落的治理中尤其要注意。在传统的村落里去寻找我们乡土社会所拥有的治理智慧。全世界没有哪一个国家在管理方面这么细致，只有中国才有。中国的村落就是文化多样性的样板，国家如何用统一的号令去管理文化多样性的样板。今天在实践中，我们没有共同的答案，我们需要找到一个更合理的方式。传统是乡村治理的智慧，把它变成一个案例，这就可以作为一个范例。在治理的基础上，以什么方式配合或介入到乡村的治理。

第二组代表发言：

第一方面，乡村文化做了个基本的出发点，乡音、乡土、乡情、乡民的民主生活、民主的价值与承诺，这就是乡村文化。有抽象的东西也有具体的东西，例如宗教、祭祀等。反映乡村的空间来说有三个方面，生活、生产、生态。生活方面主要是礼仪、饮食习惯、风俗习惯，这些都是乡村文化；生产方面是二十四节气，民歌等，都反映乡村文化；生态方面是自然形态，风水折射的观念都是乡村文化。乡村文化是串联起前面三条线生活、生态、生产，三条线是文化的具象和表象，并不是文化的本身。所以说延续文化，是要延续这条线，而不是延续表象的东西，这是对文化的解释。第二方面，文化是具有延续性的，我们要做的并不是保持文化的片段，因为人类在自然环境中生存，劳作、生活随着岁月而改变，随着环境改变而改变，生活需要发展，文化需要延续，这是一个冲突、矛盾的东西。我们提出的原则是乡学为体，西学为用，把城市和乡村看作是两个体系，并不是城市的附属品，城市化不应是农村的最后一个出路，倡导农村现代化景象，对乡村建设中保持延续性的策略是：维护—传承—创新。

归纳总结乡村治理模式：（1）治理模型自治，建立良性城乡人才流动循环模式；（2）自治制度的投入成本低，依靠村规民约治理；（3）社会生产的约束，例如道教、传统宗教、社会价值观的约束等。

如何发展，确立治理模式，我们提出的治理模式农民是主体，企业投入、大学加入，政府介入。总的来说，政府是乡村建设的提供者，长期的服务者，并不是决策者，企业是农民增收促进者，农民才是整个乡村建设的主体和享有者。

彭兆荣点评：无论是"三生"还是"五生"，都说明乡村虽小，但涉及的因素非常复杂。乡村虽然是一个小单位，但什么都有。就会形成各种各样的文化传统。有些文化是区域性，有些文化是只有某个村落才有。在讲"三生"或"五生"时，要厘清什么是共有的、特有的和独有的。哪些是具有积极因素，如不耗损自然资源为代价，符合未来可以持续发展的。过去丢失的传统，今天可以恢复起来。传统是可以发明，在时代发展的过程中不断注入新的东西，抛弃旧的东西。前提就是民众主体和生命。在"三生"之下，什么是需要丢失、什么可以延续、什么可以创造。

村落里发现某种东西属于自己，包含积极借用别人的机制。就是要开放，同时要很清楚地判断什么是自己的，有没有接纳外面不同文化的因素。文化是一个很复杂的问题。

两个都讨论文化的分类问题，这个比较难。是物质文化、精神文化好还是其他类型的文化好？不主张大家停留太久。我们国家今天的很多非物质文化都是物质的。什么是传统文化？概念和分类能让你变得更清晰，否则大家很多的讨论都是唾沫事件。都在不同的层面讨论。

（七）小组讨论

（1）农家乐模式是不是乡村旅游的最佳模式？如果是，原因是什么？如果不是，请提出另外一个解决路径。

（2）如何在新的历史语境下发展乡村共同体？

小组一：

农家乐怎么乐，到底是谁乐，农民自己乐还是客人乐？提到农家乐，我们首先反映的第一件事情就是打麻将，这不是一个可以体现农村本身特色的休闲活动。而现在的农家乐很多都是带动个体的经济，不是带动农村的经济。全村应该做一个产业链，集体规划发展，有一个组织牵头。每个村子有核心的东西。通过自身的产业，运作产业赚钱。需要一个管理的机构，自己的地自己负责，整个农村产业的发展应该有一个规划，不会对村落造成无序的破坏。大家为了致富的目的共同努力。

农村农家乐是一个整体规划，要有可持续发展的模式，农家乐现有大部分模式发展较为单一，特色无法吸引旅客眼球。应因地制宜，建成一个旅游、观光、娱乐、休闲、饮食等多方面发展的乡村共同体。

小组二：

农家乐是一种旅游休闲方式，是农村居民向城市居民提供的一种回归自然从而获得身心放松、愉悦精神的休闲旅游方式。住农家屋、吃农家饭、干农家活的体验活动，是传统农业和现代农业的结合。它肯定不是最佳的发展模式。它发展尤其自身的局限性，基于农民知识文化水平有限，对食品安全、生态有一定的破坏、小户经营难以扩大规模。乡村要发展要满足六大要素，吃住行游购娱，文休展养康民。

最好的模式应满足几点：满足当地地域风情，挖掘传统文化优势。打造20个国家运动休闲小镇。到 2025 年创建 3 个国家级体育户外产业园区，建设20 个国家运动休闲小镇和特色小镇，50 个国际知名的健身休闲体育旅游品牌。

有别于农家乐，但是根深于农村、乡村、地域。是不是适宜当地的发展和特色优势？这个还是比较有优势，可以从旅游、健康全面去考虑，带动青少年游学活动。如围棋集训等等很多赛事在云南展开。我们认为这也是发展的路径之一。推动健身休闲产业、城镇建设、生态建设、文化建设、山貌建设融合性发展，建设一批有优势特色的休闲小镇。

随着城镇化建设推进，仍有一部分人以农为业，安守田园，对于发展乡村共同体基本思路是政府为先，促进农村基层治理体系建设。加强政府自上而下的支持和服务力度，来完善乡村功能，自己村民认同，促进村民整合和社区团结。重塑农村社区认同，提高职业尊严。让村民在本地建设家园，享受城市一样的社会福利和社会资源。最重要的目标在于，培育村民自立、合作、互助。

彭兆荣点评：

对农家乐，首先是找关键词。一个组是从实际中去找，另一个可能是从网络上去找的。真正农家乐的开始是成都的三圣乡，周末去农村完成一天吃喝玩。现在成都三圣乡农家乐已经开始更新换代，这是一种以农民主体自发配合旅游发展、大农业发展，结合自身区域优势、交通优势发展的农家乐。它也随着城市发展更新换代，成都的三圣乡作为最早的农家乐有自己的特点，一是农民自己的主体，自己发展起来的，二是它是很清楚瞄准自己的区位优势。这是它给我们的启示。如果因为这两点是积极因素，而把农家乐当成一种模式进行推广那么就有问题了。到农家去休闲娱乐的方式，就不是积极的。如果把农家乐抬高到休闲观光养生的"生活的哲理"，这未尝不可，但它难以落地。希望能找到一个方式，形成更大的联盟更大的产业来发展。欧洲的每一个城市都有自己的节日，都不重叠，欧洲每一个城市的娱乐方式突出城市的特点。比如法国南部五个城市，每个城市都有自己的活动节日，电影节、木偶节、狂欢节、柠檬节等。在乡村振兴中，如果能够找到一个与其他村落不同的东西，不论是否联盟，一村一品就是农村、农民自己打造的品牌了。

没有联盟是不是也可行？每个村落都是独立的单位。村落与村落之间有的在历史上是有矛盾的，这时候就不适宜做联盟。一个村就是一个共同体。我们首先要理解什么是共同体。它是一个外来词，可以有很多范畴和外延。共同体也可以指利益相关的团体。村落里的人也叫村落共同体，可以理解为"社区"。在城市里，街道是一个社区，来共同维持。但是今天很多社会学家，把社区概念推到农村。我不认为乡村需要社区概念，村落本来就是由村落为线索的共同体。一个村就是一个大家，与城市社区完全不一样。一个村落、村社、宗族，就是一个共同体。不需要把社区概念强加于农村。

如果在讨论共同体的乡村权力和利益，村落的人群利益问题首先要考虑和照顾。村落共同体是人民的根本，他们的家。村民太熟悉家乡，不知道自己的价值。在座的各位可以帮他们提升、寻找、发掘、包装成为一个新的方式。在这里有一个基础，就是村社共同体的基础。无论是产业型、娱乐型、旅游型，前提是不要破坏自然资源、尊重村民主体。

二、思考与感悟

虽然很多学员来自不同的地区，但是大家有一个共同的之处在于都是从事乡建教育和乡村规划建设的工作。在整个培训的理论学习以及实地调研的过程中，通过村落文化建设相关知识的系统理论，在实践的过程中，得到了很多思考和启发。比如，江西婺源古村落的发展为什么会引起这么多乡建工作者的关注？

1. 学员在考察完婺源后，对婺源的村落的发展和现状进行思考

运营模式：乡村命运共同体——旅游公司组织整合资源 + 村民运营主体 + 村委会管理。

优势：五个村集合资源在婺源的大环境中有了竞争优势，便于脱颖而出，景区联票制拉长了游客在景区的游玩路线和逗留时间，刺激了游客的消费力。

劣势：作为景区开发，并没有像景区一样规划一条完整的参观游览路线，景区之间间隔过大，体验完整性较差；景区内部几个村子生态基底相似，建筑、人文环境都相似，没有自己的主题性 IP，给游客造成视觉疲劳；当地区域性独有商品少（仅有如皇菊、歙砚、石雕、樟木），且几个景区之间商品同质化严重，商品开发单一，没有进一步延伸产业链；整个景区商业化大，但能提供给游客的体验项目（李坑划船）、体验设施却严重不足，文化没有得到深度挖掘。

一点思考：随着婺源旅游业的强势发展，李坑、江湾、思溪、延村等几个典型的村落给人的感觉就像淳朴可爱的"小芳"开始"浓妆艳抹"来迎合城市

猎奇的人们。随着旅游业的开发，因为经济利益，村委会和村民之间的矛盾逐渐加大，整个李坑村不再是传统乡土中的那个靠村民自治就可以延续千年的乡村，中国有句古话叫作"不患寡而患不均"，在经济利益面前，村民、村委会、旅游公司的利益平衡已经出现矛盾，问题亟待解决，同时在村民内部也出现问题，家家自扫门前雪、休管他人瓦上霜。夜幕来临游客离去，餐馆都在向水乡河道排放憋了一天的污水，此时的水面和白天的江南水乡完全不是一个画风。村民都不爱惜自己的家园了，你还觉得他美吗？我们认为他们只是新一代的啃老族，依仗着现代旅游业糟蹋着祖先们辛苦建设的村庄。还有个画面是值得我们深思的，也是关于村民自治的问题——村民们的公共空间在哪？孩童在餐馆排污的河道下游戏水，老人蜷缩在河道边简易的座位上，原来众多错落的公共空间转为旅游服务——大夫第、宗祠、戏台都专为游客服务。原来村落的教化空间已一点点被商业侵蚀，这也导致了村民自治的根基场所的丧失，最终形成现在村民内部利益矛盾的激化和信仰的丧失。

（学员：孙鹤瑜、杨志斌、姜建雄、彭辉华）

2. 浙江江山市大陈村里的文化礼堂是怎样和本地文化特色（美丽乡村、非遗传承、乡愁故事等）有机结合在一起的

2013年以来大陈村以"文化地标精神家园"为定位，以"创新、协调、绿色、开放、共享"五大发展理念为引领，打造省级农村文化礼堂升级版。

（1）协调布局，礼堂建设独树一帜

因地制宜，提出古村文化大礼堂的理念，突出打造"一村、二堂、三化、四员、五馆"的文化礼堂新格局。"一村"即充分利用本村特色，把古村每座古建筑都作为文化礼堂的分阵地，将文化礼堂融入古村；"二堂"即修汪氏宗祠（礼堂）和萃文中学（微讲堂），打造文化礼堂核心区域；"三化"即培育村歌文化、民俗文化、红色文化；"四员"即成立古村宣讲员、文体辅导员、义工团队、文艺团队等文化队伍；"五馆"即建设完成江山村歌馆、汪氏衍脉展馆、教育文化展馆、幸福乡村综合馆、中国工农红军北上抗日先遣队江山纪念馆等特色展馆。

（2）创新思路，礼堂文化有效培育

成功培育村歌文化、民俗文化、红色文化三大礼堂文化。村歌文化亮村落，以村歌文化品牌打造推介古村落，2009 年大陈村歌《妈妈的那碗大陈面》获全国村歌大赛金奖，大陈村也荣获"中国村歌发祥地"称号，成为"全国村歌活动示范基地"，推动民俗文化传承传统。打响麻糍文化节品牌，挖掘大陈传统节会"麻糍节"的文化内涵开展文化节活动，传承发扬了这一民俗文化。将婚庆礼仪融入文化礼堂，通过缜密的传统婚俗流程，让人回味传统，记忆乡愁。最后是建设中国工农红军北上抗日先遣队江山纪念馆，通过图文还原大陈激战，实物展陈，革命先驱介绍传承红军艰苦奋斗精神，让红色文化承载记忆。

（3）绿色融入，礼堂价值全新纬度

秉承"诗画浙江、多娇江山"的旅游发展理念，把文化礼堂建设融入乡村休闲旅游建设。一是以礼堂升华古村。大陈古村落是浙西地区保存最完好最集中的徽派建筑群之一，有明末清初古建筑 55 座，现已公布为省级文物保护单位 2 处，市级文物保护单位 19 处，文物点 59 处。2017 年，大陈古村成功评为国家 3A 级风景区。文化礼堂建成后，与古村落融为一体，村歌等礼堂文化培育更是为景区提升了文化内涵。二是以绿色点缀古村。延伸文化礼堂的地理空间，充分挖掘文化礼堂后山绿色资源，以青石筑砌山步道，与整个古村落的青石小径交相呼应，打造幽静、闲适的古村旅游新景点。三是以基地推介古村。拓展文化礼堂功能分区，在大陈小学旧址修建与文化礼堂统一格调的建筑，打造集年代感、艺术感为一体的写生基地。迎四方大家，让历史古村通过画笔，名扬四海。

（4）开放形式，礼堂交流互利共赢

以文化礼堂为载体，积极开展文化交流。通过文化迎亲、文化走亲等特色村歌、排舞腰鼓等节目充分展现了村民的自信。与港澳地区成功联谊，邀请港澳地区青少年走访大陈，开展特色春泥活动，实现文化跨区域交流。共享成果，礼堂功能充分发挥。

将古村文化特色与群众基层文化相结合，互促互进。提升硬件打基础，制定完善文化礼堂管理制度，确保文化礼堂常态开放，为村民文化活动提供场地保障，从而激发村民活力和凝聚力。

（学员：孙鹤瑜、杨志斌、姜建雄、彭辉华）

3. 如何用建筑设计推动乡村振兴？如何让文化力量重返乡村？

传统的乡村有着深厚的文化积淀，是活着的历史。首先应该明确，城市化绝不是单向地把农民推到城里去，真正的城市化应该是双向的，中国的城市化进程应该在重新认识乡村的基础上推进，到乡村去把我们的传统文化找回来，把我们那种对自然的感受找回来，把我们的手工艺找回来，把我们生活里那种中国的味道找回来。未来的乡村，其实也是一种"隐形城市化"的状态，有山青水绿的生态环境，有文化传统的滋养，有现代化的生活。乡村建设好，城市才更美好，中国才更有希望。这是一条充满差异性的更亲近自然的道路。

设计师王澍以建筑设计重现文化的力量、乡村的价值，重新打造文村。不和老村脱离，是新村建造最理想的形态。这些新建造的农居疏密有致，就像是在老村中自然生长出来的一样。这时候，人可以体会到建筑学的力量、设计的力量。新文村的建造不但没有影响村民的生活，反而让他们多了一份对这个村子的自信和骄傲。

2017 年，王澍所在的中国美术学院建筑艺术学院成立 10 周年之际，提出学院未来 10 年的整体研究方向是全面向乡村建设转型，特别是面向浙江省的乡村建设转型。从城乡兼顾，到全面向乡村转型，这是一个重大转折。之所以有这样的转折，是因为中国乡村的发展，或者说乡土建筑的保护，已经到了非保护不可的时候，乡村改造是一个综合方案。文村之后会怎样发展？社会性的乡村建设力量的加入，将如何引导乡村的经济业态转型？还有各种对乡村感兴趣的人，会给文村带来怎样的变化？诸多问题有待探讨！

（学员：孙鹤瑜、杨志斌、姜建雄、彭辉华）

4. 关于浙江省杭州市富阳东梓关村回迁房的一些思考

不得不说作为"网红村"，东梓关新村的回迁房在形式上对于徽派建筑的理解和抽象过程还是比较到位的，平面布置也比一般小区更接近人们记忆中的村落。但其中的问题也十分明显：

（1）整个小区显得"太干净"，这或许跟材料和工艺有关。传统民居中

的"白"其实并不是真正的白色，地域材料和工艺的差异使得徽州的白墙和浙江的白墙有所不同。这样现代工艺下"纯净"的大黑大白，其实在传统民居中并不常见，唯一见得到的也许是在办丧事的时候，我想这是其中一些近景照片气氛看起来有点奇怪诡谲的原因之一；

（2）如果这个项目建在徽州地区，一定是个比建在杭州要好得多的项目。富阳地区的村子一路看来，夯土和"杭灰石"所建的建筑居多，与这种徽派气息很浓的黑白小窗建筑差别很大。徽派建筑是南方建筑的代表没错，可它并不是南方建筑的全部。在富阳这个地方建了一个现代的徽派村落，显然有点张冠李戴，与当地的建筑和人们的生活都是格格不入的；

（3）进入室内，开窗对着镂空的花砖，通风效果减半。主卧的开窗太小，顶层层高又太高，浪费能源。作为形式是好的，但是终归是形式，不一定符合村民的生活习惯。碰到一家村民在自己装修，室内风格艳丽，装饰材料粗陋，看来大部分村民的品位和审美意识，还是没有办法被"高冷的"建筑所改变。

（学员：孙鹤瑜、杨志斌、姜建雄、彭辉华）

5. 关于此次田野考察和乡村调研的几点启示

通过三个月的学习，参加了学院举办的集中培训、优秀乡村建设田野考察调研、做结业资料三个阶段进行，关于建设美丽乡村，个人体会主要有以下三点：

（1）集中力量培训乡建人才和加强宣传力度。在前一阶段的美丽乡村建设课堂集中培训通过讲座和翻阅资料，懂得何为美丽乡村，为何建设美丽乡村的含义。摒弃旧有陈规陋习，提高群众的文明素养，进一步提升全民参与美丽乡村建设的浓厚氛围。

（2）结合实际求发展。我深切感触到美丽乡村建设的前景广阔，探索新发展路径势在必行，同时通过实地参观，个人认为典型优秀模范村之所以能够在美丽乡村建设中走在前列，跟其因地制宜谋发展，结合当前实际搞建设是密不可分的。建设美丽乡村可以利用的先天条件，只有充分利用，在不破坏原有生态风貌的状况下，美丽乡村建设才能迅速取得实效。

（3）村容村貌的打造，环境卫生的整治是基础，如何留住人仍是乡村复兴的难题，乡村空心化的问题一直是振兴乡村的短板之一。

（学员：陈相全、郭倩、蒋田福）

6. 新农村的主要建设内容应体现在"新产业、新农民、新村镇、新福利、新风尚"五个新上

一是新产业。就是大力发展现代农业。成都市锦江区三圣乡以花为媒，巧妙运用景区内的丰富农业资源，大力发展花产业，打造"五朵金花"，形成了春有"花乡农居"百花争艳、夏有"荷塘月色"绰姿风韵、秋有"东篱菊园"含蕊迎霜、冬有"幸福梅林"傲雪吐芳的四季花卉主题景区，以及以农耕文化为主题的"江家菜地景区"，"花乡农居"已成为西南地区著名的花卉生产集散地。2004 年锦江区花卉产值达到 6168 万元，比 2000 年增长 49.6%。接待游客收入 1.4 亿元，农民土地亩租金由 1500 元上涨到 2000 元，改造后的农房成本由 500 元 / 平方米上涨到 1600 元 / 平方米，整个院区农户资产增值达到 13亿元。被誉为"天下第一村"的江苏华西村，走以工业化带动城市化的路子，从小五金厂、小磨坊起家，经过四十多年的发展，已形成铝型材、铜型材、钢材、带管、化工、毛纺六大系列产业，去年销售额达 307.81 亿元，全村可用财力 15 亿元。经济的快速发展，使华西村村庄变新、村民变灵、集体变富、生活变好、环境变美。先进地方的经验使大家深切感到，加强村庄建设和环境整治，这无疑是新农村建设的主要内容和最直观的体现，但更重要、更本源的内容，是发展农村产业，增强农民经济实力，这对于我们经济欠发达地方来讲尤为重要，必须牢牢抓住发展生产力这个最为根本的环节，否则新农村建设将是无源之水、无本之木。

二是新农民。江苏华西村现在初中以上村民占村民总数 86% 以上，其中大、中专生 200 多人，还有 3 名青年出国留学。村党委班子中，大专以上 25 人，有研究生，也有留学生。近两年，该村还用优惠措施吸引 2000 多名大中专毕业生来华西创业。华西外贸公司的职工 90% 为大学生。成都三圣乡红砂村曾光海，今年 54 岁，虽然只有初中文化，却是个精明能干的农民，他把原有房屋改建为 190 多平方米的三层小楼，称为"曾家花园"，成为接待游人的三

星级宾馆，大专毕业的女儿当经理，雇 3 个厨师、5 个服务员，食、宿、玩一体，每年接待游人上千人次，收入相当可观。他的小女儿也是大专生，在村里给游人当讲解员，仪表端庄、神态自然，讲解起来滔滔不绝、丝丝入扣，令人赞叹。在农民家中，看到许多尊师崇教的楹联，其中一副：开天开地莫若开心做人，藏金藏银不如藏书教子。给我们留下很深的印象。学员们感到，农民是新农村建设的主体，建设新农村，必须培育新农民，无论是农业的发展、农村的进步、还是农民的致富，都离不开科技文化知识的哺育和支撑，打造有文化、懂技术、会经营的新型农民，既是新农村建设的长远大计，也是当务之急。

三是新村镇。在参观考察的地方，我们闻到的是清新的空气，感受到嘉苗布原野，百卉敷时荣的秀美景象。远看是如诗如画，美不胜收的田园风光，近看是整洁的路面，漂亮、干净的住所。锦江区在打造"五朵金花"中，区政府投入 9754 万元，成都市级部门投入 1800 万元，用于搭建融资平台，撬动和吸引民间资金 1.67 亿元，对 2083 户农房进行穿靴戴帽式的改造，使老成都民居成为一幢幢赏心悦目的建筑群，成了一道道风景线。按照城市道路标准修（改）建乡村道路 32 公里，建成蓄水量达 20 多万立方米的微水治旱水利工程，修建日处理 100 吨污水处理站 3 座，村民活动中心 5 个，公厕 15 座，铺设污水管网 28 公里，开通天然气等基础设施。双流区南星村住楼房户 461 户，占全村总户数的 49.1%，农户"一化五改"率 100%，光纤电视入户率 70%。村级有劳动保障站、科技阅览室、医疗卫生配送点、老年活动中心及放心店，华西村民家家住上了别墅，最小的面积 400 多平方米，最大的 600 平方米。2002 年起，该村又新建了近 20 万平方米的别墅和公寓房，使刚加入华西村的周边农民也住上了宽敞明亮的新房子。2003 年 8 月，每幢价值 200 多万元的 40 多幢欧式别墅组成的"天下农民小区"正式竣工。全村大小车辆总数已超过 500 辆，最多的一户 3 辆，红旗、道奇、奥迪、奔驰在村内随处可见。

四是新福利。成都市在新农村建设中，坚持把城乡居民共享现代文明成果作为出发点和落脚点。一是建立城乡一体的社会保障制度。2000 年初，由市县两级财政将 1991 年实行货币化安置以来已征地农民纳入社保范围，对新征地农民直接纳入社保。全市 26.75 万名已征地农转非人员和 2.66 万名新征地农转非人员参加了社会保险，已有 13.1 万名征地农转非人员和 9105 名新征地农转非人员按月领取养老金。建立了以城乡低保、农村五保为基础，以帮困助学、帮困助医、安身工程三大救助工程配套的城乡一体的救助体系。二是建立城乡一体的教育制度。从 2004 年开始，用四年时间，市政府投资 10 亿元，完成全市农村中小学标准化建设工程，2006 年起全部免除 14 个郊区（市、县）义务教学阶段学生杂费和信息技术费。对进城务工农民子女入学进行统筹调配，不收借读费。三是建立城乡一体的卫生体系，全市所有乡镇卫生院划归县政府管理，建立了疾病预防控制体系、信息网络体系和医疗救治体系。全市参加新型农村合作医疗的农民 505.4 万人，参加率 89.4%，乡镇卫生院及村卫生站集中配送药品率达 100%。大家感到，扩大公共财政覆盖农村的范围，逐步改善和提高农民的社会福利水平，使农民逐步享受到与城市居民同等的国民待遇，是新农村建设的题中应有之意。

五是新风尚。我们所到的村镇，不仅体验到这里传统农耕文化与现代农业文明的高度融合，也深切感受到和谐的生活气息。青年人忙碌的身影，老年人喝茶打牌，笑意盈盈，孩子们脸上荡漾欢乐。

探寻其中的奥秘，主要有四个方面：一是素质提升人。这些村镇均靠近城市边缘，较早地接受了城市的先进文化、先进思想和先进生活方式，且农民自身文化程度较高，接纳能力较强；二是环境改变人。室内地板地毯，明窗净几，室外马路平坦，鸟语花香，四时有常青之树，八节有不谢之花，车在人中走，人在画中游，农民有了精气神，在潜移默化中养成了良好的习惯和风尚；三是制度管束人。这里除了法制宣传和礼仪教化外，还利用各种方式对农民开展经常性的教育，南新村开始星级文明户评比活动，把道德、学习、创业、守法、计生、环境分成六颗星，达到六星的给予表彰奖励，华西村坚定德育为先，一边富口袋，一边富脑袋。每月开一次村民大会，组织村民职工学习《中华人民共和国合同法》《中华人民共和国刑法》等，成立了"精神文明开发公司"，教育华西人发扬 16 字精神，做到"三守"（守法、守纪、守信誉）"六爱"（爱党爱国爱华西、爱亲爱友爱自己）。该村还做两项规定，一是奖励举报赌博者，真实举报一次奖励 1 万元，但目前还没有人拿到这个奖；二是孝敬老人奖，家有年过百岁老人，每人奖励 1 万元，该村有一家 37 口人，一位老人年过百岁，得到 37 万元奖励；四是设施吸引人，这些地方建立了图书阅览室、棋牌室、老年活动室，为农民广泛开展文化体育活动提供了场所。华西村成立了华西特色艺术团，下设京剧团、越剧团、锡剧团、歌舞团、杂技团五个分团，丰富了农民的文化生活。大家感到三个文明建设相辅相成，相互依存，倡导文明健康的生活方式，提高农民的道德水准，使农民树立科学、文明、法治的新型生活观，是乡村振兴工作的重要内容。

在乡村振兴中应重点抓好以下工作：

第一，做好规划，科学引领新农村基础建设。一方面做好产业规划。加速壮大龙头企业群体，做大做强农产品加工业，加快农业结构战略性调整，推进传统农业转型升级，提高农业综合生产能力。一方面做好村镇建设规划。村镇建设规划应该体现三性：一是前瞻性。要充分考虑到工业化、城镇化的长远趋势和村镇布局的长远变化，突出重点镇的中心村的建设，对边远村庄和人口较少的村，实行萎缩性规划和管理；二是具有和谐性。要从村镇的山形地势出发，依山顺水，追求人与自然的和谐，形成各具特色的自然村落、田园农庄和农村披区，防止千篇一律，千村一面；三是具有包容性。尊重民俗特点，注意保护有价值的传统民居、祠堂、庙宇等文化遗产。

第二，提升新产业。把农产品加工业培育成大的支柱产业，全力推进粮食、肉牛、肉鸡、肉鹅、生猪、蔬菜等加工体系建设。保持粮食综合生产能力，扩大瓜果、苗木、蔬菜和其他农林特产基地建设，大力发展现代畜牧业、都市农业、设施农业、生态农业和观光农业。

第三，建设新村镇。在搞好规划的同时，紧密结合当地经济社会发展的实际，因地制宜，因时就势，加快村镇建设。加强村镇基础设施和公共设施建设，要突出县城和省市确定的示范村镇建设，加大村容镇貌的改造力度。

第四，造就新农民。大力发展农村教育事业，全面开展农村职业技能培训，加快发展农村文化体育事业。

第五，培育发展新组织。有组织、有计划地引导农村合作经济组织发展，培育各类协会和专业合作社，不断提高农民参与市场的组织化程度。制定扶持合作经济组织发展的产业政策，资金支持政策，税收优惠政策，完善运行机制，加强规范管理。

第六，完善新体制、新机制。各级政府要真正落实每年中央一号文件精神，建立城乡统一公平合理的财政分配体制，国民收入分配和财政支出要向"三农"倾斜，建立专项支农资金，确保每年的财政支农资金要高于上年。落实中央财政对粮食生产县给予奖励和补助政策。建立健全农村义务教育管理体制，改善农村办学条件建立农村社会保障制度，完善农村五保户供养、特困户生活救助体系，建立农村社会养老保险、医疗保险、生育保险等社会保障体系。建立工业反哺农业、城市支持农村机制。贯彻"多予少取放活"方针，加大支农力度，鼓励社会资本投资农业基础设施建设，落实农民负担监管体制，努力化解乡村债务，完善农村土地承包和土地流转机制。

（学员：王瑾琦、张彪）

7．乡村建设面临的挑战和策略

通过对江西、杭州、苏州等各地乡村建设实地考察，收获良多，有很多值得我们学习和借鉴的部分，同时也反映出很多乡村遗留顽固问题，面临很多的挑战，结合西部地区乡村建设的基本情况，将一些共性问题做以下阐述：

（1）乡村认识不足，思想不统一。由于对乡村建设认识不够，不同层级政府和不同职能部门在具体实施或参与乡村建设时所表现出的积极性和行动力必然不同，难以形成建设合力，达成整体联动、资源整合、社会共同参与的建设格局。对乡村建设，不能仅仅停留在整治清洁卫生，改善农村环境的低层次认识上。而应该强化农业基础，推动生态文明建设、实现永续发展的需求。乡村建设不是给外人看的，而是建成广大农民群众赖以生存发展、创造幸福生活的美好家园。

（2）参与部门众多，组织协调难度较大。乡村建设是一项系统工程，需要各级政府、各个相关部门以及社会力量的积极参与。但在具体实施中由于缺乏统一的组织协调机构，往往缺乏顶层设计和统一政策指导。

（3）重建设轻规划的现象比较突出，项目建设规划和标准缺失。一些地方在美丽乡村建设试点中，注重硬件设施建设得多，但不注重乡村建设的总体规划和长期行动计划的科学制订，导致同质化建设严重、特色化建设不足、短期行为多、长远设计少，以及视野狭隘，缺乏全域一体的建设理念。

（4）政府唱独角戏，市场机制和社会力量的作用发挥不够。许多地方在进行乡村建设时，没有积极促进市场机制、社会力量的作用，采取传统的行政动员，尽管一些设施例如垃圾处理、生活污水处理设施等，按照高标准建成了，却难以维持长期运转，缺乏长效机制。政府主导有余、农民参与不足的现象比较普遍，农民主体地位和主体作用没有充分发挥，以致部分农民群众认为，乡村建设是政府的事。村民的积极性、参与度不高，由此而衍生的一些在乡村建设过程中执行力度低、协调村民难度大、政府与村民关系紧张，其主要症结就在于农民群众的积极性没有充分调动起来，农民群众的主体作用没有发挥出来。所以，乡村建设必须明确村民为主体，要充分尊重广大农民的意愿，切实把决策权交给村民。

针对以上乡村建设中普遍存在问题，在乡村建设的过程中需要妥善处理好以下内容：

（1）政府主导与村民主体之间的关系。村庄不仅是村民的居住地，也是村民生产生活的重要场所，村民是乡村的主人，建设美丽乡村政府是主导，村民是主体。

（2）密切部门与其他部门之间的关系。乡村建设是各级各部门的共同责任，越多部门参与对工作开展越有利，相关部门各司其职，各尽其责。在推动乡村建设时，整合相关部门的资源，形成建设合力，使之发挥最优效益。

（3）利用村规民约，建立村民自治，形成长效运行机制。例如乡村内部的公共服务设施维护和运行，发挥村民自我组织、自我维护、自我管理的社会民主治理机制，营造和谐安宁的村落的风貌环境和融洽美好的邻里关系。

（4）注重村落特色打造。我国地域广大，发展不平衡，各地情况千差万别，必须因地制宜，尊重差异，对规划编制、资金项目规范管理、建设标准统一的前提下，为了防止千村一面，在标准化的同时注重保持乡村特色建设，例如现在所提出的打造一村一品、一镇一品、一村一业、一村一景等，切实把一些具有特色的古村落保护好，把乡村非遗项目传承好，把优秀的乡村文化发扬光大，而不是简单地用同质化的建设标准裁剪、改造乡村。

总而言之，乡村建设涵盖了农村生产、生活、生态等各方面的内容，应按照以人为本、尊重农民主体地位，规划引导，突出地域特色，试点先行、重点突破，多元投入、整合资源，统筹推进，改革创新等全方位的考量。

（学员：徐诚程）

8. 关于此次田野考察的几点启示

（1）找准发展定位，彰显个性特色

农村建设要立足本村资源禀赋，找准战略定位、找准发展优势，走差异化竞争之路，因地制宜确定乡村的发展定位、民居风格、人文风情和产业特色。发挥各自的区位优势，体现特色和亮点，追求个性体现差异，这样才有竞争优势。每个村镇都要突出一个主题，围绕中心来谋篇布局，我们调研考察的三个省12个村镇都具有不同的特点。

江西省婺源县的几个村子利用自身山清水秀和民居古建的优势，由旅游公司统一管理，以收取景区大门票的模式运营。浙江省江山市的大陈村努力挖掘、传承和发扬传统文化，实施文化旅游；杭州市的东梓关村和文村利用新"杭派民居"建设走红网络，从而推动旅游产业发展；浙江省安吉县的余村和鲁家村打造乡村田园综合体，发展现代农业，走"田园综合休闲旅游"之路；江苏省苏州市的三山村则利用太湖小岛创建国家级湿地公园，以环岛观光旅游带动三产。

（2）科学规划引领，逐步严格实施

坚持规划先行，以区域特色创新创意为核心，把地貌、田园、农耕、气候、民俗等有形无形资源融入乡村规划，融入旅游元素，转化为富有特色的旅游产品。规划必须立足于现状，从实际出发，找准定位，可操作性强。规划一经确定，要纳入村规民约，在实施过程中，不得随意更改。调研的乡村几乎都有各自的发展规划，有些乡村甚至聘请全国的知名高校、设计院所、规划机构为其制定规划，逐步进行实施，并成立公司对旅游产业进行规范管理。例如江湾村就聘请上海同济大学编制了《江湾旅游规划策划及村镇总体规划》，实施"江湾文化休闲旅游综合体项目"；晓起村也聘请江西省城乡规划设计院编制了《晓起村古村落保护规划》；鲁家村聘请设计公司对整个村子进行村庄环境规划、产业规划和旅游规划，引入外部资本对农场进行项目投资和运营管理。

（3）遵循自然生态，按照标准建设

严格按照当地的建筑风格来建设、改造村庄，在房屋建设和环境整治中融入当地的传统元素。在所考察的美丽乡村中，每个村落几乎都能根据山水走势和流向，因地制宜建设，使自然景观与村落建设浑然一体，体现了自然和人文的和谐统一。我们所到之处，看不到大拆大建的情况，每个村在做好古街、古桥、古居等文物古迹保护的同时，还不同程度保留了几十年前村民居住的土房子、石头房子，这些保留下来的历史遗迹，展示了村庄发展和时代变迁的历史，成为当地开展美丽乡村建设的宝贵财富。婺源县的农民建新房有统一的标准，建房前要向县里申报平面、立面图纸，审核批准后才能开工建设；东梓关村的回迁房和文村的安置房都遵循了当地民居的风貌进行设计建造，与原有民居和谐共存。

（4）注重文化传承，深度开发利用

文化是美丽乡村之魂，要把文化建设充实到美丽乡村建设之中。深入挖掘村庄的文化元素，提升村庄的文化内涵。要充分利用旧建筑、古民居等，搞好历史文化保护与开发；要注意挖掘文化资源，利用好村里现有的文化阵地，传承文化传统，为美丽乡村建设注入新活力。美丽乡村建设不但要提升基础设施硬实力，更要注重文化宣传软实力，让人感受到深厚的文化底蕴。把文化这个旅游的灵魂融入乡村旅游产品之中，打造出具有地域特色的乡村旅游产品，突出纯正的乡土文化，将传统文化、农耕文化、民俗文化自然真实地融入乡村旅游产品中去，进行文化创意，出差异、出亮点、出卖点、出特色，尽可能地借助科技手段，营造能够体现乡村特质的旅游景观与活动，实现文化旅游化。还要加大宣传推介力度，制定旅游线路，把美丽乡村和景区旅游融为一体。调研的各乡村非常注重文化建设，村村有文化礼堂，村村有文化古迹，村村有村规民约，特别是大陈村大力挖掘和弘扬"村歌文化""古祠文化""崇尚教育"等传统文化。

（5）加强环境治理，建立长效机制

村容村貌的打造，环境卫生的整治，特别是污水、生活垃圾的处理是乡村振兴发展的基础。"三分建、七分管"，才能让农村环境整治效果有保障。加大宣传教育力度，提高群众环保意识。要重拳整治垃圾、重点治理"十乱"

现象，把农村垃圾、污水、绿化作为美丽乡村建设的重点环节抓实抓好。要建立长效管理机制：一是对村而言，建立常态化的考核奖惩机制，加大奖励和通报力度。二是对村民而言，建立评比机制，每月对村民的文明、卫生行为打分，通报乱丢垃圾乱排生活污水、破坏公物等不文明行为。考察的所有乡村的垃圾处理基本采取户收—村集—镇运模式，成立保洁公司，市场化运作。如大陈村建立健全卫生长效保洁机制，村民自觉遵守村规民约，保持环境卫生，垃圾分类处理，村容村貌常年整洁。

（6）大力发展产业，农民增收致富

建设美丽乡村，村美是手段，民富是关键，最核心的是要发展生产，让广大农民增收致富。因地制宜发展特色种养业、农产品加工业、农村电商，发展农产品采摘、农家乐体验等集住宿、餐饮、娱乐于一体的旅游项目，制作具有浓郁地方特色的工艺品和旅游纪念品，有效带动村民创业增收。首先是发展产业，调研的乡村基本上都在发展乡村旅游，以旅游带动农家乐、民宿、农副产品销售等第三产业，其中鲁家村以"公司+村+家庭农场"的组织运营模式，打造家庭农场聚集区，发展田园综合体。其次是转型升级，特别是余村进行产业调整，关停矿石开采，积极发展生态旅游经济。在开展美丽乡村建设的同时，对传统的农业转型升级，发展生态高效农业和休闲乡村旅游。

我国的乡村数量众多，发展不平衡，情况差异大，因此不能千篇一律，用统一的标准来建设，只能因地制宜进行开发，虽然乡村建设困难重重、任重道远，只要在全社会各方面力量的共同努力下，美丽乡村会在中国的大地上遍地开花。

（学员：潘春利）

9. 学习感言

望得见山，看得见水，留得住乡愁。

从武陵大山深处来到重庆的我，过去一直在奔波于自己的事业。自2013年以来，习近平总书记提出了解决"三农"问题，留住乡愁，让我看到家乡的希望。我的职业生涯中因为乡愁的味道，我开始关注乡村，关注家乡，关注美丽乡村建设。

这次有幸能成为国家艺术基金 2018 年度艺术人才培养资助项目"'美丽中国行'——西南乡村建设创新营建人才培养计划"中的一员，让我不但接触了很多优秀的导师，提升了我对乡村建设系统工程的理论基础，还走进乡村田野调研，系统体验优秀乡建案例，让我们学以致用，做规划、做设计、作品展览。

非常感谢指导老师潘召南教授，学习 70 天来的辛苦付出，老师对学术的严格要求，圆满完成了课程的学习，让我醍醐灌顶。

感谢国家艺术基金，感谢敬爱的老师们！国家将乡村振兴战略摆在首要位置，提出了以"产业兴旺、生态宜居、乡风文明、治理有效、生活富裕"是"乡村振兴"战略的总抓手，我将继续投身于乡村建设中，为乡村建设贡献自己的一份力量。

（学员：马燕）

10. 关于昆明市大渔海晏村设计的思考

昆明市呈贡区大渔海晏村传统村落及民居的形成是滇池流域地区自然环境、历史沿革及人文结构的必然选择。无论其功能格局、构成形制、施工材料工艺如何，都是遵循着因地制宜、因材制宜的原则来做到与自然共生、顺应时代背景的。我们看到，呈贡区大渔海晏村的传统合院式民居建筑，向我们展现了过去一定历史时期生活在这里的人们对居住的需求及对材料的驾驭能力，形成了具有独特风格的使用方法和独到见解，并结合滇池流域的传统文化和当时的社会风貌，营造出了极富特色的民居建筑。通过与旧时云南昆明滇池流域周边民间本土建筑师对本地建筑材料的熟练运用和相互搭配组合的研究和了解，这些传统智慧和经验对今天传统民居及建筑技艺的保护和传承、改造，以及对当下新建筑的设计和运用，在提倡环保节约型社会背景下，有着极大借鉴和反思的作用。

昆明市呈贡区大渔海晏村传统民居形制是多元文化兼收并蓄、融合发展的物化表现。表现出了当时社会的政治文化和农耕文化，反映了人们的观念认识和价值取向，可以明显地看到多民族融合的特征，集市的形成和商业的发展带来的多元文化影响住宅的平面形式、空间组合和朝向，并融汇于地方性生态环境中；表现出民族的文化传统和旧时社会习俗等诸多要素，反映了传统人文的智慧和生活的哲学，通过建筑空间的内在形式对居住使用者的行为产生了约束和规范，在潜移默化中做到维系家庭观念和对传统文化的传承及宗教信仰。从大渔海晏村传统民居的建筑装饰上，更反映出了当时渔业码头的村镇居民对社会文化生活中流露出的品位和对美好生活的向往。对这些建筑装饰元素的梳理和继承，极大地丰富了民间传统艺术形式和历史文化价值与美术观赏价值。

昆明市呈贡区大渔海晏村传统村落及民居是在历史的变迁中不断地衍变、凝聚、提炼、沉淀后才发展成为今天所呈现的状态。通过研究发现，大渔海晏村传统村落及民居建筑的平面立面形制、建筑材料及技艺、装饰手法亦不是一成不变的，它是根据时代变迁中社会环境和生活水平的变化创造的，与云南其他地区的合院式民居建筑有着典型的共性，但也有为适应逐渐形成的水港市井商业文化及近代西方思想冲击下的交流为背景的个性特征形态，还可以从近代的民居建筑装饰手法上看到了农耕文化与商贸文化在撞击中的交融和共生，甚至在同一村落内存在几个不同时期的建筑，显示出建筑形制在时间推移上的变化。

传统的居住文化无疑会伴随着社会发展而发生改变，虽然传统的居住模式随着现代生活方式的改变已经渐渐淡出了我们的视野，但对于民居的发展，继承传统不是守旧，而是要理解传统的内涵，在发展中继承传统的精华。才能针对性地解决现实中的一些问题，为具体问题找到参考的依据，借鉴古人与地理气候相生相融的建房智慧，为历史民居的保护探索和改良措施、新民居的借鉴、旅游景点建设中的文化传承、城市特色营造中的要素提取打下深远的理论基础。

第六章 过程管理

在项目的实施过程中，管理是非常重要的内容之一，关系到整个项目人才培养的效果和成果。整个过程管理涉及授课教师、学员、所在高校的教学场地、调研场地等多个环节。每个环节的取舍都将对培训的效果产生影响。因此，做好项目过程管理工作，是提升项目人才培训质量的关键环节。

一、学员管理

1. 编撰《学员手册》

为了营造良好的学习氛围，让每位学员对此次培训的计划内容和相关事项安排有一个全面大致的了解，《学员手册》的内容包含主要授课教师名单、学员名单、授课计划安排、工作人员联系方式、培训期间的注意事项、管理细则等。《学员手册》给每位学员和负责培训的工作人员发放，人手一份。（图6-1）

2. 出勤管理

培训期间，项目组工作人员对学员进行考勤记录，查看是否有缺席、早退、迟到情况。若有，将按照管理细则的相关规定进行相应的惩戒。通过相关纪律和规定，保证整个项目组学员安全、有序、持续地完成学习。

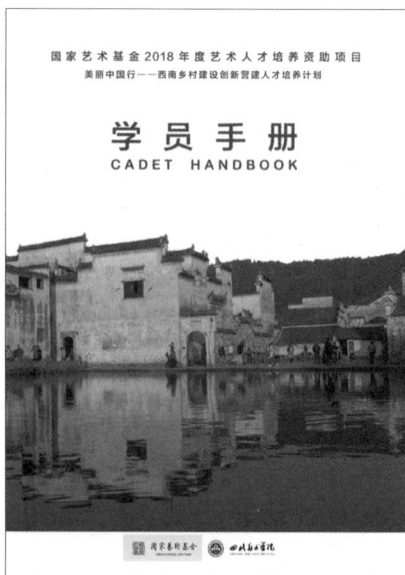

图6-1 学员手册（课题组自制）

3. 课业安排

学员在此次培训期间的课业主要分为三个部分：一是课题讨论，授课教师在授课结束后会抛出相应地问题让学员有针对性地进行讨论，加深对所学知识的巩固和应用；二是课堂作业，主要是由授课教师进行布置；三是学习成果展示，通过 70 天完整、集中学习之后，学员最后将培训期间所学的知识综合运用在某一个地方的项目规划设计上，并对项目地进行调研、考察、测绘、规划和设计，最终形成一个相应的成果予以展示。

二、课程管理

1. 课程设置管理

项目培训期间，授课内容主要分为理论讲授、观摩辅导、田野调研、实践创作、讲座研讨等多种形式展开。项目实施期间，每天的授课内容都是按照授课计划严格进行。

培训课程设置的原因：

（1）集中训练阶段提高学员的基础审美能力，学习优秀乡村建设案例，系统性地建构学员们的乡村建设知识体系，国际优秀乡建案例分享，乡建政策解读；田野调研与考察阶段，开拓学员的眼界，积累乡村建设的相关优秀经验；设计实践阶段，完成一个乡村建设的概念方案，注重实验性和创新性。三个板块课程相辅相成。

（2）集中培训课程由项目组专家多次研讨确定，授课教师经验丰富。另外邀请全国知名专家学者，根据每一位老师的专业特点担任不同的课程。

表6-1 课程设置（课题组自制）

时间	授课内容	授课教师
6月14日	学员报到入学	黄政等7人
6月15日	开班仪式，十九大文艺理论学习	潘召南、尹恒
6月16日	中国设计简史	易欣

续表

时间	授课内容	授课教师
6月17日	中国设计简史	易欣
6月18日	西方艺术简史	陆豪
6月19日	西方艺术简史	陆豪
6月20日	西方艺术简史、乡土特色的保护、利用与传续设计	陆豪、黄红春
6月21日	乡土特色的保护、利用与传续设计	黄红春
6月22日	乡土特色的保护、利用与传续设计	黄红春
6月23日	重庆周边优秀村镇案例现场集中教学	徐正
6月24日	查阅资料与完成作业	唐欢
6月25日	美丽乡村设计方法与振兴思路	张月
6月26日	美丽乡村设计方法与振兴思路	张月
6月27日	乡建中再现地域性、民族性与生产性特征、口述记录田野调查方法	王铁、张习文
6月28日	乡建中再现地域性、民族性与生产性特征	王铁
6月29日	口述记录田野调查方法、乡土特色品牌战略	刘贺炜、马泉
6月30日	巴渝历史建筑观摩与文化交流	李敏
7月1日	组织讨论与查阅资料	唐欢
7月2日	乡村视觉形态与产业构建	詹文瑶
7月3日	乡村视觉形态与产业构建	詹文瑶
7月4日	中外优秀特色村落比较赏析	潘召南

续表

时间	授课内容	授课教师
7月5日	休闲观光农业与美丽乡村建设	代璐
7月6日	产业规划与产业景观化	钱春
7月7日	重庆周边优秀村镇案例现场集中教学	徐正
7月8日	组织讨论与查阅资料	唐欢
7月9日	乡土中国与西部乡土	彭兆荣、李竹
7月10日	乡土中国与西部乡土	彭兆荣、李竹
7月11日	乡土中国与西部乡土	彭兆荣、张颖
7月12日	自然农业	易小林
7月13日	休闲观光农业规划	尹克林
7月14日	重庆周边优秀村镇案例现场集中教学	潘召南
7月15日	查阅资料集中讨论课程内容	李敏
7月16日	田野调查方法	谢亚平
7月17日	田野调查方法	谢亚平
7月18日	历史文化名村规划、传统村落民居营建	程潇潇、陈继军
7月19日	中外优秀特色村落比较赏析	潘召南
7月20日	乡土特色的保护、利用与传续设计	赵宇
7月21日	查阅资料集中讨论课程内容	李敏
7月22日	查阅资料集中讨论课程内容	唐欢

续表

时间	授课内容	授课教师
7月23日	乡愁	刘涛
7月24日	乡愁	刘涛、潘召南
7月25日	田野考察与优秀乡建案例调研	潘召南
7月26日	田野考察与优秀乡建案例调研	潘召南
7月27日	田野考察与优秀乡建案例调研	潘召南、刘涛
7月28日	田野考察与优秀乡建案例调研	潘召南、刘涛
7月29日	田野考察与优秀乡建案例调研	潘召南、刘涛
7月30日	田野考察与优秀乡建案例调研	潘召南、刘涛
7月31日	田野考察与优秀乡建案例调研	潘召南、刘涛、陈继军
8月1日	田野考察与优秀乡建案例调研	潘召南、刘涛、陈继军
8月2日	田野考察与优秀乡建案例调研	潘召南、刘涛、陈继军
8月3日	田野考察与优秀乡建案例调研	潘召南、刘涛、陈继军
9月7日	设计实践辅导	潘召南
9月8日	设计实践辅导	潘召南
9月9日	设计实践辅导	潘召南
9月10日	设计实践辅导	刘涛
9月11日	设计实践辅导	刘涛

续表

时间	授课内容	授课教师
9月12日	乡村振兴案例讲解——明月村为例	徐耘
9月13日	设计实践辅导	潘召南
9月14日	设计实践辅导	彭兆荣、张颖
9月15日	设计实践辅导	潘召南
9月16日	设计实践辅导	潘召南
9月17日	设计实践辅导	潘召南
9月18日	设计实践辅导	潘召南
9月19日	设计实践辅导	刘涛
9月20日	设计实践辅导	刘涛
9月21日	设计实践辅导	潘召南
9月22日	设计实践辅导	潘召南
9月23日	设计实践辅导	潘召南
9月24日	设计实践辅导	潘召南、刘涛
9月25日	结题展览开幕式	潘召南

2. 任课教师管理

（1）主要授课教师基本情况

此次担任国家艺术基金项目"美丽中国行"——西南乡村建设创新营建人才培养计划的授课教师都是通过严格遴选，选取了在乡村营建方面有突出贡献的理论和实践方面的教授、专家来担任授课教师。

项目培训主要采用四川美术学院设计艺术学院骨干教师：潘召南、彭兆荣、赵宇、谢亚平、张颖、黄红春、李竹、刘涛、陆豪、易欣、詹文瑶等，其中教授6名，副教授3名，研究员1名，讲师3名，他们均是对应教学课程的骨干教师，具有相关课程多年的教学经验，专业性强。另外邀请到了业内著名的专家学者为外聘教师，给学员带来业内高水平的知识盛宴，其中有清华大学美术学院博士生导师张月教授，中央美术学院建筑艺术学院院长博士生导师王铁教授，中国建筑设计研究院高级工程师陈继军，清华大学美术学院博士生导师马泉教授、乡建专家徐耘先生等。根据每一位老师的专业特点担任不同的课程，课程紧凑，相互呼应连贯。

（2）授课教师管理

培训准备前期，先将整个培训计划内容与授课教师进行沟通，授课教师根据项目要求安排授课内容，并与每位授课教师确定具体的授课时间。在培训期间，提前通知授课教师按时来进行授课。

三、实施管理

1. 发布招生简章

通过四川美术学院官网、微信公众号等途径向社会发布项目招生简章（图6-2）。

2. 学员遴选及公布名单

5月28日，在四川美术学院行政楼科研处办公室举行"美丽中国行"——西南乡村建设创新营建人才培养计划项目学员遴选研讨会（图6-3）。项目负责人潘召南教授介绍项目的主要内容与意义，以及项目招生总体情况。之

图6-2 官网招生简章（课题组自制）

图6-3 学员遴选研讨会（课题组自制）

图6-4 课题组专家讨论入选名单（课题组自制）

后依次将报名学员的简历表以及相关作品进行初次评选，每位参加研讨会的老师发表自己的看法，遴选出符合课程条件的学员，最终潘召南教授根据项目申报文件最终确定20名入选学员（图6-4）。并通过官网和微信公众平台发布入选学员名单。

3. 教学管理

学员在校集中培训期间的管理严格按照四川美术学院制定的学员管理制度执行。同时，学员将与培训责任单位签订培训期间管理协议，在培训期间个人身体出现健康问题，医疗责任自负。

4. 集中授课

严格按照项目授课计划安排，让学员进行学习培训。在授课之外，一是安排学员进行外出实践考察学习，并提交相应的调研报告；二是安排相关的教师为学生答疑解惑和设计实践辅导，帮助学员们顺利完成学习。

5. 成果汇报

所有参加培训的学员自由分组、自由选取家乡或某个村落进行实地调研和规划设计，并以完整的规划设计内容作为培训的学习成果，项目负责人亲自对每组的规划设计内容进行辅导。最后，以展览的形式将学习成果进行展出汇报。

本次项目以学员作品集和由学员提供的高规格参展作品进行展览展示作为结业依据。培训期满，学员所提交作品经专家老师评议打分，成绩合格的学员由国家艺术基金管理中心统一颁发结业证书。

四、记录管理

1. 学员学习记录

项目组要求每位学员在授课期间进行课堂笔记、学习心得记录，目的是希望每位学员通过此次培训能够学到所学知识、巩固所学知识，能够在将来的工作中发挥所学所用（图6-5）。

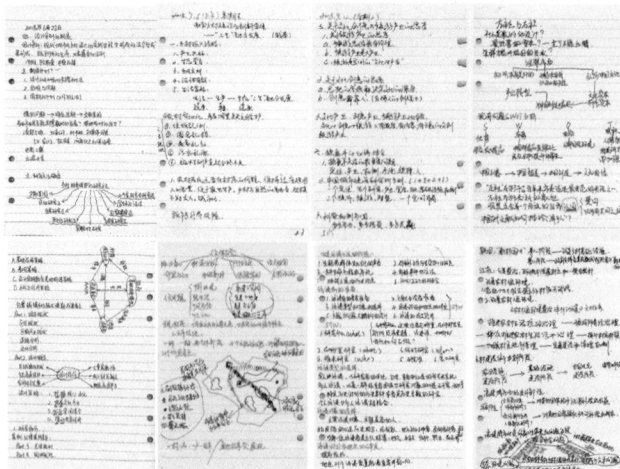

图6-5 项目学员课程笔记（项目学员自制）

2. 编写课程日志

项目组安排一名工作人员负责编写培训期间的课程日志，日志的内容主要包含：（1）授课地点位置；（2）授课内容概述；（3）学员目前程度；（4）学员在本次课中进行了什么讨论或练习；（5）本次课解决了学员哪些问题；（6）教师在课后给学员安排了什么练习；（7）学员的完成情况如何。

编写课程日志的目的在于，让项目组负责人及时掌握学员们的学习情况，在外出考察、设计辅导实践等环节中，有针对性地对某个学员的突出问题和薄弱问题进行指导。

3. 授课记录管理

由于此次培训集结了国内在乡村营建方面的重要专家力量，他们在乡建理论和实践方面有着突出的贡献。培训期间所讲授的知识非常具有典型性和代表性。因此，项目组安排一名工作人员负责对每位专家的授课内容进行全程录像。

第七章

项目成果

一、主要成果展示

王瑾琦、张彪《重庆秀山县赀贤村健康休度假中心概念规划设计》

范珉珉、尕藏多杰《青海省玉树藏族自治州称多县拉布乡拉司通传统村落保护规划》

代丽枝、徐诚程、徐朝珍《安龙县钱相街道办纳汪村乡村建设规划设计》

谢建、潘春利、马燕《金刚村·重庆肺叶概念方案设计》

孙鹤瑜、杨志斌、姜建雄、彭辉华《大理茶马古道沿线历史驿站的保护及发展规划》

孙鹤瑜、杨志斌、姜建雄、彭辉华《云南省昆明市大渔乡海晏村规划设计》

刘檬、王鼎杰《长沙靖港古镇产业规划重塑设计手册》

陈相全、蒋田福《优化红星村农业产业结构 再造乡村风貌》

黄秋华、谢建、金珍羽《回归·乡愁——重庆市彭水县润溪乡白果村发展规划》

二、社会反响

1. 媒体报道汇总

网络媒体报道情况

序号	发表网站	报道时间	题目	网址链接
1	四川美术学院官网	2018年4月28日	国家艺术基金2018年度艺术人才培养资助项目"美丽中国行"——西南乡村建设创新营建人才培养招生简章	http://www.scfai.edu.cn/

微信公众号等网络自媒体报道情况

序号	发表时间	公众号名称	题目	主要内容
1	2018年4月30日	川美设计学院官方微信公众号	国家艺术基金2018年度艺术人才培养资助项目"美丽中国行"——西南乡村建设创新营建人才培养招生简章	发布项目招生简章与学员报名信息表
2	2018年6月8日	川美设计学院官方微信公众号	川美设计●微布告｜"美丽中国行"—西南乡村建设创新营建人才培养计划学员公示	公示录取学员名单
3	2018年10月14日	川美设计学院官方微信公众号	川美设计·微现场｜国家艺术基金2018年度艺术人才培养资助项目"美丽中国行"——西南乡村建设创新营建人才培养计划成果汇报展	发布项目结题展览信息
4	2018年10月14日	雅昌艺术网	"美丽中国行"——西南乡村建设创新营建人才培养计划"成果汇报展揭幕	发布项目结题展览信息
5	2018年9月26日	中国民族建筑研究会	中国民族建筑研究会藏式建筑专业委员会国家艺术基金培训项目成果汇报	发布项目结题展览信息、认可项目的开展对藏式民居发展的促进作用。

图 7-1 项目报道情况（课题组自制）

2. 雅昌艺术网媒体报道

7-2

7-3

7-4

图7-2 雅昌艺术网报道项目展览揭幕情况(雅昌艺术网)

图7-3 雅昌艺术网报道项目展览现场(雅昌艺术网)

图7-4 雅昌艺术网报道项目展览现场(雅昌艺术网)

3. 中国民族建筑研究会报道

7-5

7-6

图7-5 中国民族建筑研究会报道项目展览开幕情况(中国民族建筑研究会)

图7-6 中国民族建筑研究会报道项目展览现场情况(中国民族建筑研究会)

1 重庆秀山县贵贤村

健康休度假中心概念规划设计

○ 王瑾琦　张彪

重庆·秀山
CQ·XiuShan

贵贤村健康休闲度假中心概念规划设计

王瑾琦　张彪
二〇一八年九月

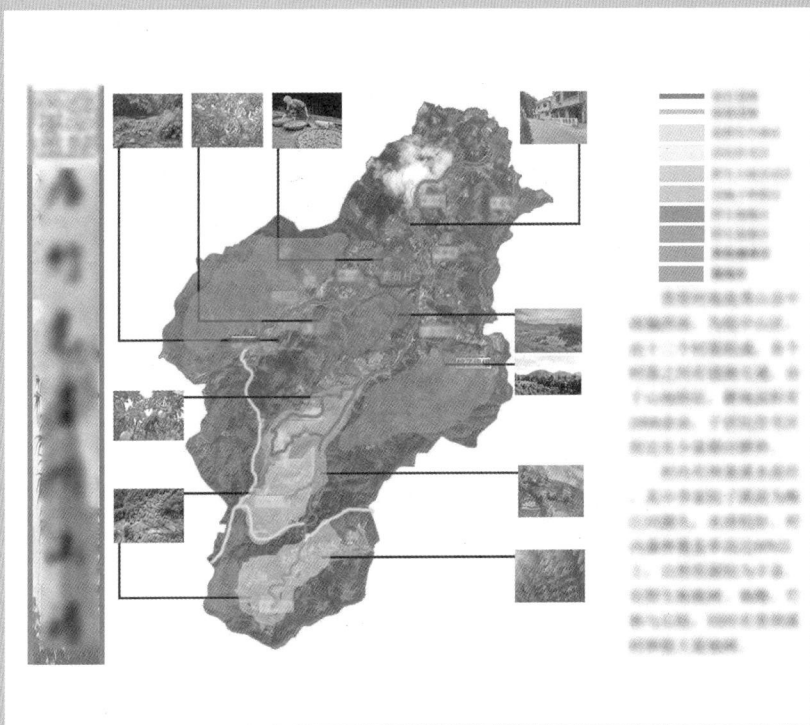

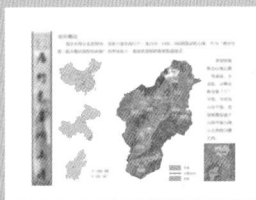
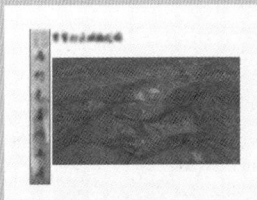
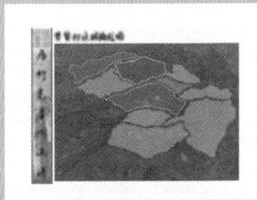

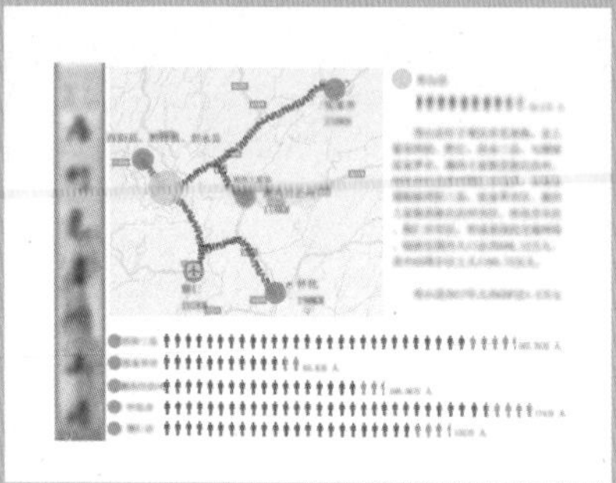

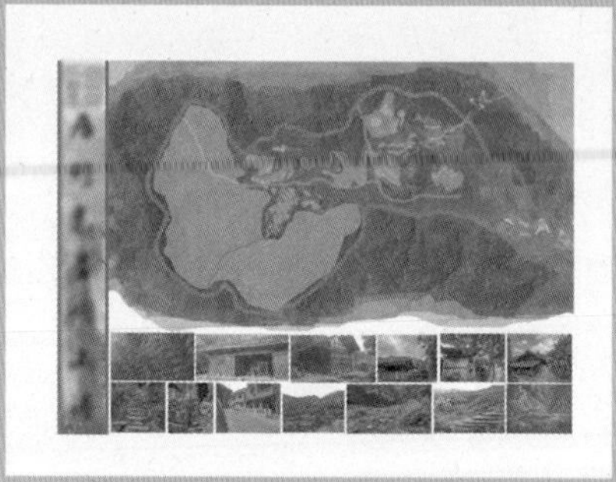

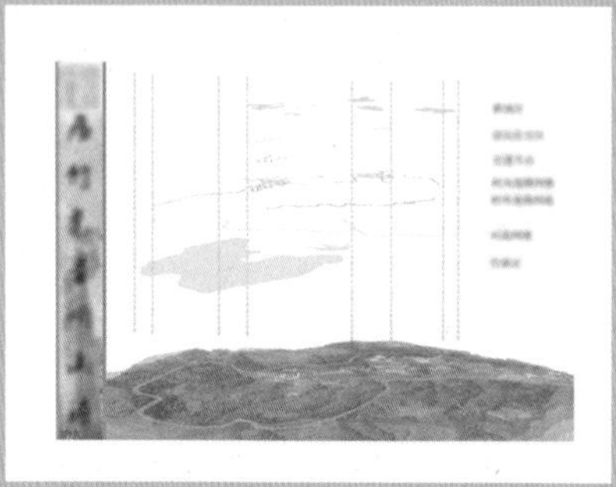

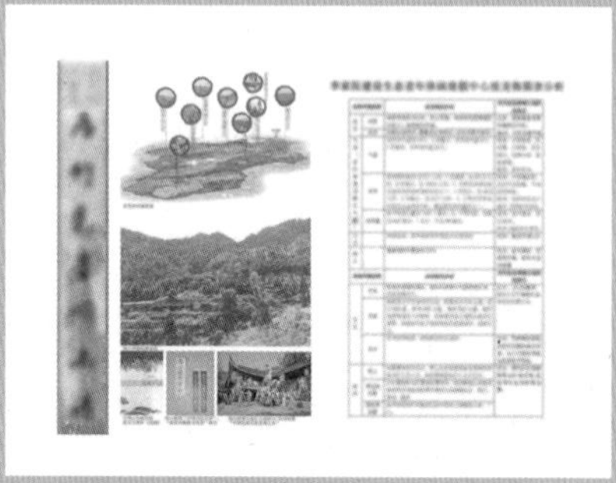

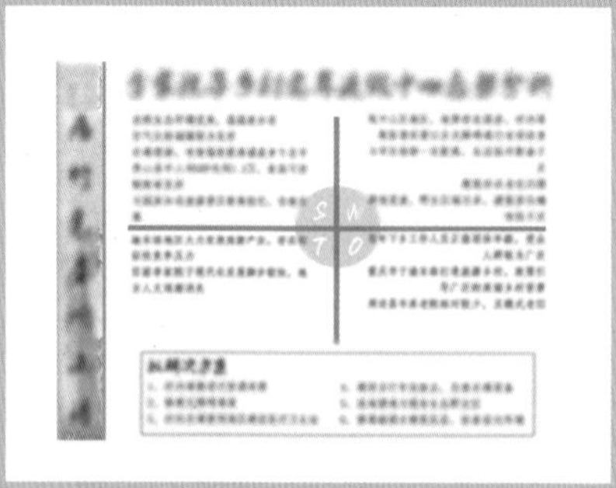

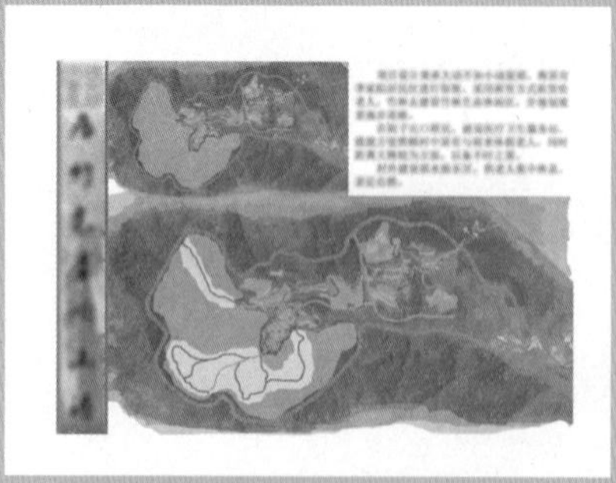

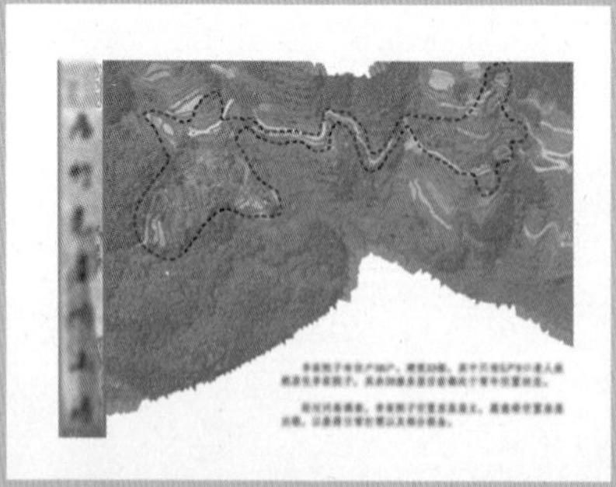

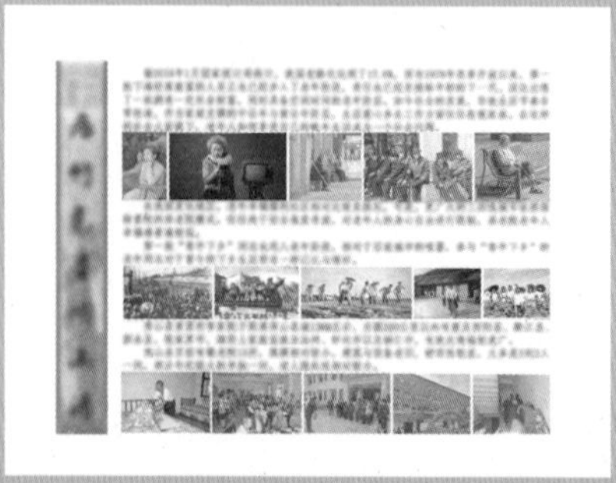

 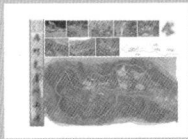  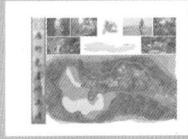

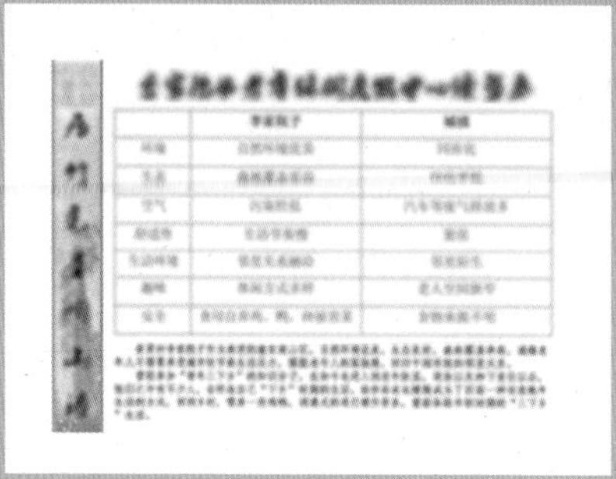

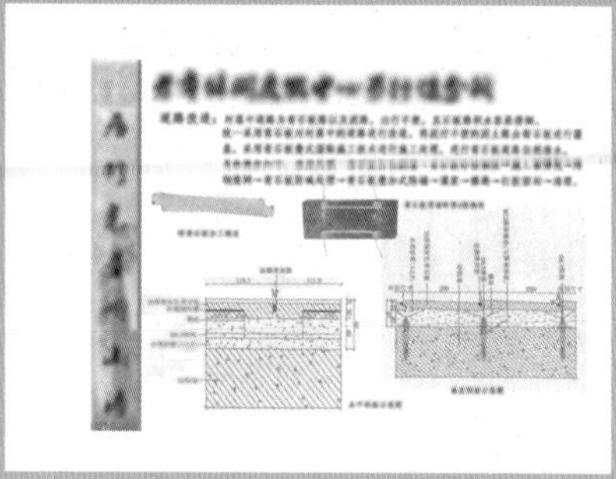

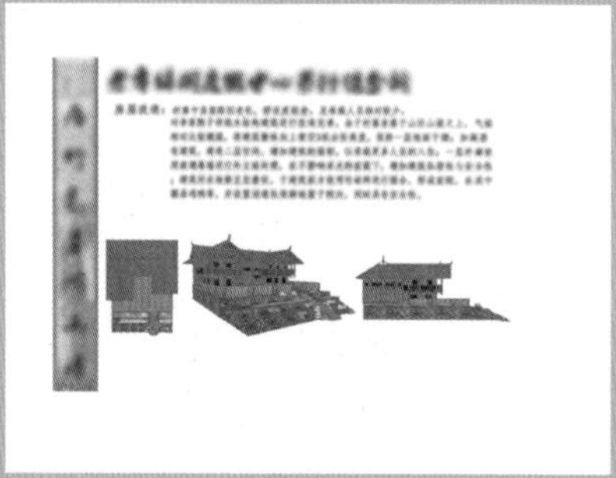

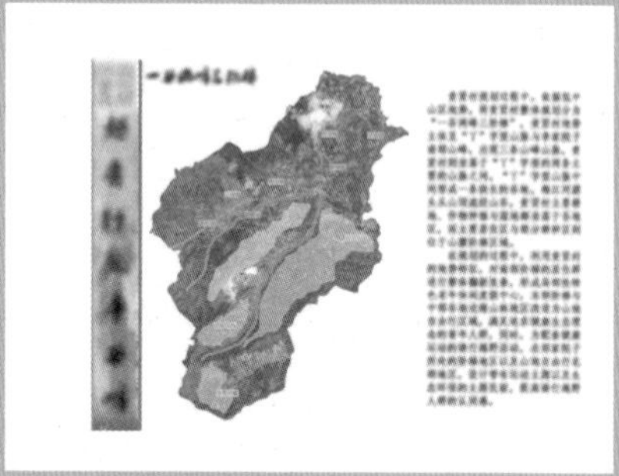

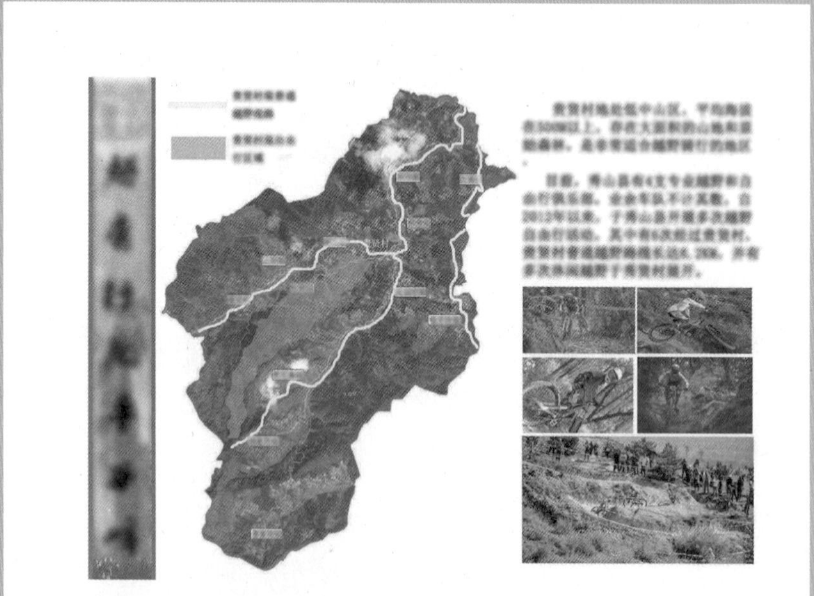

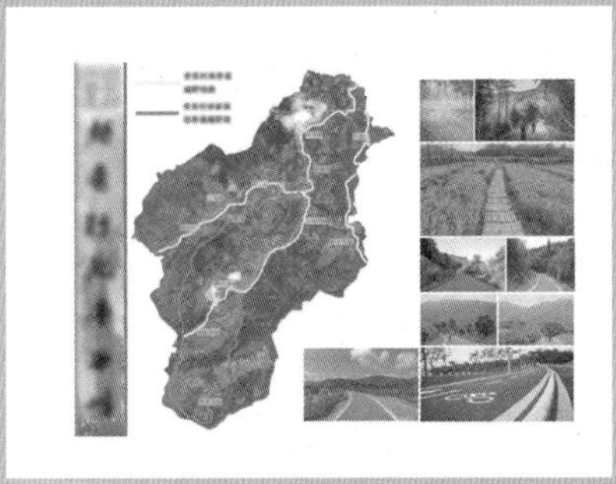
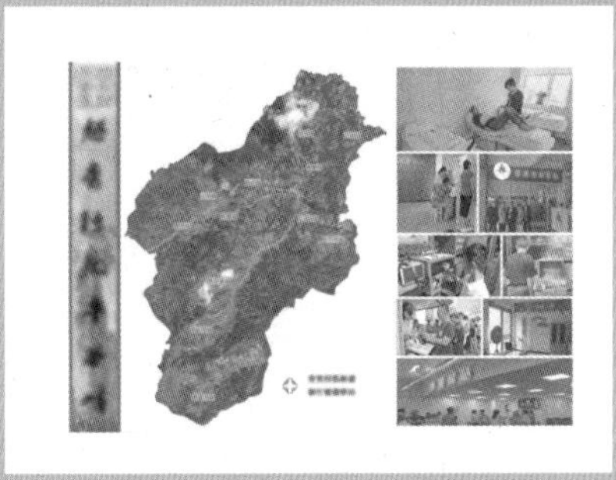
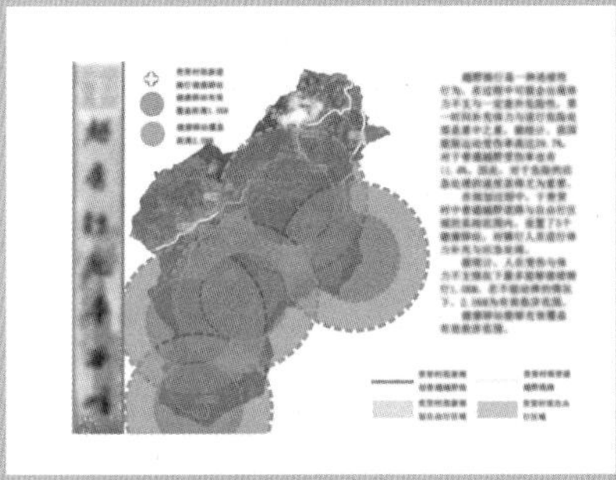
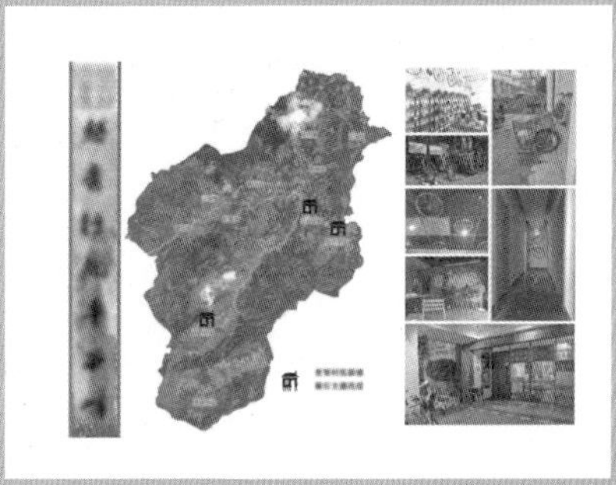
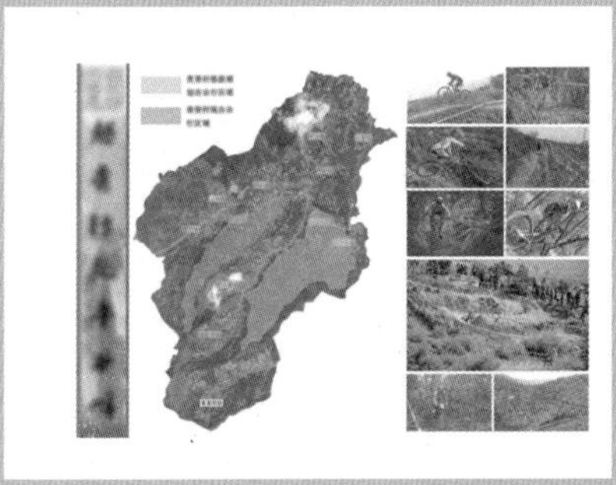
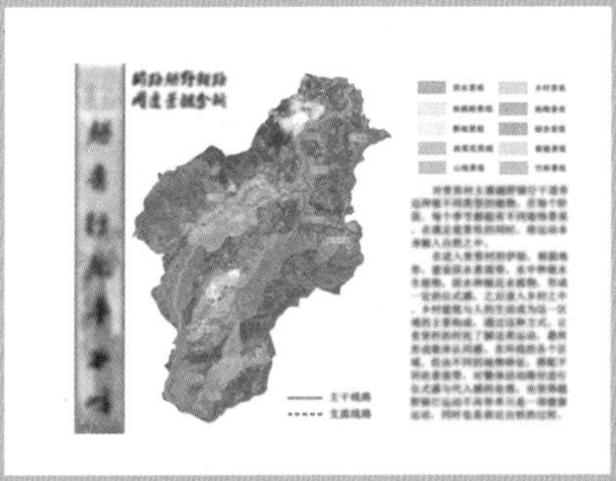
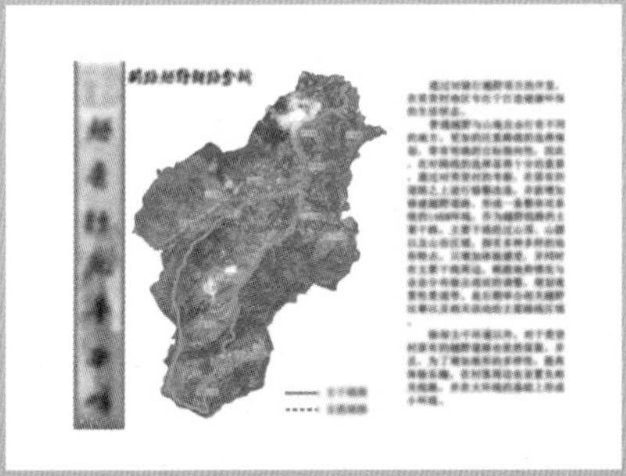
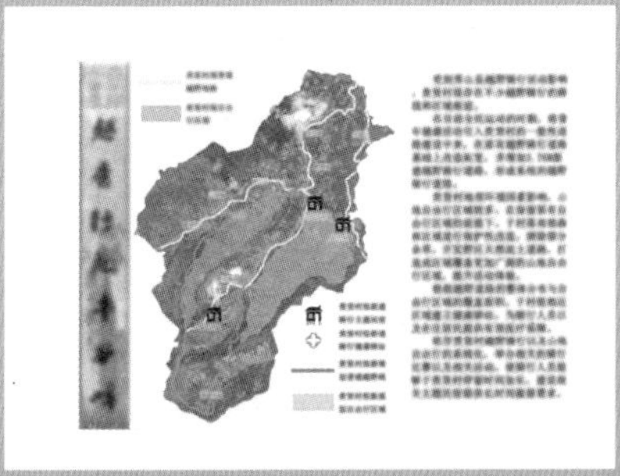

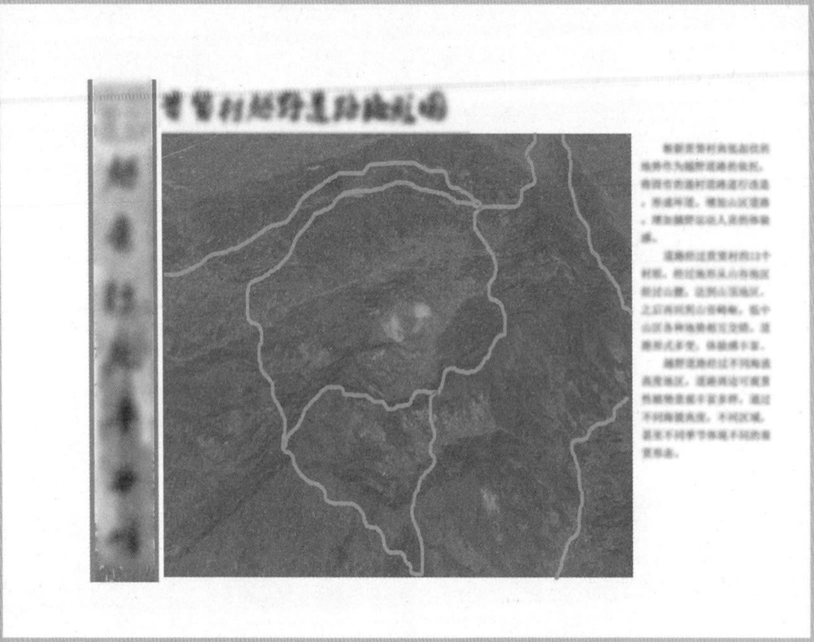

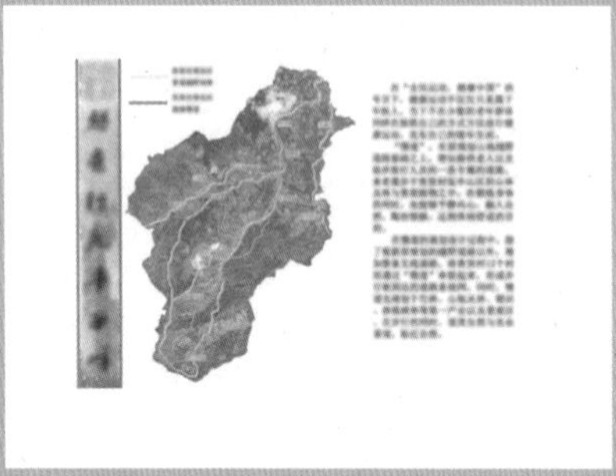

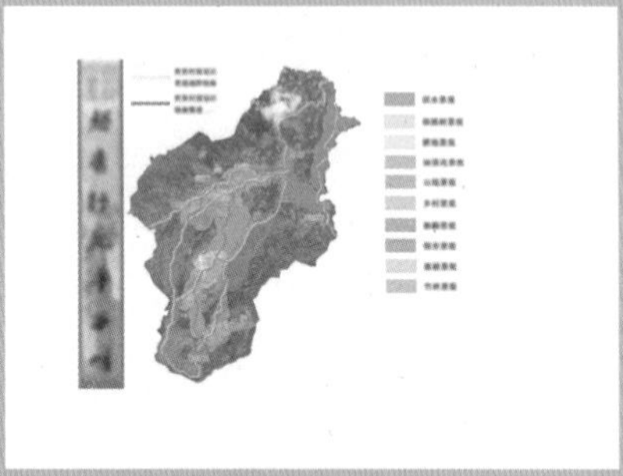

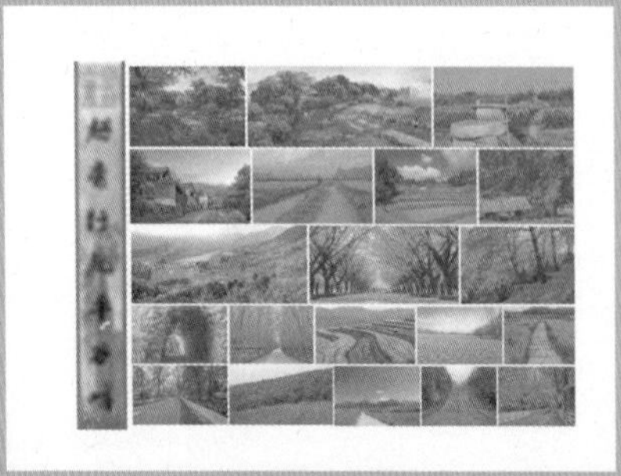

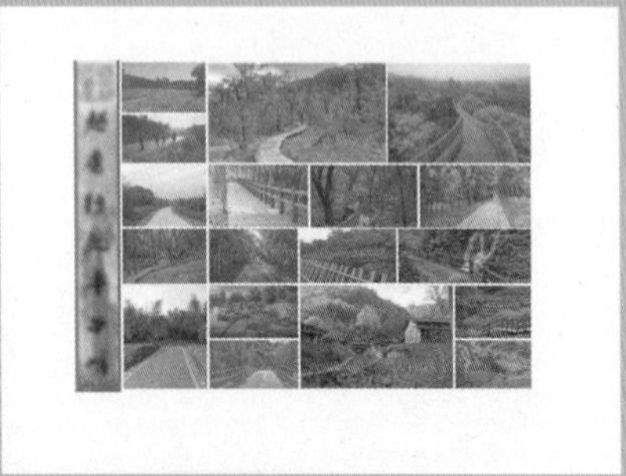

2 青海省玉树藏族自治州

○ 范珉珉　尕藏多杰

称多县拉布乡拉司通传统村落保护规划

国家艺术基金　A BEAUTIFUL CHINA JOURNEY
西部乡村建设创新育英人才培养计划

青海省玉树州称多县拉司通村传统村落保护规划

青海省玉树藏族自治州称多县
拉布乡拉司通村落保护规划

2018. 9. 10

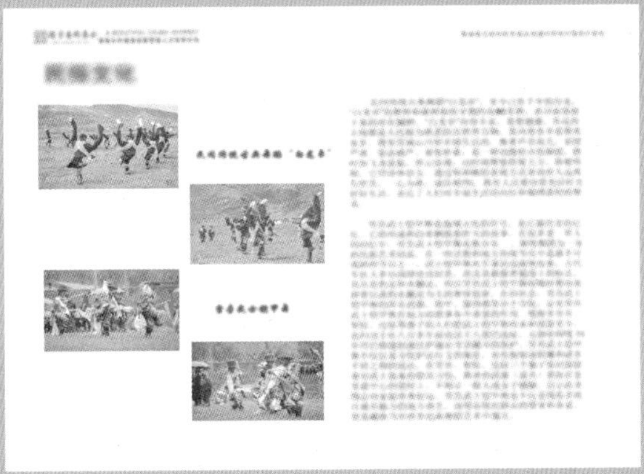

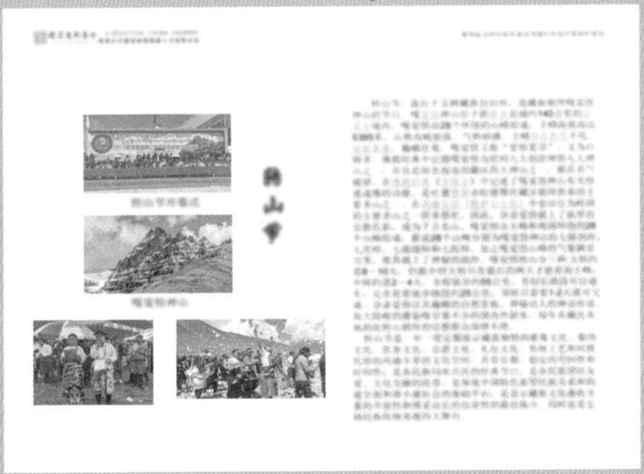

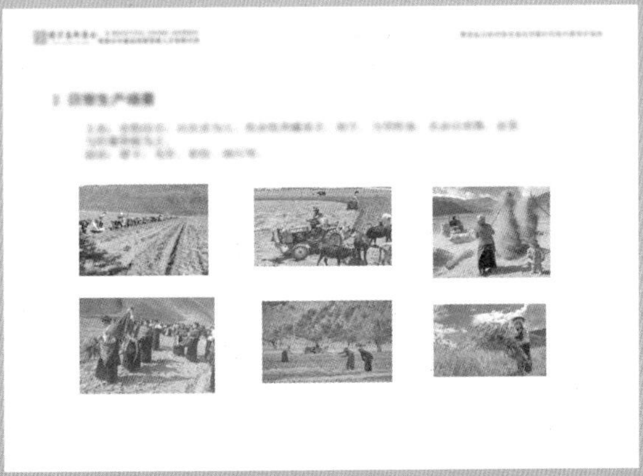

3 安龙县钱相街道办

纳汪村乡村建设规划设计

○ 代丽枝 徐诚程 徐朝珍

安龙县钱相街道办纳汪村乡村建设规划设计

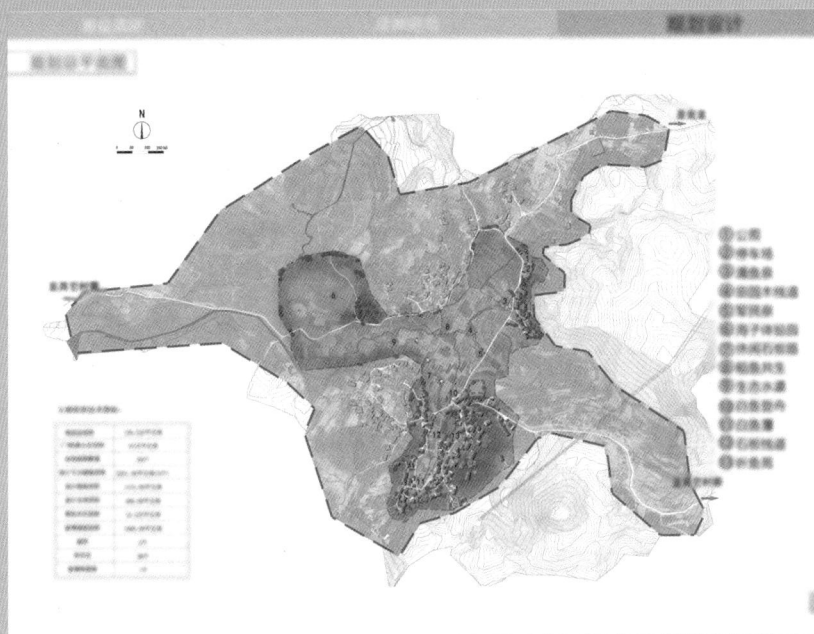

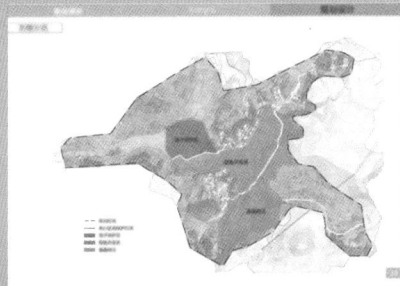

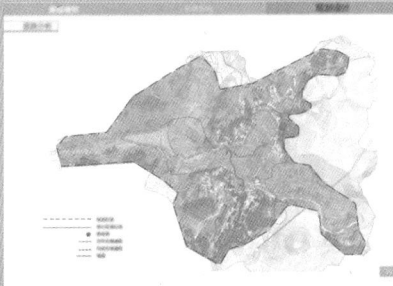

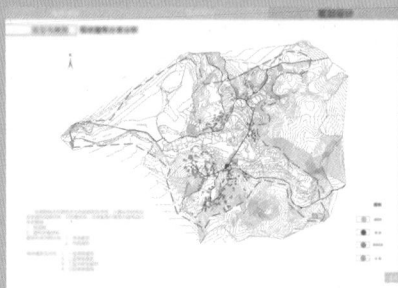

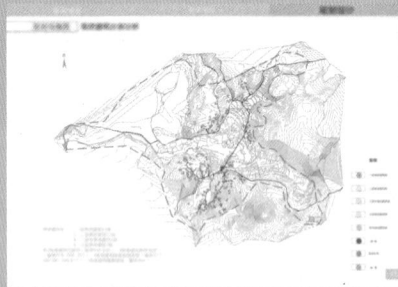

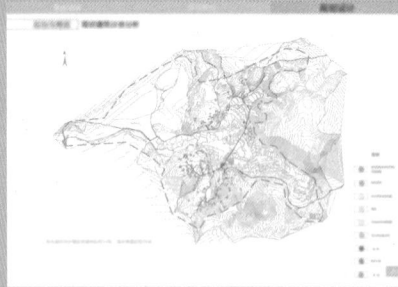

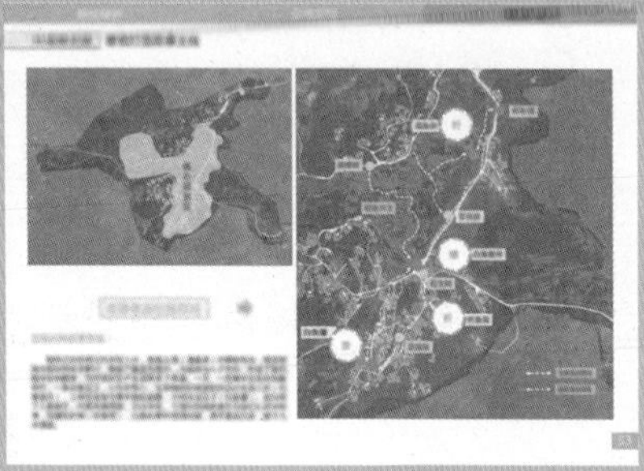

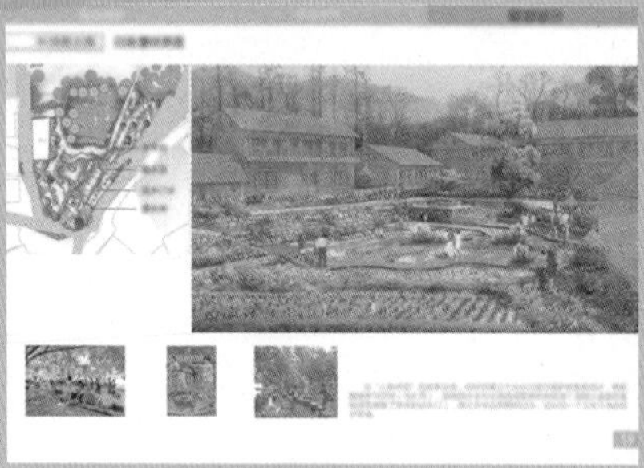

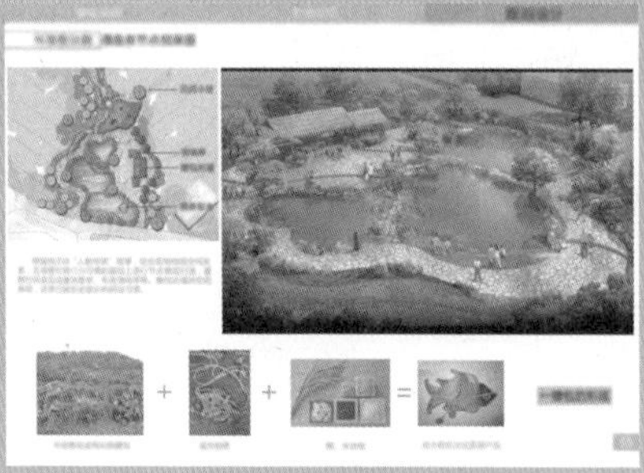

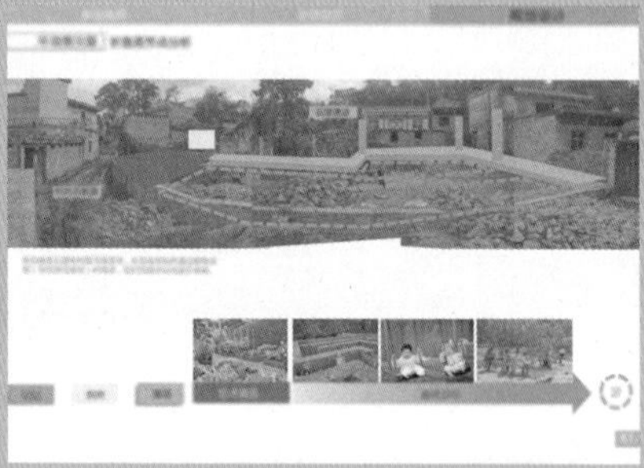

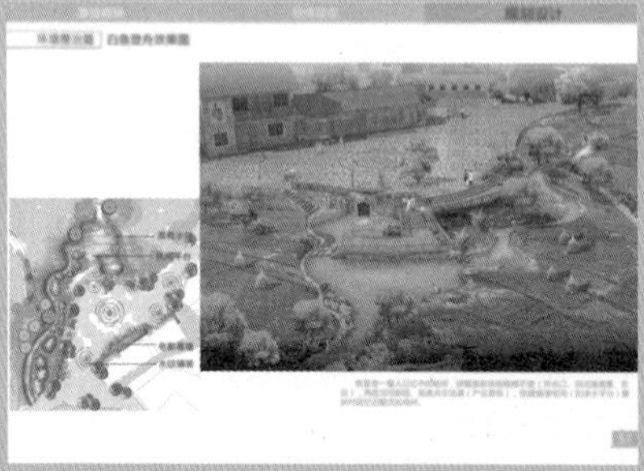

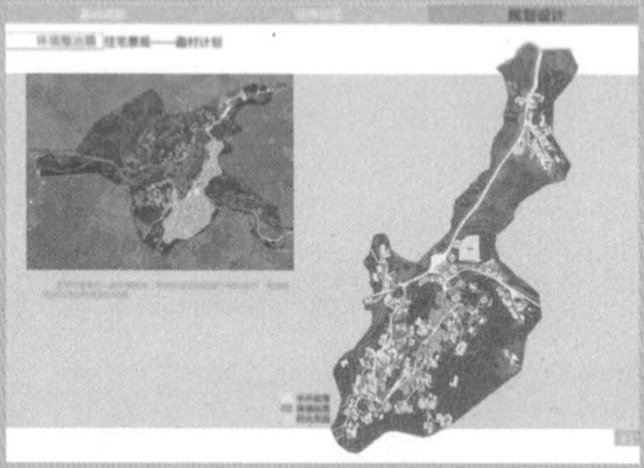

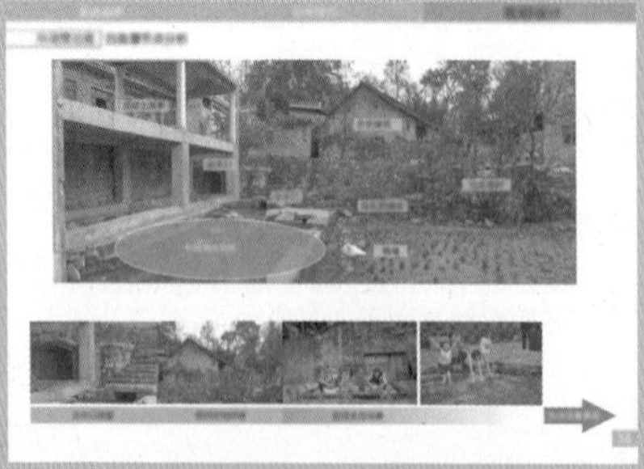

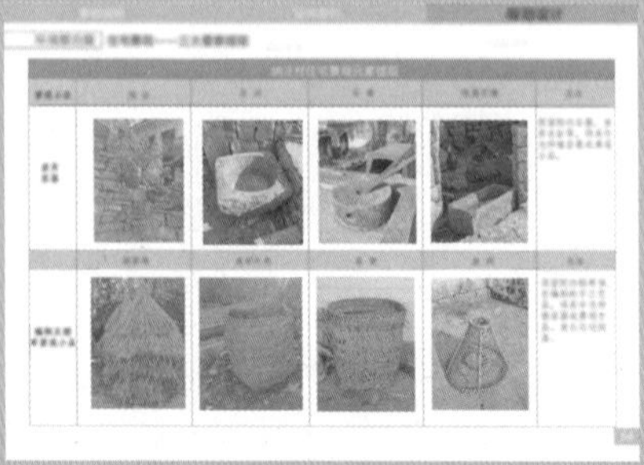

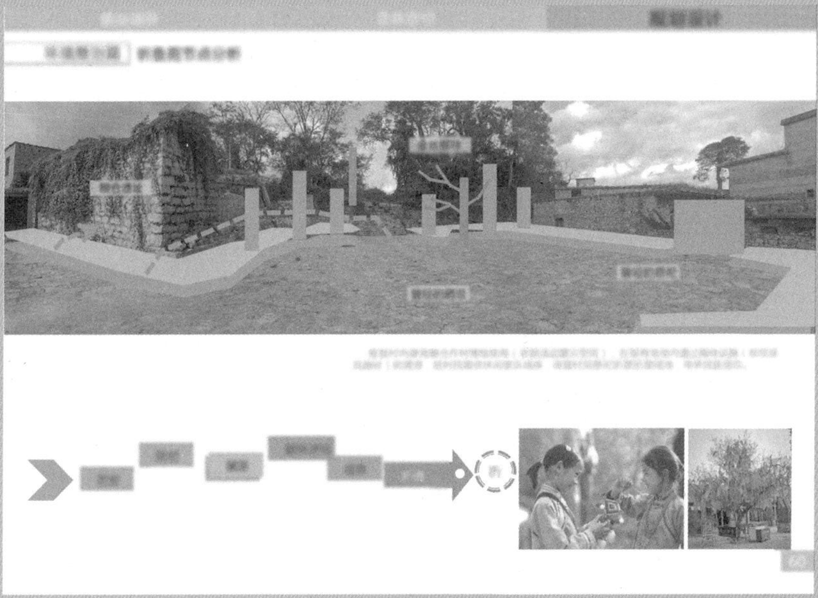

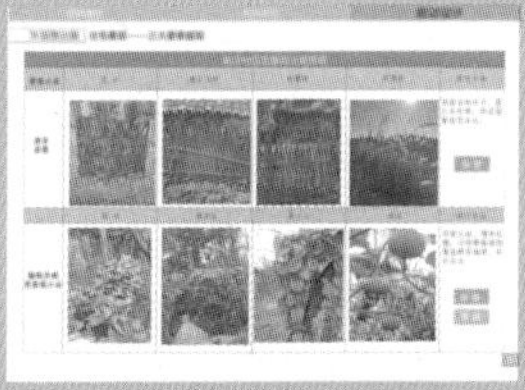

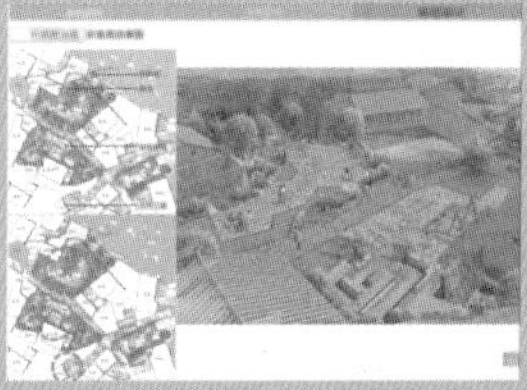

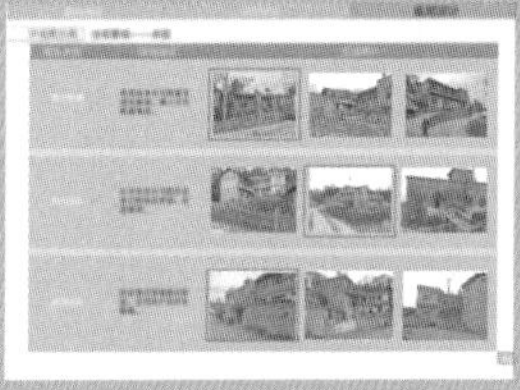

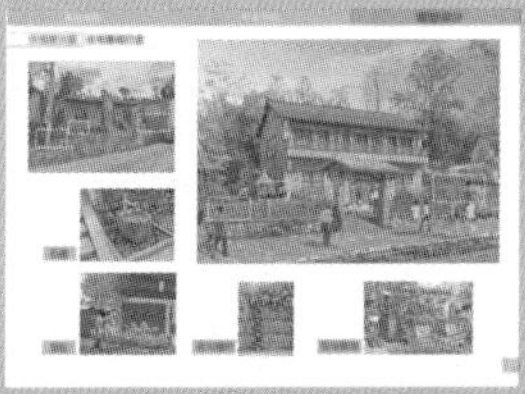

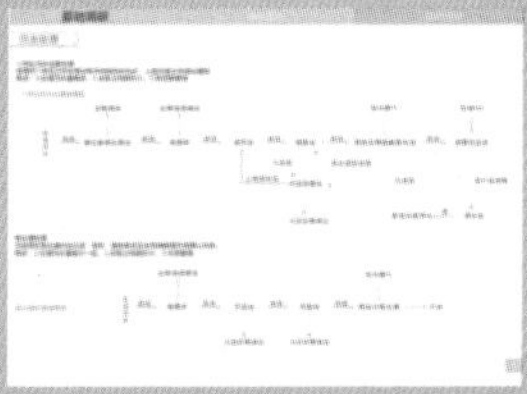

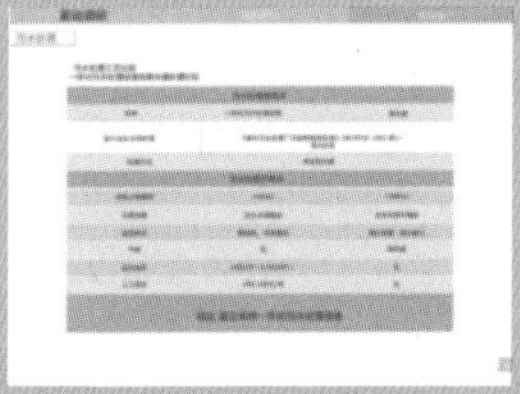

4
金刚村·重庆肺叶

概念方案设计

○ 谢建　潘春利　马燕

金刚村 King kong village

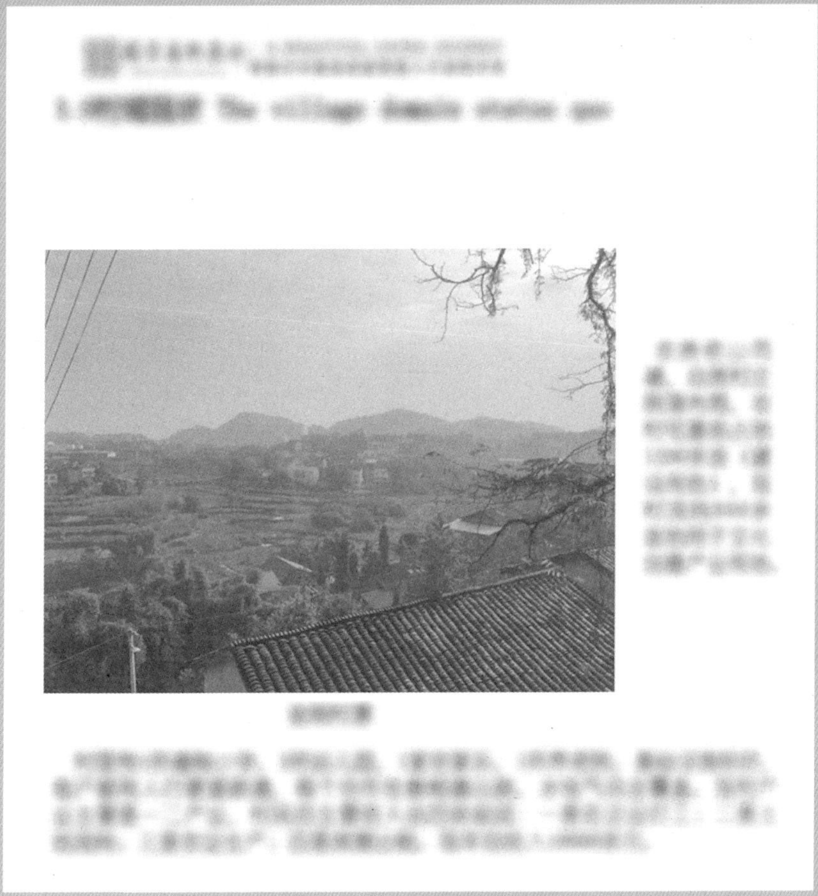

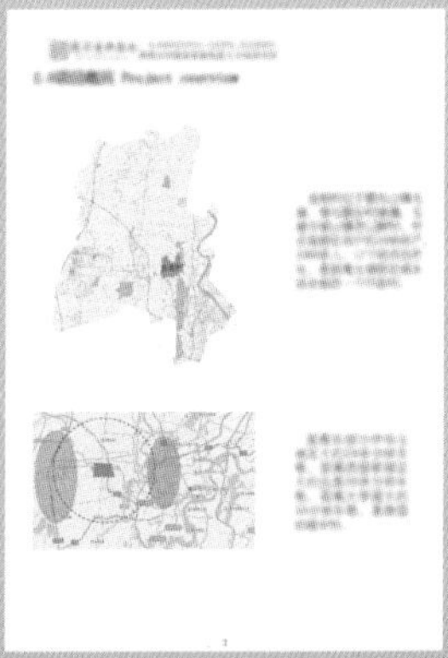

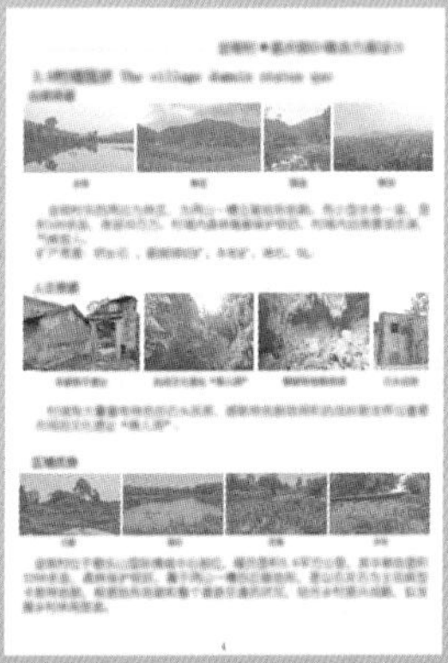

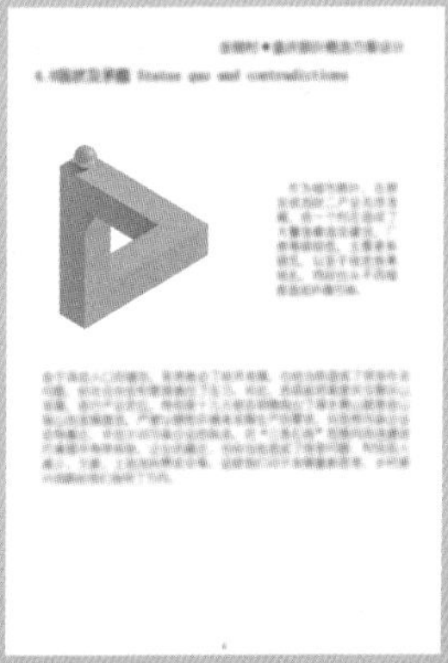

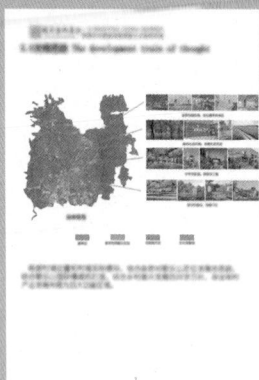

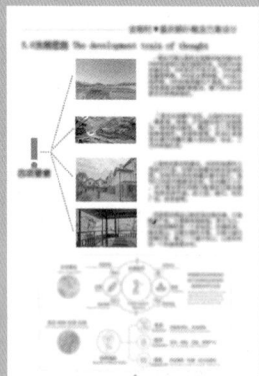

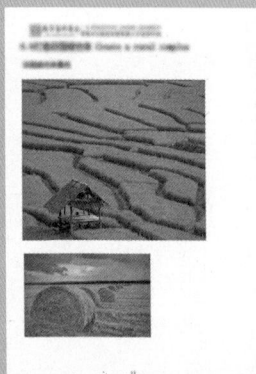

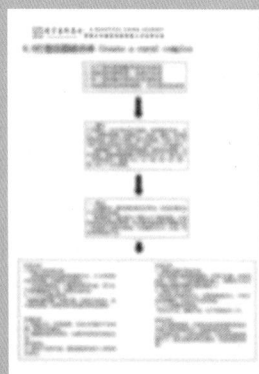

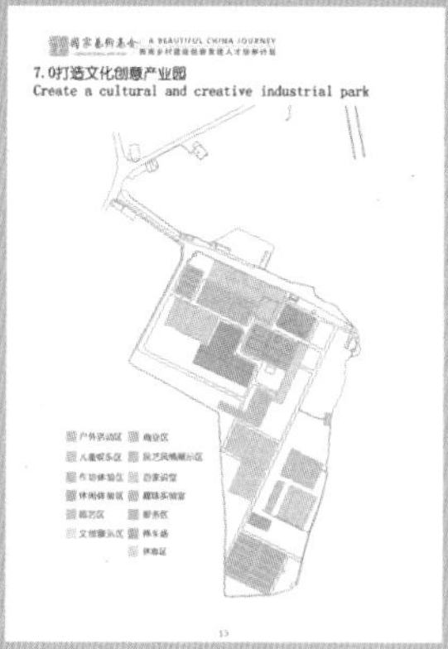
A BEAUTIFUL CHINA JOURNEY
7.0打造文化创意产业园
Create a cultural and creative industrial park

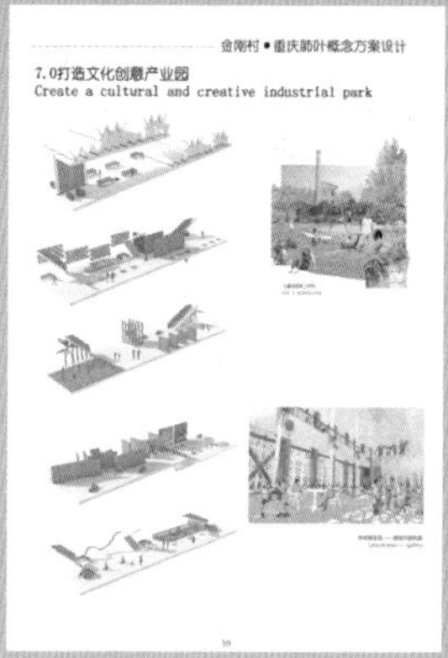
金刚村 • 重庆肺叶概念方案设计
7.0打造文化创意产业园
Create a cultural and creative industrial park

A BEAUTIFUL CHINA JOURNEY
7.0打造文化创意产业园
Create a cultural and creative industrial park
600亩花卉苗木区，500亩特色蔬菜种植，500亩水果种植，200亩生态养鱼，200亩食用菌生产基地等。

金刚村 • 重庆肺叶概念方案设计
8.0新农村设计意向
New countryside design intention

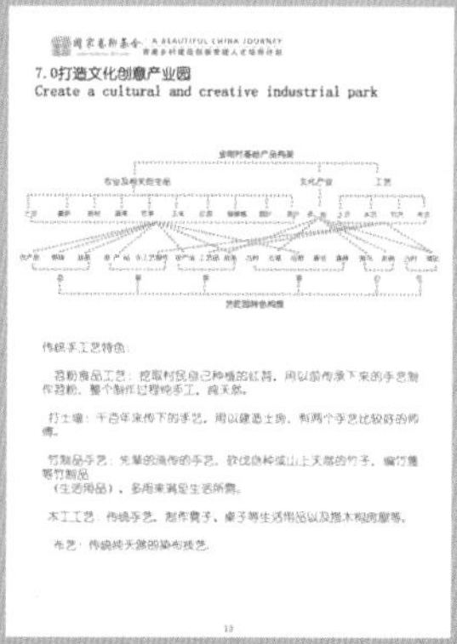
A BEAUTIFUL CHINA JOURNEY
7.0打造文化创意产业园
Create a cultural and creative industrial park
传统手工艺特色：
苕粉商品工艺：挖取村民自己种植的红苕，用以前传承下来的手艺制作苕粉，整个制作过程纯手工，纯天然。
打土墙：千百年来传下的手艺，用以建造土房，有两个手艺比较好的师傅。
竹制品手艺：先辈的流传的手艺，砍伐自种或山上天然的竹子，编竹篾等竹制品
（生活用品），多用来满足生活所需。
木工工艺：传统手艺，制作凳子、桌子等生活用品以及搭木架房屋等。
布艺：传统纯天然的染布技艺。

金刚村 • 重庆肺叶概念方案设计
7.0打造文化创意产业园
Create a cultural and creative industrial park
曾经
现在
1.0多点开花 2.0艺术家带头 3.0工艺之村 4.0艺术论坛 5.0高校合作

5 大理茶马古道

沿线历史驿站的保护及发展规划

○ 孙鹤瑜 杨志斌 姜建雄 彭辉华

大理茶马古道沿线历史驿站的保护及发展规划
Preservation & Protection Plan and Development Concept for historical Stations along ancient Tea & Horse Road

凤阳邑村 Final Report for Feng Yangyi Village

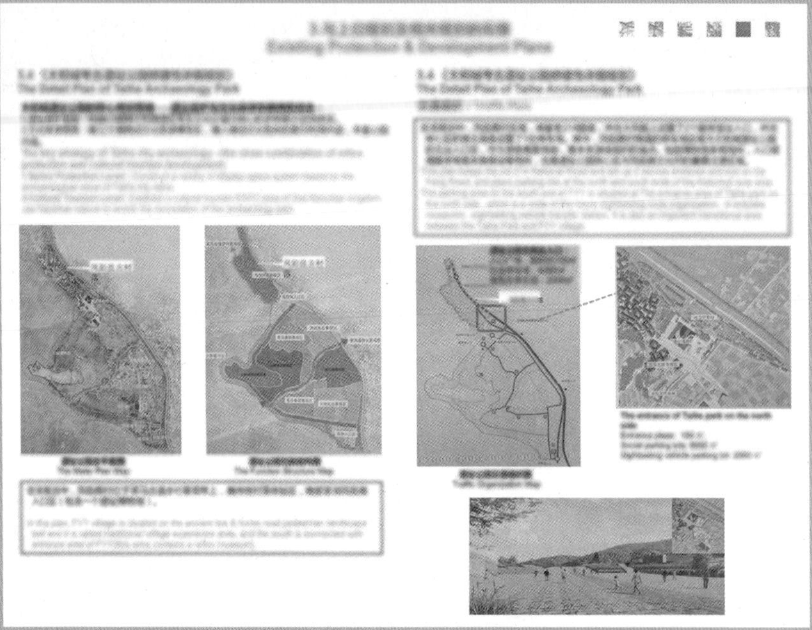

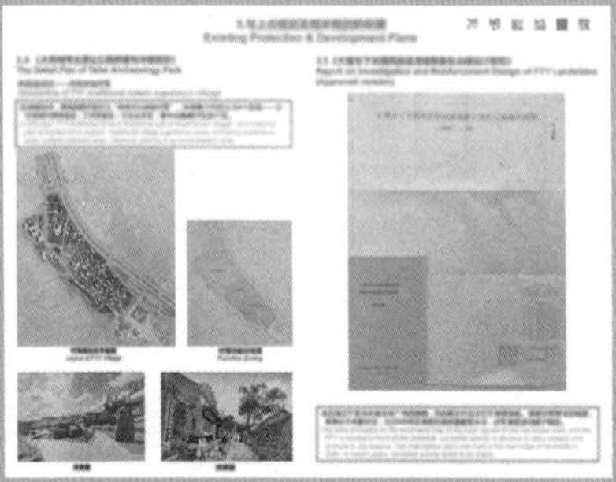

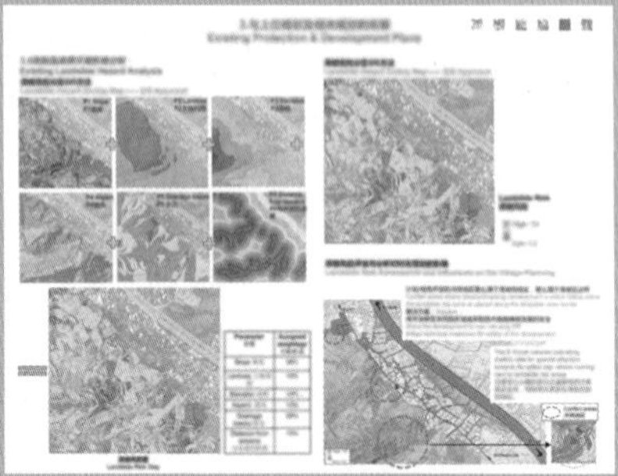

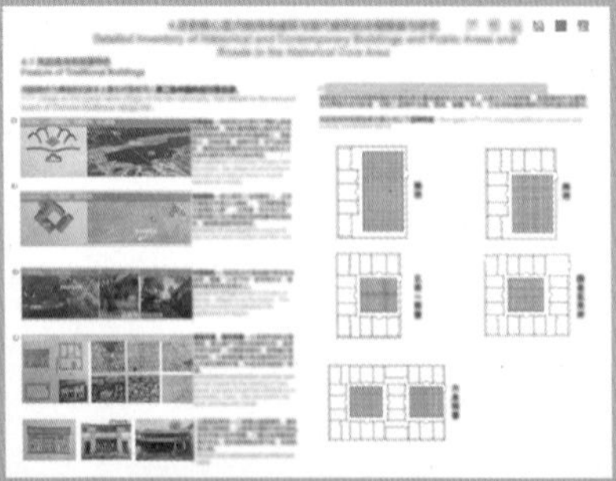

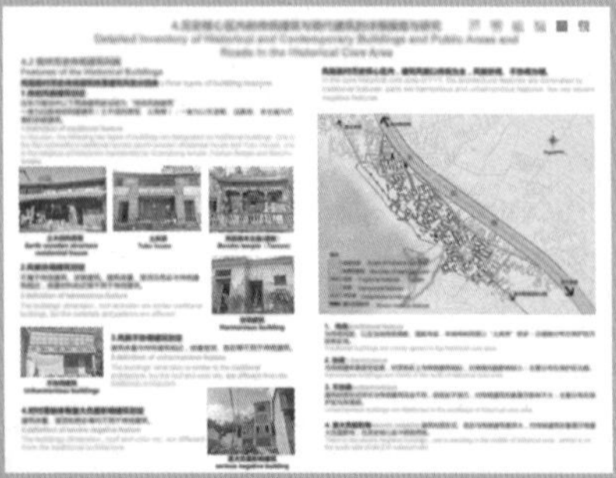

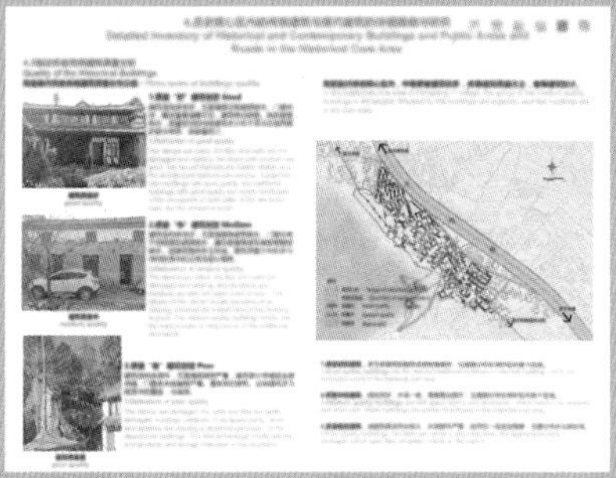

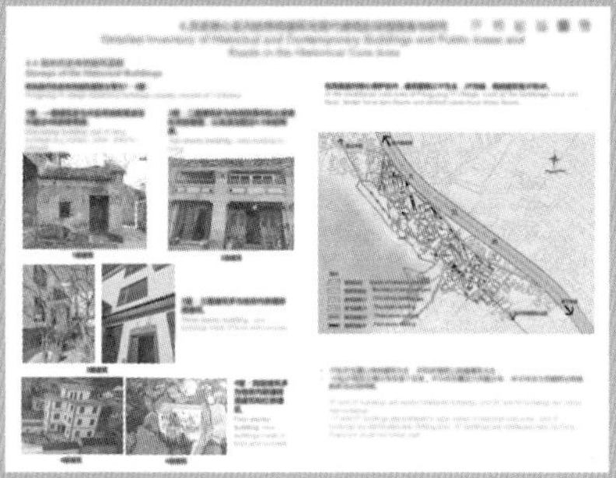

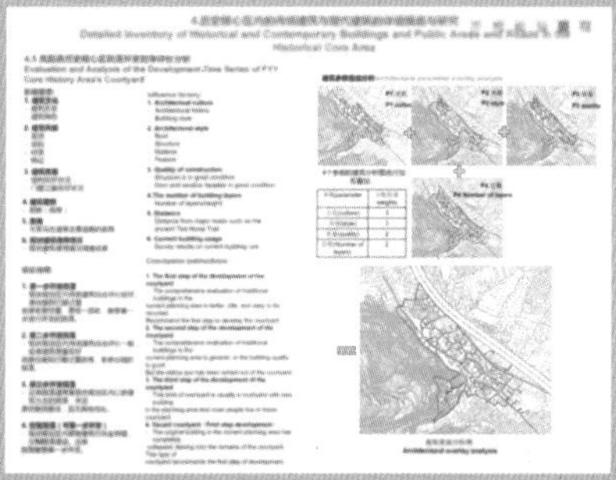

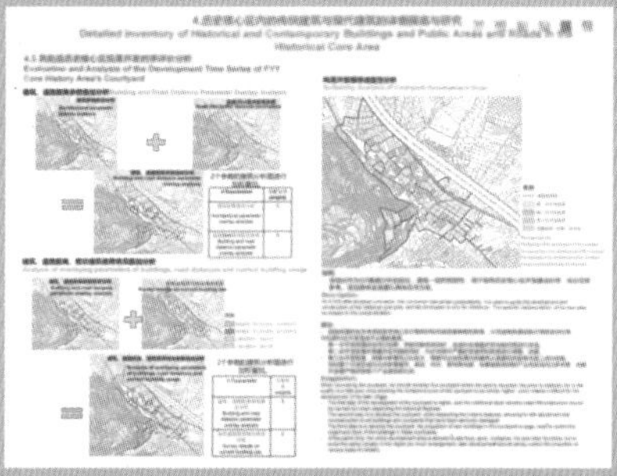

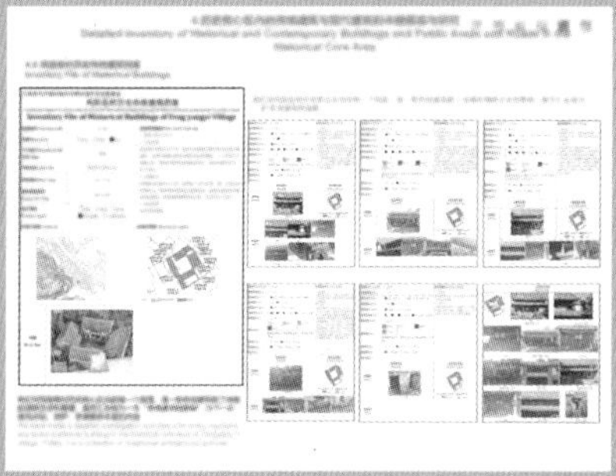

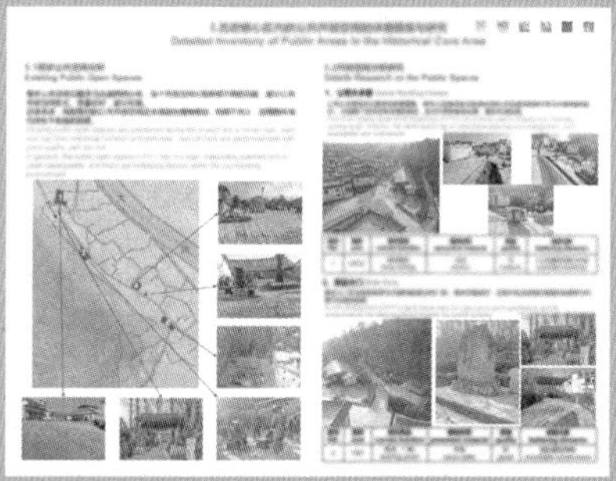

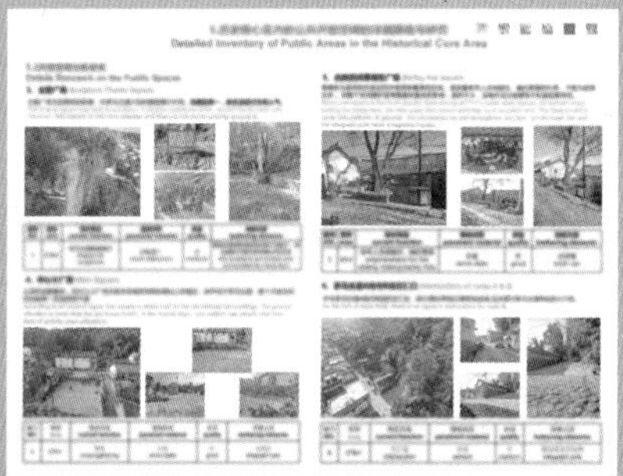

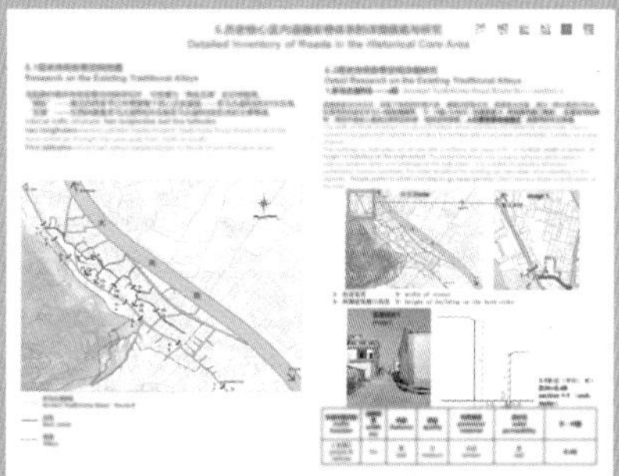

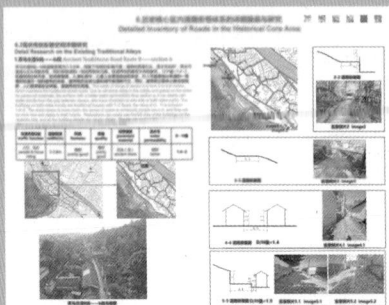
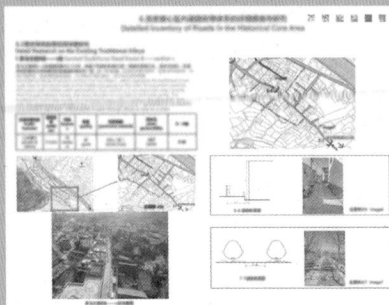
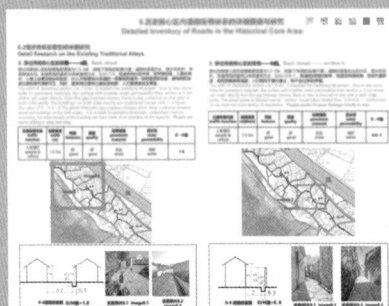

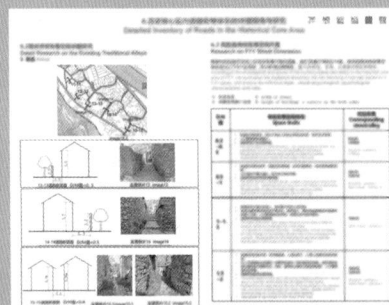

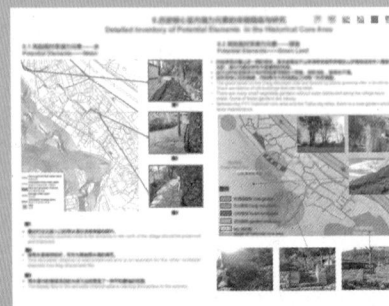

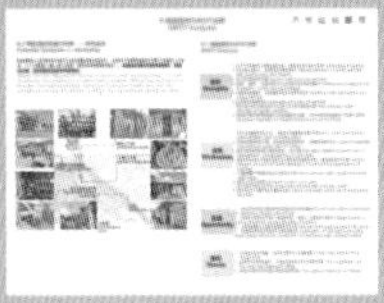

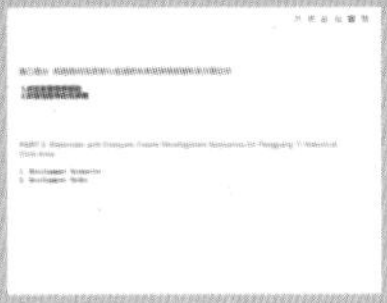

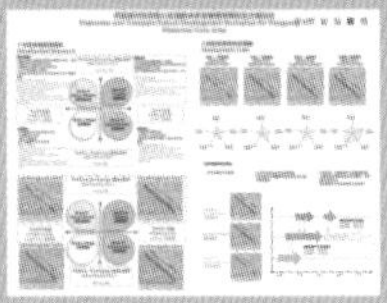

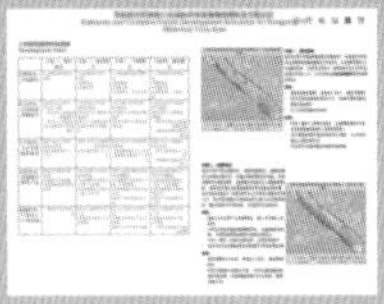

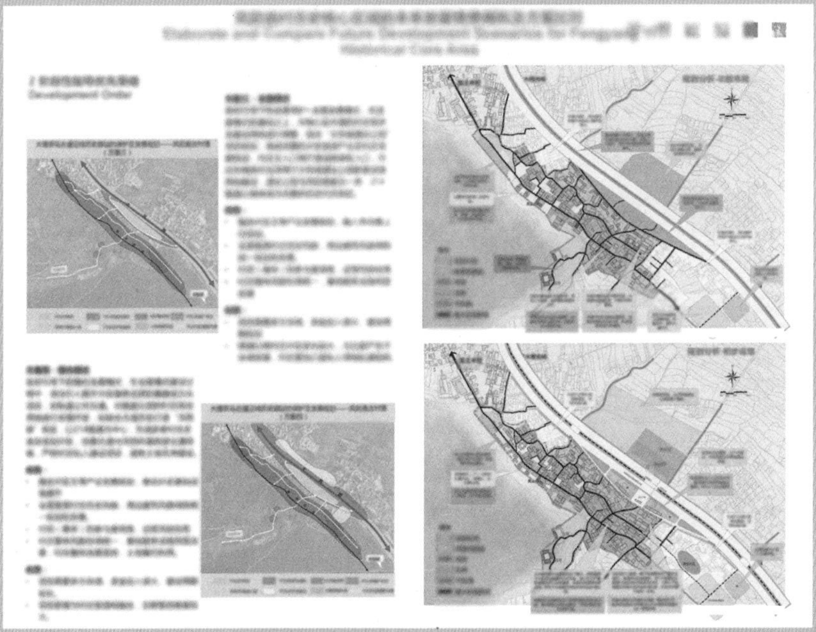

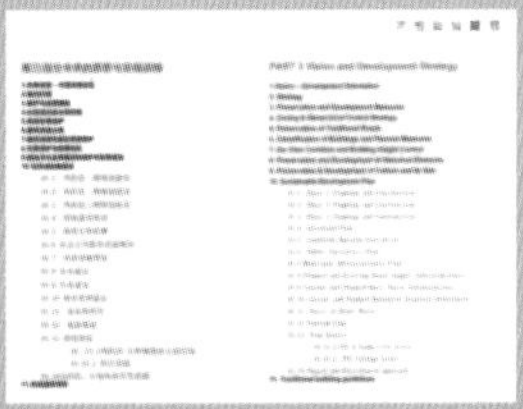

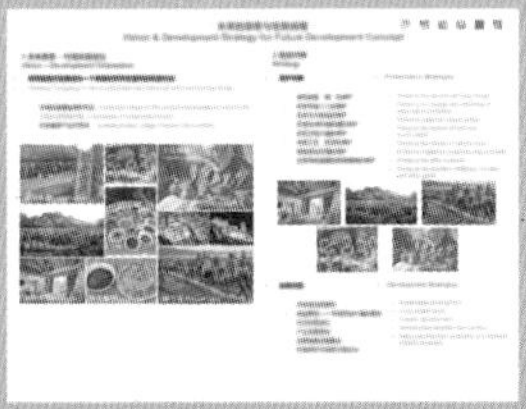

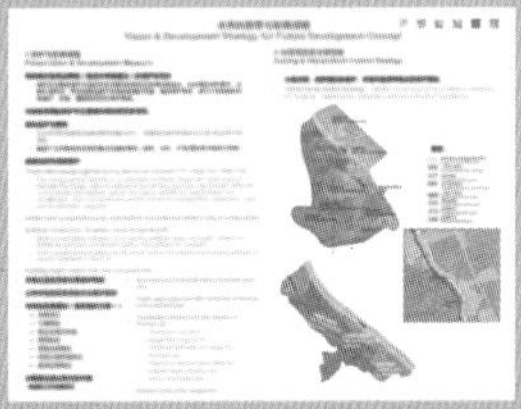

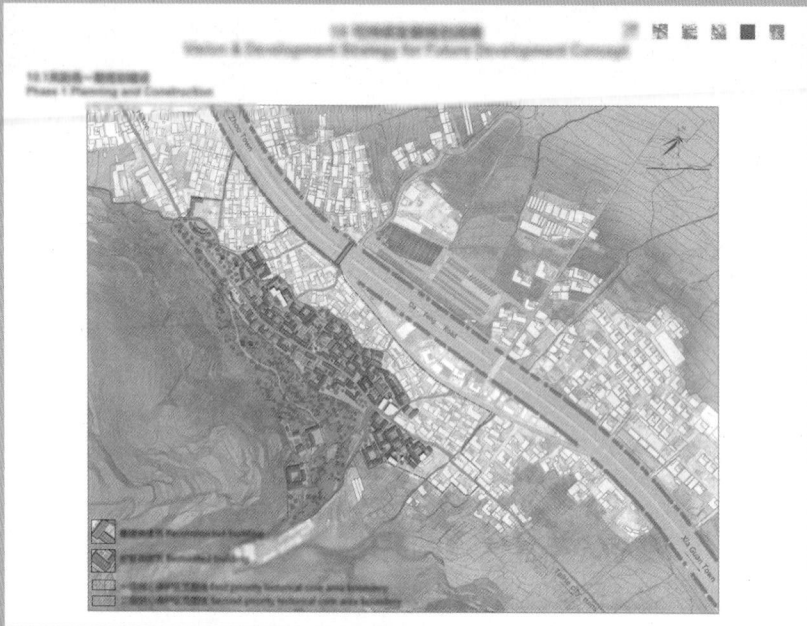

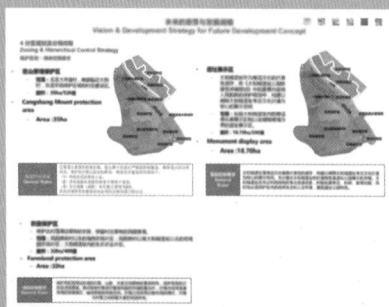

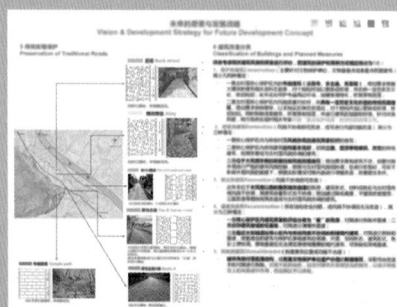

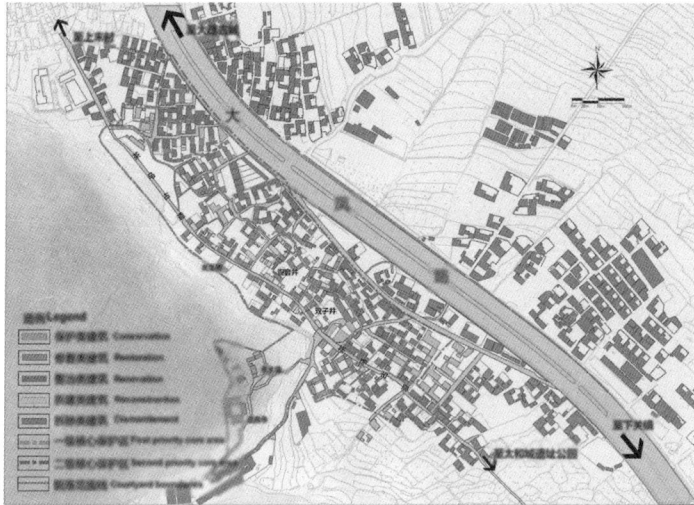

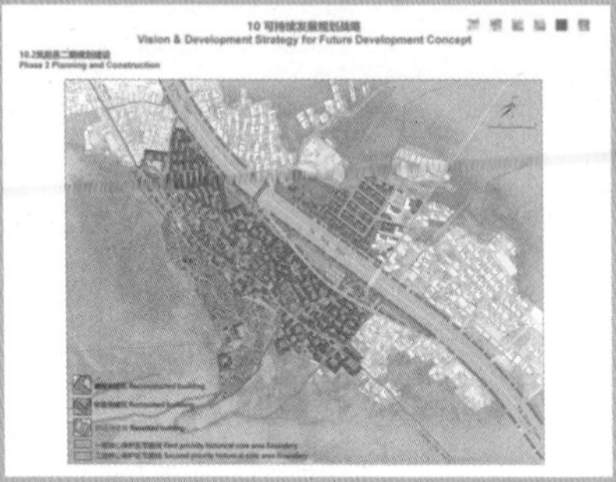
10 可持续发展规划战略
Vision & Development Strategy for Future Development Concept

10 可持续发展规划战略
Vision & Development Strategy for Future Development Concept

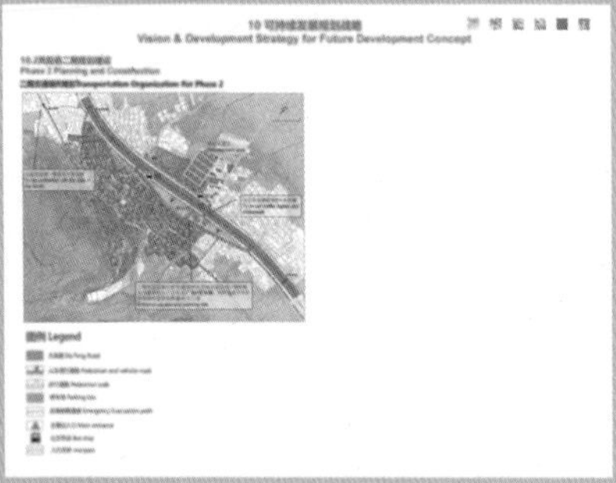
10 可持续发展规划战略
Vision & Development Strategy for Future Development Concept

10 可持续发展规划战略
Vision & Development Strategy for Future Development Concept

10 可持续发展规划战略
Vision & Development Strategy for Future Development Concept

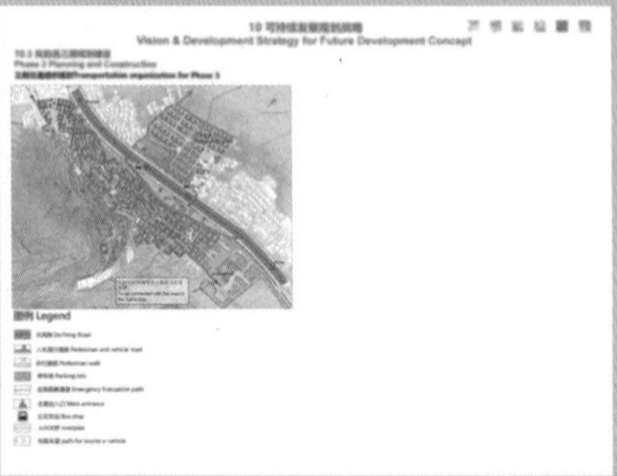
10 可持续发展规划战略
Vision & Development Strategy for Future Development Concept

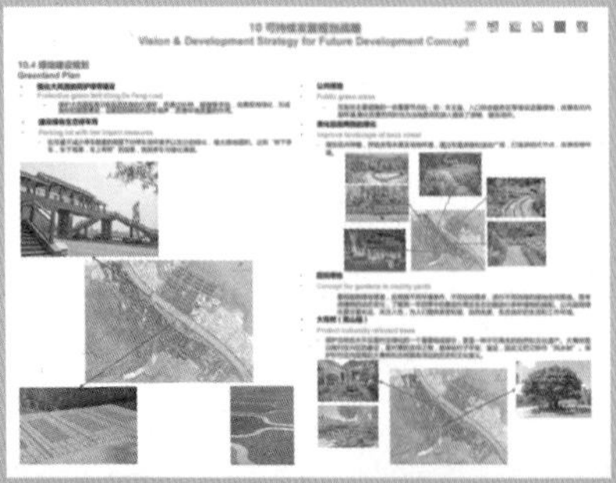
10 可持续发展规划战略
Vision & Development Strategy for Future Development Concept

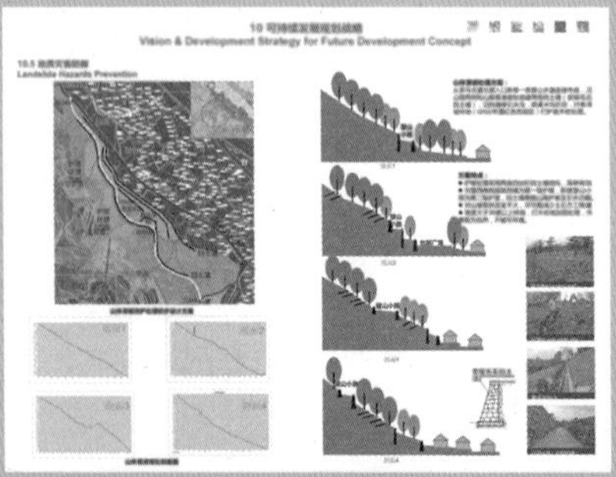
10 可持续发展规划战略
Vision & Development Strategy for Future Development Concept

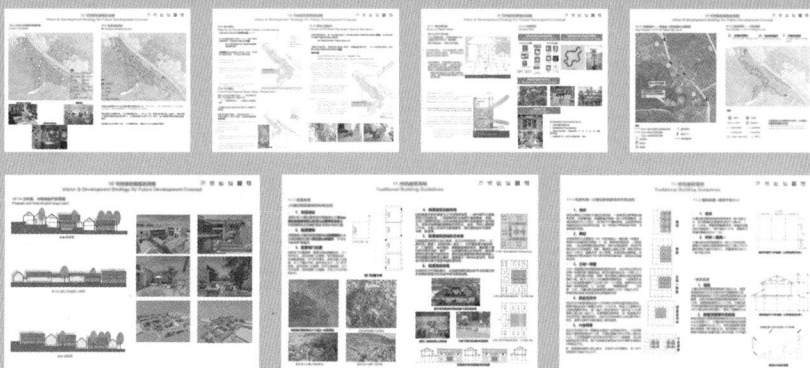

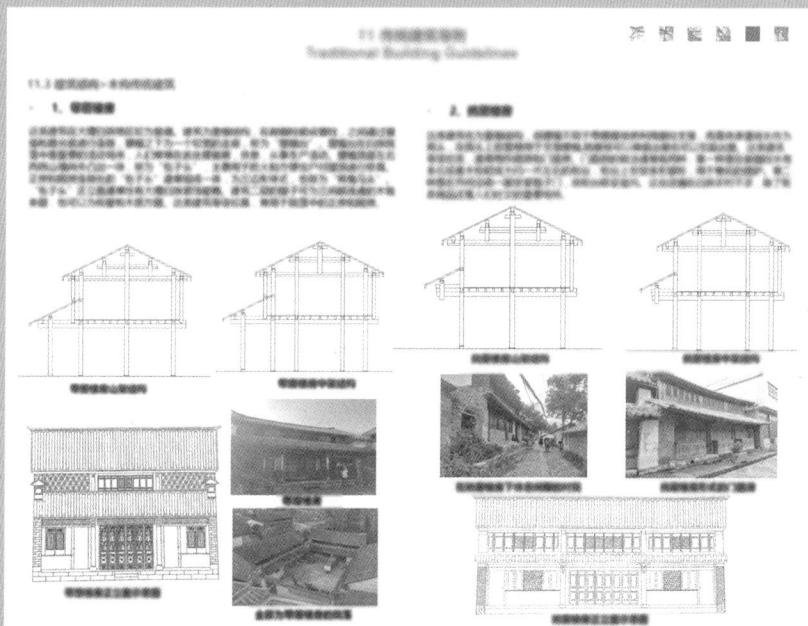

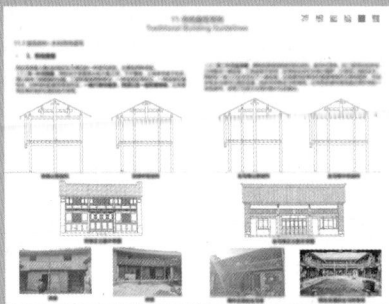

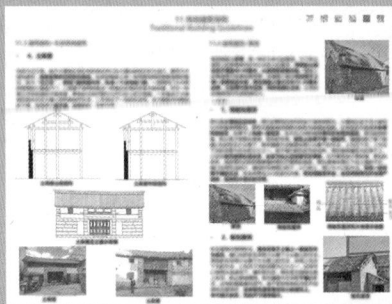

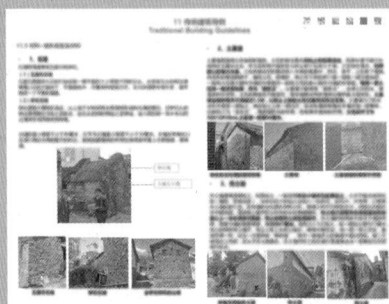

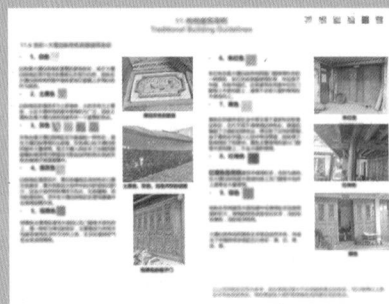

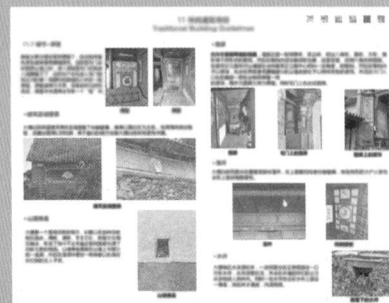

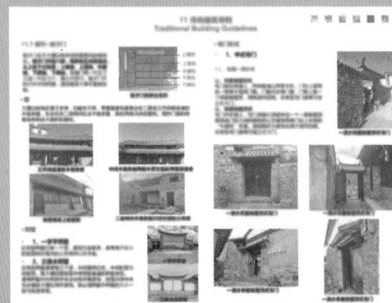

11 传统建筑导则
Traditional Building Guidelines

11 传统建筑导则
Traditional Building Guidelines

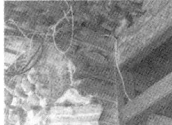

6 云南省昆明市

大渔乡海晏村规划设计

○ 孙鹊瑜　杨志斌　姜建雄　彭辉华

艺术介入

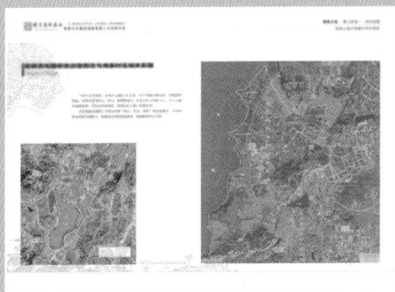

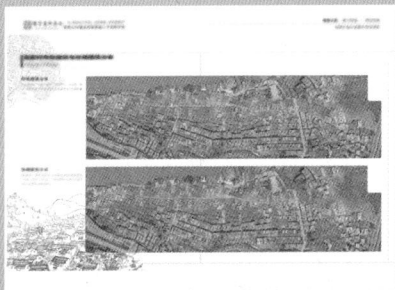
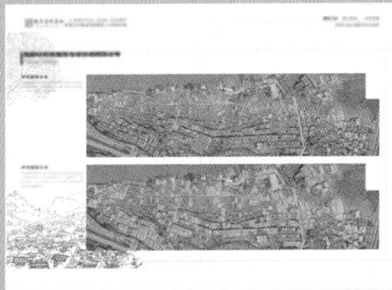

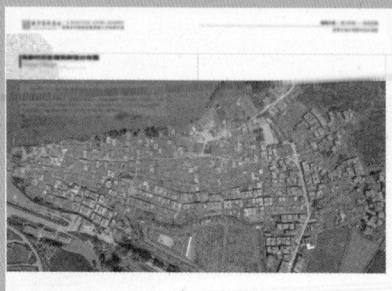

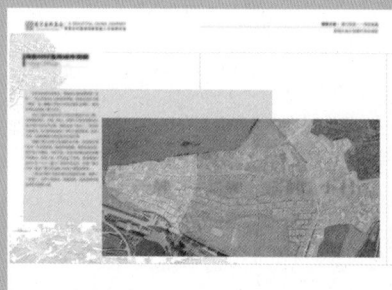

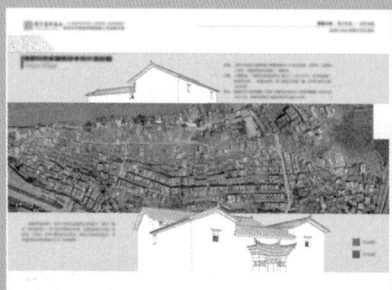
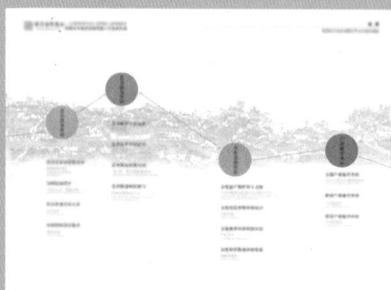

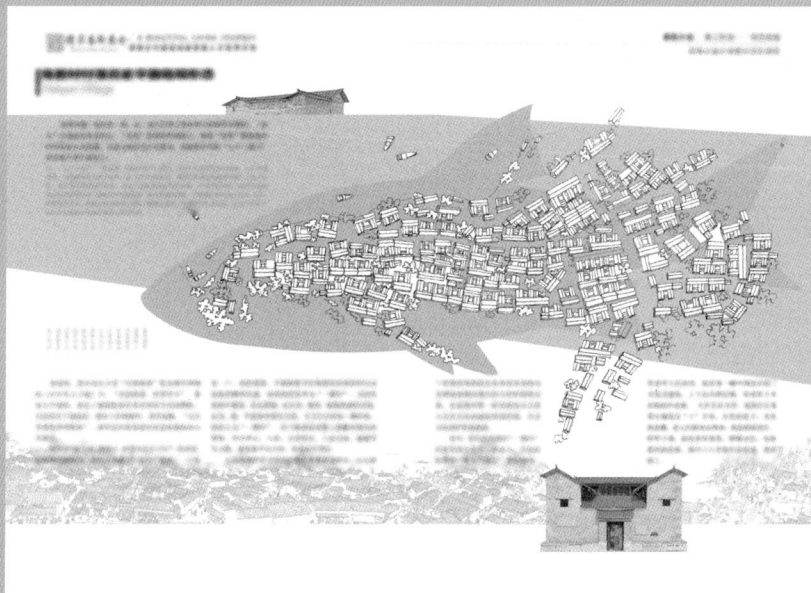

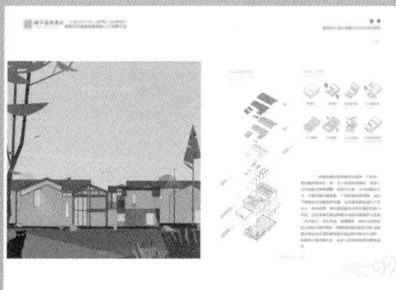

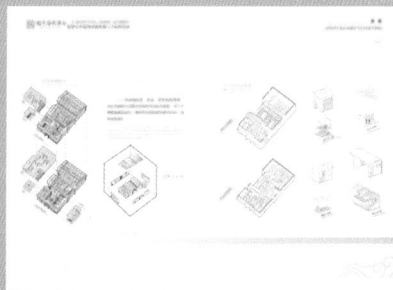

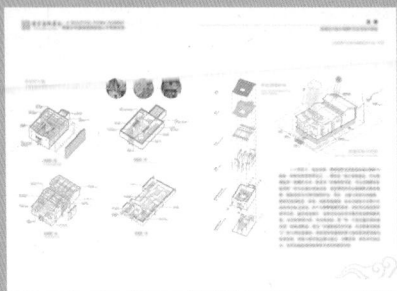

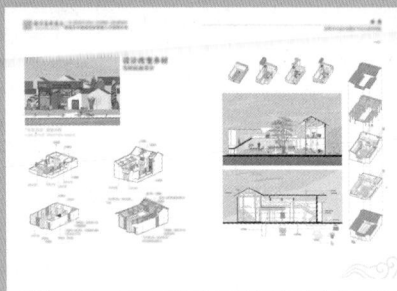

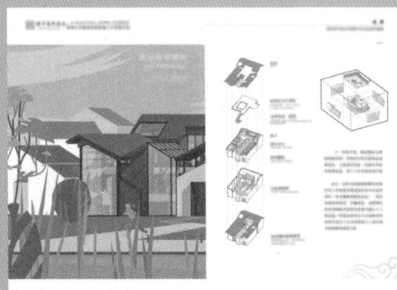

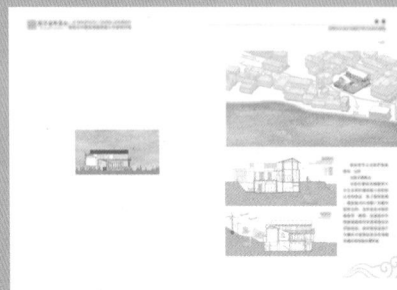

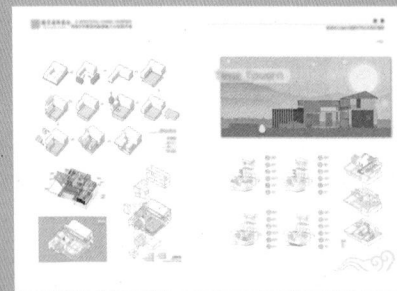

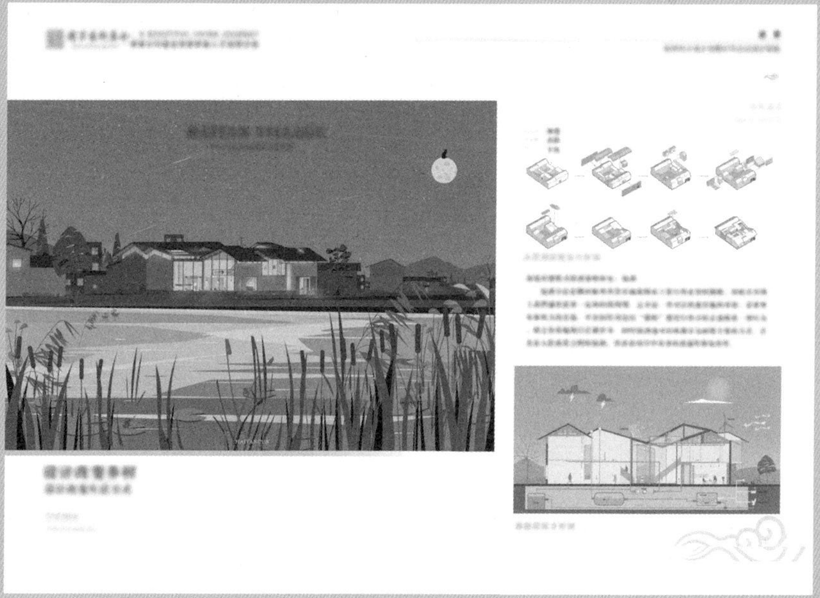

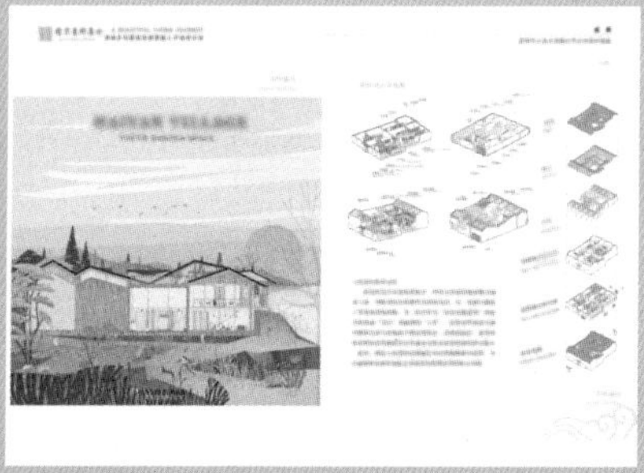

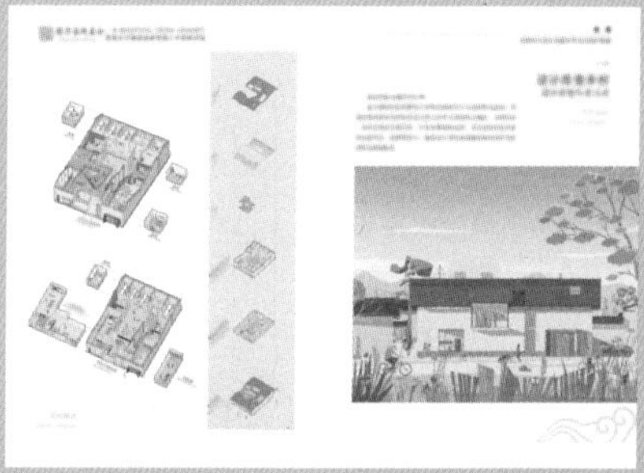

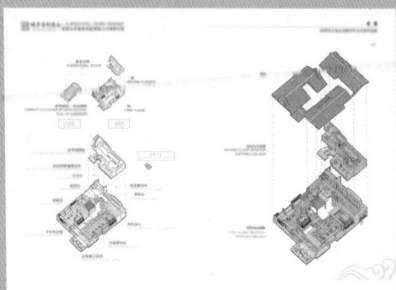

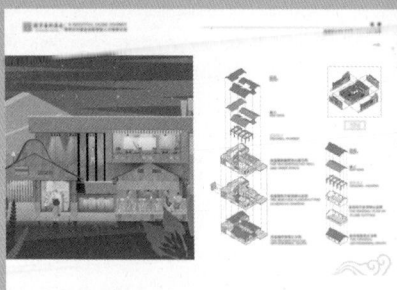

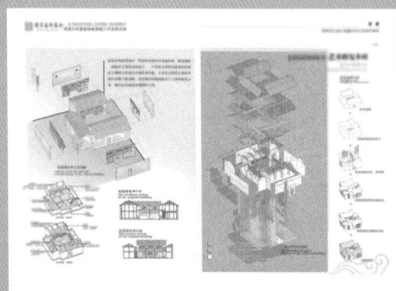

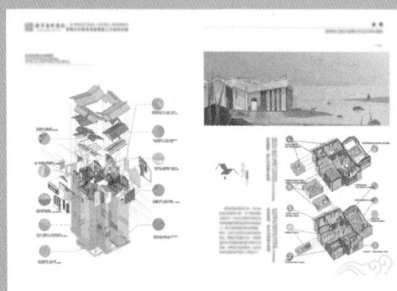

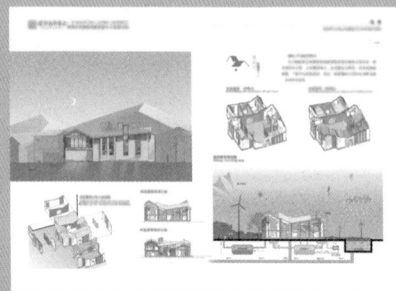

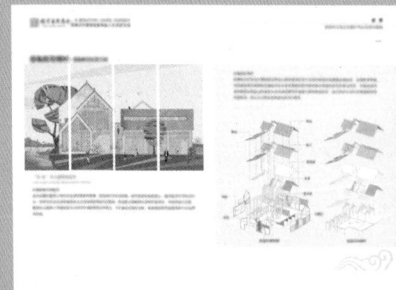

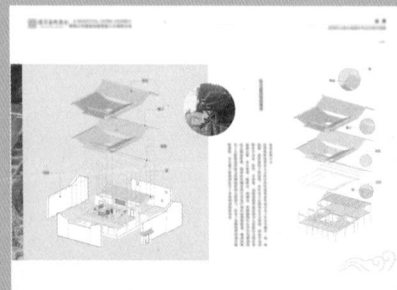

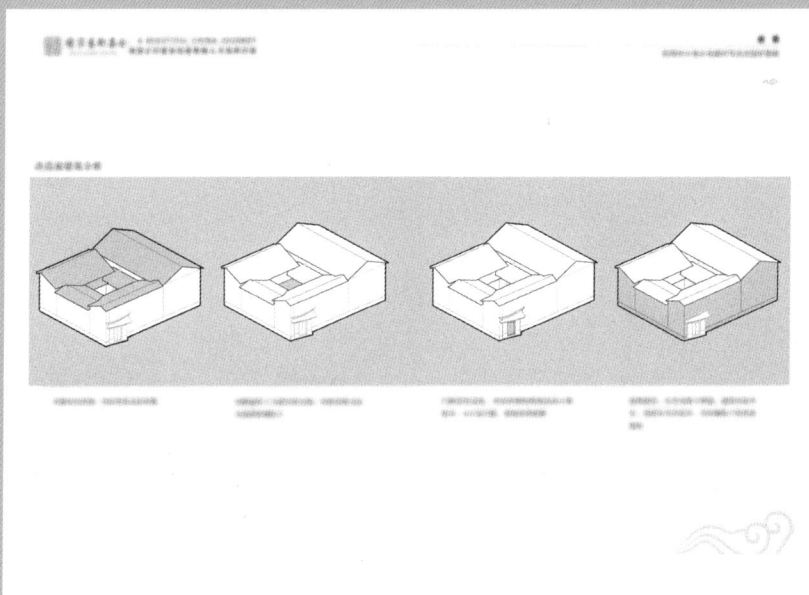

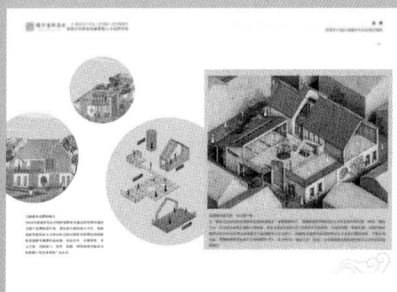

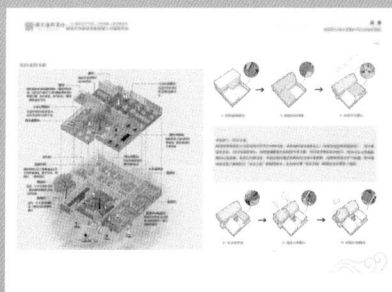

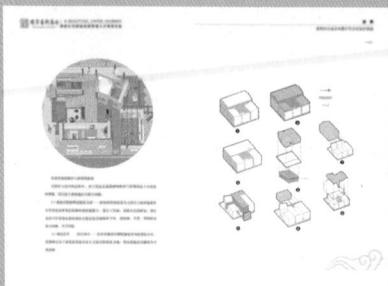

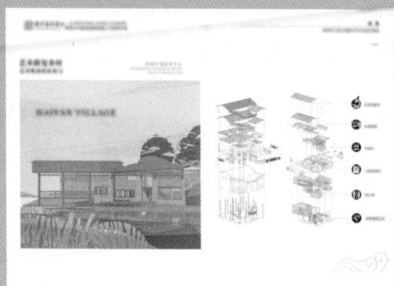

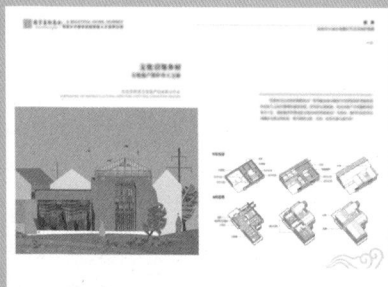

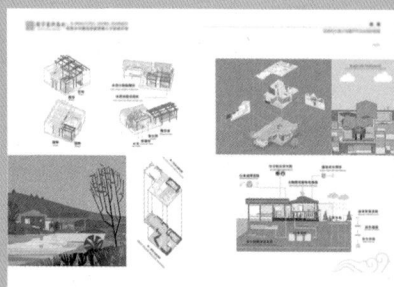

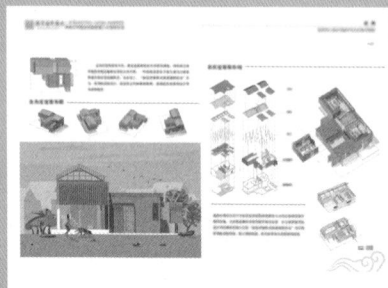

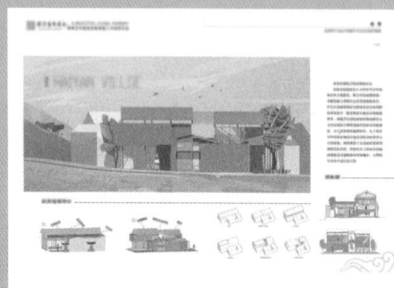

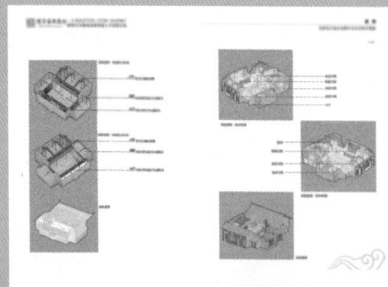

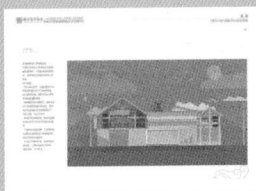
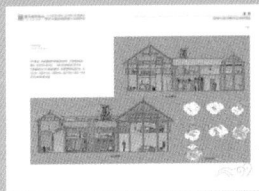
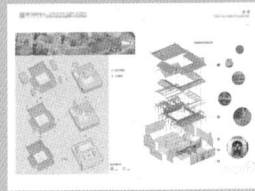

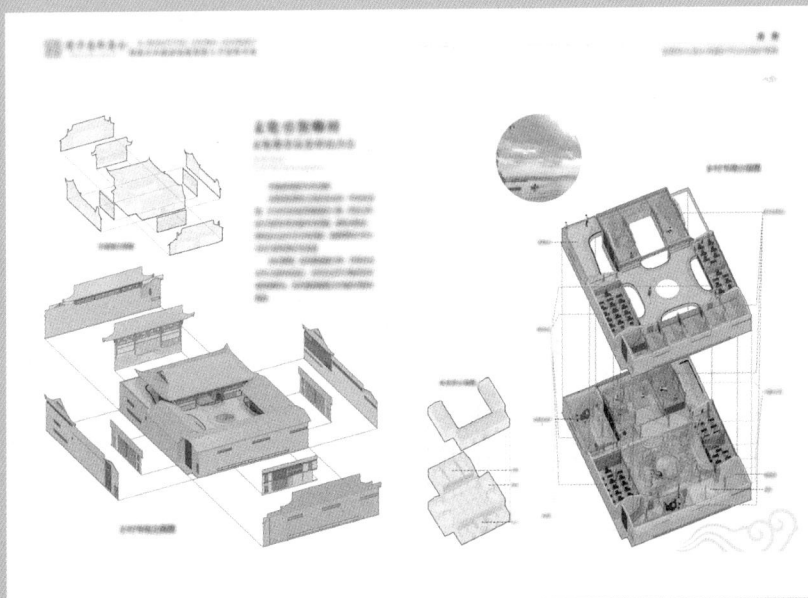

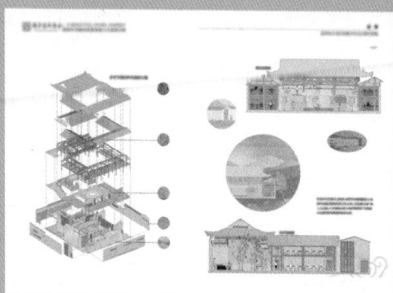
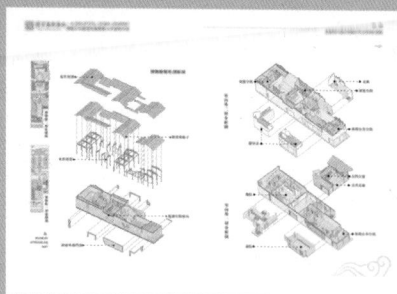

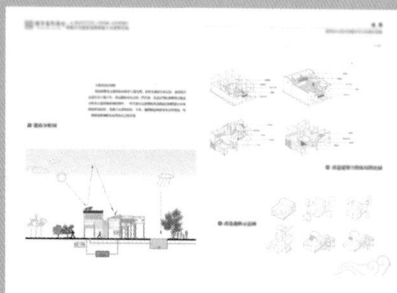
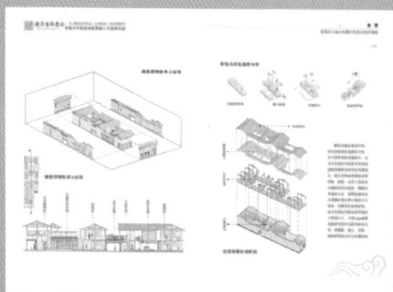

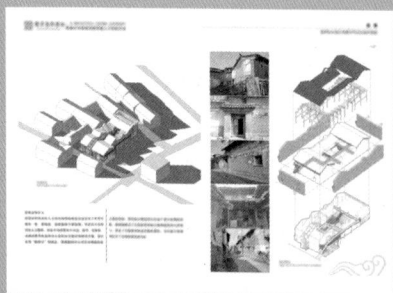
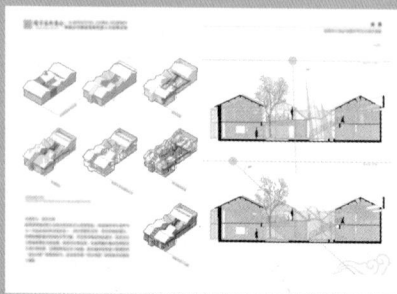

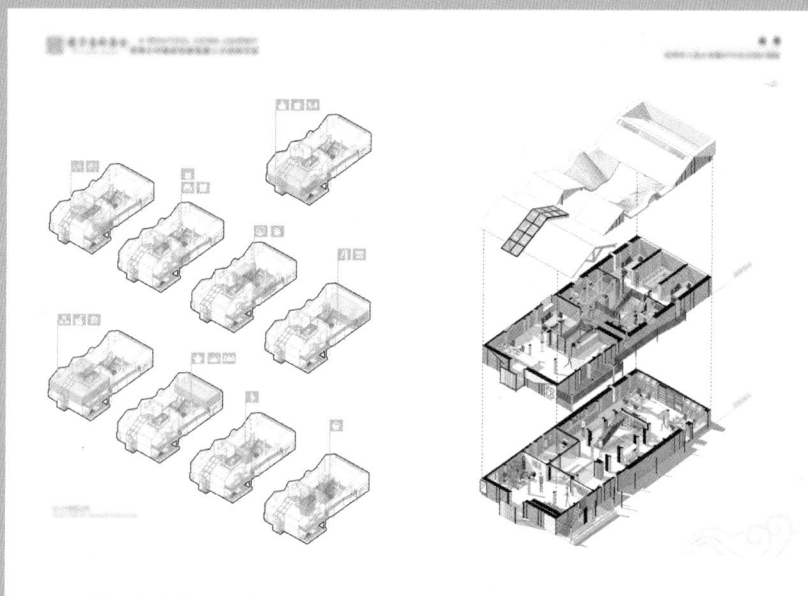

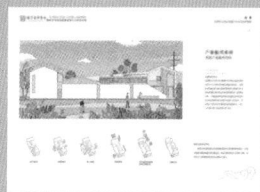
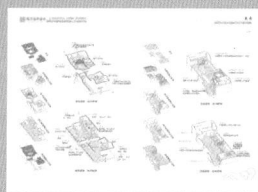
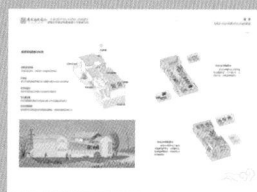

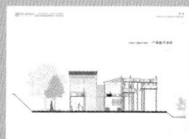
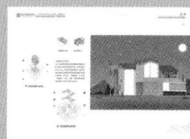
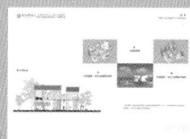

7 长沙靖港古镇

产业规划重塑设计手册

○ 刘橡　王鼎杰

国家艺术基金2018年度艺术人才培养资助项目

美丽中国行——西南乡村建设创新营造人才培养计划

培训成果手册

靖港米市

刘橡

王鼎杰

国家艺术基金　　四川美术学院

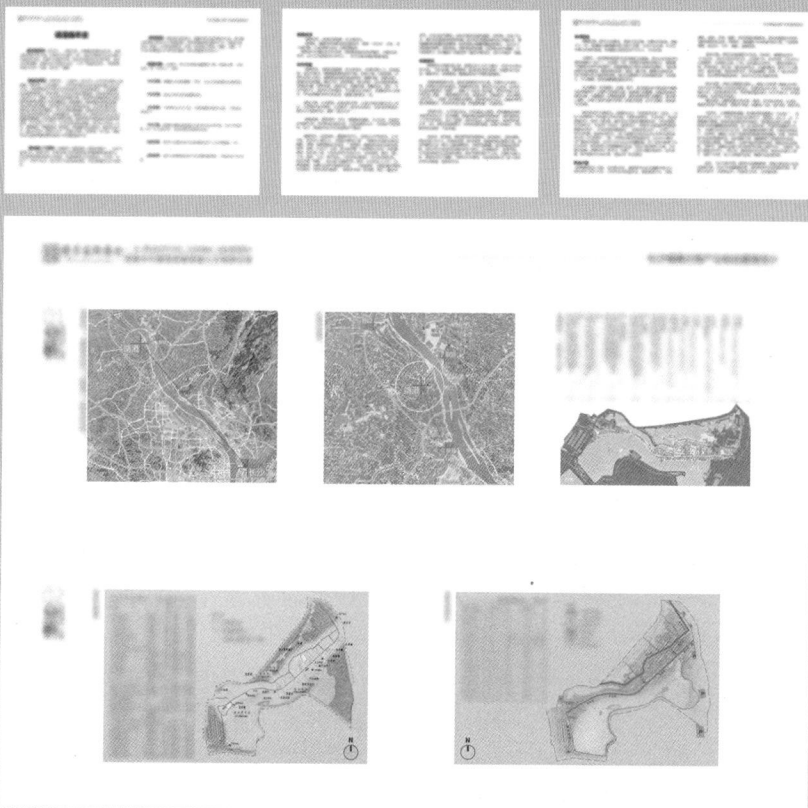

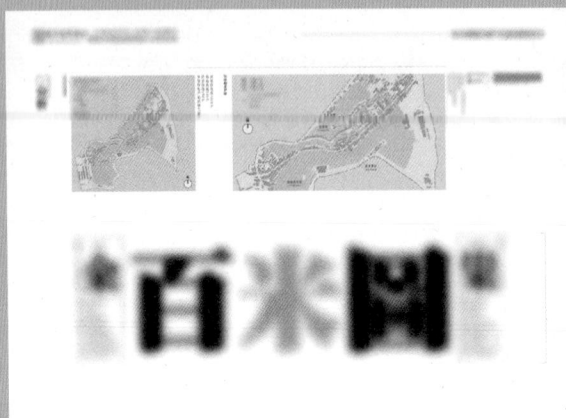

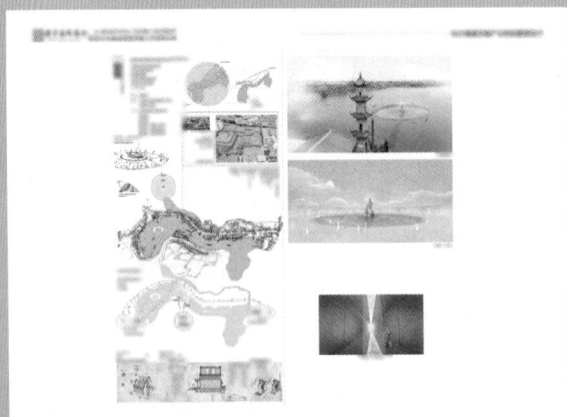

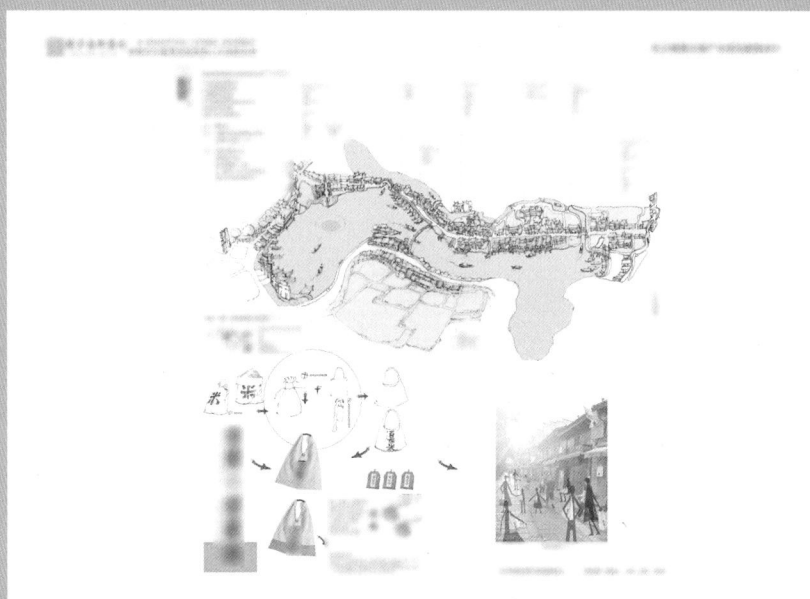

8

再造乡村风貌

○ 陈桓全　蒋田福

优化红星村农业产业结构

9 回归·乡愁

—— 重庆市彭水县润溪乡白果村发展规划

○ 黄秋华　谢建　金珍羽

回归·乡愁

—— 重庆市彭水县润溪乡白果村发展规划

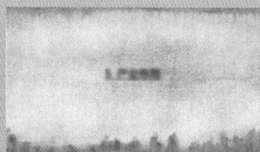

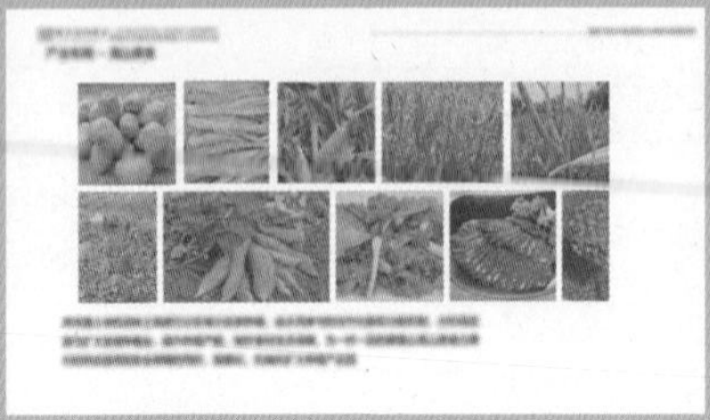

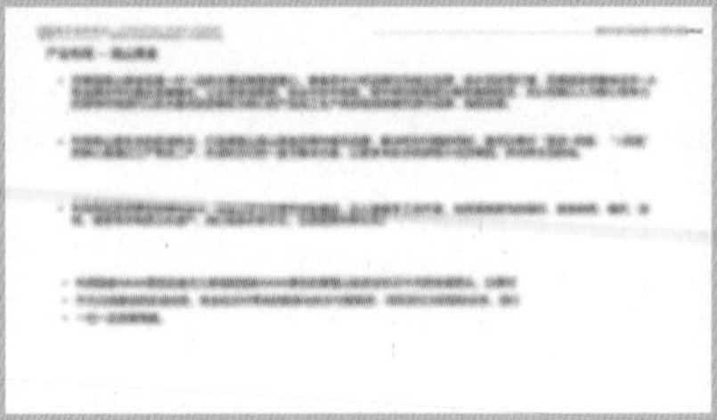

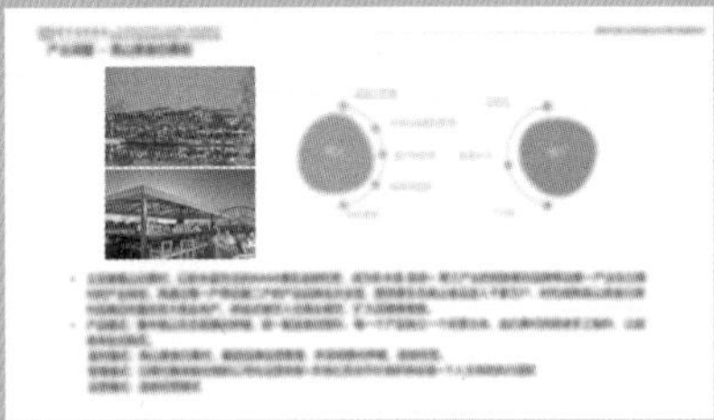

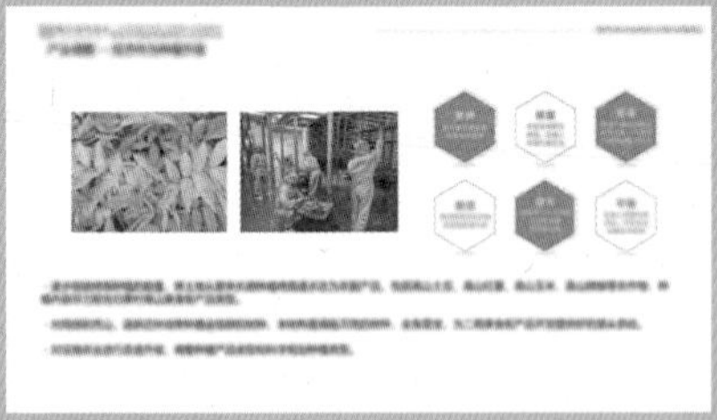

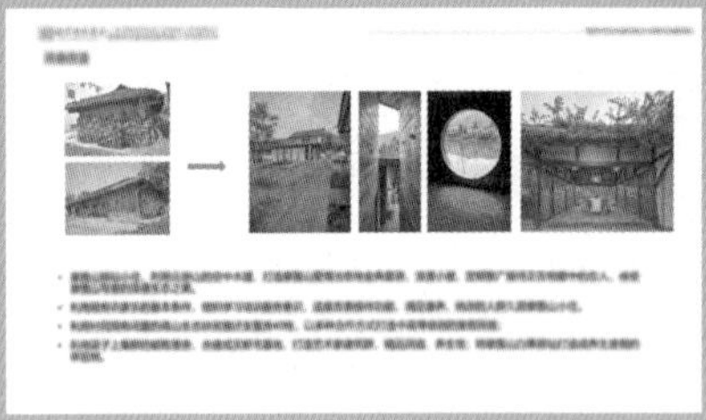

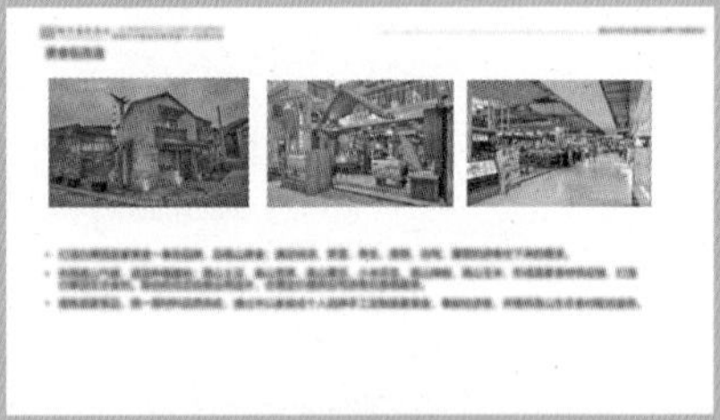

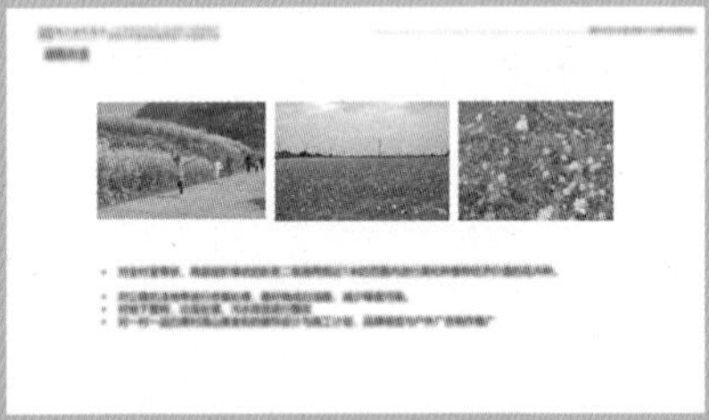

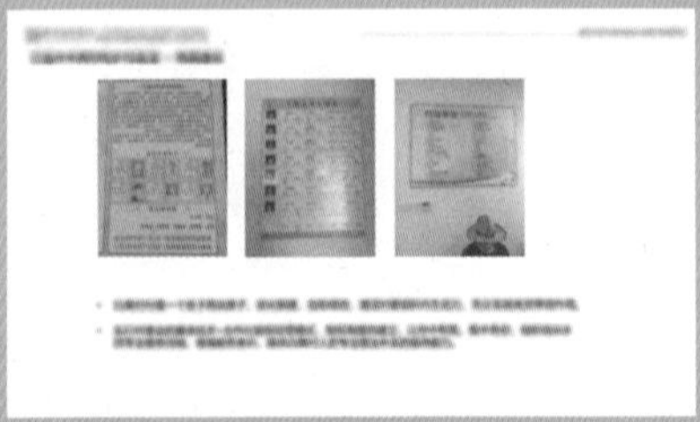

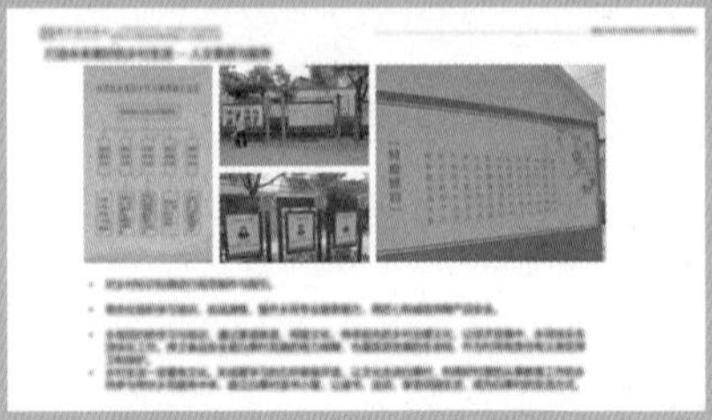

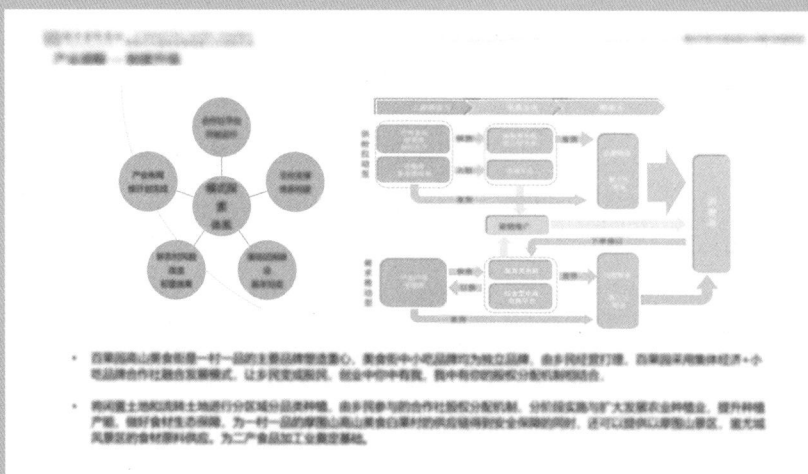

- 百果园南山美食街是一村一品的主要品牌塑造重心，美食街中小吃品牌均为独立品牌，由乡民经营打理，百果园采用集体经济＋小吃品牌合作社融合发展模式，让乡民变成股东，就业中获中有我，我中有你的股权分配机制相结合。

- 周河堡土地和流转土地进行分区域分品类种植，由乡民参与的合作社授权分配机制，分区组实施与扩大发展农业种植业，提升种植产值，做好食材生态保障，为一村一品的摩围山美食白菜村的供应链得到安全保障的同时，还可以提供山摩围山景区，宝龙城风景区的食材原料供应，为二产食品加工业奠定基地。

第八章

志在乡建

躬行践履

20 位学员参与国家艺术基金培训后回到自己的工作岗位。过去一年的时间里，很多学员反映他们通过此次培训收获良多，培训中的理论课程和实践考察对他们的工作方式、教学理念都产生了较大影响。

（一）代丽枝：乡村振兴首先是产业振兴

自 2017 年 10 月乡村振兴战略的提出到 2018 年 1 月份中央一号文件提出了"产业兴旺、生态宜居、乡风文明、治理有效、生活富裕"五项任务。为我们明确了乡村振兴的三大主要目标：产业兴（产业兴旺）、环境兴（生态宜居）和文化兴（乡风文明），并且指明了实现途径——治理有效，最终实现生活富裕。住房和城乡建设部提出以"五共"工作方法为手段，探索脱贫攻坚和美丽宜居乡村建设、农村人居环境改善和社会治理水平提升"共同缔造"的新路径、新模式："五共三兴"（决策共谋、发展共建、建设共管、效果共评、成果共享）的工作目标与途径，从而全面解决中国乡村所面临的主要问题。在村两委的基础上，探索产业、环境和文化协同发展的组织机制。壮大集体经济、强调均衡发展，实现共同富裕（图 8-1）。

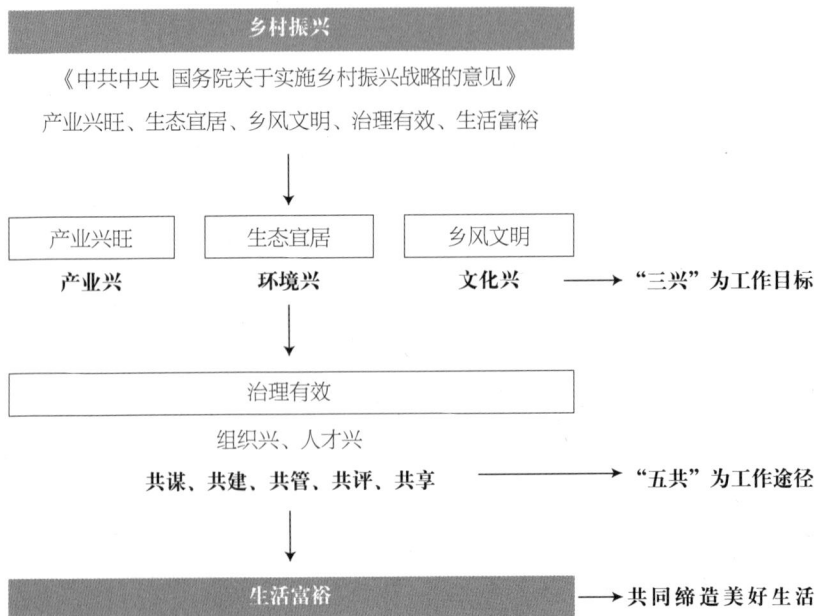

图 8-1 乡村振兴路径解读（课题组制作）

在上述模式的框架下，一段时间内身边的设计行业同仁们都在思索应该如何参与到乡村建设中去？带着对此前工作中的疑问我报名参与了这次培训。结束培训已近一年，我思考了很多。起初，我所学的专业是景观设计，不同程度地参与了各类村镇规划工作，例如村级规划、美丽乡村、人居环境等；规划项目做了不少，但真正落到实处的项目少之又少，不是在下一轮规划来临时被全盘推倒，就是规划设计在很多时候成了纸上谈兵。经历培训学习后，逐渐找出了问题所在，此前的规划之所以很难落地，又或是与设计本意有较大差别，主要还是多数规划本身缺乏前瞻性和指导性。村镇规划在一轮轮的升级提升后，原本的规划模式已不满足需求，从而导致设计与实际的脱节。就产业规划来说，问题主要存在于规划、实施、施工、运营四大板块在实践中无关联性、各行其道不计前因后果。因此在乡建设计工作中我与团队一直在思考如何保证设计的落地可实施。面对复杂多元的乡村结构，如何探索出一套适合于乡村，且能吸引外界关注度的设计实践方法和保障。我认为，应该从一体化设计、规划整合资源、规范标准和制度保障四个方面去探讨行业的参与重点。

1. 一体化设计服务于乡村振兴

在长期的城市建设实践中，我们积累了从策划、规划、景观、建筑和室内设计等的基本设计服务体系，城市建筑体量较大，往往数万甚至百万平方米不等，所以需要分专业、分阶段和专业内部细分。但乡村建筑因其体量较小，往往只有数十平方米，多者也仅数百平方米，若仍采用城市建筑的分项设计与施工，必然因其成本过高而无法实施。

面对乡村复杂多元的经济社会结构、迥异的地域文化背景、分散自由的空间格局，我认为用"一体化设计"的方法来应对复杂多样的设计要素，将乡村建设内容进行分层次的问题梳理和归纳，涵盖了调研、策划、规划、建筑、景观、室内、标识等各个方面，使各要素之间产生相互关联，寻求多维度、灵活性的设计解决路径（图8-2）。用设计关联各个要素，使之在乡土环境中促进治理结构的良性循环和乡土意识的积极互动，逐步解决乡村面临的问题，达到改善乡村人居、生产、自然和文化等一系列环境品质的目的。随着近年来EPC的大力推进，更为这一构想提供了实施的可能手段和途径。这不是无迹可寻，此前亲身参与特色小城镇规划中，这一想法得以论证。

内置金融
乡建培训
养老养生
生态治理
规划设计

咨询费用	咨询费用	设计费用	劳务费用	收益分成	咨询费用
政策梳理	**示范选择**	**规划设计**	**实施落地**	**管理运营**	**资本引入**

政府 ——————→ 中国建筑科技集团 ←—————— 社会
   ←—————— 中国建筑设计院

探索
标准模板

探索
商业模式

图8-2 一体化设计路径（课题组制作）

2. 规划设计引领乡村资源共享

每个乡村都有其特有的物质、文化资源，在长期无序的建设中，这些资源无法得到有效整合。乡村规划旨在通过合理规划，挖掘与整合这些资源，使其在保留原有传统的同时能发挥资源整合的优势，促进乡村社会经济复苏与文化繁荣。中共中央办公厅、国务院办公厅印发的《农村人居环境整治三年行动方案》指出，要"全面完成县域乡村建设规划编制或修编，与县乡土地利用总体规划、土地整治规划、村土地利用规划、农村社区建设规划等充分衔接，鼓励推行多规合一。推进实用性村庄规划编制实施，做到农房建设有规划管理、行政村有村庄整治安排、生产生活空间合理分离，优化村庄功能布局，实现村庄规划管理基本覆盖"。

进行资源盘点，深入挖掘筛选每个乡村独有的资源，再根据不同情况对这些资源进行合理配置。而资源的整合与配置必须有资金支持，资金的来源可以是政府专项资金扶助、社会资本介入，也可以是村民集资，资金到位后需进行资金管理与分配，全程接受由村民选举产生的监督小组的全面监督。最终实现在规划设计的引导下进行资源的整合与共享，与产业和就业挂钩，实现乡村的产业振兴。

3. 规范标准统筹乡村设计市场

在长期的乡村建设中，不仅缺乏科学统一的规划，也缺乏实操性较强的乡村建设规范与标准。我在这一年的工作中带领团队尝试从以下四个方面来探讨乡村建设的标准：

（1）工作规程：即包含发动村民的基本工作原则、村民组织构建、规划设计建设的工作程序和村庄建设与维护要求。

（2）实用型村庄规划设计标准：即包含产业发展策划、村庄空间布局、公用设施整治、村容环境提升、建筑改造方案、文化特色景观、村庄标识等实操性强的由上而下的设计标准。

（3）村庄建设标准：即包含生态环境、公共空间、房屋建筑、公用工程等在内的一系列建筑、景观、市政等建设标准。

（4）乡规民约：即包含村庄公共事务管理、村民文明行为准则、奖惩规定等引导性约定。

乡村规范的制定必须以乡村和村民的需求为出发点，深入调研，借鉴城市建设标准的制定原则，加入乡村特色元素，以落地实施为目的，才能使其具体而不空洞。要充分考虑规范的共性化和乡村个性化的合理衔接和配合使用，既考虑到共性也要保护人性，否则乡村独特的自然生长性就会消失。

4. 设计需要可实施落地的完善的保障体系

在我们参与实践的部分乡村建设中，制度的缺失是导致很多项目无法及时落地的根本因素。在国家层面，已经绘制了一整套美丽乡村建设的蓝图，但具体到实施阶段，还是有很多空白。因此，设计需要可实施落地的、完善的保障体系，主要包括在以下方面：

（1）收入保障：一方面，要破解千城一面、千村一面等问题，乡村建设需要设计师参与，防止乡村风貌城市化；但另一方面，乡村设计属于小而精的设计，这是高技术的叠加，但设计师往往无法获得合理的报酬。因此，乡村设计需要村民整体对于设计价值的认可。

（2）组织保障：乡村振兴的主体是村民，设计院和设计师服务于村集体。目前多数情况，设计机构的合同主体万是各级政府。这会造成设计机构的两难，合同主体是政府，设计机构就要满足政府提出的需求。这些需求不一定能够被村民和村集体所接受，设计师陷入两难。所以，建议从国家层面明确乡村振兴的设计服务对象是村集体等和村民关系密切的组织机构，并给予相应的资金和政策支持。

（3）监督保障：乡村振兴在实施过程中，资金、建设质量和标准考核等监督体系要健全，让乡村建设变得公开、公平和公正。

（4）法律保障：村民、村集体与个人和城市资本等合作产生纠纷屡见不鲜。设计机构服务于乡村，需要法律制度的健全，保护双方的利益。

通过本次的学习与工作中的实践操作，我认识到乡村振兴首先是产业振兴，需要就地消化解决居民的生产和收入问题，从而进一步提升村民生活水平。我们希望利用专业技能，为乡村经济发展提供创新思路和手段，走可持续发展的乡村振兴道路。乡村建设不是城市建设的翻版，把乡村建设成深植于村民内心的乡土情怀是我们的奋斗目标。我们要以乡土再造为目标方针，传承乡村的历史文化传统，重新建构新的乡村建设标准。设计介入乡村同样在路上，需要村民、政府、社会和市场多方协力，携手共进。让集体行动起来，组织起来，再和社会资本结合，引导乡村产业振兴，让乡村活起来，壮大集体经济、强调均衡发展、实现共同富裕。

把学习内容与所得应用到工作中，本人近期实际完成的部分乡村规划建设设计项目有《望谟县昂武生态渔业（扶贫）开发暨康养田园综合体项目总体规划》《兴义市万峰林鄢家坝乡愁集市农耕文化体验园》《贞丰县农场镇龙门田园景观治理工程设计项目》；正在进行的项目有《册亨县八渡镇八达村环境综合整治规划》《兴仁市新龙场镇冬瓜林村》。

图 8-3 庙池现状鸟瞰（课题组自摄）

（二）金珍羽：庙池培训中心与农民夜校

在课程结束后的一年时间里，我回到了重庆庙池农庄现代农业科技有限公司（简称"庙池农庄"）。庙池农庄，重庆渝东南武陵山深处的一个小山庄，隶属彭水苗族土家族自治县诸佛乡（图 8-3）。占地面积 13.7 平方公里，6 个村民小组 505 户，人口 1917 人，有耕地 6112 亩，其中田 1265.5 亩，土 4846.5 亩。吃低保 55 户 103 人，重残 9 户 9 人，五保户 5 户。

近 30 年来，党中央、国务院在农村推行农村土地承包经营制度、废除农业税和农村综合改革等一系列重大决策举措，并连续 10 年不断加大投入，以"中央一号文件"的力度支持"三农"发展。党中央及各级行政组织的红头文件，一再强调现实中国的根本性问题就是"三农"问题。面对当前农村人口与资源的大量流失、生产力的发展饱受多方面因素制约、生产效益低下、环境污染扩大化、自然景支离破碎、民间信仰迷失、伦理道德建设停滞不前、乡村文化缺失、传统文化呈日渐凋零之势等种种问题的客观存在，上面看得清楚，基层也看得清楚。庙池农庄的探索，只能用一斑窥视的方法，以水滴石穿的精神体现去展现庙池兴农村建设的全局观和整体性。

"三农"问题包括农村环境脏、乱、差，传统乡村文化消失殆尽；农业产业小、散、单，现代农业技术极其落后；农民土地、劳力闲置；生存难、就业难、融资难、发展难。庙池农庄将以基础设施和环境改造为切入点，产业链接建设的品牌打造为依托，整合"大武陵文化"内涵，充分挖掘与整理"武陵文化"的精髓。具体做法如下：

庙池农庄的产业

因地制宜，以特色果业为核心，以建设特色果业、武陵山区濒危中药材种植加工业为支撑，走出一条现代科技引领下的贫困山区农业产业文化发展道路。

庙池农庄文化

以传统苗族文化为核心，以体验和分享武陵民俗文化为载体，深刻贯彻落实"一村一品"指导思想，以我们庙池人"一户一故事"的文化内涵，通过修复和完善，建成一个活态的、宜居的、优美的、自然景观与人文风情融入一体的新时代的新农村。

庙池农庄的构建形式

在"政府搭台、企业实施、农民参与、农业合作社经营管理"机制下，构建出"服务一个对象、搭建两个平台、实施三个定位、践行四个集约、实现五个保障，推出六个精准"的系统构建工程。

庙池股份制农民合作社

庙池股份制农民合作社由当地农民自愿入社，农民以土地、政府对农户土地的所有政策性补贴入股，公司提供种苗折价、提供种植技术折价及其生产经营和产品营销服务折价作为股份。本着"利益共享、风险共担"的原则，农民按照持股数量进行分红。合作社的成立为当地农民提供了许多工作岗位。外出务工不再是农民唯一的选择，不用再背井离乡，在家务工既可以挣钱也能照顾到家里的老人、小孩儿，还能种一些绿色蔬菜供自家食用。

庙池股份制农庄合作社始终遵循以产业做支撑，以农民为主体、企业入股、以文化为灵魂的指导思想，运用当今最前沿的农业综合技术和先进的管理方法，执行现代互联网与现代市场营销方式，提供绿色、健康的生态农产品。以拓展和丰富"一村一品"文化内涵去具体呈现庙池的"一户一故事"。

庙池农庄以产业做支撑，以文化为灵魂，以特色果业、生态农产品、健康精致的绿色食品为产业支撑平台，以武陵文化的独特性和多样性作为庙池文化建设的核心内容，在修复、完善、传承与保护的实施原则下，以产业的发展支撑促进文化发展，以文化战略的实施与本土民俗文化项目的落地，助推产业文化、品牌化、企业的建设，从而使产品走得更高、更远。

庙池农庄主要产业以水果为主，包括李子、梨子、桃子、葡萄。其中李子品种有香李、串串香、红宝石、茵红李、贵凌、清脆李6个品种，共467亩18679株。梨子品种分别是黄金梨、翠冠、圆黄、绿宝石4个品种，共46亩4841株。桃子品种有早春3号、霞脆、晚湖景、松林10号、湖景蜜露5个品种，共59亩2351株。

这些果树由合作社统一管理、采摘销售。效益出来之后按农民入股合作社土地的亩数进行分红。在所有产业成熟之后，农民按入股土地进行分红，从而达到产业脱贫。

庙池培训中心与农民夜校（三农学校）

"庙池三农学校"是庙池股份制农民合作社，在深刻领会党的十九大报告精神，坚决贯彻落实习近平总书记关于"三农"问题的一系列指示，勇于实践与探索，在实践乡村振兴战略的伟大征程中，为突破渝东南贫困山区，乃至中国武陵山区如何因地制宜，与时俱进的山地农业与农村建设发展之路，而建立的一所"探索与实践相结合"的务实性新型农民学校。庙池三农学校是一所纯粹的、自动自发的、自觉自愿的"老百姓的学校"。

庙池三农学校培训中心到目前为止组织了14期培训，培训人员达到1000余人。来培训的讲师包括市扶贫办——孙元忠，成都市人民政府督学——熊伟，中国教育技术协会教育测量与评价专业委员会、中国基础教育质量协同创新中心——张生，中国社会科学院农村发展研究所组织制度研究室副研究员——李人庆等，庙池三农学校的培训仍在继续。

结合"生态宜居、乡风文明"的建设，庙池的实验与探索。力求把乡村振兴战略落到实处。乡建永远在路上，庙池"一户一故事，一人一历程"文化建设思想，仍在试验、探索、完善与发展中。

（三）马燕：打造棠香人家　助推乡村振兴

　　爷爷牵着小孙子的手漫步在整洁的乡村柏油马路上，有说有笑；海棠花海里许多游客正在摆着各种姿势拍照；结束一天忙碌工作的市民也纷至沓来，散步锻炼，顺道捎回农家果蔬……这是重庆市大足区棠香街道和平村、惜字阁村的真实写照。棠香街道和平村、惜字阁村之所以吸引市民来乡村旅游，就是因为有了"棠香人家"这一乡村旅游的建设，将平凡的小山村打造成了"来了一次还想再来"的地方。

　　"棠香人家"乡村旅游，规划面积12.7平方公里，覆盖棠香街道惜字阁村、和平村，地处大足城区北郊，北靠宝顶景区，南望北山多宝塔，位于大足石刻黄金旅游线上，区位突出、风景独好。项目致力于打造以生态农业生产为基础，以先进经营理念和管理方式为支撑，依托自然特色、人文资源，拓展农耕体验、精深加工、旅游观光、休闲度假、健康养老、教育文化等多种功能，满足消费者多元化需求的"城市后花园"。坚持"农业＋生态＋文化＋旅游"的发展模式，打造生态旅游休闲目的地，积极推进农业、生态、文化与旅游等产业融合，按照"统筹城乡一体化发展典范、美丽乡村精品"的定位，科学制定"棠香人家"的发展规划，注重山、水、田、林、路等元素配置。

　　随着工业化深入发展和城市建设不断扩张，人类影响和改造自然的能力越来越强。但是，人类自己打造的钢筋混凝土建筑也恰恰形成了对人类自然天性的禁锢，"望得见山、看得见水、记得住乡愁"的乡村成为城市居民的精神渴望，乡村旅游越来越受到人们的追捧，并逐渐成为地方政府重点发展的对象。与其他旅游业态相比，乡村旅游能够最大限度地保留人与自然和谐相处的原真方式、守护人们身在城市心在乡村的精神家园，能够"不砍树、不占田、不拆房"地实现原住民的就地脱贫致富，与中国关于农村的发展理念存在深度契合，必须坚持用五大理念引领乡村旅游发展，才能破解乡村旅游发展难题、厚植乡村旅游发展优势、增强乡村旅游发展动力。

1. 创新是驱动乡村旅游发展的动力之源

　　"新者，生机也。"乡村旅游的发展要靠创新来推动，涵盖开发理念、经营模式、市场业态和政策管理机制等方面的改革和创新。

首先，在开发理念上要打破传统的经济效益导向和城镇化导向定势思维，大力推行生态旅游、低碳旅游、全域旅游和善行旅游等新型旅游开发理念，强化乡村旅游在保护环境、降低能耗、促进产业升级、重视人文关怀等方面的优势。

其次，在经营模式上要激发多元化市场主体的活力，实现从政府主导、村民自主的分散经营模式向政府—投资者—村民多方参与，独资、合资、合作、混合所有制等多种经营模式共存的内生性发展模式转变。

再者，在商业形态上要实现从农家乐、果蔬采摘等初级业态形式向第一二三全产业链延伸并深耕细作，挖掘乡村民风民俗文化内涵，适应和引领时代需求，发展野地露营、自驾观光、休闲农庄、养生田园、健康养老等高级业态。

最后，在政策管理机制上要注重政策引导和倾斜，推动所有权、承包权和经营权三权分离，完善四级行政管理体系、多部门联动体系和行业自律协会体系三位一体的"大体制"建设，并加快建立乡村旅游行业规范标准，降低行业准入门槛，加强投融资渠道和平台建设。

2. 协调是统筹乡村旅游全局的重要法宝

发展乡村旅游是解决"三农"问题、推进新型城镇化和建设美丽乡村的重要方面，纵览乡村旅游全局，必须做好规划布局、资源要素、多方利益、开发和保护的协调工作。

在规划布局的协调上，要优化村庄建设和农村用地规划的编制，既顺应自然规律和社会发展的需求，又尊重历史传承和文化异质性。

在资源要素的协调上，要促进土地、资金、人才等生产要素的自由流动和内在协调，聚合多方资源并使之发挥化学作用。

在多方利益的协调上，要协调和处理好政府、旅客、投资者、外来经营者和村民等群体内部和群体之间的利益关系，政府要做到有进有退、进退有度，着重完善乡村旅游基础配套设施和保障体制建设，不同部门之间要探索建立多头统筹和协调机制，实现政府—社会组织—个体三级联动，积极促进多方主体的交流合作；同时，要协调和处理好旅游资源开发和保护的关系、城镇化建设和乡村保护的关系。

在改造建设中，不能大搞推倒重建，要注重乡土原真风味和整体风貌的保留，保护和发展"从自然中生长出来"的建筑，建设空间形态和自然风貌相协调的生态社区，塑造人居和谐、特色鲜明的美丽乡村。

3. 绿色是把握乡村旅游精髓的根本要义

不同于人工痕迹明显的城市空间环境特质，乡村旅游由于提供了一种"久在樊笼里，复得返自然"的解压方式，受到越来越多人的追捧和青睐。人们越来越意识到，城市无法取代乡村，人类既需要便捷高效的工业化和商业化生活，也离不开接地气的绿色生态环境。

绿色包含绿色环境、绿色建筑、绿色产业、绿色生活等方方面面，绿色发展倡导低碳、环保和可持续，强调取之自然、融入自然，与自然对话、与文化对话，其本质是一种天人合一的哲学式发展模式。

所谓"羁鸟恋旧林，池鱼思故渊"，乡村旅游与其他旅游形态的不同之处还在于乡村旅游所蕴含的乡愁情结。人类在本质上是自然的产物，在灵魂深处对回归大地和自然的向往已经深深融入骨髓，而乡村正是在人类数千年文明史长河中逐渐形成的人与自然和谐相处的典范形式，民风民俗和乡村景观建筑都是人与自然共同进化和相互影响的产物，是人类文明史的活化石，是城市发展进步的"根"。乡村旅游的精髓便是留住这种绿色原真的"乡愁"和"稻花香里说丰年，听取蛙声一片"的乡土情结。

4. 开放是促进乡村旅游繁荣的必由之路

乡村旅游的发展应当是开放和包容的。一方面，乡村旅游的产业分工要实现全产业链式的包容性发展。旅游不仅是服务业，而且是覆盖一二三产业的综合性产业。乡村旅游的发展应该是全产业链条发展，应该积极探索一二三产业的融汇整合、产业链条的分工协作、市场的深度细分和产业链延伸，挖掘上游和下游的拓展空间。另一方面，乡村旅游的空间要实现全域式和免门票式开放发展。与传统旅游景区相比，乡村旅游应当是无边界的，全域处处是景区；乡村旅游应当是无门票的，收入来自游客的购物、休闲和体验消费等途径。同时，乡村旅游的市场也应当是开放和包容的，允许经营模式、经营业态、经营主体、投资主体的多元化共生。为此，必须加快开放土地流转、明确用地标准和建立乡村旅游行业规范，调动多方力量、各种资源共同服务于乡村旅游的发展。

5. 共享是实现乡村旅游价值的本质要求

实现发展成果共享，惠及民生和促进扶贫脱贫事业是乡村旅游发展的本质要求和价值归宿。乡村发展和城市发展应当是并重的，要改变农村服务城市、城市反哺农村，将二者对立的观念，使乡村成为与城市平行的空间；改变乡村封闭独立、第一产业占主导的单一形态，将乡村发展成具备健康养老、生态休闲等功能的培训教育和示范基地，使投资者、经营商、村民和游客和谐相处，使乡村成为社会大众不分彼此、共建共享的家园。

此外，村民不必迁徙或进城打工就能够实现在家门口奔小康，将"空心村"变成"旅游村"，缓解留守儿童和空巢老人等社会问题，则是乡村旅游的特殊价值和意义所在。因此，在乡村旅游的发展过程中要注重旅游扶贫并促进精准扶贫，出台相关的政策保障和优惠措施，支持乡村和社会资本合作，带动村民返乡建设美丽家园，就地实现创业和就业，促进村民经济效益共享和乡村生活品质提升，让乡村旅游成为乡村发展和村民脱贫致富的广阔平台。

乡村旅游作为一种既能提供促进发展和保护生态环境等经济效益和生态效益，又能兼顾解决"三农"问题和乡土情结等社会效益的新兴旅游产业，已经成为旅游行业的新宠和重要力量，创新、协调、绿色、开放和共享五大理念从不同角度全面阐述了乡村旅游的发展要求，为乡村旅游确立了思想、指引了方向，相信在五大理念的引领下，乡村旅游的发展必然能够焕然一新，保住金山银山、留住青山绿水、锁住浓浓的乡愁。

（四）潘春利：对乡村建设的理解与思考

1. 找准发展定位，彰显个性特色

农村建设要立足本村资源禀赋，找准战略定位，找准发展优势，走差异化竞争之路。因地制宜确定乡村的发展定位、民居风格、人文风情和产业特色。发挥各自的区位优势，体现特色和亮点，追求个性、体现差异，这样才有竞争优势。每个村镇都要突出一个主题，围绕中心来谋篇布局。我们调研考察的 3 个省 12 个村镇都具有不同的特点，江西省婺源县的几个村子利用自身山清水秀和民居古建的优势，由旅游公司统一管理，以收取景区大门票的模式运营；浙江省江山市的大陈村努力挖掘、传承和发扬传统文化，实施文化旅游；杭州市的东梓关村和文村利用"新杭派民居"建设走红网络，从而推动旅游产业；浙江省安吉县的余村和鲁家村打造乡村田园综合体，发展现代农业，走"田园综合休闲旅游"之路；江苏省苏州市的三山村则利用太湖小岛创建国家级湿地公园，以环岛观光旅游带动三产。

2. 科学规划引领、逐步严格实施

坚持规划先行，以区域特色创新创意为核心，把地貌、田园、农耕、气候、民俗等有形无形资源融入乡村规划，融入旅游元素转化为富有特色的旅游产品。规划必须立足于现状，从实际出发，找准定位，可操作性强。规划一经确定，要纳入村规民约，在实施过程中，不得随意更改。调研的乡村几乎都有各自的发展规划，有些乡村甚至聘请全国的知名高校、设计院所、规划机构为其制定规划，进行逐步实施，并成立公司对旅游产业进行规范管理。例如江湾村就聘请上海同济大学编制了《江湾旅游规划策划及村镇总体规划》，实施"江湾文化休闲旅游综合体项目"；晓起村也聘请江西省城乡规划设计院编制了《晓起村古村落保护规划》；鲁家村聘请设计公司对整个村子进行村庄环境规划、产业规划和旅游规划，引入外部资本对农场进行项目投资和运营管理。

3. 遵循自然生态，按照标准建设

严格按照当地的建筑风格来建设、改造村庄，在房屋建设和环境整治中融入当地的传统元素。在所考察的美丽乡村中，每个村落几乎都能根据山水走势和流向，因地制宜建设，使自然景观与村落建设浑然一体，体现了自然和人文的和谐统一。我们所到之处，看不到大拆大建的情况，每个村在做好古街、古桥、

古居等文物古迹保护的同时，还不同程度保留了几十年前村民居住的土房子、石头房子，这些保留下来的历史遗迹，展示了村庄发展和时代变迁的历史，成为当地开展美丽乡村建设的宝贵财富。婺源县的农民建新房有统一的标准，建房前要向县里申报平面、立面图纸，审核批准后才能开工建设；东梓关村的回迁房和文村的安置房都遵循了当地居民的风貌进行设计建造，与原有民居和谐共存。

4. 注重文化传承，深度开发利用

文化是美丽乡村之魂，要把文化建设充实到美丽乡村建设之中，深入挖掘村庄的文化元素，提升村庄的文化内涵。要充分利用旧建筑、古民居等，搞好历史文化保护与开发；要注意挖掘文化资源，利用好村里现有的文化阵地，传承文化传统，为美丽乡村建设注入新活力。美丽乡村建设不但要提升基础设施硬实力，更要注重文化宣传软实力，让人感受到深厚的文化底蕴。把文化这个旅游的灵魂融入乡村旅游产品之中，打造出具有地域特色的乡村旅游产品，突出纯正的乡土文化，将传统文化、农耕文化、民俗文化自然真实地融入乡村旅游产品中去，进行文化创意，出差异、出亮点、出卖点、出特色，尽可能地借助科技手段，营造能够体现乡村特质的旅游景观与活动，实现文化旅游化。还要加大宣传推介力度，制定旅游线路，把美丽乡村和景区旅游融为一体。调研的各乡村非常注重文化建设，村村有文化礼堂，村村有文化古迹，村村有村规民约。特别是大陈村大力挖掘和弘扬"村歌文化""古祠文化""崇尚教育"等传统文化。

5. 加强环境治理，建立长效机制

村容村貌的打造，环境卫生的整治，特别是污水、生活垃圾的处理是乡村振兴发展的基础。"三分建、七分管"，才能让农村环境整治效果有保障。加大宣传教育力度，提高群众环保意识。要重拳整治垃圾、重点治理"十乱"现象，把农村垃圾、污水、绿化作为美丽乡村建设的重点环节抓实抓好。要建立长效管理机制，一是对村而言，建立常态化的考核奖惩机制，加大奖励和通报力度。二是对村民而言，建立评比机制，每月对村民的文明、卫生行为打分，通报乱丢垃圾、乱排生活污水、破坏公物等不文明行为。考察的所有乡村的垃圾处理基本采取户收—村集—镇运模式，成立保洁公司，市场化运作。如大陈村建立健全卫生长效保洁机制，村民自觉遵守村规民约，保持环境卫生，垃圾分类处理，村容村貌长年整洁。

6. 大力发展产业，农民增收致富

建设美丽乡村，村美是手段，民富是关键，最核心的是要发展生产，让广大农民增收致富。因地制宜发展特色种养业、农产品加工业、农村电商，发展农产品采摘、农家乐体验等集住宿、餐饮、娱乐于一体的旅游项目，制作具有浓郁地方特色的工艺品和旅游纪念品，有效带动村民创业增收。首先是发展产业，调研的乡村基本上都在发展乡村旅游，以旅游带动农家乐、民宿、农副产品销售等第三产业，其中鲁家村以"公司+村+家庭农场"的组织运营模式，打造家庭农场聚集区，发展田园综合体。其次是转型升级，特别是余村进行产业调整，关停矿石开采，积极发展生态旅游经济。在开展美丽乡村建设的同时，对传统的农业转型升级，发展生态高效农业和休闲乡村旅游。

我国的乡村数量众多，发展不平衡，情况差异大，因此不能千篇一律，用统一的标准来建设，只能因地制宜进行开发。虽然乡村建设困难重重、任重道远，但我相信，只要在全社会各方面力量的共同努力下，美丽乡村会在中国的大地上遍地开花。

（五）孙鹤瑜：云南传统村落艺术介入及在地教育实践工作

1. 关于乡村艺术实践工作的基本情况——以云南省红河州元阳县小新街乡大拉卡村风貌为例

依据目前的统计数据，我国现有文化特色及保护价值的传统村落数量众多，其中又以云南最多最有代表性，其中615个已经列入了国家级传统村落之列，数量位居全国之首，对于云南传统村落保护的研究一直都是学界的热点。更重要的是云南的传统村落价值涵盖面很宽，包含有历史、民族、地区等要素，具有较高的保存完整度与多样的社会人文及建筑形态样式，其所具有的多样性珍贵价值获得了国内外专家学者们的一致认可。可是目前从规划建筑业的角度开展的村落规划往往重视规划与建筑本身，渐渐忽视了古村落由文化与时代自然共生的规律。同时也打破了前来寻访乡土云南的人们对乡村的淳朴想象。过去艺术家设计师们的"下乡采风"，即到农村去采集他们的创作灵感，多数只停留在对某些文化遗产的整理和传播，在某种意义上，它是一种对农村的索取，无法激起对乡村重建的更多参与，让它的亲和力大打折扣。比起村庄的自然凋敝，这更加令人痛心（图8-4）。

图8-4 云南省红河州元阳县小新街乡大拉卡村建筑外立面(课题组自摄)

图8-5 云南省红河州元阳县小新街乡大拉卡村杂乱的街巷（课题组自摄）

　　从艺术生产的角度来说，艺术介入农村发展，是出于对当下艺术系统及制度的一种反思。在曾经以稻米为食、以农业为本的亚洲地区，这些实践均聚焦于全球经济一体化对当地政治、经济、文化和传统生活方式的冲击，积极激发被忽视的农村地区的活力，在国内外已开展的研究背景之下，我们更致力于对农业传统的忧虑和过度城市化的对立思考，从云南丰富的传统村落文化资源出发，依据艺术手段的优势，开展以当代为背景的乡村文化运动，研究涉及村庄历史展示、民居保护再生、传统手工艺的激活设计、地方戏曲和音乐表演记录、各地不同流派的乡建工作者的经验交流与分享等，云南传统村落保育与活化设计实践，以艺术与设计为最初的切入点，但最终也希望在农村的工作可触及政治和经济层面。发挥艺术创造的传播与感染效应，吸引更多的人关注和参与，探索以农民为主体的经济模式，建立城乡互哺的良性关系，立足艺术与设计，服务实践新的农业生活方式，在农村地区实践互助精神，回归历史认可与自信，减低在城市中盛行的对公共服务的依赖，用艺术与设计所学为农村政治、经济和文化奉献才智，重新赋予传统村落活力，再造农业故乡的构思（图8-5）。

　　乡村艺术实践工作选择传统村落保护，是对农村和地方生活的融入，在另一层面上又涉及了乡村建设的议题和实践。在中国的发展现状下，艺术家与设计团队对乡村建设的参与，既要保护传统文化和延续传统智慧，又要在新的历史条件下提出文化更新与跨界设计的方法。这便是乡村艺术实践工作为自己设定的目标。

2. 主要做法和措施

我们通过艺术与设计的原则和方法，在地综合艺术展演活动与策划，透过艺术教育的影响力，有意识的维护一个乡土生态系统，适度融入传统文化与现代技术，透过有意识地保留并管理自然与社会资源，减少能源、物资及人力的浪费。学习传统手艺，体会当代艺术形式与传统智慧融合带给生活的影响。我们的艺术思考强调用正面解决之道面对问题，重点关注于"整合艺术"。同时一起对农园生活区进行部分改造，让乡村生活区条件大为改善。藉由悉心设计我们生存的环境，让每个人都能降低对地球的冲击！以及包括现代半农半城市生活实践在内的可持续乡村社区发展，从认识气候、水文、土壤、植被、动物等大自然里的各项元素，进而了解他们彼此之间的关系及运行法则，最终将其运用在人类社群的生活设计中（图8-6）。

（1）在"乡村建设"的整体语境中重新定位"乡村艺术实践"

围绕云南独有少数民族居住区的建筑文化，建筑艺术造型的要素构成来解析和总结村落建筑造型的艺术特征与建筑文化的关系。利用建筑学，历史参考等几个领域相关背景知识资料库，对本课题相关文献进行分析探讨。对现有的国内外文献资料进行系统的分析和比较，为研究提供理论背景（图8-7）。

图8-6 云南省红河州元阳县小新街乡大拉卡村人畜同居（课题组自摄）

图8-7 云南省红河州元阳县小新街乡大拉卡村村民家中入户调研（课题组自摄）

对进行艺术介入的保护村落范围进行全面调查，并选择研究范围内具有代表性的例子进行深度研究、比较。走访村落内现在的原住居民和专家学者，综合历史沿革，并对调查的数据进行归纳，找出村落历史建筑的共性和规律性及问题产生的原因，为研究提供确凿的数据和分析依据。

对各种艺术介入后影响因素通过切实的数据加以界定，从而增强研究的客观性与准确性。

在对云南特色传统村落保护研究的基础上，分析村落的现状及存在的问题，并且透过艺术设计的视野，运用当代设计在传统村落历史建筑利用与延续中的作用，从而为村落的文化保护与更新的具体工作提供一些帮助（图8-8）。

图 8-8 云南省红河州元阳县小新街乡大拉卡村村民家中入户调研（课题组自摄）

（2）乡村艺术教育促进本民族文化的保护传承

本土艺术教育试图从传统出发对当代教育模式进行改革，这些本土艺术的教学探索已经跳出了风格和样式的表层，开始深入传统文化中的深层结构，尝试激活它，使之重新成长。

"艺术干预乡村建设"的立场促使艺术家不能再只是观察者的身份"独善其身"，而是以一个行动者的角色有创造性地参与这个演变过程；乡村建设也不仅仅局限在建筑环境层面，更是以艺术家的创造力和学者的视野对文化传统

图 8-9 云南省红河州元阳县小新街乡大拉卡村破败的村社（课题组自摄）

进行总结、保护和发展。其中，艺术教育既是素质教育的最大表现形式，又促成基础教育的自我建设和自我完善。因地制宜的艺术实践教育在乡村大有作为，既促进乡村少年儿童对自身文化的认知与认同，又满足其对外界艺术文化的了解与接受（图 8-9）。

我们提倡的不是将技术技巧训练放在首位的传统艺术教育，而是一种融合式的艺术人文教育。以丰富的民族文化、在地的自然资源为依托，将原来的视觉艺术、音乐、舞蹈、戏剧等技能学科根据不同的教学目的解构分类，以艺术史为主线，融入人文与社会、环境与科学的相关知识，再进行有机整合成新的艺术教育模式，针对每个年龄阶段的人设计符合年龄特征的学习课程。将艺术生活化、常规化、终身化，发挥艺术对人成长的多效作用。因此，此课程的目的不是为了培养艺术专门人才，而是提高少年儿童的整体人格塑造和推动其智力发育；最重要的是，我们作为外来干预者，无法完全融入当地的自然人文生态中，所以必须培养当地民众主动与本土文化、与自然相依共融，促进民族村落少年儿童对本民族文化的自觉性传承保护。

3. 取得的成效与存在的问题

乡村艺术实践工作着力于对云南传统村落源远流长的历史遗迹、乡土建筑、民族民间文化和手工艺进行普查和采访，在此基础上邀请当地人一起合作，进行激活和再生的在地艺术介入活动，包括在地剧场、应用戏剧、纪录片及影展等，除了传承传统，更希望把工作成果转化为当地的生产力，并带来新的文化复兴机会。目前本人已在云南多个典型村庄开展乡村实践设计服务工作，通过艺术介入及教育实践带动乡村保护与发展，让乡村生活区条件大为改善，村民收入增加，部分年轻人离城返乡就业创业。本人并持续为当地政府提供乡村规划决策意见，获得村民与乡镇干部的工作的一致好评与肯定。

当代回归乡居生活、逆城市化已成为中国城市一部分人群的选择。人们厌倦了城市的喧闹生活，希望开始实践新的农业生活方式，或者说在恢复这种生活方式。乡村艺术实践源于对农业传统如何传承的忧虑和对过度城镇化的对立思考，是一个关于艺术家、设计师离城下乡，回归历史，在农村地区展开实践互助精神，减低在城市中盛行的对公共服务的依赖，用艺术与设计所学为农村政治、经济和文化奉献才智，重新赋予传统村落活力，再造农业故乡的构思。

（六）王瑾琦：乡村建设的道路漫长而崎岖

本人全程参与这历经 70 天的"美丽中国行——西南乡村建设创新营建人才培养计划培养项目"收益良多，对乡村建设的认识由点扩大到面，在参与该项目之前，本人通过乡村建筑的建设与改造、乡村景观的规划设计的手段参与乡村建设，多存在在物质表面的维度上。在培养项目的学习过程中，认识到乡村建设的内部推动因素和外部表现方式。在此之后对乡村建设的接触中，能够有更加全面的认识和介入。

此次人才计划结业至今，已有 10 个月之久，在这期间本人也通过各种方式继续进行乡村建设工作。作为参与此次人才培养计划中高校青年教师的代表之一，在作为本职工作的教书育人的过程当中，也通过言传身教向学生传递乡村建设工作的必要性，以及建设思路与方法，将在此次培训期间学习掌握到的思想理念与设计方法传递给年轻一代的高校学子。例如，"美丽中国行"项目的培养导师马泉教授所讲述的，基于区域的视觉性整体规划手段，在本人承担的《建筑设计》课程中，向学生们推广，并尽可能地在课程作品中体现。在服务社会的过程中，同样也秉持"学以致用"这一理念，取得了较好的效果。

2019 年 1 月，本人跟随所在团队对北海涠洲岛城仔村进行考察，开始计划改造建设涠洲岛城仔村。在考察过程中，通过在学习过程中学习到的相关知识，帮助调研。城仔村是涠洲岛最原始的几个自然村落之一，位于岛中心偏西位置，邻近水库，早年是作为海盗聚集，抵御台风与政府围剿。现在由于村子坐落位置远离海岸，旅游开发力度较为薄弱，乡村遗留的原始要素较多。由于近几年涠洲岛的产业业态发生一定的变化，从渔业、种植业转向了旅游业，村内居民大多放弃原始的打鱼工作，转向旅游行业。可是，由于环境影响，效果不大。唯有一间民宿坐落在城仔村，外地商人租赁民居改造做民宿的情况较少，村内建筑多是自居。居住人口从事传统经济作业养殖、岛上建筑建造、出海打鱼等工作，收入较低。在此项目中，我们设计团队面临一个较为严峻的问题，涠洲岛每年接待游客近 200 万人次，但是游客来涠洲岛旅游目的多是看海，岛上景点多沿着海岸，民宿也以西南面滴水村居多。在这样一个大环境下，城仔村先天不足条件被完全暴露，虽然城仔村早期属于涠洲主要居住村落，岛上较之临海区域，更加适宜长期居住，但是当前游客需求要素不突出。我们设计团队从城仔村现状出发，作为目前涠洲岛内保留最完整的村落之一，我们提出保留原有院落结构与生态景观，将村落作为一个整体景观院落进行改造，对位北方来岛度长假的游客，从宜居性角度建设城仔村，并将村子风貌继续维持。这一观点与开发商做"滴水村"式独立民宿的思路有较大出入，导致中途搁浅，所幸 2019 年 6 月我们团队的这一理念能够在涠洲岛上横路村蔡家大院得到延续，如今正顺利进行。

今年 7 月，我们团队受邀，参与广西江南区刘村开发项目，刘村临近南宁吴圩机场与扬美古镇，外地与本地游客较多，村内目前只有少量人口居住，其中有一村组只有 2 户人家，在原有规划中，村落被改造成颐养小镇，针对北方老年客户，我们通过对其周边环境的调查与邻近位置的成功案例"云舍"进行调研发现，广西游客对原始生态村落的居住环境较为满意，民宿产业在该地区较为有发展前景。

在近一年的与乡村建设相关的工作中，我对"美丽中国行"——西南乡村建设创新营建人才培养计划项目中学习到的内容有了更深刻的体会，全国乡村情况各有差异，相关单位对于乡村建设的期许从来没有停止。但是现在我国乡村建设的范围广，成果各异，而有效成果往往被放大，特别对于资讯较为落后、先天条件较差的地区。城仔村项目的开发，是基于对滴水村的有效民宿成果，其中成功原因是滴水村地理位置位于岛屿西南面，邻近海岸，有涠洲岛著名景点"鳄鱼山"与"滴水丹屏"，岛上其他成功民宿地理位置大多都是靠近海岸，城仔村远离海岸，周边景点"圣母堂"坐落城仔村，短期民宿优势并不明显。涠洲岛上民宿产业的兴旺与成功，被村民与部分开发商放大，认为"做民宿，就能赚钱"，甚至放弃村落本身的优势。部分成功的乡村建设案例太过于深入人心，这种传递效应比立足实际更加符合乡村居民与部分开发商的价值，将其思维扭转较难。乡村建设的道路漫长而崎岖，越深入越困难，"万金油""一招鲜"的手段并不适用于我国广大的农村。

在本人近一年参与的乡村建设项目的过程中，更加深切地体会到。结合建筑为"文明实据"的观点，本人对乡村建设的认知与方式，一贯是"一动不如一静"，最小干预乡村的原始面貌，在位置细节处进行处理，重视生活宜居与文脉传递。针对现在部分地区乡村的大拆大建，大范围加建的情况，保有村落原有视觉面貌与文化内涵的观念，虽有螳臂当车的意味，但同时也显得任重道远、意义重大。

（七）刘檬：改善村民居住环境，推进乡风文明

2018 年通过四川美术学院国家艺术基金乡建人才培训后，就一年来结合自身工作，就乡建工作理解与思考问题如下：

1. 乡建工作的目标

乡建工作是一个复杂的系统工程，涉及涵盖面广内容多，各种因素交杂融合，涉及地理位置、产业发展、基础设施建设、居住环境、风俗习惯等。十九大报告中，全面脱贫攻坚，明确提出乡村振兴战略，到 2020 年全面实现小康，时间紧，工作重，为实现"产业兴旺、生态宜居、乡风文明、治理有效、生活富裕"为目标的乡村振兴战略，因地制宜，结合本地区实际逐一抓好落实，第一要务是发展产业兴旺。如何实现产业兴旺，首先要结合习近平总书记提出的绿色发展，生态优先理念要求，结合实际做好生产、生活、生态的发展，树立"绿水青山就是金山银山"的理念，结合供给侧改革制定好村庄规划，广泛征求村民意见，统一思想，积极招商引资，发展符合乡村定位的产业项目，以产业项目来带动村民增收。在产业发展的同时，要做好生态宜居，由于村民文化素质生活习惯收入差距等诸多因素，一度造成农村生活环境脏、乱、差，根据村域

内实际情况，多次召开户主会、院坝会、宣传环境卫生，从思想上引导村民爱护自己家园，爱护生活环境，为自己和家人创造一个干净整洁的生活空间，同时收集意见，对村内环境整治，对梳理出的问题提交村民代表大会讨论，结合人居环境整治方案，细化了村域范围内环境整治方案，并进行公示，在广泛征求村民意见后，村委会组建了保洁队伍，设置垃圾箱体，做到日清日运，规范了村民乱堆乱放、乱贴乱挂、乱停乱放等不良习惯，在党员干部、村民代表的示范引导下每年对星级文明户、文明院落、美丽庭院进行评选，对环境卫生做得好保持得好的进行挂牌表彰，对做得不好的进行帮扶，引导在做好卫生环境的同时要求对村民住房、厨房厕所卫生一并检查，对厕所不达标的要求改造，结合三清一级和村规民约的修订，在党员干部、村民代表的示范工作用下，改善了村民居住环境，在乡风文明方面做了以下工作：

建章立制：修订了村规民约，村两委成员分片分网格落实责任，每年不少于两次召开户主大会、宣传执行村规民约。成立调解室，驻村民警，综治干部，及时处理村民矛盾，把问题解决在萌芽状态，做到小事不出组，大事不出村。

成立红白理事会，对大操大办，铺张浪费等不良习惯进行引导，崇尚勤俭节约，对不听劝的要通报批评。

成立交通劝导站，引导村民遵守道路交通，安全文明出行。

成立自愿服务队，对低保、五保户、残疾人、弱势群体家庭不定时展开帮扶慰问。

与学校、幼儿园对接，开展小手拉大手主题活动，传承良好民风、家风、文明礼仪等。

成立文娱活动队伍，组织村民安排节目，组织开展相关活动，提高村民生活，治理有效安全稳定是村民生产生活的主要基础。

成立夜巡队伍，对村域内的干道进行巡查，配合公安天网工程有效制止了预防犯罪，确保一方平安。

加强村委会职责，分工合作，层层压实责任，提高自身素质，为村民服好务，设置便民服务大厅，做细做实网格化管理，通过网格及时了解村民反映的诉求，同时做好上传下达工作。加强三次管理，对集体资金、资源、资产、清产核资建立台账，每季度进行公示，全程接受村民监督，为确保森林资源安全，成立了护林队，分片管理重点时段巡山守卡，践行绿水青山就是金山银山，加强培训学习，不定时组织党员干部、村民代表学习党的理论方针、政策，不忘初心，牢记使命，建立法治、德治、自治相结合的乡村管理体系。

2. 存在问题

主要是产业发展，受政策及规划的影响，村里没有支柱产业，集体经济薄弱，村民就业机会少，公益投入较少。

乡村老龄化现象严重，从事一产业的人群越来越少，撂荒现象较为严重，从事农业生产有断层现象。

村民整体素质参差不齐，对环境整治、生产、生活良好习惯还有待提高，在乡建工作中主体责任意识不强。

头雁示范较弱，党员干部致富能人带动不够。

基层组织职能职责发挥不够，基层党组织在乡建工作中引领创新发展方面做得不够。

政府在乡建规划：发展、政策等各方面指导不够。

（八）徐朝珍：贵州省普安县青山镇哈马 500 亩坝区生态渔业产业发展致富路

普安县生态渔业发展项目，主要目的是合理地利用山上、山中、山下立体资源气候环境条件，通过生态渔业综合种养有效提高土地生产能力，促进生态鱼丰收，并通过旅游产业调整农业生产结构，最终实现增产、增收、增效的同时保障农民稳定收入。

1. 基本情况

（1）普安县基本情况

普安寓"普天之下、芸芸众生、平安生息"之意，位于贵州省西南部乌蒙山区，黔西南布依族苗族自治州西北部，北纬 25° 18′ —26° 10′，东经 104° 51′ —105° 9′ 之间。地貌呈南北走向长条形，南北长 96.6 公里，东西宽 33 公里，总面积 1453 平方公里，平均海拔 1400 米，平均气温 14℃，年均日照 1528.3 小时，年总辐射 103.25 千卡 / 平方厘米，年均降水量 1395.3 毫米，降雨集中在每年 6 月至 8 月，6 月最多，无霜期年平均 290 天，夏无酷暑，冬无严寒，属亚热带季风湿润气候，独具"立体农业"自然条件。

普安县内河流属珠江流域，西江水系，以中部乌蒙山为分水岭，分别汇入西江上游的南北盘江。全县有大小河流54条，其中河长大于10公里、流域面积大于20平方公里的河流有23条，南盘江流域有楼下河、木卡河、平塘河、德依小河、泥堡河、歹苏河、阿岗河、下节河、者黑沟河、地瓜歹苏河、猪场河、石桥河、绿河13条；北盘江流域有乌都河、上寨河、大桥河、渔洞河、新寨河、干河、岔河、湾河、石古河、猴昌河10条河流。境内河长374.3公里，流域面积为1429平方公里，这些河流均属雨源性河流，流量的大小随着雨量的大小而增减。全县有水库23座，集水面积54.1平方公里，正常库容12.18亿多立方米。境内有自然山塘126处，水面面积29.48平方公里，库容为1.1亿多立方米。这些水域大多和稻田相互连接互通，面积约为26000余亩，可直接进行养鱼稻田10000亩以上。

（2）普安县青山镇哈马500亩坝区生态渔业基本情况

普安县青山镇曾在"盘江八属"享有"头青山"的美誉。是古茶树原产地之一，境内有千年四球古茶树20000余株，被中国茶叶流通协会命名为"中国古茶树之乡"，有两万多亩原始森林，被林业部命名为"省级森林公园"。哈马村是中国古茶树之乡的普安县古茶树主要生长地，全村总面积31050亩，耕地面积为11714.6亩，有农户839户4265人，其中精准贫困户164户686人，其中非农业人口40人，主居民族有汉族、苗族、彝族、黎族、布依族。

普安县青山镇古茶树资源和哈马村500亩稻田天然融合一体的综合开发利用项目，山上20000余株古茶树郁郁葱葱，山下百亩稻田金光灿灿，水中鱼儿金黄色诱，千亩五色油菜山间点缀。合理地利用山上、山中、山下立体资源气候环境条件，使"生态鱼茶旅"成为浑然天成的画卷。

青山镇哈马村属于亚热带季风气候，四季分明，平均海拔1500米，年均气温16℃，年降水量1400毫米~1500毫米之间。地形以山地、坝子为主，德依坝子总面积1500余亩是全县最大的坝区，非常适宜生态鱼综合种养，坝区有龙洞河贯穿全境，有风光旖旎的"天生桥"一处，有旧石器时代人类活动遗址一处——屯脚铜冠山文化遗址等自然资源优势特别适合发展生态渔业综合开发。

2. 项目主要实施做法

（1）重调研、强规划

2019年2月初，普安县人民政府、贵州省工行普安县支行联合招商引资公司到青山镇发展生态渔业示范项目，预计2019年规划生态渔业种植养殖800亩，同年2月12日公司和青山镇签订了意向合作协议后，立即安排技术人员到黔东南、遵义、兴义等地进行了实地考察，并邀请了省农业农村厅、贵州省水产研究所、水稻研究所、黔西南州喀斯特研究院、黔西南州农业农村局、兴义市农业农村局等专家领导到现场调研和进行指导。同时，普安县人民政府聘请了贵州省水产研究所帮助全面规划普安县生态渔业发展，2019年普安县生态渔业发展规划依托500亩以上坝区建设和"中国古茶之乡"古茶树资源优势，在普安县古茶树群落山下青山镇哈马村新建生态渔业综合种养650亩，新建五色油菜花基地3000亩，保护开发古茶树10000余株，培育古茶树苗500万株，利用古茶树和生态鱼综合种养及当地资源开发旅游项目5个（古茶树观景、油菜花赏玩、大自然馈赠茶壶稻田风光、天生桥攀岩、采花洞探秘）。通过多规合一把生态渔业产业发展从源头上保障有序有节推进，具体规划理念是把传统稻谷种植作为项目实施的主要突破点，利用古茶树资源优势在稻田中合理布局种植彩色水稻"中国古茶树之乡"字样，并依照田块的合理性分布养鱼区域、养虾区域、养鸭区域、古茶苗育苗区域、油菜种植区域等，并通过季节的变化来达到大季种稻养鱼，小季种花养蜂，春季养殖冬闲田小龙虾，四季保护开发古茶树资源的常年发展局面，最终达到全面发展，多功能利用。

（2）增合作、助脱贫

为打赢脱贫攻坚战，结合生态渔业产业实施实际，项目覆盖哈马村14个村民组839户4265人（其中精准贫困户164户686人）实际，项目实施采取"龙头公司＋合作社＋基地＋农户＋带动贫困户"的模式共建普安县生态渔业综合种养建设项目，项目建设实行目标到户到人，精准扶贫到户到人的双重原则，根据参与贫困户的实际情况进行项目带动摸底、公示等工作，把贫困户确实带动到项目发展中，通过利益真正落实到贫困户身上来完成就业脱贫、产业扶贫等工作，并保障所有带动贫困户有长久的收益和连续的发展。

（3）项目实施成效

一是良好的资源条件，生产的优质生态无公害产品推动普安县生态渔业生产向国家生产技术标准接轨，创建高档次、高标准、高效益、高规范无公害生态鱼综合种养生产基地，以此做出示范，用现代生物高新技术改造传统种养殖产业，更好地完成农业产业结构调整，提升全县农业产业现代化水平。

二是通过项目实施充分发挥广大群众的积极性，可彻底改变项目区农业基础设施薄弱、人口整体素质差的现状，可以提高村民科技意识、市场意识和自我发展能力，科学技术得到进一步普及推广，产业结构进一步科学合理、产业结构初步形成；群众的经济文化和生活水平显著提高，从而密切干群关系，保持农村农业长期稳定。

三是为人们膳食结构调整提供天然、营养、健康食品做出贡献。

四是为当地贫困户提供就业机会，增加农民收入，维护社会和谐稳定。

五是本项目固定资产设施建设使用最低年限是10年，按照每年覆盖164户、686人贫困户计算，三年可全部带动稳定致富。

（九）徐诚程：尊重本地的自然生态、历史遗存，尊重当地村民的意愿

去年通过西南乡村建设创新营建人才培训为期70天的学习，系统性地了解乡村建设的相关知识，掌握了目前乡村建设的模式，收获了良多乡村建设的策略和方法。时至今年，为了能够更好地践行乡村建设道路，现将近一年来乡村建设过程中所遇到的问题及策略总结如下：

1. 乡村建设过程中所面临的突出问题

首先，在前期村落田野调查的过程中我们发现村民更多的是关注经济补偿性的问题，被动地接收村落规划以及建设内容，村民本身参与到乡村建设中的积极性不高。原因可能是由于西南地区大部分乡村的农业产品多为自给自足，农业产业化程度低，村民并不能依靠传统农业种植实现经济富裕，导致越来越多的青壮年外出务工，人口外流的现象越来越严重，乡村劳动力不足，因此也就出现了村落土地荒废、房屋闲置、空村化、老龄化的现象，使得乡村建设中村民作为村落主人的责任感不强。

其次，在乡村建设过程中，出现有盲目跟风的现象。从注重乡村基本公共

设施的社会主义新农村建设到物质形态和文化旅游并重的美丽乡村再到以产业导向为核心的乡村振兴，在乡村治理和建设方面确实出现一大批优秀的实践结果，有一定的借鉴意义。但这些策略和方式并不能完全照搬和大规模的复制，有待根据当地地方特色和环境为依据，做出判断。例如近几年特色乡村旅游项目为乡村带来了高效发展，很多村落忽视自身现状争相模仿，往往惨淡收尾。

另外，城市化的快速发展，城乡差距越来越大，村民向往城市生活，认为乡村无法实现个人价值，导致乡土文化自信缺失现象严重。例如在乡村建设中，忽视乡村独有的文化元素，模仿城市建设和发展模式，一窝蜂拆掉老式的传统建筑，盖起小洋楼，使得传统村落格局荡然无存，依附于自然村落而生存的包括宗族、宗教、孝道、民俗等在内的乡土文化，失去赖以生存的社会空间和文化土壤，同时很多民间艺术也面临着危机，代代相传的传统手工艺，无人继承延续，渐渐开始淡出了人们的视野。

值得一提的是，在乡村建设中，有绝大部分的乡村是没有明显优势资源的普通乡村，它们不同于那些具有悠久历史建筑、特色风俗人情、深厚历史文化底蕴和知名人士故里的乡村发展。乡村的资源不明确，使得普通乡村在发展振兴的过程中很难找到切入点，缺乏切实促进普通乡村可持续发展的发展动力。

2. 针对在实践过程中的遇到的突出问题，提出以下策略

（1）弘扬村落传统文化，树立文化自信

中国农村传统文化是中国农耕文明的代表，在很长一段历史时期内都是国家的主流文化。乡土文化自信该是由内而外散发的一种信心、信念，体现了乡民对乡村文化价值观的认同。针对当前乡土文化自信缺失的现象。我们要打破"农村等于落后"的观念壁垒，通过传统节庆活动、民俗活动、艺术表演等形式增强文化的自豪感和认同感。引导农民认识传统文化的价值，鼓励村民自己进行艺术创作，注重民俗文化培训，形成特色民俗产业，活化传统文化，丰富乡村的文化内涵。利用新媒体加快乡村传统文化的传播速度和广度。例如舌尖上的中国、亲爱的客栈、了不起的匠人等系列节目的拍摄向城市居民宣传乡村生活的美好，展示乡村美食美景、风土人情、传统技艺。各类平台通过短视频或直播的方式分享乡村生活或旅游经历，激发人们心中的乡土情怀，引起人们对乡村文化的兴趣。

（2）加强归属感责任感，促进村民参与建设

村民是村落的主人，可持续发展的乡村建设需要村民为此提供源源不歇的内在动力。首先，通过注入乡村人文关怀和乡土情怀加强村民的归属感，激发村民的主体性。例如营建一些具有代表性的空间，如村口、祠堂、村委会等，在满足村民活动需求的同时恢复乡村的礼俗秩序和伦理精神，绵续中国人内心深处的敬畏和温暖，加强村落的凝聚力。其次，提供村民话语权，强化村民代表会议的作用，鼓励村民的积极参与。另外建立健全村务公开制度，村委会成员要将村务公开，让村民对于村内事务能够更加直观的了解，以此增强村民作为主人翁的责任感，达到村民共同参与乡村治理建设的目的。

（3）寻找激活媒介，实行逐步发展

面对普通乡村发展的实际问题，乡村发展规划需要逐步渐进式的推进。首先，完善村落基础设施，改善美化村落环境。其次，通过全面深入了解乡村，找到可以激活乡村发展的关键点，普通乡村可以尝试以一个项目或活动作为突破点，例如可以是某个新的产业技术，某个创新创意文化活动或是满足现在市场新需求等。扬州市江都区吴桥镇高扬村发展"稻虾共作"生态养殖模式，将水稻种植、小龙虾养殖有机结合，不仅增加了农民收入，也保护了村里生态环境，实现经济生态双效益，围绕这一产业，高杨村还积极发展稻虾生态旅游，实现向休闲观光农业的转型，加快实现乡村振兴。开州区满月乡瞄准周边区县对夏季避暑的需求，结合村落自身气候宜人，生态资源等优势，开发规划避暑胜地，为周边地区炎热夏季提供舒适的生活环境，带动乡村环境改善，激发村民自发建设民宿，也吸引其他村民参与其中，开始逐步实现从传统农业向生态休闲旅游乡村转型。

乡村建设是一个综合且复杂的过程，作为一名环境艺术专业的青年教师，一直以来所接受的教育都是以城市建设为主的，对乡村缺少关注与认知，去年乡村建设培训营，让我收获颇丰，在近一年的乡村建设实践过程中也实实在在地认识到了乡村建设工作的重要性和复杂性。更重要的是，让我意识到作为乡村建设者，不仅需要我们的专业能力，更需要我们有一颗尊重与敬畏的心态，对村落的固有资源、地域文化、历史传统投入足够充分的思考，尊重本地的自然生态、历史遗存，尊重当地村民的意愿尤为重要。

（十）杨志斌：乡建绝对不是拆掉重来

结束了四川美术学院组织的为期 70 天的国家艺术基金乡村营建的培训，重回工作岗位的一年中，心中多了一份敬重多了一份坚持。如今在国家实施乡村振兴战略的背景下，乡建也成为时下规划甚至建筑界的热点，我们的日常工作中也越来越多地接触到了乡村的规划工作。如今越来越多的人渴望回归田园，乡村成了香饽饽。

对于建筑师而言，如何进行乡建才有意义呢？这是我一年来工作中一直在思考的问题。

乡建绝对不是拆掉重来，更不是博人眼球，而且绝对不能脱离原生土地上的人民。而是要在原来的乡村基础上，保存原来文化与自然肌理，来进行创新的建设。一幢建筑的意义会超过形式本身，成为很大的经济社会问题的枢纽。村民们可能认为农村问题的关键是没有钱。建筑师则有信心，认为同样的钱，由我来设计，结果一定会更好，这就是设计的价值所在！

建筑师在设计中，会考虑非常广泛的问题，像保护环境这种，是默认的议题。传统工艺和现代技术的关系，传统形制和现代生活的关系，传统文化和现代思维的关系，每个建筑师都会加以思索，然后给出自己的答案。在一个贫穷的村子里盖一幢房子，甚至能够影响到整个村子的经济周转。如果农民可以在自己的家乡，用自己熟悉的、适应当地环境的材料和方法，建起性能优良的建筑，生活得很舒适，他们就不会对大城市里的钢筋混凝土森林充满向往，不会随意抛弃自己祖辈的记忆，用灰色的千篇一律的房子覆盖掉原本的山清水秀。

1. 在村庄规划中的一些思考

乡村规划的本质是在城镇化过程中如何维护乡村地区的稳定和健康发展，进而重塑其可持续发展的活力。这是乡村规划的基本出发点，也是乡村规划的必要性和存在价值。通过乡村规划，可以帮助我们看清规划的本源和体系重构的问题：

　　关于规划的意义，其实更多地在于干预市场的时效，而不是增长问题，特别是对于乡村来讲，其面临的是非增长问题。

　　关于规划的方式，乡村是一个自组织的系统，和城市的运行方式不同，乡村需要民主的、精心的规划。

　　关于规划的内容，乡村面对的主要是更新的实际问题，所以规划要思考如何解决目标和行动的关系。

　　关于规划的手段，从乡村的发展问题可以看到，规划不应该只是技术的规范，更多的是关于社会层面的政策内容。

2. 在规划编制中的工作侧重转变

　　乡村发展特点和规律研究。这类研究应建立在乡村调查的基础上，对乡村的历史发展规律、运行特征、空间和社会的组织运行方式进行认识。

　　乡村社会治理和政策研究。乡村的社会治理现代化是真正实现乡村现代化的基础。要关注的内容包括乡村社会治理模式、宏观层面的制度创新、城镇化的政策设计问题以及乡村规划的干预方式。

　　乡村规划理论和方法研究。一是乡村规划的知识体系；二是乡村规划的思想体系；三是乡村规划的内容体系；四是乡村规划的方法体系。乡村规划内涵上具有区域规划、更新规划、社区规划的特征，同时其类型具有多样性，实施主体和需求差异对应的规划目标和内容方法不同。乡村类型的多样性决定了方法的多样性，公众参与是树立乡村规划价值导向的一种基本路径。

　　乡村规划实践与实施机制研究。要寻求基于地方性的规划方法，在实践中解决乡村规划碰到的实际问题，通过规划实践完善乡村规划体系和工作方法。

3. 乡村规划编制的特点

　　乡村规划区别于城市规划，其关注内容具有独特性、复杂性，为了明确重点，让规划"有所编、有所不编"，根据人居环境科学相关理论和相关乡村聚落体系形成及演变机制相关研究，提炼乡村规划核心要素为"人、地、产、居、文、治"。"人、地、产"是城乡之间的基本要素，是聚落形成的必要条件。"居、文、治"作为特征要素，是现阶段城乡之间差异所在，也是乡村规划关注重点和需要解决的核心问题。

"人"不仅是"量"，更是"缘"，实现可持续的乡村复兴及发展，要有"人"的持续居住，"以人为本"的理念需首要体现。规划的宗旨应是为原住村民服务，村民日常生活带有深深的田园肌理痕迹，是"乡愁"不能抹掉的部分；"地"关注利用，更关注权属，规划是围绕空间来展开的，特别是乡村地区，以农业为主的生产方式决定了乡村对土地的依赖，人与地的联系紧密；"产"落实布局，更应激活资源。发展乡村产业关键在于提高农民收入，研究乡村产业关键在于提供物质载体；"居"关注空间，更应关注功能。"居"是村民生活的物质载体，规划必须重视看得见、摸得着及真正使农民得到实惠的日常生活环境；"文"关注"土"，也应兼顾"新"。乡村延续着相对传统的生活方式，对传统价值观、道德、风俗、行为规则等精神文化给予了最大的尊重与保留，若产业为乡村塑形，文化则为乡村塑魂；"治"实现自治，关注管控。相比于城镇，乡村地域具备鲜明的自治传统和高度自治化的基层现实。

4. 尊重村民意愿的乡村规划

村民意愿的构成包括：

村庄发展意愿，如各类资源的利用、公共事务；

村民生产意愿，如产业发展、生产组织和利益分配；

村民生活意愿，如生活环境、文化传承；

资产保护意愿，家庭和个人资产的保护。

其中，村民意愿的特点体现在：

集体和个体，发展、生产、生活和资产保护之间的高度关联性。

反映真实的情况和需求，是规划编制的基本依据。

具有局限性，乡村社会激烈变迁中的农民是理性和非理性的矛盾体。传统农民的价值观趋向于务实，但狭隘、封闭、强调人际关系，进取与保守并存、均平与特权并存、重义轻利和追求功利并存。当代农民价值观则比较开放，有市场观念、竞争观念、契约精神。

（十一）张彪：实施乡村振兴战略与脱贫攻坚的关系

脱贫攻坚是乡村振兴的前提，乡村振兴必须首先解决好贫困问题；实施乡村振兴战略有利于推动脱贫攻坚，同时也是巩固脱贫成果的长效之计。

三个一致性：一是在目标上具有一致性。脱贫攻坚和乡村振兴都是以"两个一百年"奋斗目标作为目标导向，脱贫攻坚是立足于实现第一个百年奋斗目标，乡村振兴是着眼于第二个百年奋斗目标而确定的重大战略，两者相辅相成、相互促进。只有现行标准下的农村贫困人口如期全部脱贫，才能实现全面建成小康社会的目标；只有包括贫困乡村在内的农村共同实现了乡村振兴，才能建成社会主义现代化强国。二是在路径上具有一致性。实施这两项任务需要"抓重点、补短板、强弱项"。推进乡村振兴，要因地制宜、扬长补短，突破乡村发展瓶颈、补齐发展短板；推进脱贫攻坚，要将精准进行到底，从最薄弱的环节抓起，在补短板上更需要加快速度、加大力度。三是在政策上具有一致性。都需要加强涉农资金整合和撬动，集中力量办大事。这几年，我县通过涉农资金整合使用，建成了一批多年想建而没建成的重大项目，加快了贫困群众脱贫步伐。这种做法在乡村振兴中同样适用。

四个不同点：一是要求不同。脱贫攻坚对全面建成小康社会有决定性意义，是底线任务；乡村振兴是着眼于第二个百年奋斗目标而提出的，是高线目标；二是时限不同。脱贫攻坚紧扣全面建成小康社会，只有不到 3 年时间，必须限时打赢。而乡村振兴紧扣推进农业农村现代化，要到 2050 年才能全面实现；三是标准不同。乡村振兴是立足于经济、政治、文化、社会、生态的全面振兴，致力于推动乡村高质量发展、创造高品质生活。而脱贫攻坚的标准是帮助贫困人口实现"两不愁三保障"，消除传统概念上的"绝对贫困"；四是范围不同。乡村振兴立足农村全域，惠及包括贫困人口在内的乡村所有人员；脱贫攻坚主要针对贫困村、贫困户，并且通过精准施策，未来扶贫范围会越来越窄、对象会越来越少。

作为一名最底层的涉农工作人员，我将扎根基层，结合乡村实际，广泛学习，认真谋划，把学习到的知识发挥出来，努力将我村建设成为富有鲜明特色的乡村振兴典范村。

结语

　　学员在校集中培训期间的管理严格按照四川美术学院制定的学员管理制度执行，本次项目以学员作品集和由学员提供的高规格参展作品进行展览展示作为结业依据。培训期满，学员所提交作品经专家老师评议打分，成绩合格的学员由国家艺术基金管理中心统一颁发结业证书。

　　通过 70 天的集中学习，20 名来自不同行业、不同地域、7 个不同民族的学员深感收货颇丰。不仅开阔了眼界，提升了知识，增强了思考能力，更为重要的是深刻地理解了乡建工作的复杂性与多元性，也理清了针对不同的乡村条件如何采取针对性方式加以建设发展。

　　该培训项目虽然人数不多，但人员知识结构与职业背景复杂，乡村问题涉及面广。西部地区地域面积辽阔，民族复杂，每个民族的文化认同对于村落形成也不一样。但，由于西部地区经济落后，传统乡村的文化、习俗、形态尚未被完全破坏，保护与发展并重仍然有很大的潜力，具有较好的后发优势。项目目标希望通过培训的影响力，给学员们带来一些新的思路和可借鉴的乡建方法，并由他们像种子一样影响他们工作和生活的乡村。培训结束后，多数学员返乡汇报引起很好的反响。不少当地政府、扶贫办反馈给我们，希望继续举办类似的培训。来自不同职业和民族的学员之间的共同生活学习探讨乡村建设的发展方向和方法，为自己家乡建设提供不同的思路。

　　本项目得到国家艺术基金、四川美术学院、重庆市农业农村委员会、重庆市扶贫开发办公室和各地政府机构职能部门的大力支持与帮助。在本项目结题汇报展览开幕式上，四川美术学院校长庞茂琨教授对本次培训的成果做了充分的肯定，对学员积极努力的学习态度给予了高度的评价与鼓励。重庆市扶贫开发办公室领导对该次培训成果给予充分肯定，并表示希望在今后借助川美乡建培训的经验和师资力量，多举办针对性强、影响力广、效果好的乡建短训项目，为重庆的乡村建设培养可持续的发展人才。

在本次结项展览上，项目组组织了相应专家和学员的讨论，师生及众多社会专业人士，对于此次培训的成果给予大力赞赏，对于学员取得的学习成就充分肯定，许多乡村建设基层骨干对于美丽乡村建设的思路有了实质转变。本项目源自我校承担的科技部"十二五"国家科技支撑计划"传统村落民居营建工艺传承、保护与利用技术集成与示范"研究项目，对中国农村典型地区进行了多次普查，在其过程中深感中国农村历史的美好和现实的困境，并引发对于农村未来发展的思考。在此背景下，我们深深地感到中国农村未来的发展不仅仅在视觉上或者形式上的变化，最根本的是要从农村的"三农"问题出发，从农业、农村、农民以及生态、生产和生活这些方面做适应性的调整。

一捧乡土，掬在手心。春雨滋润的犁沟、装满稻谷的箩筐、谷臼谷磨的声响、承载岁月的砖瓦，这赖以生存的土地和漫长的光阴，才是我们唯一的归宿！

本书部分图片作者不详，请图片著作权人及时与本书作者联系，以便按照相关法律规定获得图片使用报酬。